평가
문제집

Better Content, Better Life

COPYRIGHT

인쇄일 2024년 11월 15일(1판24쇄)
발행일 2018년 9월 1일

펴낸이 신광수
펴낸곳 (주)미래엔
등록번호 제16–67호

교육개발2실장 김용균
개발책임 김문희
개발 한은덕, 김소진, 이환희, 성연경, 김온누리

디자인실장 손현지
디자인책임 김병석
디자인 김단비

CS본부장 강윤구
CS지원책임 강승훈

ISBN 979-11-6233-249-8

평가 문제집

어항에서 기르면 피라미가 되고, 강물에 놓아두면 대어가 되는 물고기가 있습니다.

바로 관상어 '코이'라는 잉어입니다. 코이는 어항에서는 5~8센티미터,

큰 수족관이나 연못에서는 15~25센티미터, 강물에서는 90~120센티미터까지 자랍니다.

이렇게 환경에 따라 성장이 결정되는 것을 '코이의 법칙'이라고 합니다.

여러 환경 중에서 우리에게 가장 큰 영향을 미치는 것은 바로 자신의 '생각'입니다.

세상을 보는 태도, 매일 하게 되는 작은 판단, 미래를 향해 그리는 꿈 등이 그러합니다.

그 환경에 따라 우리는 덜 클 수도, 더 클 수도 있습니다.

이제부터 긍정적인 생각으로 자신의 환경을 채워 보세요.

우리가 얼마나 성장할지는 자신에게 달려 있습니다.

멋지게 성장하는 그대와 함께하고 있는 MiraeN

이 책의 구성과 특징

학교 시험 준비하기가 어렵니? 그렇다면 나만 따라와 봐!

STEP 1
개념을 꽉 잡아라!

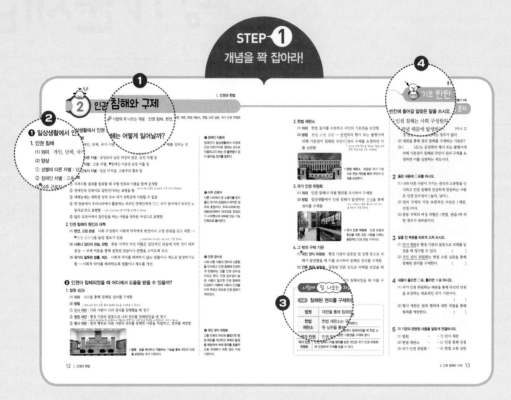

❶ 교과서에 나오는 핵심 개념을 먼저 확인합니다.

❷ 핵심 개념을 중심으로 교과서 내용을 정리합니다.

❸ 시험에 잘 나오는 자료만을 모았습니다. 다시 한 번 확인해 보세요.

❹ 개념 확인 문제로 기초를 탄탄히 다지세요.

STEP ❷
시험에 나올 만한
예상 문제를 풀어보자!

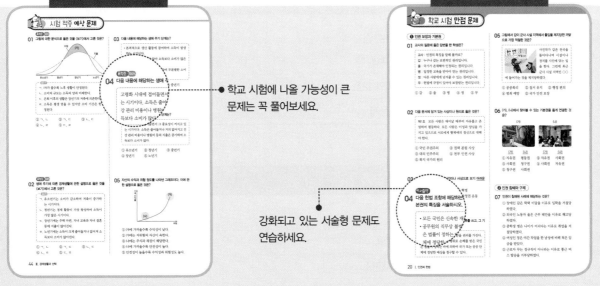

학교 시험에 나올 가능성이 큰
문제는 꼭 풀어보세요.

STEP ❸
대단원 정리 문제로
학교 시험 만점 받자!

강화되고 있는 서술형 문제도
연습하세요.

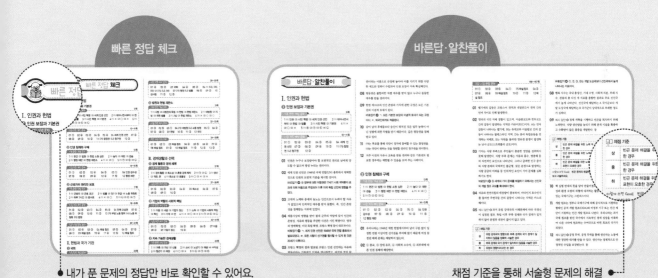

빠른 정답 체크

내가 푼 문제의 정답만 바로 확인할 수 있어요.

바른답·알찬풀이

채점 기준을 통해 서술형 문제의 해결
방법도 터득하세요.

이 책의 차례

Ⅰ 인권과 헌법

1. 인권 보장과 기본권	8
2. 인권 침해와 구제	12
3. 근로자의 권리와 보호	16
학교 시험 만점 문제	20

Ⅱ 헌법과 국가 기관

1. 국회	22
2. 대통령과 행정부	26
3. 법원과 헌법 재판소	30
학교 시험 만점 문제	34

Ⅲ 경제생활과 선택

1. 경제 활동과 경제 체제	36
2. 기업의 역할과 사회적 책임	39
3. 지속 가능한 경제생활	42
학교 시험 만점 문제	46

Ⅳ 시장 경제와 가격

1. 시장의 의미와 종류	48
2. 시장 가격의 결정	52
3. 시장 가격의 변동	56
학교 시험 만점 문제	60

Ⅴ 국민 경제와 국제 거래

1. 국내 총생산의 이해	62
2. 물가와 실업	66
3. 국제 거래와 환율	70
학교 시험 만점 문제	74

Ⅵ 국제 사회와 국제 정치

1. 국제 사회의 특성과 행위 주체	76
2. 국제 사회의 다양한 모습	80
3. 우리나라의 국제 관계	83
학교 시험 만점 문제	86

Ⅶ 인구 변화와 인구 문제

1. 인구 분포	88
2. 인구 이동	92
3. 인구 문제	96
학교 시험 만점 문제	100

Ⅷ 사람이 만든 삶터, 도시

1. 세계의 다양한 도시	102
2. 도시의 경관	105
3. 선진국과 개발 도상국의 도시화	109
4. 살기 좋은 도시	113
학교 시험 만점 문제	116

이 책의 차례

Ⅸ 글로벌 경제 활동과 지역 변화

1. 농업의 기업화와 세계화에 따른 변화	118
2. 다국적 기업의 발달과 지역 변화	122
3. 세계화 시대의 서비스 산업 변화	125
학교 시험 만점 문제	128

Ⅹ 환경 문제와 지속 가능한 환경

1. 기후 변화	130
2. 산업 이전에 따른 환경 문제	134
3. 생활 속 환경 이슈	137
학교 시험 만점 문제	140

Ⅺ 세계 속의 우리나라

1. 우리나라의 영역과 독도의 중요성	142
2. 우리나라의 여러 지역과 지역화 전략	146
3. 통일 한국의 미래	150
학교 시험 만점 문제	154

Ⅻ 더불어 사는 세계

1. 세계의 다양한 지리적 문제	156
2. 지역 격차와 빈곤 문제	160
3. 지역 간 불평등 해결을 위한 국제적 협력	163
학교 시험 만점 문제	166

● 바른답·알찬풀이는 책 속의 책으로 구성되어 있습니다.

공부 계획을 세우고
실천해 보자!

시험 대비 CHECK LIST

대단원	중단원	공부한 날	시험 보는 날	시험 전 오답 체크
I. 인권과 헌법	1. 인권 보장과 기본권	월 일	월 일	월 일
	2. 인권 침해와 구제			
	3. 근로자의 권리와 보호			
II. 헌법과 국가 기관	1. 국회			
	2. 대통령과 행정부			
	3. 법원과 헌법 재판소			
III. 경제생활과 선택	1. 경제 활동과 경제 체제			
	2. 기업의 역할과 사회적 책임			
	3. 지속 가능한 경제생활			
IV. 시장 경제와 가격	1. 시장의 의미와 종류			
	2. 시장 가격의 결정			
	3. 시장 가격의 변동			
V. 국민 경제와 국제 거래	1. 국내 총생산의 이해			
	2. 물가와 실업			
	3. 국제 거래와 환율			
VI. 국제 사회와 국제 정치	1. 국제 사회의 특성과 행위 주체			
	2. 국제 사회의 다양한 모습			
	3. 우리나라의 국제 관계			
VII. 인구 변화와 인구 문제	1. 인구 분포			
	2. 인구 이동			
	3. 인구 문제			
VIII. 사람이 만든 삶터, 도시	1. 세계의 다양한 도시			
	2. 도시의 경관			
	3. 선진국과 개발 도상국의 도시화			
	4. 살기 좋은 도시			
IX. 글로벌 경제 활동과 지역 변화	1. 농업의 기업화와 세계화에 따른 변화			
	2. 다국적 기업의 발달과 지역 변화			
	3. 세계화 시대의 서비스 산업 변화			
X. 환경 문제와 지속 가능한 환경	1. 기후 변화			
	2. 산업 이전에 따른 환경 문제			
	3. 생활 속 환경 이슈			
XI. 세계 속의 우리나라	1. 우리나라의 영역과 독도의 중요성			
	2. 우리나라의 여러 지역과 지역화 전략			
	3. 통일 한국의 미래			
XII. 더불어 사는 세계	1. 세계의 다양한 지리적 문제			
	2. 지역 격차와 빈곤 문제			
	3. 지역 간 불평등 해결을 위한 국제적 협력			

1 인권 보장과 기본권

🔎 시험에 꼭 나오는 개념 인권, 천부 인권, 시민 혁명, 세계 인권 선언, 자유권, 평등권, 사회권, 참정권, 청구권, 기본권 제한

❶ 인권, 누구나 누려야 할 권리

1. 인권

(1) 의미와 특징

① 인간이라면 누구나 존중받고 인간답게 살 수 있는 권리

② 기본적이고 보편적인 권리 → 피부색, 성별, 나이, 장애의 유무 등에 상관없이 사람이라면 누구나 가짐
> 모든 것에 공통되는 것을 보편적이라고 해요. 인권은 사람이 세계 어느 지역에 살더라도 가지는 권리이며, 그 사람이 누구든 무조건 갖는 권리라는 의미에서 보편적인 권리라고 해요.

③ 천부 인권 : 인간이 태어나면서부터 가짐

④ 자연적인 권리 → 국가가 함부로 침해할 수 없음

(2) 인권 보장의 역사

① 근대 이전 : 고대의 노예나 ❶중세의 농노 등은 인간적인 대접을 받지 못함

② 시민 혁명

• ❷계몽사상의 영향을 받은 시민들이 절대 군주의 억압에 맞서 저항하여 인권 보장을 위해 투쟁함
> 시민 혁명으로 여러 인권 선언이 나왔는데, 거기에 자유와 평등을 규정했어요. 대표적인 인권 선언으로는 영국의 권리 장전, 프랑스 인권 선언, 미국 독립 선언 등이 있어요.

• 시민의 자유와 평등이 제도적으로 보장됨

③ 산업 혁명 이후 사회권 보장 : 모든 사람의 인간다운 생활을 보장하기 위해 국가의 노력을 요구함
> 산업 혁명으로 자본주의가 발달하면서 노동자들이 노동을 제공하고 임금을 받는 관계가 생겼어요. 그런데 사업주가 노동자를 착취하면서 노동자의 인권이 침해당하는 일이 많아졌어요. 이에 사회적 약자인 노동자의 권리를 국가가 나서서 적극적으로 보장해야 한다는 주장이 일어났어요.

④ ❸세계 인권 선언 발표(1948년) : 인권 보장의 보편적 기준 마련

2. 인권 보장의 중요성

(1) 오늘날 우리가 차별받지 않고 자신의 의지에 따라 생활할 수 있는 것은 인권 보장을 위해 노력한 수많은 사람의 희생이 있었기 때문임

(2) 지금 누리고 있는 인권의 소중함을 깨닫고 이를 지키기 위해 모든 사람이 관심을 가지고 노력해야 함

❷ 우리 헌법이 보장하는 기본권은?

1. 기본권

(1) 의미 헌법에 보장된 기본적 인권

(2) 헌법과 기본권
> 헌법 아래에 법률, 명령, 조례, 규칙 등의 법이 있어요. 헌법은 이러한 하위법의 근거가 돼요.

① 헌법 : 국가의 최고법으로 통치 기구, 인권 보장 등을 규정

② 헌법에 기본권을 규정한 까닭 : 국가의 최고법인 헌법에 규정해야 부당한 간섭이나 침해로부터 국민의 자유와 권리를 지킬 수 있음
> 헌법에 기본권이 규정되면 그 기본권을 실행하기 위한 법률이나 정책을 마련할 수 있고 그 기본권이 침해되었을 때 구제할 수 있는 기관도 만들 수 있어요. 최고법에 정해 놓아야 하위법으로 다양한 제도를 만들 수 있지요.

2. 기본권의 유형

(1) ❹인간 존엄과 가치 및 행복 추구권 헌법에 보장된 모든 기본권의 토대 〈자료❶〉

(2) 기본권의 종류와 내용 〈자료❷〉

① 자유권 : 국가 권력의 간섭을 받지 않고 자유롭게 생활할 수 있는 권리

---

❶ 중세의 농노
중세 유럽에서 영주에게 소속되어 노동력을 제공한 사람을 말한다. 농노는 신체의 자유, 거주 이전의 자유가 없었다. 또한 영주의 허락이 없으면 결혼을 할 수 없었고 직업을 바꾸거나 재산을 처분하지도 못했다.

❷ 계몽사상
18세기에 프랑스에 유행했던 사상으로서 이성의 힘으로 인간은 우주를 이해하고 자신의 상황을 개선할 수 있다는 것이다.

❸ 세계 인권 선언
제2차 세계 대전에서 벌어진 인권 침해를 반성하고 인간의 기본적인 권리 존중을 위해 1948년 12월 국제 연합(UN) 총회에서 채택된 선언이다.

❹ 인간으로서의 존엄과 가치
우리 헌법 제10조에 규정된 기본권의 핵심 이념으로서 모든 인간은 국가나 타인으로부터 인격적으로 존중받을 가치가 있는 존재라는 의미를 담고 있다. 구체적으로는 생명에 대한 존엄, 인격적인 대우 등을 포함하고 있다.

❺ 공공복리
사회 구성원 전체에 공통되는 복지나 이익을 말한다. 개인의 기본권 행사는 자유이지만 사회 전체의 이익을 침해해서는 안 된다는 한계가 있다. 이때 사회 전체의 이익을 공공복리라고 한다.

② 평등권 : 모든 국민이 차별받지 않고 동등하게 대우받을 권리

③ 사회권 : 국민이 국가에 인간다운 생활을 요구할 수 있는 권리

④ 참정권 : 국가의 의사 결정에 참여할 수 있는 권리

⑤ 청구권 : 다른 기본권이 침해되었을 때 이의 구제를 요구할 수 있는 권리

3. 기본권의 제한

(1) 제한 사유 국가 안전 보장, 질서 유지, ❺공공복리를 위해 필요한 경우에 한함

(2) 제한 수단 법률

(3) 제한의 한계 자유와 권리의 본질적인 내용은 침해할 수 없음

시험에 잘 나오는 자료

자료 ❶ 헌법 제10조

> 모든 국민은 인간으로서의 존엄과 가치를 가지며, 행복을 추구할 권리를 가진다. 국가는 개인이 가지는 불가침의 기본적 인권을 확인하고 이를 보장할 의무를 진다.

▲ 헌법에 보장된 모든 기본권의 토대가 되는 조항으로 인간은 존중받아야 하며 물질적·정신적 만족을 추구할 권리가 있음을 밝히고 있다.

자료 ❷ 기본권의 종류

종류	내용
자유권	• 국가적 권력의 간섭 배제 • 신체적, 정신적, 사회·경제적 자유
평등권	생활의 모든 영역에서 성, 종교, 국적, 인종 등에 의한 불합리한 차별 금지
사회권	• 인간다운 생활 보장 요구 • 적극적인 권리 • 교육을 받을 권리, 근로의 권리, 인간다운 생활을 할 권리 등
참정권	• 정치에 능동적으로 참여 • 선거권, 공무 담임권, 국민 투표권 등
청구권	• 기본권 침해 시 구제 요청 • 청원권, 재판 청구권, 국가 배상 청구권 등

---

1 빈칸에 들어갈 알맞은 말을 쓰시오.

(1) (   )은/는 피부색, 성별, 나이, 장애의 유무 등에 상관없이 사람이라면 누구나 가지는 기본적이고 보편적인 권리이다.

(2) 근대 이후 계몽사상의 영향을 받은 시민들이 절대 군주의 억압에 맞서 인권 보장을 위해 투쟁한 역사적 사건은?

(3) 국제 연합(UN)에서 채택된 (   )은/는 모든 사람이 보편적으로 누려야 할 인권의 기준을 제시하였다.

2 옳은 내용에 ○표를 하시오.

(1) 인권은 (태어나면서부터, 청소년기에서부터) 가지는 권리이다.

(2) 오늘날 대부분 국가에서는 국가의 최고법인 (헌법, 법률)을 통해 국민의 인권을 보장하고 있다.

(3) 기본권은 (법률, 조례)로써 제한할 수 있다.

3 밑줄 친 부분을 바르게 고쳐 쓰시오.

(1) 산업 혁명의 결과 시민의 자유와 평등이 제도적으로 보장되었다.   (   )

(2) 천부 인권은 헌법에 보장된 국민의 기본적 인권이다.   (   )

4 내용이 옳으면 ○표, 틀리면 ×표 하시오.

(1) 인권은 국가의 법으로 정해야 보장된다.   (   )

(2) 인권은 인간이라면 누구나 가지는 보편적인 권리이다.   (   )

(3) 기본권은 어떤 경우에도 제한할 수 없다.   (   )

5 기본권과 관련된 내용을 알맞게 연결하시오.

(1) 자유권 •   • ㉠ 공무 담임권

(2) 참정권 •   • ㉡ 재판 청구권

(3) 사회권 •   • ㉢ 교육을 받을 권리

(4) 청구권 •   • ㉣ 거주 이전의 자유

적중 100%

01 인권에 관한 진술로 옳은 것은?

① 태어나면서부터 가지는 권리이다.

② 사회적 약자만이 가지는 권리이다.

③ 필요하면 남에게 줄 수 있는 권리이다.

④ 일정 기간 동안에만 누릴 수 있는 권리이다.

⑤ 국가가 법으로 정해야 보장받을 수 있는 권리이다.

02 인권 보장의 역사에 관한 설명으로 옳지 <u>않은</u> 것은?

① 근대 이전에는 차별받는 사람이 많았다.

② 근대에 이르러 계몽사상의 영향으로 시민 혁명이 일어났다.

③ 시민 혁명의 결과 시민의 자유와 평등을 제도적으로 보장하게 되었다.

④ 세계 인권 선언은 시민이 정부에 저항할 수 있는 권리를 처음으로 규정하였다.

⑤ 오늘날 우리가 누리고 있는 인권은 수많은 사람의 희생으로 얻어진 것이다.

03 그림은 교사가 수업 시간에 제시한 자료이다. 이를 토대로 수업 주제를 옳게 추론한 것은?

▲ 고대의 노예　　　　▲ 중세의 농노

① 자본주의 발달의 계기를 알아보자.

② 인간 존엄성의 의미를 생각해 보자.

③ 다문화 사회의 특징을 설명해 보자.

④ 시민의 정치 참여 필요성을 말해 보자.

⑤ 근대 시민 혁명의 한계를 조사해 보자.

04 다음에 해당하는 사건에 관한 옳은 설명을 〈보기〉에서 고른 것은?

• 계몽사상의 영향을 받은 시민들이 저항하였다.

• 절대 군주의 억압에 맞서 인권 보장을 위해 투쟁하였다.

보기

ㄱ. 세계 인권 선언을 발표하였다.

ㄴ. 시민의 자유와 평등을 강조하였다.

ㄷ. 영국, 프랑스, 미국 등지에서 발생하였다.

ㄹ. 모든 사람이 선거권을 행사할 수 있게 되었다.

① ㄱ, ㄴ　　② ㄱ, ㄷ　　③ ㄴ, ㄷ

④ ㄴ, ㄹ　　⑤ ㄷ, ㄹ

05 다음 사건을 종합하여 내릴 수 있는 결론으로 가장 적절한 것은?

• 프랑스 인권 선언

• 여성의 정치 참여

① 인권의 핵심적인 부분은 참정권이다.

② 인권은 문서로 규정되어야 보장된다.

③ 인권은 정부에 저항함으로써 얻어진다.

④ 인권은 수많은 사람의 희생으로 얻어진다.

⑤ 인권은 국가의 헌법에 규정되어야 보장된다.

주관식

06 다음 조항을 규정하고 있는 문서를 쓰시오.

제1조　모든 사람은 태어날 때부터 자유롭고 존엄하며 평등하다. 모든 사람은 이성과 양심을 가지고 있으므로 서로에게 형제애의 정신으로 대해야 한다.

07 밑줄 친 부분의 이유로 가장 적절하지 **않은** 것은?

> 오늘날 대부분의 민주 국가에서는 헌법을 통해 국민의 인권을 보장하고 있다. 헌법에 보장된 기본적 인권을 기본권이라고 한다. 그렇다면 왜 <u>기본권을 헌법에 규정하고 있을까?</u>

① 헌법은 그 나라의 최고법이기 때문이다.
② 국가가 침해할 수 없도록 하기 위해서이다.
③ 인권은 문서로 규정해야 보장되기 때문이다.
④ 국민의 자유와 권리를 실질적으로 보장하기 위해서이다.
⑤ 헌법은 다양한 인권 보장 제도를 규정하고 있기 때문이다.

🍴적중 100%

08 다음 설명에 해당하는 기본권은?

> • 모든 국민이 차별받지 않고 동등하게 대우받을 권리이다.
> • 누구든지 성별, 종교 또는 사회적 신분에 의하여 차별받아서는 안 된다.

① 자유권   ② 평등권   ③ 사회권
④ 참정권   ⑤ 청구권

🍴적중 100%

09 다음 헌법 조항에 대한 옳은 설명을 〈보기〉에서 고른 것은?

> 모든 국민은 인간으로서의 존엄과 가치를 가지며, 행복을 추구할 권리를 가진다. 국가는 개인이 가지는 불가침의 기본적 인권을 확인하고 이를 보장할 의무를 진다.

보기
ㄱ. 기본권 제한의 근거 규정이다.
ㄴ. 헌법에 보장된 모든 기본권의 토대가 된다.
ㄷ. 외국인에게는 원칙적으로 적용되지 않는다.
ㄹ. 생명의 존엄, 인격적 대우 등을 내용으로 한다.

① ㄱ, ㄴ   ② ㄱ, ㄷ   ③ ㄴ, ㄷ
④ ㄴ, ㄹ   ⑤ ㄷ, ㄹ

10 다음 기사에서 갑이 침해당한 기본권에 관한 설명으로 옳은 것은?

> ○○ 신문   ○○월 ○○일
>
> 국내 ○○ 기업 과장 갑은 남성 후배들이 대부분 차장이 됐지만 자신은 3년째 승진 심사에서 탈락하는 '무언의 퇴사 압박'을 받고 있다. 갑은 "한 번도 낙오 없이 과장까지 올라왔는데, 출산 휴가와 육아 휴직을 쓴 후 매번 (승진에서) 미끄러진다."라고 말했다. 입사 때까지만 해도 많던 여성 동기도 5년 전후로 대부분이 회사를 그만두고 주부가 되거나 대형 할인점, 백화점 등에서 시간제로 일하고 있다고도 전하였다.

① 현대 복지 국가에서 강조되는 권리이다.
② 불합리한 이유로 차별받지 않을 권리이다.
③ 국가의 정치 과정에 참여할 수 있는 권리이다.
④ 다른 기본권의 침해를 구제하기 위한 권리이다.
⑤ 물질적 풍요와 정신적 만족을 추구하는 권리이다.

📋주관식

11 (가), (나)에 해당하는 기본권의 종류를 쓰시오.

(가)   (나)

12 다음 주장을 종합하여 내릴 수 있는 결론으로 가장 적절한 것은?

> • 거주 이전의 자유가 있지만 북한으로 이사 가는 것은 안 된다.
> • 결핵에 걸리면 아무리 학교에 가고 싶어도 무조건 며칠 동안은 집에만 있어야 한다.

① 기본권은 천부 인권이다.
② 기본권은 절대적 권리이다.
③ 기본권은 필요한 경우에는 제한할 수 있다.
④ 사회 정의를 위해서는 인권을 보장해야 한다.
⑤ 기본권을 침해받은 때에는 구제 수단이 있다.

2 인권 침해와 구제

✎ 시험에 꼭 나오는 개념 인권 침해, 편견, 인권 감수성, 법원, 재판, 헌법 재판소, 헌법 소원 심판, 국가 인권 위원회

❶ 일상생활에서 인권 침해는 어떻게 일어날까?

1. 인권 침해

(1) **의미** 개인, 단체, 국가 기관 등이 다른 사람의 인권을 침해하여 해를 입히는 것

(2) **양상**

① 성별에 따른 차별 : 남성보다 낮은 여성의 임금, 승진 차별 등

② 장애인 차별 : 고용 차별, ❶장애인 이동권 보장 미흡 등

③ ❷이주 근로자 차별 : 임금 미지급, 고용주의 횡포 등

(3) **사례**

① 자격시험 결과를 발표할 때 수험 번호와 이름을 함께 공개함

② 장애인의 상대어로 일반인이라는 표현을 함 ┌당사자 동의 없이 공개하는 것은 인권 침해예요.

③ 예체능계는 대학생 성적 우수 국가 장학금에 지원할 수 없음

④ 한 방송에서 우리나라에서 활동하는 외국인 연예인에게 '○○ 국가 왕자에서 외국인 노동자'라고 표현함 ─ 이주 근로자에 대한 편견을 조장할 수 있어요.

⑤ 많은 교과서에서 집안일을 하는 사람을 대부분 여성으로 표현함

2. 인권 침해의 원인과 대책

(1) **편견, 고정 관념** 사회 구성원이 사회적 약자에게 편견이나 고정 관념을 갖고 대함 → ❸인권 감수성을 높일 필요가 있음 ┌오래전부터 해 오는 대로 하는 것을 말해요.

(2) **사회나 집단의 관습, 관행** 중동 지역의 여성 차별은 집단적인 관습에 의한 것이 대부분임 → 국제 여론을 통해 잘못된 관습이나 관행을 고치도록 유도

(3) **국가의 잘못된 법률, 제도** 사회적 약자를 배려하지 않는 법률이나 제도로 발생하기도 함 → 사회적 약자를 배려하도록 법률이나 제도를 개선

❷ 인권이 침해되었을 때 어디에서 도움을 받을 수 있을까?

1. 법원 (자료)

(1) **의의** 재판을 통해 침해된 권리를 구제함

(2) **방법** ┌손해 배상 청구 등을 통해 침해된 권리를 구제받을 수 있어요.

① 민사 재판 : 다른 사람이 나의 권리를 침해했을 때 청구

② 행정 재판 : 행정 기관의 잘못으로 나의 권리를 침해받았을 때 청구 ┌세금이 과다하게 부과되었거나 억울하게 영업 정지 처분 등을 받을 때 활용하는 경우가 많아요.

③ 형사 재판 : 범죄 행위로 다른 사람의 권리를 침해한 사람을 처벌하고, 범죄를 예방함

◀ **법원** 법을 해석하고 적용하는 기능을 통해 국민의 인권을 보장하는 국가 기관이다.

---

❶ 장애인 이동권

장애인이 일상생활에서 비장애인과 마찬가지로 원하는 곳으로 이동하고자 하는 데 불편함이 없이 움직일 권리를 말한다.

❷ 이주 근로자

다른 나라에서 온 노동자를 받아들인 국가의 관점에서 파악한 경우의 호칭이다. 우리나라에서는 1980년대부터 대규모로 유입되기 시작했으며 대부분 단순 기능 인력으로 들어온다.

❸ 인권 감수성

나와 다른 사람의 권리의 소중함을 인식하고 인권 침해에 민감하게 반응하는 것을 인권 감수성이라고 한다. 인권 감수성이 높은 사람이 많으면 인권 침해에 민감하기 때문에 서로의 인권을 지켜 주려고 하므로 인권 침해가 적어진다.

❹ 국민 권익 위원회

고충 민원의 처리와 불합리한 행정 제도를 개선하고 부패의 발생을 예방하며 부패 행위를 효율적으로 규제하기 위한 권리 구제 기관이다.

2. 헌법 재판소

(1) 의의 헌법 질서를 수호하고 국민의 기본권을 보장함

(2) 방법 헌법 소원 심판 → 공권력의 행사 또는 불행사에 의해 기본권이 침해된 국민이 <u>권리 구제를 요청하면 이</u>를 심판함

└ 국가의 권력 행사를 말해요. 법을 제정, 집행, 판결 등을 모두 포함해요.

◀ **헌법 재판소** 독립된 국가 기관으로 헌법 재판을 통해 국민의 인권을 보장한다.

3. 국가 인권 위원회

(1) 의의 인권 침해나 차별 행위를 조사하여 구제함

(2) 방법 일상생활에서 인권 침해가 발생하면 <u>진정</u>을 통해 권리를 구제함

국가 기관에 사정을 알리고 어떤 조치를 원하는 것을 말해요.

◀ **국가 인권 위원회** 인권 보호와 향상을 위한 모든 사항을 다루는 종합적인 인권 전담 기구이다.

4. 그 밖의 구제 기관

(1) ❹국민 권익 위원회 행정 기관의 잘못된 법 집행 등으로 피해가 발생했을 때 이를 조사하여 침해된 권리를 구제함

(2) 언론 중재 위원회 잘못된 언론 보도로 피해를 보았을 때 침해된 권리를 구제함

(3) 한국 소비자원 소비자의 권리가 침해되었을 때 이를 구제함

시험에 잘 나오는 자료

자료 침해된 권리를 구제하는 국가 기관

법원	재판을 통해 침해된 권리를 구제한다.
헌법 재판소	헌법 재판소는 국민의 기본권이 침해되었을 때 헌법 소원 심판을 통해 침해당한 기본권을 구제해 준다.
국가 인권 위원회	인권 침해나 차별 행위를 받은 개인은 국가 인권 위원회에 진정하여 구제를 받을 수 있다.

---

1 빈칸에 들어갈 알맞은 말을 쓰시오.

(1) 인권 침해는 사회 구성원의 (　　　)이나 고정 관념 때문에 발생하는 경우가 많다.

(2) 재판을 통해 권리 침해를 구제하는 기관은?

(3) (　　　)은/는 공권력의 행사 또는 불행사에 의해 기본권이 침해된 국민이 권리 구제를 요청하면 이를 심판하는 제도이다.

2 옳은 내용에 ○표를 하시오.

(1) 나와 다른 사람이 가지는 권리의 소중함을 인식하고 인권 침해에 민감하게 반응하는 사람은 인권 감수성이 (높다, 낮다).

(2) 권리 구제의 가장 보편적인 수단은 (재판, 진정)이다.

(3) 중동 지역의 여성 차별은 (헌법, 관습)에 의한 경우가 대부분이다.

3 밑줄 친 부분을 바르게 고쳐 쓰시오.

(1) <u>민사 재판</u>은 행정 기관의 잘못으로 피해를 입었을 때 청구할 수 있다. (　　　)

(2) <u>국민 권익 위원회</u>는 헌법 소원 심판을 통해 침해된 권리를 구제한다. (　　　)

4 내용이 옳으면 ○표, 틀리면 ✕표 하시오.

(1) 국가 인권 위원회는 재판을 통해 국민의 인권을 보장하는 대표적인 국가 기관이다. (　　　)

(2) 형사 재판은 범죄 행위에 대한 처벌을 통해 범죄를 예방한다. (　　　)

5 각 기관과 관련된 내용을 알맞게 연결하시오.

(1) 법원　　　　　　　•　　• ㉠ 민사 재판

(2) 헌법 재판소　　　•　　• ㉡ 인권 침해 진정

(3) 국가 인권 위원회 •　　• ㉢ 헌법 소원 심판

01 오늘날 우리나라에서 발생하고 있는 인권 침해의 양상으로 보기 어려운 것은?

① 여성 참정권 배제
② 장애인 고용 차별
③ 이주 근로자에 대한 인권 침해
④ 합리적인 이유가 없는 채용 차별
⑤ 휴게 시설 없는 비정규직 근로자의 근무 환경

02 인권 침해 사례로 보기 어려운 것은?

① 종교가 다르다고 하여 채용을 거절당하였다.
② 학업 성적이 나쁘다고 입학을 거절당하였다.
③ 장애인이라는 이유로 보험 가입을 거절당하였다.
④ 왼손잡이라고 하여 친구들로부터 놀림을 받았다.
⑤ 피부색이 다르다고 목욕탕 출입을 제지당하였다.

03 다음 글에서 나타난 문제점을 해결하기 위한 방안으로 가장 적절한 것은?

> 국제결혼으로 한국에 사는 동남아 출신의 갑은 초등학교 생활에 잘 적응하던 아이가 어느 날 자신이 학교에 다녀간 뒤부터 반에서 따돌림을 당한다고 하였다. 반 친구들이 엄마인 갑이 동남아 출신이라는 걸 알고 왕따를 시킨 것이다.

① 차이를 차별로 인식하도록 가르친다.
② 외국인의 무분별한 입국을 막아야 한다.
③ 자기 민족에 대한 자부심을 느끼도록 한다.
④ 외국인에 대한 편견을 없애는 노력을 해야 한다.
⑤ 우리 문화를 중심으로 다른 나라 문화를 평가해야 한다.

04 어느 회사의 사원 모집 안내문이다. 밑줄 친 ㉠~㉤ 중 합리적이지 않은 조건은?

> ■ 모집 분야 : 판매직 ○명
> ■ 근무 지역 : ㉠ 서울 / 경기
> ■ 응시 자격
> – ㉡ 해당 분야 경력자 우대
> – ㉢ 여성의 경우 용모 단정한 자
> – ㉣ 해외여행이 가능한 자
> – ㉤ 20△△년 □월부터 근무 가능한 자
> ■ 전형 방법 : 서류 전형, 면접 전형

① ㉠   ② ㉡   ③ ㉢   ④ ㉣   ⑤ ㉤

적중 100%

05 인권 침해 사례에 해당하지 않는 것은?

① 장애인의 상대어로 비장애인이라고 표현한다.
② 자격시험 결과를 발표할 때 수험 번호와 이름을 함께 공개한다.
③ 예체능계 학생들은 대체로 성적이 낮으므로 장학금 신청을 못하도록 한다.
④ 많은 교과서에서 집안일을 하는 사람을 대부분 여성으로 표현하고 있다.
⑤ 한 방송에서 우리나라에서 활동하는 외국인 연예인을 '○○ 국가 왕자에서 외국인 노동자로'라고 표현하였다.

주관식

06 빈칸에 공통으로 들어갈 용어를 쓰시오.

> 나뿐만 아니라 다른 사람이 가지는 권리의 소중함을 인식하고 인권 침해에 민감하게 반응하는 사람은 (   )이/가 높은 사람이라고 할 수 있다. 인권이 보장되는 사회를 만들기 위해서는 (   )을/를 키우고 일상에서 어떠한 인권 침해가 발생하는지 주의 깊게 살피는 노력이 필요하다.

07 다음 사례에서 갑이 할 수 있는 구제 수단으로 가장 적절한 것은?

> 갑은 인터넷 게시판에 글을 쓰려다가 해당 게시판에서 관련 법률에 근거하여 인터넷 실명제를 시행한다는 것을 알게 되었다. 그 후 이전처럼 자유롭게 자신의 의견을 적는 것이 불편해졌다.

① 한국 소비자원에 상담을 요청한다.
② 국가 인권 위원회에 소송을 제기한다.
③ 관련 기관을 상대로 행정 재판을 청구한다.
④ 해당 법률의 폐지를 요구하는 시위를 한다.
⑤ 헌법 재판소에 헌법 소원 심판을 청구한다.

08 다음과 같은 역할을 하는 국가 기관은?

> • 재판을 통해 침해된 인권을 구제한다.
> • 법을 위반하여 다른 사람의 권리를 침해한 사람을 처벌하고 문제를 바로잡는다.

① 국회   ② 법원
③ 헌법 재판소   ④ 한국 소비자원
⑤ 국가 인권 위원회

09 다음 사례에서 국가 기관 A에 관한 설명으로 옳은 것은?

> A는 자폐증 증상이 있는 아동의 수영장 입장을 거부한 행위는 부당한 차별에 해당한다고 판단하였다. A는 해당 수영장 관계자에게 인권 교육을 받을 것을 권고하였다.

① 인권 보장과 관련된 법률을 제정한다.
② 정부 정책을 신속하고 효율적으로 집행한다.
③ 사법부에 소속되어 공정한 재판을 담당한다.
④ 인권 침해나 차별 행위를 조사하여 구제한다.
⑤ 공권력 행사로 인한 기본권 침해를 구제한다.

10 다음과 같은 상담에 올바른 댓글을 작성한 사람은?

>
> 파일(F) 편집(E) 보기(V) 즐겨찾기(A) 도구(T) 도움말(H)
>
> Q 저는 ○○ 대리점에서 노트북을 구입했는데 삼촌이 더 좋은 노트북을 선물하는 바람에 제가 노트북을 구입한 대리점에 환불을 요청했지만 거부당했습니다. 어떻게 해야 할까요?
>
> A
> └ 갑 : 대리점 사장을 고소하세요.
> └ 을 : 법원에 행정 재판을 청구하세요.
> └ 병 : 국가 인권 위원회에 진정을 넣으세요.
> └ 정 : 한국 소비자원에 피해 구제를 신청하세요.
> └ 무 : 헌법 재판소에 헌법 소원 심판을 청구하세요.

① 갑   ② 을   ③ 병   ④ 정   ⑤ 무

11 다음 판례에 관한 옳은 설명을 〈보기〉에서 고른 것은?

> 재판에서 유죄 판결이 확정되지 않은 사람은 무죄로 추정하도록 헌법이 규정하고 있다. 그런데 이들에게 재소자용 옷을 입고 재판을 받게 하는 것은 모욕감을 느끼게 하고 심리적으로 위축되게 한다. 따라서 유죄 판결이 확정되지 않은 사람에게 재소자용 옷을 입혀서는 안 된다.

보기
ㄱ. 국가 인권 위원회의 결정문이다.
ㄴ. 행정 재판에서 내려진 결정이다.
ㄷ. 헌법 소원 심판에 대한 헌법 재판소의 판단이다.
ㄹ. 이 결정에 따라 해당 기관은 관련 제도를 개선해야 한다.

① ㄱ, ㄴ ② ㄱ, ㄷ ③ ㄴ, ㄷ ④ ㄴ, ㄹ ⑤ ㄷ, ㄹ

12 사례에서 갑이 제기할 수 있는 재판의 종류를 쓰시오.

> 음식점을 운영하는 갑은 냉장고에 유통 기한이 지난 재료가 있다는 이유로 영업 정지 처분을 받았다. 그런데 그것은 오래전 친구로부터 선물 받은 것이었다. 담당 공무원에게 아무리 설명해도 막무가내였다. 이에 갑은 재판을 청구하기로 하였다.

3 근로자의 권리와 보호

시험에 꼭 나오는 개념 근로자, 근로의 권리, 노동 3권, 부당 해고, 부당 노동 행위, 노동 위원회

❶ 헌법으로 근로자의 권리를 보호하다

1. 근로의 권리

(1) **근로자** 임금을 받기 위해 근로를 제공하는 사람

(2) **근로의 권리** 근로의 능력과 의사를 가진 자가 근로할 수 있는 기회의 보장을 요구할 수 있는 권리

2. 근로 조건 [자료]

(1) **의미** 근로자가 노동력을 제공하는 조건으로, 임금, 근로 시간, 휴가 등이 포함됨

(2) **최소한의 근로 조건**

① 최저 임금 이상을 받을 것 → 임금의 최저 수준을 법률로 정하는데 모든 근로자는 최소한 최저 임금 이상은 받아야 함
  └ 매년 최저 임금 위원회에서 정해요.

② 근로 계약서를 작성할 것

③ 근로 시간은 원칙적으로 1일 8시간, 1주 40시간 이내 등
  └ 계약서에는 업무 내용, 근로 시간, 임금, 임금 지급일, 휴일 등이 꼭 포함되어야 해요.

3. 노동 3권

단결권	근로자가 근로 조건을 유지·개선하고 경제적 지위 향상을 위해 ❶노동조합을 조직·운영할 수 있는 권리 임금 인상, 근로 시간 단축, 휴가 제도 개선 등을 협의할 수 있다는 의미예요.
단체 교섭권	• 노동조합을 통해 근로 조건에 관하여 사용자와 교섭할 수 있는 권리 • 사용자는 정당한 이유 없이 교섭을 거부할 수 없음
단체 행동권	• 단체 교섭이 원만하게 이루어지지 않을 경우 ❷쟁의 행위 등의 단체 행동을 할 수 있는 권리 • 정당한 쟁의 행위에 대해서는 민형사상 책임 면제

❷ 노동권이 침해되었을 때 어떻게 해야 할까?

1. 부당 해고와 구제

(1) **부당 해고** 정당한 해고 요건을 갖추지 않은 해고

(2) **정당한 해고의 요건**
  └ 결혼이나 출산 등을 이유로 퇴직을 강요하는 것은 부당 해고예요.

① 정당한 사유가 있어야 함

② 합리적이고 공정한 기준으로 해고 대상자 선정
  └ 업무 능력이나 근무 태도 등을 기준으로 하지 않고 성별이나 연령 등을 기준으로 해고 대상자를 정하는 것은 공정하지 않은 것이에요.

③ 해고의 사유와 시기를 반드시 문서로 알려야 함
  └ 전화나 말로 해고를 알리는 것은 무효예요.

④ 30일 전에 해고 계획을 알려야 함

(3) **구제 절차**

① ❸노동 위원회에 구제 신청 : 피해 당사자가 신청

② 법원의 재판 : ❹해고 무효 확인 소송

2. 부당 노동 행위와 구제

(1) ❺**부당 노동 행위** 사용자가 근로자에게 노동조합 조직, 가입, 활동 등을 이유로 불이익

---

❶ **노동조합**
근로 조건의 유지와 개선, 기타 근로자의 경제적·사회적 지위 향상을 위해 근로자가 주체가 되어 조직한 단체이다.

❷ **쟁의**
근로관계에 관해 노사 간 주장이 일치하지 않을 때 노사 어느 쪽이든 자신의 주장을 관철할 목적으로 정상적인 업무 운영을 방해하는 행위이다. 근로자의 태업, 불매 운동, 파업 등과 사용자 측의 직장 폐쇄 등이 이에 해당한다.

❸ **노동 위원회**
노사 문제를 공정하게 처리하기 위한 행정 기관이다. 노사 간의 분쟁을 신속하고 공정하게 조정·판정하는 기관으로 중앙 노동 위원회와 각 지방 노동 위원회로 구성된다.

❹ **해고 무효 확인 소송**
자신에게 가해진 해고가 무효임을 확인해 달라는 소송으로서 민사 재판으로 진행된다.

❺ **부당 노동 행위 사례**
• 노동조합에 가입하지 않을 것을 조건으로 채용하는 것
• 노동조합 활동을 이유로 해고하는 것
• 노동조합에 가입할 수 없는 지위로 승진시키는 것
• 노동조합에 과다한 특혜를 주는 것 등

을 주거나 노동조합과의 단체 교섭을 거부하는 등 정당한 노동조합 활동을 방해하는 것

(2) 구제 절차

① 노동 위원회에 구제 신청 : 근로자 또는 노동조합이 신청 가능
└ 부당 노동 행위는 사용자가 노동조합을 탄압할 목적으로 근로자에게 불이익을 주는 것이니까 해당 근로자뿐만 아니라 노동조합도 구제 신청을 할 수 있어요.

② 법원에 소송 제기
└ 해고를 당했다면 해고 무효 확인 소송을, 전직이나 감봉 처분 등을 받았다면 해당 처분의 취소 소송을 제기할 수 있어요.

시험에 잘 나오는 자료

자료 청소년 알바 십계명

1계명 만 15세 이상 근로가 가능해요
→ 근로 기준법에서는 15세 이상 18세 미만자를 연소 근로자라고 하여 특별히 보호한다. 15세 미만 청소년은 취직 인허증이 있어야 취업이 가능하다.

2계명 부모님 동의서와 나이를 알 수 있는 증명서가 필요해요
→ 연소 근로자는 근로 계약서를 작성할 때 부모님이나 친권자 또는 후견인의 동의를 받아야 한다. 사용자와 부당한 내용의 계약을 막기 위해서이다.

3계명 근로 계약서를 반드시 작성해야 해요
→ 근로 계약서는 본인이 반드시 작성해야 한다. 부모나 제3자가 대리해서는 안 된다.

4계명 성인과 동일한 최저 임금을 적용받아요
→ 임금은 근로자 본인의 통장이나 본인이 직접 받는다.

5계명 1일에 7시간, 1주에 35시간을 초과하여 일할 수 없어요
→ 18세 이상의 성인 근로자는 1일 8시간 이내 근로이지만 연소 근로자의 근로 시간은 1일 7시간 이내이다. 다만, 합의에 따라 1일 1시간, 1주에 5시간을 한도로 연장할 수 있다.

6계명 휴일에 일하거나 초과 근무를 했을 경우 50%의 가산 임금을 받을 수 있어요
→ 원칙적으로 야근 근로, 휴일 근로는 할 수 없지만 서로 합의하여 초과 근무를 한 경우 임금의 50%를 더 받을 수 있다.

7계명 일주일을 개근하고 15시간 이상 일을 하면 하루의 유급 휴일을 받을 수 있어요

8계명 청소년은 위험한 일이나 유해 업종의 일을 할 수 없어요
→ 노래방, PC방, 오락실 등에서는 일할 수 없다.

9계명 일을 하다 다치면 산업 재해 보상 보험으로 치료와 보상을 받을 수 있어요

10계명 상담은 청소년 신고 대표 전화 1644-3119

---

1 빈칸에 들어갈 알맞은 말을 쓰시오.

(1) 임금을 받기 위해 근로를 제공하는 사람은?

(2) ( )(이)란 근로자가 노동력을 제공하는 조건으로, 임금, 근로 시간, 휴가 등이 포함된다.

2 옳은 내용에 ○표를 하시오.

(1) 우리나라는 (헌법, 법률)을 통해 근로 조건의 최저 기준을 제시하고 있다.

(2) 휴일에 일하거나 초과 근무를 했을 때는 (100, 50)%의 가산 임금을 받을 수 있다.

(3) 일주일을 개근하고 15시간 이상 일을 하면 하루의 (유급, 무급) 휴일을 받을 수 있다.

(4) 부당 해고가 발생하면 근로자는 (노동 위원회, 헌법 재판소)에 구제를 신청하거나 법원의 재판을 통해 권리를 구제받을 수 있다.

3 밑줄 친 부분을 바르게 고쳐 쓰시오.

(1) 청소년은 원칙적으로 하루 8시간을 초과하여 일할 수 없다. ( )

(2) 해고의 사유와 시기는 반드시 구두로 당사자에게 직접 알려야 한다. ( )

4 내용이 옳으면 ○표, 틀리면 ×표 하시오.

(1) 노동조합은 파업으로 회사에 손해를 끼쳤을 경우에는 민형사상 책임을 져야 한다. ( )

(2) 사용자가 정당한 노동조합 활동을 방해하는 것을 부당 노동 행위라고 한다. ( )

5 노동 3권과 관련된 내용을 알맞게 연결하시오.

(1) 단결권 •   • ㉠ 파업 등 쟁의 행위

(2) 단체 교섭권 •   • ㉡ 노동조합 가입

(3) 단체 행동권 •   • ㉢ 임금 협상

01 다음 법률 조항을 토대로 근로자가 <u>아닌</u> 사람을 고르면?

> 근로 기준법 제14조 이 법에서 근로자라 함은 직업의 종류를 불문하고 사업 또는 사업장에 임금을 목적으로 근로를 제공하는 자를 말한다.

① 학원 강사   ② 대기업 직원
③ 시청 공무원   ④ 정육점 주인
⑤ 종합 병원 간호사

02 근로자의 권리에 관한 설명으로 옳은 것은?

① 근로 조건의 최고 기준은 법률로 정해져 있다.
② 청소년 근로자는 최저 임금을 적용받지 않는다.
③ 임금, 근로 시간, 휴가 등은 근로 조건에 해당한다.
④ 최저 임금은 고용 노동부 장관이 5년마다 고시한다.
⑤ 근로 조건은 법률이 정한 기준보다 높아서는 안된다.

적중 100%

03 (가)~(다)에 해당하는 노동 3권이 옳게 연결된 것은?

> (가) 근로자가 자주적으로 노동조합을 설립할 수 있는 권리
> (나) 근로 조건을 유지·개선하기 위하여 조합원이 단결하여 사용자와 교섭할 수 있는 권리
> (다) 사용자와 협의를 진행하였으나 협의가 원만하게 이루어지지 않았을 때 쟁의 행위를 할 수 있는 권리

	(가)	(나)	(다)
①	단결권	단체 교섭권	단체 행동권
②	단체 교섭권	단결권	단체 행동권
③	단체 행동권	단체 교섭권	단결권
④	단결권	단체 행동권	단체 교섭권
⑤	단체 교섭권	단체 행동권	단결권

04 다음 사례에 관한 옳은 법적 판단을 〈보기〉에서 고른 것은?

> 16세인 갑은 가계 경제에 조금이나마 보탬이 되려고 여름 방학부터 편의점에서 아르바이트를 시작했다.

보기
> ㄱ. 갑은 부모의 동의를 얻어야 취업할 수 있다.
> ㄴ. 갑은 미성년자이므로 최저 임금이 적용되지 않는다.
> ㄷ. 갑이 취업하여 일할 수 있는 시간은 하루 7시간이다.
> ㄹ. 갑의 부모는 갑을 대리하여 사용자와 근로 계약을 맺을 수 있다.

① ㄱ, ㄴ   ② ㄱ, ㄷ   ③ ㄴ, ㄷ
④ ㄴ, ㄹ   ⑤ ㄷ, ㄹ

적중 100%

05 헌법 제32조의 내용이다. 밑줄 친 ㉠~㉤ 중 <u>틀린</u> 것은?

> ① 모든 국민은 ㉠근로의 권리를 가진다. 국가는 사회적·경제적 방법으로 근로자의 고용의 증진과 ㉡적정 임금의 보장에 노력하여야 하며, ㉢법률이 정하는 바에 의하여 ㉣최고 임금제를 시행하여야 한다.
> ③ ㉤근로 조건의 기준은 인간의 존엄성을 보장하도록 법률로 정한다.

① ㉠   ② ㉡   ③ ㉢   ④ ㉣   ⑤ ㉤

주관식

06 그림은 노동자의 노동 3권이 행사된 모습이다. 해당하는 권리를 쓰시오.

07 <적중 100%>

밑줄 친 '이 기관'의 역할을 <보기>에서 고른 것은?

> 이 기관의 회의에는 근로자 위원, 사용자 위원, 공익 위원이 참여한다. 근로자 위원은 노동조합의 추천으로 사용자 위원은 사용자 단체의 추천으로 임명된다.

<보기>
ㄱ. 최저 임금의 설정
ㄴ. 부당 해고의 구제
ㄷ. 노동 생산성 향상
ㄹ. 평화적인 노사 분쟁 해결

① ㄱ, ㄴ ② ㄱ, ㄷ ③ ㄴ, ㄷ
④ ㄴ, ㄹ ⑤ ㄷ, ㄹ

08 사용자의 부당 노동 행위에 해당하지 <u>않는</u> 것은?

① 노동조합 운영에 참여하지 않는 것
② 정당한 이유 없이 단체 교섭을 거부하는 것
③ 노동조합에 가입하였다는 이유로 근로자를 해고하는 것
④ 노동조합에 가입하지 않거나 탈퇴할 것을 조건으로 고용하는 것
⑤ 특정 조합원을 노동조합에 가입할 수 없는 직위로 승진시키는 것

09 다음 사례에 관한 법적 판단으로 옳지 <u>않은</u> 것은?

> 근로자 갑(21세)은 노동조합을 결성하고 단체 교섭을 요구했으나 사용자가 이에 응하지 않아 적법한 방법으로 파업을 이끌었다. 이에 사용자는 갑이 파업을 주도하여 회사에 손실을 끼쳤다라는 이유로 갑을 해고하였다.

① 부당 노동 행위의 사례이다.
② 갑은 노동 3권을 행사하였다.
③ 갑은 노동 위원회에 구제 신청을 할 수 있다.
④ 갑은 법원에 해고 무효 확인 소송을 제기할 수 있다.
⑤ 파업으로 발생한 회사의 손실에 대해 갑은 민형사상 책임을 져야 한다.

10 다음은 인터넷에 올라온 법률 상담 내용이다. 법적으로 타당한 댓글을 단 사람만을 있는 대로 고른 것은?

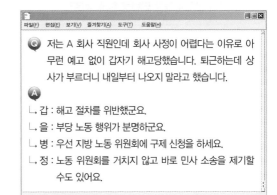

> 파일(F) 편집(E) 보기(V) 즐겨찾기(A) 도구(T) 도움말(H)
>
> Q 저는 A 회사 직원인데 회사 사정이 어렵다는 이유로 아무런 예고 없이 갑자기 해고당했습니다. 퇴근하는데 상사가 부르더니 내일부터 나오지 말라고 했습니다.
>
> A
> └ 갑 : 해고 절차를 위반했군요.
> └ 을 : 부당 노동 행위가 분명하군요.
> └ 병 : 우선 지방 노동 위원회에 구제 신청을 하세요.
> └ 정 : 노동 위원회를 거치지 않고 바로 민사 소송을 제기할 수도 있어요.

① 갑, 을 ② 갑, 병 ③ 을, 정
④ 갑, 병, 정 ⑤ 을, 병, 정

11 다음은 ○○ 회사의 상황이다. 부당 해고에 해당하는 내용을 <보기>에서 고른 것은?

<보기>
ㄱ. 연령이 높은 직원을 대상으로 해고 대상자를 정하였다.
ㄴ. 해고 대상자 전원에게 30일 전에 해고를 예고하였다.
ㄷ. 회사의 공식 문서로 해고 대상자에게 해고를 통보하였다.
ㄹ. 매출액 감소가 우려되자 일부 직원을 해고시키기로 하였다.

① ㄱ, ㄴ ② ㄱ, ㄹ ③ ㄴ, ㄷ
④ ㄴ, ㄹ ⑤ ㄷ, ㄹ

<주관식> <적중 100%>

12 (가)~(다)에 들어갈 말을 쓰시오.

> 근로자의 정당한 노동조합 활동을 사용자가 방해하는 것을 _(가)_ 라고 한다. 이때 근로자는 _(나)_ 에 구제 신청을 하거나 _(다)_ 의 도움을 받아 노동 3권을 보장받을 수 있다.

학교 시험 만점 문제

❶ 인권 보장과 기본권

01 교사의 질문에 옳은 답변을 한 학생은?

> 교사 : 인권의 특징을 말해 볼까요?
> 갑 : 누구나 갖는 보편적인 권리입니다.
> 을 : 국가가 존재해야 인정되는 권리입니다.
> 병 : 일정한 교육을 받아야 얻는 권리입니다.
> 정 : 다른 사람에게 넘겨줄 수 있는 권리입니다.
> 무 : 헌법에 규정이 있어야 보장받는 권리입니다.

① 갑   ② 을   ③ 병   ④ 정   ⑤ 무

02 다음 문서에 담겨 있는 사상이나 원리로 옳은 것은?

> 제1조 모든 사람은 태어날 때부터 자유롭고 존엄하며 평등하다. 모든 사람은 이성과 양심을 가지고 있으므로 서로에게 형제애의 정신으로 대해야 한다.

① 국민 주권주의   ② 권력 분립 사상
③ 대의 민주주의   ④ 천부 인권 사상
⑤ 복지 국가의 원리

03 인권 발달에 영향을 준 사건이나 사상으로 보기 어려운 것은?

① 계몽사상   ② 시민 혁명
③ 군주 주권설   ④ 여성 참정권 운동
⑤ 흑인 인권 운동

📝 **서술형**

04 다음 헌법 조항에 해당하는 기본권의 종류를 쓰고, 그 기본권의 특징을 서술하시오.

> • 모든 국민은 신속한 재판을 받을 권리를 가진다.
> • 공무원의 직무상 불법 행위로 손해를 받은 국민은 법률이 정하는 바에 의하여 국가 또는 공공 단체에 정당한 배상을 청구할 수 있다.

05 그림에서 갑이 군사 시설 지역에서 출입을 제지당한 까닭으로 가장 적절한 것은?

사진작가 갑은 전국을 돌아다니며 시설이나 경치를 사진에 담는 일을 한다. 그런데 최근 군사 시설 지역인 ○○에 들어가는 것을 제지당하였다.

① 공공복리   ② 질서 유지   ③ 행정 편의
④ 범죄 예방   ⑤ 국가 안전 보장

06 (가), (나)에서 찾아볼 수 있는 기본권을 옳게 연결한 것은?

(가)

(나)

	(가)	(나)		(가)	(나)
①	자유권	평등권	②	자유권	사회권
③	사회권	청구권	④	사회권	자유권
⑤	청구권	사회권			

❷ 인권 침해와 구제

07 인권이 침해된 사례에 해당하는 것은?

① 장애인 갑은 학력 미달을 이유로 입학을 거절당하였다.
② 외국인 노동자 을은 근무 태만을 이유로 해고당하였다.
③ 중학생 병은 나이가 어리다는 이유로 취업을 거절당하였다.
④ 여성인 정은 야간 작업을 한 남성에 비해 적은 임금을 받았다.
⑤ 근로자 무는 정규직이 아니라는 이유로 통근 버스 탑승을 거부당하였다.

08 다음 사례에서 얻을 수 있는 교훈으로 가장 적절한 것은?

> ○○ 여고에 다니는 갑은 청각 장애인이다. 갑의 학급 친구들은 갑과 학교생활을 함께 하기 위해 수화를 배우고 있다.

① 장애인에 대한 편견을 버려야 한다.
② 장애인은 사회적 약자로 볼 수 없다.
③ 장애인에게 특별한 대우를 해야 한다.
④ 장애인을 위한 국가의 지원이 필요하다.
⑤ 장애인 스스로 차별 개선을 위해 노력해야 한다.

서술형

09 갑이 침해된 인권을 구제받기 위해 도움을 받을 수 있는 국가 기관을 쓰고, 이 기관의 역할을 서술하시오.

> 갑은 교통질서 지도 요원인 '교통 도우미'에 지원하였으나 나이가 많다는 이유로 탈락하였다. 갑이 사는 지역에서는 도우미의 지원 자격을 55~65세로 제한하고 있기 때문이다. 하지만 갑은 건강하므로 개인의 건강 상태를 고려하지 않은 일률적인 나이 제한은 합리적이지 않다고 생각하였다.

❸ 근로자의 권리와 보호

10 ㉠~㉢에 관한 옳은 설명을 〈보기〉에서 모두 고른 것은?

> 모든 국민은 ㉠근로의 권리를 가진다. 국가는 사회적, 경제적 방법으로 ㉡근로자의 고용의 증진과 적정 임금의 보장에 노력하여야 하며, 법률이 정하는 바에 의하여 ㉢최저 임금제를 시행하여야 한다.

보기

ㄱ. 모든 사람은 ㉠에 따라 취업을 해야 한다.
ㄴ. 공항에서 임시로 일하는 사람은 ㉡에 해당한다.
ㄷ. ㉢은 근로자의 인간다운 생활을 보장하기 위한 것이다.

① ㄱ　　　　② ㄷ　　　　③ ㄱ, ㄴ
④ ㄴ, ㄷ　　　⑤ ㄱ, ㄴ, ㄷ

11 다음은 을이 체결한 근로 계약서의 일부이다. 이와 관련된 설명으로 옳지 않은 것은?(단, 을은 16세이다.)

> 사용자 갑과 근로자 을은 다음과 같이 근로 계약을 체결한다.
> 1. 근로 기간 : 201×년 1월 1일~201×년 2월 28일
> 2. 업무 내용 : _____(가)_____
> 3. 근로 시간 : _____(나)_____
> 4. 임금 : _____(다)_____
> 5. 근무일 : _____(라)_____

① 위 계약은 을의 부모가 동의하여야 한다.
② (가)의 내용은 구체적이고 명확하게 써야 한다.
③ (나)에 정해질 수 있는 법정 시간은 1일 7시간이다.
④ (다)는 최저 임금의 90% 이상을 주어야 한다.
⑤ (라)에는 '원칙적으로 야간 근로는 할 수 없다.'가 들어갈 수 있다.

12 밑줄 친 (가)에 들어갈 내용으로 적절한 것을 〈보기〉에서 고른 것은?

> 갑 : 제가 회사에서 부당 해고를 당한 것 같아요.
> 노무사 : 왜 그렇게 생각하나요?
> 갑 : _____(가)_____
> 노무사 : 부당 해고가 확실하군요.

보기

ㄱ. 30일 전에야 해고를 예고했습니다.
ㄴ. 말로 하지 않고 문서로 통보했습니다.
ㄷ. 매출액 감소가 우려된다며 해고했습니다.
ㄹ. 단순히 나이가 많다는 이유로 해고했습니다.

① ㄱ, ㄴ　　② ㄱ, ㄷ　　③ ㄴ, ㄷ
④ ㄴ, ㄹ　　⑤ ㄷ, ㄹ

서술형

13 제시된 사례에 해당하는 행위가 무엇인지 쓰고, 이에 대한 구제 방안을 서술하시오.

> ○○ 회사의 사용자는 노동조합을 해산시킬 목적으로 이번 달부터 노동조합을 탈퇴하기로 한 사람에게만 월급을 지급하고 있다.

1 국회

❶ 국회는 국민의 대표 기관이다
└ 우리나라는 국회라고 부르지만 다른 나라는 의회라고 표현해요.

1. 국회의 의미와 지위

(1) **의미** 국민이 선출한 대표로 구성된 국가 기관 → 선거를 통해 대표자를 선출하여 그 대표로 하여금 나라의 중요한 일을 결정하는 간접 민주제(대의 정치) 채택

(2) **지위** [자료❶]
  └ 현대 사회는 영토가 넓고 인구가 많아 모든 국민이 직접 국가의 일을 결정하기 어려워요.

① 국민의 대표 기관 : 국민이 선출한 대표인 국회의원으로 구성
  └ 현재 우리나라 국회의원의 수는 300명이에요.
② 입법 기관 : 국가의 조직과 통치의 기초가 되는 법률을 제정
  └ 법을 만드는 국가 작용을 입법이라고 해요.
③ 국가 권력 견제 기관 : 행정부와 사법부 등 다른 국가 기관을 감시하고 견제 → 국가 권력의 남용을 막아 국민의 자유와 권리를 보장

2. 국회의 구성

구분	내용
국회의원	• 4년에 한 번씩 선거를 통해 선출 • 지역구 국회의원 : 국민이 선거구별 후보자에게 투표하여 직접 선출 • 비례 대표 국회의원 : 선거에서 정당별 득표율에 비례하여 선출
의장단	의장 1인, 부의장 2인 선출
본회의	• 구성 : 재적 의원 전원 • 역할 : 법률안, 예산안 의결 등 중요한 의사를 최종적으로 결정 • 일반적인 의결 조건 : 재적 의원 과반수 출석과 출석 의원 과반수의 찬성 • 운영 : 매년 1회 정기적으로 열리는 ❷정기회, 수시로 열리는 ❸임시회
위원회	• 상임 위원회 : 법률안 등의 각종 안건을 전문적으로 심의하는 기구 → 교육 문화 체육 관광 위원회, 외교 통일 위원회 등 16개로 구성 • 특별 위원회 : 특별히 필요한 심의 안건이 있는 경우 구성되는 위원회 → 예산 결산 특별 위원회, 윤리 특별 위원회, 인사 청문 특별 위원회 등

└ 국회의 효율적인 의사 진행을 위해 본회의에서 결정할 안건을 미리 심의해요.

▲ **국회의원 선거 투표용지** 국회의원 선거에서는 지지하는 후보자에게 한 표, 지지하는 정당에 한 표를 행사할 수 있다.
  └ 지역구 국회의원이 돼요.   비례 대표 국회의원이 돼요.

▲ **본회의** 법률안 의결 등의 결정이 최종적으로 이루어진다.

❷ 국회는 어떤 일을 할까?
└ 입법은 국회의 대표적이면서도 가장 중요한 기능이랍니다.

1. 입법에 관한 권한

(1) **법률 제정·개정권** 국가 작용의 근거가 되는 법률을 만들고 고침 [자료❷]

① 법률안 제안 : 국회의원 10인 이상 제안, 정부 제출

---

❶ 국회와 관련된 헌법 조항

제40조 입법권은 국회에 속한다.
제41조 ① 국회는 국민의 보통·평등·직접·비밀 선거에 의하여 선출된 국회의원으로 구성한다.

❷ 정기회

매년 1회 정기적으로 열리며 기간은 100일을 초과할 수 없다. 국회의 회의는 공개하는 것을 원칙으로 한다.

❸ 임시회

대통령 또는 국회 재적 의원 4분의 1 이상의 요구가 있을 때 열리는 회의로 회의 기간은 30일을 초과할 수 없다.

❹ 국정 감사와 국정 조사

국정 감사	정기적으로 국정 전반을 감사
국정 조사	필요한 경우에 특정 사안에 관하여 조사

② 법률안 심의 : 해당 상임 위원회에서 법률안 심사 *(심사 후 본회의에 상정해요.)*

③ 본회의 의결 : 국회 본회의에서 재적 의원 과반수의 출석과 출석 의원 과반수가 찬성하면 통과

④ 법률안 공포 : 국회를 통과한 법률안은 대통령이 15일 이내 공포하며, 거부권 행사 가능

(2) 헌법 개정안 제안·의결권 *— 재적 의원 3분의 2 이상 찬성하면 국민 투표에 회부돼요.*

(3) 조약에 대한 동의권 등
— 조약은 우리나라 법률과 같은 효력이 있어요.

2. 재정에 관한 권한

(1) 예산안 심의·확정권 　정부가 제출한 예산안 심의, 결정
— 예산은 국민이 낸 세금으로 집행되며 국민의 의사를 반영하기 위해 국회에서 심의·확정해요.

(2) 결산 심사권 등
— 국가의 수입과 지출을 심사해요.

3. 일반 국정에 관한 권한

(1) ❹ 국정 감사·조사권 　국정을 감시하고 행정부를 견제함

(2) 헌법 기관 구성권 　국무총리, 대법원장 등 고위 공무원 등을 임명할 때 청문회를 하고 동의권을 행사함

(3) 탄핵 소추권 　대통령을 비롯하여 고위 공무원이 직무 수행 중에 헌법이나 법률을 위반한 경우, 국회가 탄핵 소추를 의결함
탄핵 결정은 헌법 재판소에서 해요.

시험에 잘 나오는 자료

자료❶ 국회의 지위와 권한의 관계

국민의 대표 기관 : 선거를 통해 선출된 국민의 대표	
입법 기관 : 법률 제정	**입법에 관한 권한** • 법률의 제정 및 개정권 • 헌법 개정안 제안 및 의결권 • 외국과 체결한 조약에 대한 동의권 등
국가 권력 견제 기관 : 행정부와 사법부 등 다른 국가 기관 견제	**재정에 관한 권한** • 예산안 심의·확정권 • 결산 심사권 **일반 국정에 관한 권한** • 국정 감사 및 조사권 • 헌법 기관 구성원의 임명 동의권 • 탄핵 소추권

자료❷ 법률 제정 절차

법률안 제안 (제출) → 법률안 심의 → 본회의 심의·의결 → 법률안 공포

---

1 빈칸에 들어갈 알맞은 말을 쓰시오.

(1) 우리나라는 국민이 선출한 대표로 구성된 국가 기관을 (　　　)(이)라고 부른다.

(2) 국회의원은 국민이 선거구별 후보자에게 투표하여 직접 선출하는 (　　　) 국회의원과 선거에서 정당별 득표율에 비례해서 선출된 비례 대표 국회의원으로 구성된다.

(3) (　　　)에서는 법률안 등의 각종 안건을 전문적으로 미리 심의한다.

2 옳은 내용에 ○표를 하시오.

(1) 현대 민주 국가에서는 국민을 대신할 대표를 선출하여 정치를 담당하게 하는 (직접 민주제, 간접 민주제)를 실시하고 있다.

(2) (본회의, 상임 위원회)에서는 법률안과 예산안 의결 등 중요한 의사를 최종적으로 결정한다.

(3) 국회를 통과한 법률안에 이의가 있을 때 (대통령, 국무총리)은/는 거부권을 행사할 수 있다.

3 내용이 옳으면 ○표, 틀리면 ×표 하시오.

(1) 국회의 가장 중요한 역할은 법률을 제정하고 개정하는 일이다. (　　　)

(2) 정부는 국회에 법률안을 제출할 수 없다. (　　　)

(3) 국회의 국정 감사·조사권, 헌법 기관 구성권, 탄핵 소추권 등은 재정에 관한 권한이다. (　　　)

4 법률 제정 절차를 순서대로 바르게 나열하시오.

(가) 법률안 제안	(나) 법률안 공포
(다) 법률안 심의	(라) 법률안 의결

적중 100%

01 현대 민주주의 국가에서 대의 정치를 실시하는 까닭으로 옳지 <u>않은</u> 것은?

① 인구가 많기 때문에
② 현대 사회가 복잡해졌기 때문에
③ 국민이 정치에 무관심하기 때문에
④ 대부분 국가의 영토가 넓기 때문에
⑤ 국민이 정치에 직접 참여하기 힘들기 때문에

02 다음 국가 기관에 관한 설명으로 옳은 것은?

> 국민의 의사를 반영하여 법률을 제정하는 입법 기관이다.

① 우리나라는 의회라고 부른다.
② 국민이 선거에서 선출한 국회의원으로 구성된다.
③ 행정부와 사법부를 견제하는 역할이 축소되고 있다.
④ 직접 민주 정치를 실현하기 위한 가장 이상적인 국가 기관이다.
⑤ 현대 복지 국가에서 행정부나 사법부에 비해 권한이 커지고 있다.

주관식

03 우리나라 헌법 제41조의 일부이다. 빈칸에 들어갈 용어를 쓰시오.

> ① 국회는 (   )의 보통·평등·직접·비밀 선거에 의하여 선출된 국회의원으로 구성한다.

04 국회 구성에 관한 설명으로 옳은 것을 〈보기〉에서 고른 것은?

> **보기**
> ㄱ. 국회의원의 임기는 5년이다.
> ㄴ. 의장과 부의장을 각각 1명씩 선출한다.
> ㄷ. 국회의원은 지역구 의원과 비례 대표 의원으로 구성된다.
> ㄹ. 국회의 최종적인 의사 결정은 본회의를 통해 이루어진다.

① ㄱ, ㄴ   ② ㄱ, ㄷ   ③ ㄴ, ㄷ
④ ㄴ, ㄹ   ⑤ ㄷ, ㄹ

적중 100%

05 밑줄 친 ㉠~㉤ 중 옳지 <u>않은</u> 것은?

> 국회는 ㉠ 국민이 선거구별 후보자에게 투표하여 직접 선출한 지역구 국회의원과 ㉡ 선거에서 정당별 득표율에 비례하여 선출된 비례 대표 국회의원으로 구성된다. 국회는 ㉢ 정기적으로 열리는 정기회와 ㉣ 수시로 열리는 임시회가 있다. ㉤ 본회의에서 일반적인 의사 결정은 재적 의원 전원 출석과 출석 의원 과반수의 찬성으로 이루어진다.

① ㉠   ② ㉡   ③ ㉢   ④ ㉣   ⑤ ㉤

06 다음 내용에 해당하는 국회 기구는?

> 국회는 효율적인 의사 진행을 위해 본회의에서 결정할 안건을 미리 조사하고 심의하는 기구를 두고 있다.

① 의장   ② 정당   ③ 부의장
④ 시민 단체   ⑤ 상임 위원회

07 다음 헌법 조항과 관련된 국회의 권한에 관한 내용으로 옳은 것은?

> 제40조 입법권은 국회에 속한다.

① 재정에 관한 국회의 권한을 의미한다.
② 국회의 가장 중요하고 본질적인 역할이다.
③ 행정부가 제출한 예산안을 심의·확정한다.
④ 대통령을 비롯한 고위 공직자의 탄핵 소추를 의결한다.
⑤ 국가 정책의 잘못된 부분을 조사하는 국정 감사도 이에 속한다.

적중 100%
[08~09] 어느 국회의원의 활동 일지이다.

20△△년 9월 10일	9월 1일, 1년에 한 번 열리는 정기 국회가 시작되었다. 정기 국회는 100일 동안 이어지는데, 오늘은 대통령이 제출한 ㉠ 대법원장 임명 동의안에 대한 표결이 있었다.
20△△년 9월 19일	국정 감사가 상임 위원회별로 시작되었다. □□ 관련 정부 기관에 대한 □□ 위원회의 ㉡ 국정 감사는 20일 정도 진행될 것이다.
20△△년 11월 20일	「청년 고용 촉진 특별법 개정안」이 오늘 본회의에 상정되었다. ㉢ 법률안에 관한 설명과 토론 후 표결에 부쳐졌다.
20△△년 12월 1일	정부가 ○○○조 원 규모의 내년도 예산 계획안을 제출하였다. 해당 위원회에서 심사한 ㉣ 예산안을 오늘 본회의에서 확정하였다.

08 밑줄 친 ㉠~㉣ 중 일반 국정에 관한 권한만을 모두 고른 것은?

① ㉠   ② ㉠, ㉡   ③ ㉢, ㉣
④ ㉠, ㉡, ㉢   ⑤ ㉡, ㉢, ㉣

09 밑줄 친 ㉢과 같은 국회의 권한으로 옳은 것은?

① 예산안을 심의한다.
② 국정 조사를 실시한다.
③ 대통령의 탄핵 소추를 의결한다.
④ 헌법 개정안을 제안하고 의결한다.
⑤ 국무총리에 대한 임명 동의권을 행사한다.

10 국회가 다음과 같은 권한을 행사하는 까닭은?

> 국회는 대통령이 외국과 체결한 조약에 대한 동의권을 가진다.

① 재정에 관한 권한이기 때문에
② 국회의 가장 중요한 역할이므로
③ 상임 위원회의 심사를 거쳐야 하기 때문에
④ 지역구 국회의원의 심의가 이루어지기 때문에
⑤ 조약은 우리나라 법과 같이 국민의 권리 및 국가 기능에 영향을 미치기 때문에

적중 100%
[11~12] 법률 제정 과정을 나타낸 것이다.

11 (가)~(라)에 관한 설명으로 옳은 것을 〈보기〉에서 고른 것은?

> **보기**
> ㄱ. (가)는 국회의원 10인 이상이 법률안을 제안할 수 있다.
> ㄴ. (가)는 국회의원 외에 정부도 법률안을 제출할 수 있다.
> ㄷ. (나)와 (다)는 국회 의장과 대통령이 맡아 진행한다.
> ㄹ. (다)는 국회 재적 의원 전원 출석과 출석 의원 3분의 2 이상이 찬성하면 통과된다.

① ㄱ, ㄴ   ② ㄱ, ㄷ   ③ ㄴ, ㄷ
④ ㄴ, ㄹ   ⑤ ㄷ, ㄹ

주관식
12 (라)에서 본회의에서 통과된 법률안을 15일 이내에 공포하거나 거부권을 행사할 수 있는 국가 기관을 세 글자로 쓰시오.

2 대통령과 행정부

✺ 시험에 꼭 나오는 개념 대통령, 국가 원수, 행정부 수반, 행정, 행정부, 국무총리, 국무 회의, 감사원

❶ 대통령은 국가 원수이며 행정부의 수반이다

1. 대통령의 지위와 특징

(1) **지위** 국가를 대표하는 국가 원수, ❶행정부의 수반

(2) **특징** 국민의 직접 선거로 선출 → 임기는 5년, 중임할 수 없음

임기가 끝나거나 임기 중 개편이 있을 때 다시 그 자리에 임용되는 것을 말해요.

2. 대통령의 권한 [자료 ❶]

(1) ❷행정부 수반으로서의 권한

① 행정부 지휘·감독 : 법률 집행, 정책 수립·집행
실제로 시행한다는 의미예요.

② 공무원 임면권 : 국무총리, 국무 위원, 행정 각부의 장 등 고위 공무원을 임명하거나 해임

③ 국무 회의 의장 : 국가 정책을 심의하고 최종 결정

④ 법률안 거부권 : 대통령은 법률안 거부권을 통해 국회를 견제

(2) 국가 원수로서의 권한

① 외교에 관한 권한 : 국가를 대표하여 외국과 조약 체결, 외교 사절 접견

② 헌법 기관 구성권 : 대법원장, 헌법 재판소장, 감사원장 등을 임명
헌법에 명시된 기관을 말해요.

③ 국민 투표 시행 : 국가의 중요 정책을 결정할 때 국민에게 직접 의견을 물음

④ ❸국가와 헌법 수호

• 긴급 명령권 : 대통령은 국가 안전 보장이나 질서 유지를 위해 법률과 동일한 효력을 가지는 명령을 내림 → 국회의 승인 필요

• 계엄 선포권 : 전쟁과 같은 비상사태로 병력을 이용하여 공공의 안녕 질서를 유지할 필요가 있을 때 내림

▲ 국무 회의

▲ 정상 회담

❷ 행정부는 어떤 일을 할까?

1. 행정과 행정부

(1) **행정** 법률을 집행하고 공익을 실현하기 위해 여러 가지 정책을 수립하고 실행하는 국가 작용

(2) ❹**행정부** 행정을 담당하는 국가 기관

(3) **행정 국가화 현상**

① 등장 배경 : 현대 복지 국가에서는 국민의 삶의 질 향상을 위한 행정부의 적극적인 역할 강조 → 복지 행정에 따른 행정부의 비대화 현상이 나타남

---

❶ 행정부와 관련된 헌법 조항

제66조 ① 대통령은 국가의 원수이며, 외국에 대하여 국가를 대표한다.
④ 행정권은 대통령을 수반으로 하는 정부에 속한다.

❷ 행정부 수반으로서의 권한

그 밖에도 헌법과 법률에서 정하는 바에 따라 국군을 지휘·통솔하고, 법률을 집행하는 데 필요한 내용에 대해 대통령령을 내릴 수 있다.

❸ 국가와 헌법 수호

비상사태로 나라가 위급할 때 국가의 안전과 공공질서 등을 수호하기 위한 권한으로 긴급 명령권과 계엄 선포권이 해당한다.

❹ 정부와 행정부

정부는 넓게는 입법부, 행정부, 사법부를 말하지만 좁게는 행정부만을 의미한다.

❺ 행정 각부

2023년 기준 기획 재정부를 비롯하여 19개 부가 있다.

② 양상 : 행정부가 하는 일이 광범위해지고 전문화 됨 → 국민 생활에 간섭 확대

국민이 행정 과정에 적극적으로 참여하여 행정에 대한 통제가 필요해요.

2. 행정부의 구성과 기능 [자료 ②]

대통령	• 행정부의 최고 책임자 • 정부의 일에 관한 최종적인 권한과 책임을 짐	
국무총리	• 대통령 보좌 • 행정 각부 지휘, 조정	국무 회의는 행정에 관한 내용을 심의할 뿐 최종 결정권은 대통령이 가지고 있어요.
국무 회의	• 행정부의 최고 심의 기관 → 행정부의 중요 정책 심의 • 대통령(의장), 국무총리(부의장), 국무 위원으로 구성	
❺행정 각부	• 구체적인 행정 사무 처리 • 행정 각부의 장 : 대통령이 임명, 국무 위원으로 국무 회의에 참석	
감사원	• 지위 : 대통령 소속 감사 기관, 독립적 지위 • 역할 : 행정 기관과 공무원에 대한 직무 감찰, 국가의 세입 · 세출의 검사 등	

시험에 잘 나오는 자료

자료 ❶ 대통령의 권한

행정부 수반으로서의 권한	국가 원수로서의 권한
• 행정부 지휘·감독 • 공무원 임면권 • 국무 회의 의장 • 법률안 거부권 행사	• 외교 활동 • 헌법 기관 구성권 • 국민 투표 시행 • 국가와 헌법 수호

자료 ❷ 행정부의 구성과 기능

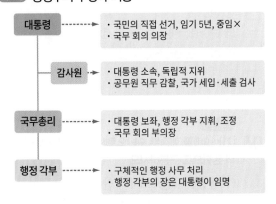

대통령 → • 국민의 직접 선거, 임기 5년, 중임✕
• 국무 회의 의장

감사원 → • 대통령 소속, 독립적 지위
• 공무원 직무 감찰, 국가 세입·세출 검사

국무총리 → • 대통령 보좌, 행정 각부 지휘, 조정
• 국무 회의 부의장

행정 각부 → • 구체적인 행정 사무 처리
• 행정 각부의 장은 대통령이 임명

1 빈칸에 들어갈 알맞은 말을 쓰시오.

(1) (　　　)은/는 국가를 대표하는 국가 원수이며 행정부 수반으로서의 지위를 갖는다.

(2) (　　　)(이)란 법률의 집행뿐 아니라 정책을 수립하고 실행하는 국가 작용도 포함한다.

(3) (　　　)은/는 대통령, 국무총리, 국무 위원으로 구성되는 행정부의 최고 심의 기관이다.

2 옳은 내용에 ○표를 하시오.

(1) 대통령은 국민의 (직접, 간접) 선거로 선출된다.

(2) 우리나라에서 행정권은 (대통령, 국무총리)을/를 수반으로 하는 정부에 속한다.

3 밑줄 친 부분을 바르게 고쳐 쓰시오.

(1) 대통령의 임기는 4년이며 중임할 수 없다.

(　　　　　)

(2) 행정부의 최고 심의 기관은 감사원이다.

(　　　　　)

4 내용이 옳으면 ○표, 틀리면 ✕표 하시오.

(1) 대통령은 행정부의 수반으로서 공무원 임면권을 행사한다. (　　　)

(2) 대통령은 국가 원수로서 행정부를 지휘하고 감독한다. (　　　)

(3) 현대 국가에서는 국민의 복리와 행복 증진을 위해 입법부의 역할이 강조된다. (　　　)

5 행정부와 관련된 내용을 알맞게 연결하시오.

(1) 대통령　　•

(2) 감사원　　•

(3) 국무총리　•

(4) 국무 회의•

(5) 행정 각부•

• ㉠ 독립적인 감사 기관

• ㉡ 행정부의 최고 책임자

• ㉢ 실질적 행정 사무 집행

• ㉣ 행정부의 최고 심의 기관

• ㉤ 대통령 보좌 및 행정 각부 지휘, 조정

01 우리나라 헌법에서 (가)와 관련 있는 내용으로 옳지 <u>않</u>은 것은?

> 제66조 ① ___(가)___ 은/는 국가의 원수이며, 외국에 대하여 국가를 대표한다.
> ④ 행정권은 ___(가)___ 을/를 수반으로 하는 정부에 속한다.

① (가)는 대통령이다.
② (가)의 임기는 5년이다.
③ 국민의 직접 선거로 선출된다.
④ 현재 헌법에 중임할 수 있다고 명시하고 있다.
⑤ 행정부의 수반으로서 모든 행정 작용에 최종적인 책임을 진다.

적중 100%

02 행정부 수반으로서 대통령의 권한을 〈보기〉에서 고른 것은?

> **보기**
> ㄱ. 국무 회의의 의장이 된다.
> ㄴ. 나라가 위태로울 때 긴급 명령권을 행사한다.
> ㄷ. 외국과의 조약을 체결하고 외교 사절을 맞이한다.
> ㄹ. 국무총리, 국무 위원 등 행정부의 고위 공무원을 임면한다.

① ㄱ, ㄴ   ② ㄱ, ㄹ   ③ ㄴ, ㄷ
④ ㄴ, ㄹ   ⑤ ㄷ, ㄹ

주관식

03 빈칸에 들어갈 용어를 쓰시오.

> 대통령은 (   )의 동의를 얻어 대법원장, 헌법 재판소장, 감사원장 등을 임명하여 헌법 기관을 구성한다.

적중 100%

04 국가 원수로서 대통령의 권한에 해당하지 않는 것은?

① 국회의 동의를 얻어 헌법에 명시된 기관을 구성한다.
② 외국과 조약을 체결하고 외교 사절을 맞이하는 외교 활동을 한다.
③ 국가 비상사태 때 공공질서를 유지하기 위해 계엄을 선포할 수 있다.
④ 국회에서 만든 법률을 집행하고 법률안 거부권을 통해 국회를 견제한다.
⑤ 헌법을 개정하거나 국가의 중요 정책을 결정할 때 이를 국민 투표에 부칠 수 있다.

[05~06] 대통령의 대표적인 활동 내용이다.

> (가) 외교 사절 접견
> (나) 외국에 국빈 방문
> (다) 법률안 거부권 행사
> (라) 행정부 고위 공무원 임명
> (마) 국무 회의에서 민생 현안 심의
> (바) 대법원장, 헌법 재판소장 등 임명

05 다음 내용과 성격이 같은 대통령의 권한을 (가)~(바) 중에서 모두 고른 것은?

> • 계엄 선포권
> • 긴급 명령권 행사

① (가), (다)   ② (가), (나), (바)
③ (나), (다), (라)   ④ (나), (마), (라)
⑤ (가), (다), (마), (바)

주관식

06 (가)~(바)를 행정부 수반으로서의 권한과 국가 원수로서의 권한으로 구분하시오.

(1) 행정부 수반으로서의 권한   (   )
(2) 국가 원수로서의 권한   (   )

📝주관식

07 (가)와 (나)에 들어갈 용어를 순서대로 쓰시오.

> 행정부는 공익을 실현하기 위해 정책을 결정하고 집행하는 곳이기 때문에 ___(가)___ 작용은 반드시 국회에서 제정한 ___(나)___ 에 따라 이루어져야 한다.

08 그림을 보고 발표한 학생의 설명으로 옳지 <u>않은</u> 것은?

① 갑 : 행정은 공익을 적극적으로 실현하기 위한 국가 활동이에요.
② 을 : 그래서 행정부는 국민의 편의와 안전을 위한 일을 해요.
③ 병 : 행정부는 일자리, 출산, 육아 서비스, 국민 건강 보장 등 복지와 관련된 일도 담당해요.
④ 정 : 현대 사회는 행정부가 하는 일이 광범위해졌어요.
⑤ 무 : 오늘날 현대 국가에서는 행정부의 역할과 비중이 줄어들고 있어요.

🎯적중 100%

09 밑줄 친 ㉠~㉤ 중 옳지 <u>않은</u> 것은?

> 국무 회의는 ㉠ 행정부의 최고 심의 기관으로 ㉡ 대통령, 국무총리, 국회의원으로 구성되고 ㉢ 대통령이 의장이 된다. 법률안, 외교와 군사에 관한 중요 사항, ㉣ 중요 정책, 중요 공무원 임명 처리 등을 논의하고 결정한다. ㉤ 최종 결정권은 대통령이 가지고 있다.

① ㉠   ② ㉡   ③ ㉢   ④ ㉣   ⑤ ㉤

[10~11] 다음을 읽고 물음에 답하시오.

> • 대통령 소속하에 ( )을/를 둔다.
> • ( )은/는 원장을 포함하여 감사 위원으로 구성한다.

📝주관식

10 빈칸에 공통으로 들어갈 정부 조직의 명칭을 쓰시오.

🎯적중 100%

11 위 정부 조직에 관한 설명으로 옳은 것은?

① 기관의 장은 국회에서 선출한다.
② 국가의 세입과 세출을 검사한다.
③ 법률안 거부권을 행사하며 국회를 견제한다.
④ 구체적인 행정 사무를 처리하며 국무 회의에 참석한다.
⑤ 행정 기관과 공무원에 대한 직무를 감찰하고 재판한다.

12 그림과 같은 조직을 가진 국가 기관의 역할로 옳은 것은?

① 법률을 제정하고 개정한다.
② 법률을 해석하고 적용한다.
③ 정책을 수립하고 시행한다.
④ 재판을 통해 분쟁을 해결한다.
⑤ 최고의 헌법 수호 기관으로 국민의 기본권을 보장한다.

3 법원과 헌법 재판소

🎯 시험에 꼭 나오는 개념 사법, 사법권의 독립, 법원, 헌법 재판소, 위헌 법률 심판, 헌법 소원 심판

❶ 법원은 어떤 일을 할까?

1. 사법

(1) **의미** 법을 해석·적용하여 판단하는 국가 작용 → 다툼이 발생하거나 법을 위반하여 사회 질서를 어지럽히는 일을 해결

(2) 법원과 헌법 재판소에서 담당

2.❶ 사법권의 독립

(1) **의미** 법관이 법원 내부나 외부의 영향으로부터 완전히 독립하여 판결을 내려야 한다는 원칙

① 법원의 독립 : 법원의 조직이나 운영이 외부의 간섭이나 영향을 받지 않도록 자율성 보장

② 법관의 독립 : 법관이 외부의 간섭 없이 독립하여 양심에 따라 심판

(2) **목적** 공정한 재판 → 국민의 기본권 보장

3.❷ 법원의 조직과 기능 [자료❶]

(1) **법원** 사법권을 행사하는 국가 기관

(2) **법원의 조직**

┌대법원의 대법원장은 국회의 동의를 얻어 대통령이 임명하며 임기는 6년이에요.

대법원	• 사법부의 최고 기관 • 최종 재판인 3심 ❸재판 담당
고등 법원	주로 1심 판결에 불복한 사건 재판(2심 판결)
지방 법원	• 주로 1심 사건 재판 • 지방 법원 단독 판사의 판결에 대한 항소 사건 재판
특허 법원	특허 업무와 관련된 사건 담당
가정 법원	이혼, 상속 등의 가사 사건과 소년 보호 사건 담당
행정 법원	국가 기관의 잘못된 행정 작용에 관한 사건 재판

❷ 헌법 재판소는 어떤 일을 할까?

1. 헌법 재판소의 지위와 구성

┌재판관의 임기는 6년이며 헌법 재판소장은 헌법 재판관 중에서 국회의 동의를 얻어 대통령이 임명해요.

(1) **지위** 최고의 헌법 수호 기관, 국민의 기본권 보장 기관

(2) **구성** 법관의 자격을 가진 9명의 재판관으로 구성 → 대통령과 대법원장이 각 3인 지명, 국회에서 3인을 선출하여 대통령이 임명 ┌특정 권력 기관의 영향력이 작용하는 것을 막아 정치적 중립을 유지함으로써 궁극적으로 국민의 기본권을 보호하기 위해서이죠.

2. 헌법 재판소의 역할

(1) **헌법 재판의 종류** [자료❷]

① 위헌 법률 심판 : 법률이 헌법에 위반되는지 여부를 심판

② 헌법 소원 심판 : 공권력에 의해 기본권을 침해당한 국민이 신청한 헌법 소원에 대한 심판

③ 탄핵 심판 : 대통령 등 고위 공무원의 직무상 불법 행위에 대해 국회가 탄핵 소추를 의결했을 때 탄핵 여부를 결정

---

❶ 사법권의 독립과 관련된 헌법 조항

> 제101조 ① 사법권은 법관으로 구성된 법원에 속한다. ③ 법관의 자격은 법률로 정한다.
> 제103조 법관은 헌법과 법률에 의하여 그 양심에 따라 독립하여 심판한다.

❷ 법원의 조직

❸ 재판의 종류

• 민사 재판 : 개인 간의 관계에서 발생한 분쟁 해결

• 형사 재판 : 범죄 행위에 대한 재판으로, 범죄 유무와 형벌의 양을 결정

• 행정 재판 : 행정 법규의 작용과 관련된 분쟁 해결

• 선거 재판 : 선거의 효력이나 당선 유무효에 대한 다툼 해결

④ 정당 해산 심판 : 정당의 목적이나 활동이 민주적 기본 질서에 어긋날 때 정부의 제소에 따라 심판
　　　　　　　　　　└ 소송을 제기하는 것을 말해요.
⑤ 권한 쟁의 심판 : 국가 기관 사이에 발생한 분쟁에 대한 심판

(2) 헌법 재판의 효력

위헌 법률 심판	위헌이면 해당 법률의 효력 상실
헌법 소원 심판	국민의 기본권 구제
탄핵 심판	탄핵이 결정되면 공직자 파면
정당 해산 심판	비민주적인 정당으로 결정되면 정당 해산
권한 쟁의 심판	권한 기관 결정

시험에 잘 나오는 자료

자료 ❶ 법원의 구성

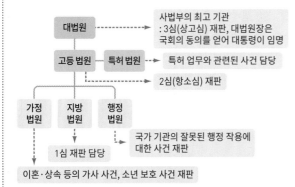

자료 ❷ 헌법 재판의 종류

▲ 헌법 재판소는 헌법의 해석과 관련된 분쟁을 심판한다.

1 빈칸에 들어갈 알맞은 말을 쓰시오.

(1) 법적 분쟁이 발생했을 때 법을 해석하고 적용하는 국가 작용을 (　　　)(이)라고 한다.

(2) 헌법에는 법원이 공정한 재판을 할 수 있도록 (　　　)을/를 보장하고 있다.

(3) 법관은 (　　　)와/과 법률에 의하여 그 양심에 따라 독립하여 심판한다.

(4) (　　　)은/는 위헌 법률 심판, 헌법 소원 심판 등을 통해 헌법을 수호하고 국민의 기본권을 보장한다.

2 옳은 내용에 ○표를 하시오.

(1) 사법부의 최고 기관은 (대법원, 고등 법원)이다.

(2) 개인 간의 관계에서 발생한 분쟁을 해결하는 민사 재판의 1심 판결은 (고등, 지방) 법원에서 맡는다.

(3) 법률이 헌법에 위반되는지 여부를 심판하는 것은 (위헌 법률, 헌법 소원) 심판이다.

3 밑줄 친 부분을 바르게 고쳐 쓰시오.

(1) 고등 법원은 <u>3심</u> 사건의 재판을 담당한다.
　　　　　　　　　　　　　　　　　(　　　)

(2) <u>대법원</u>은 최고의 헌법 수호 기관이자 국민의 기본권 보장 기관이다.　　(　　　)

4 내용이 옳으면 ○표, 틀리면 ×표 하시오.

(1) 사법권의 독립을 보장하는 것은 공정한 재판을 통해 사법부의 영향력을 강화하기 위해서이다.　　　　　　　　　　　　(　　　)

(2) 헌법 재판소 재판관은 법관의 자격이 있는 9명의 재판관으로 구성된다.　(　　　)

(3) 헌법 소원 심판은 법률이나 국가 권력이 국민의 기본권을 침해하고 있는지를 심판한다.
　　　　　　　　　　　　　　　　　(　　　)

01 밑줄 친 (가)와 (나)에 해당하는 용어가 바르게 연결된 것은?

> 사람들 사이에 다툼이 있거나 범죄가 발생했을 때 국가가 분쟁을 해결하고 사회 질서를 유지하기 위해 법을 적용하여 판단하는 국가 활동을 ___(가)___ 이라고 하며, 사법권이 있는 ___(나)___ 에서 그 역할을 담당한다.

	(가)	(나)		(가)	(나)
①	사법	국회	②	행정	국회
③	사법	법원	④	행정	법원
⑤	사법	정부			

적중 100%

02 다음 헌법 조항과 관련 있는 내용으로 옳지 <u>않은</u> 것은?

> 제103조 법관은 헌법과 법률에 의하여 그 양심에 따라 독립하여 심판한다.

① 사법권의 독립을 의미한다.
② 공정한 재판을 위한 조항이다.
③ 국민의 기본권을 보장하기 위해서이다.
④ 법을 적용할 때 외부의 압력을 받지 않아야 한다는 의미이다.
⑤ 법관을 국민의 직접 선거로 선출하여 재판이 이루어짐을 의미한다.

03 법관의 자격과 지위에 관한 내용으로 옳은 것을 〈보기〉에서 고른 것은?

> **보기**
> ㄱ. 대법원장의 임기는 6년이다.
> ㄴ. 법관의 자격과 임기는 법률로 정한다.
> ㄷ. 법관은 국회의 동의를 얻어 대법원장이 임명한다.
> ㄹ. 대법원장은 국무 회의에서 동의를 얻어 대통령이 임명한다.

① ㄱ, ㄴ   ② ㄱ, ㄷ   ③ ㄴ, ㄷ
④ ㄴ, ㄹ   ⑤ ㄷ, ㄹ

[04~05] 그림을 보고 물음에 답하시오.

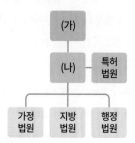

주관식

04 (가), (나)에 들어갈 법원 조직을 쓰시오.

적중 100%

05 (가), (나)와 관련된 내용으로 옳은 것은?

① (가)는 사법부의 최고 기관이다.
② (가)는 2심 재판을 담당한다.
③ (나)는 1심 재판을 담당한다.
④ (나)는 특허 관련 재판을 담당한다.
⑤ (가)와 (나)의 법관은 국회의 동의를 얻어 대통령이 임명한다.

06 (가), (나)에 해당하는 재판의 종류가 바르게 연결된 것은?

> (가) 개인 간의 관계에서 발생한 분쟁 해결
> (나) 범죄 행위에 관한 재판으로 범죄 유무와 형벌의 양을 결정

	(가)	(나)
①	민사 재판	행정 재판
②	민사 재판	형사 재판
③	형사 재판	민사 재판
④	형사 재판	행정 재판
⑤	행정 재판	형사 재판

[07~08] 다음 내용을 보고 물음에 답하시오.

> 갑 : 헌법 재판소는 어떻게 구성되나요?
> 을 : 헌법 재판소는 ㉠9명의 재판관으로 구성되는데, ㉡재판관은 대통령이 임명합니다. 이 중에 ㉢3명은 국회에서 선출하고, ㉣3명은 국무총리가 지명합니다. ㉤재판관의 임기는 6년입니다.
> 갑 : 헌법 재판소의 재판은 법원의 재판과 다른가요?
> 을 : 헌법 재판은 당사자뿐 아니라 모든 국가 기관이 그 재판 결과를 따라야 합니다. 해당 법률이 헌법에 위반된다고 결정하면 ___(가)___

적중 100%

07 ㉠~㉤ 중 옳지 <u>않은</u> 것은?

① ㉠　　② ㉡　　③ ㉢　　④ ㉣　　⑤ ㉤

08 밑줄 친 (가)에 들어갈 내용으로 옳은 것은?

① 그 법률은 효력을 상실하게 됩니다.
② 행정 법원에서 재판이 이루어집니다.
③ 대법원에서 최종 재판이 이루어집니다.
④ 국회에서 그 법률을 다시 심의하여 개정합니다.
⑤ 국무 회의에 상정되어 국무 위원의 심의를 받습니다.

주관식

09 빈칸에 공통으로 들어갈 용어를 쓰시오.

> 우리나라에서 모든 국가 작용은 최고법인 (　　)에 따라 이루어져야 하며 어떤 법률도 (　　)에 어긋나서는 안 된다. 만약 국가 권력이 (　　)과 다르게 행사되거나 국회에서 만든 법률이 이에 어긋나 국민의 기본권을 침해한다면 (　　) 재판을 통해 해결할 수 있다.

[10~11] 그림을 보고 물음에 답하시오.

10 (가)~(마)와 같은 역할을 담당하는 국가 기관은?

① 국회　　② 정부　　③ 감사원
④ 국무 회의　　⑤ 헌법 재판소

적중 100%

11 (가)~(마) 중 다음 사례에 해당하는 심판은?

> 국회에서 대통령을 포함한 고위직 공무원의 탄핵 소추를 의결했을 때 그 파면 여부를 결정하는 심판이다.

① (가)　　② (나)　　③ (다)　　④ (라)　　⑤ (마)

주관식

12 빈칸에 공통으로 들어갈 용어를 쓰시오.

> 헌법 소원 심판은 법률이나 국가 권력이 (　　)의 기본권을 침해하고 있는지를 심판하는 제도로, 기본권이 침해된 (　　)이/가 직접 헌법 재판소에 요청한다.

학교 시험 만점 문제

❶ 국회

01 오늘날 대부분의 민주 국가에서 다음과 같은 제도를 채택하는 까닭으로 가장 적절한 것은?

> 대부분의 민주 국가에서는 국민의 대표를 선출하여 그 대표로 하여금 정치를 맡도록 하고 있다.

① 대통령의 권한을 강화하기 위해서
② 국민의 정치적 무관심이 커지기 때문에
③ 직접 민주 정치의 실현이 어렵기 때문에
④ 선거 제도로 이상적인 정치를 실현할 수 있기 때문에
⑤ 국가 기관끼리 서로 견제해야 할 필요성이 줄어들었기 때문에

02 다음과 같이 구성되는 국가 기관의 역할로 옳은 것을 〈보기〉에서 고른 것은?

> 각 지역에서 선거를 통해 직접 선출한 지역구 국회의원과 정당별 득표율에 비례하여 선출된 비례 대표 국회의원으로 구성된다.

보기
ㄱ. 법률을 제정한다.
ㄴ. 예산안을 심의하고 확정한다.
ㄷ. 법률을 집행하고 정책을 수립한다.
ㄹ. 능률적인 의사 진행을 위해 국무 회의를 두고 있다.

① ㄱ, ㄴ 　② ㄱ, ㄹ 　③ ㄴ, ㄷ
④ ㄴ, ㄹ 　⑤ ㄷ, ㄹ

서술형

03 밑줄 친 (가)에 들어갈 알맞은 내용을 서술하시오.

> 국회의 가장 중요한 역할은 ____(가)____.
> 민주 국가에서 국가 기관을 조직하고 국가 권력을 행사할 때는 법률에 근거해야 하므로 입법에 관한 권한을 국민의 대표 기관인 국회에 부여하고 있다.

04 ㉠, ㉡에 해당하는 국회 권한이 바르게 연결된 것은?

> 국회는 국민의 대표 기관으로서 ㉠ 국정을 감시하고 행정부를 견제하는 권한과 ㉡ 헌법 기관 구성에 관한 권한을 가진다.

	㉠	㉡
①	법률 제정권	국정 감사권
②	법률 제정권	탄핵 소추권
③	탄핵 소추권	국정 조사권
④	국정 감사권	대법원장 임명 동의권
⑤	국정 감사권	탄핵 소추권

05 우리나라 법률 제정 절차이다. 이에 관한 설명으로 옳지 않은 것은?

① ㉠은 정부이다.
② ㉡은 상임 위원회이다.
③ ㉡에서 전문적으로 안건을 심의한 후 본회의에 상정한다.
④ ㉢은 대통령으로 15일 이내에 법률안을 공포하거나 거부권을 행사한다.
⑤ 본회의에서 출석한 의원 3분의 2가 찬성하면 법률안은 통과된다.

❷ 대통령과 행정부

06 우리나라 대통령에 관한 설명으로 옳지 않은 것은?

① 국가의 원수이며 행정부를 이끈다.
② 국군 통수권자로서 군대를 지휘한다.
③ 법률안을 공포하거나 거부권을 행사한다.
④ 국민의 직접 선거로 선출되고 임기는 4년이다.
⑤ 정책을 수립·집행하는 일에 최종 책임을 갖는다.

07 행정부 수반으로서 대통령의 권한으로 옳은 것은?

① 계엄을 선포한다.
② 외국과 조약을 체결한다.
③ 긴급 명령권을 행사한다.
④ 법률안 거부권을 행사한다.
⑤ 국회의 동의를 얻어 헌법 기관을 구성한다.

서술형
08 다음과 같은 일을 하는 국가 기관의 특징을 서술하시오.

> • 행정 기관과 공무원의 직무 감찰을 한다.
> • 국가의 세입과 세출을 검사한다.

09 (가)에 관한 설명으로 옳은 것을 〈보기〉에서 고른 것은?

보기
> ㄱ. (가)는 국무총리이다.
> ㄴ. 국무 회의의 의장이 된다.
> ㄷ. 국민의 직접 선거에 의해 선출된다.
> ㄹ. 대통령을 보좌하며 행정 각부를 지휘, 조정한다.

① ㄱ, ㄴ   ② ㄱ, ㄹ   ③ ㄴ, ㄷ
④ ㄴ, ㄹ   ⑤ ㄷ, ㄹ

---

❸ 법원과 헌법 재판소

서술형
10 다음 내용의 궁극적인 목적을 서술하시오.

> 법관이 법원 내부나 외부의 간섭이나 압력을 받지 않고 양심에 따라 독립하여 심판하도록 사법권의 독립을 보장하고 있다.

11 법원에 관한 설명으로 옳은 것을 〈보기〉에서 고른 것은?

보기
> ㄱ. 법관은 국민이 선거로 선출한다.
> ㄴ. 사법부의 최고 기관은 헌법 재판소이다.
> ㄷ. 분쟁을 해결하고 사회 질서를 유지한다.
> ㄹ. 대법원에서 최종 재판인 3심을 담당한다.

① ㄱ, ㄴ   ② ㄱ, ㄷ   ③ ㄴ, ㄷ
④ ㄴ, ㄹ   ⑤ ㄷ, ㄹ

12 헌법 재판소에 관한 설명으로 옳지 않은 것은?

① 독립된 국가 기관이다.
② 9명의 재판관으로 구성된다.
③ 헌법을 수호하고 국민의 기본권을 지킨다.
④ 국회에서 3명 선출하고, 3명은 국무총리가 지명한다.
⑤ 헌법 재판소장은 국회의 동의를 얻어 대통령이 임명한다.

13 (가), (나)에 해당하는 헌법 재판을 바르게 연결한 것은?

> (가) 법원의 제청이 있을 경우 국회가 만든 법률이 헌법에 위반되는지의 여부를 심판한다.
> (나) 국가 기관 간, 국가 기관과 지방 자치 단체 간에 다툼이 생긴 경우 이를 해결한다.

	(가)	(나)
①	위헌 법률 심판	탄핵 심판
②	위헌 법률 심판	권한 쟁의 심판
③	헌법 소원 심판	권한 쟁의 심판
④	헌법 소원 심판	정당 해산 심판
⑤	권한 쟁의 심판	정당 해산 심판

1 경제 활동과 경제 체제

🏃 시험에 꼭 나오는 개념 재화, 서비스, 생산, 분배, 소비, 희소성, 기회비용, 합리적 선택, 기본적인 경제 문제, 경제 체제

❶ 경제는 선택의 연속이다

1. 경제 활동

(1) **의미** ❶재화와 ❷서비스를 생산, 분배, 소비하는 활동

(2) **종류**

① 생산 활동 : 재화와 서비스를 만들어 내거나 만들어진 재화의 가치를 증대시키는 활동

② 분배 활동 : 생산 과정에 참여한 대가를 나누어 가지는 것

③ 소비 활동 : 재화나 서비스를 구입하여 사용하는 것

2.❸희소성 사람의 욕구는 무한한 데 비해 이를 충족해 줄 자원이 한정된 것 → 선택의 문제 발생

> 경제 문제가 발생하는 원인은 희소성 때문이예요. 한정된 자원을 효율적으로 사용하기 위해서는 무엇을 얼마나, 어떻게 생산해서 누가 사용할지를 결정해야 해요.

3. 기회비용 어떤 것을 선택함으로써 포기하는 대안 중에 가장 가치가 큰 것

4. 합리적 선택 가장 적은 ❹비용으로 가장 큰 ❺편익을 얻을 수 있는 선택 [자료]

❷ 시장 경제 체제와 계획 경제 체제는 어떻게 다를까?

1. 기본적인 경제 문제

> 희소성 때문에 발생해요.

무엇을 얼마나 생산할 것인가	생산물의 종류와 수량 결정
어떻게 생산할 것인가	생산 방법의 선택
누구를 위하여 생산할 것인가	생산된 가치를 어떻게 나눌 것인가의 문제

> '누구에게 얼마를 분배할 것인가'라고도 해요.

2. 경제 체제 기본적인 경제 문제를 해결하기 위해 제도적으로 정착된 방식

> 사유 재산 형성

시장 경제 체제	• 의미 : 경제 문제를 시장의 가격을 통해 해결하는 경제 체제 • 특징 : 개인의 이익 추구, 경쟁 활발 → 사회적 ❻효율성 증대, 자원의 효율적 배분 • 부작용 : 빈부 격차, 환경 오염
계획 경제 체제	• 의미 : 국가의 계획과 명령으로 경제 문제를 해결하는 경제 체제 • 특징 : ❼생산 수단의 공유로 부와 소득의 불평등 완화 • 부작용 : 경제적 비효율성, 노동 의욕 저하
혼합 경제 체제	시장 경제 체제를 바탕으로 정부가 경제에 개입하는 경제 체제

> 오늘날 대부분의 나라가 선택하고 있어요.

시험에 잘 나오는 자료

[자료] 소비에서 합리적 선택 과정

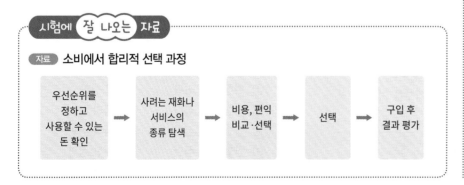

우선순위를 정하고 사용할 수 있는 돈 확인 → 사려는 재화나 서비스의 종류 탐색 → 비용, 편익 비교·선택 → 선택 → 구입 후 결과 평가

---

❶ 재화

옷, 집 등과 같이 인간의 필요와 욕구를 충족해 주는 물건이다.

❷ 서비스

의사의 진료와 같이 인간의 욕구를 충족해 주는 행위이다.

❸ 희소성과 재화

희소성은 자원의 절대적인 양보다는 인간의 욕망과 관련이 깊다.

경제재	희소성이 있어 대가를 치러야 얻을 수 있는 재화 예 집, 스마트폰 등
무상재	존재량이 무한하여 희소성이 없으므로 대가 없이 얻을 수 있는 재화 예 공기, 햇빛

❹ 비용

어떤 선택으로 발생하는 돈, 시간 등의 대가이다.

❺ 편익

선택으로 얻게 되는 이익이나 만족감이다.

❻ 효율성

한정된 자원으로 최대 만족을 얻는 것으로, 최소의 비용으로 최대 효과를 내는 것이다.

❼ 생산 수단

생산 과정에서 노동의 대상이나 도구가 되는 모든 생산의 요소이다. 토지, 삼림, 지하자원, 원료, 생산 용구, 생산용 건물, 교통 및 통신 수단 등이 있다.

기초 탄탄 개념 문제

1 빈칸에 들어갈 알맞은 말을 쓰시오.

(1) 사람에게 필요한 재화나 서비스를 생산하고 분배하며 소비하는 활동을 ( )(이)라고 한다.

(2) 인간의 욕구는 무한한 데 비해 이를 충족해 줄 자원이 한정된 것을 ( )(이)라고 한다.

(3) ( )는 시장 경제 체제를 바탕으로 정부가 경제에 어느 정도 개입하는 경제 체제이다.

2 관련 내용을 알맞게 연결하시오.

(1) 재화 •　　• ㉠ 옷, 집과 같은 물건

(2) 서비스 •　　• ㉡ 배달, 진료와 같은 인간의 행위

3 옳은 내용에 ○표를 하시오.

(1) (생산, 소비)은/는 재화나 서비스를 만들어 내거나 이미 만들어진 재화의 가치를 증대시키는 활동이다.

(2) 합리적 선택이란 가장 (큰, 적은) 비용으로 가장 (큰, 적은) 편익을 얻을 수 있는 선택이다.

4 밑줄 친 부분을 바르게 고쳐 쓰시오.

(1) 모든 사회는 기회비용 때문에 기본적인 경제 문제가 발생한다. ( )

(2) 시장 경제 체제는 이익 추구와 경쟁으로 사회 전체의 경제적 형평성이 높다. ( )

5 내용이 옳으면 ○표, 틀리면 ×표 하시오.

(1) 희소성 때문에 무엇을 얼마나 생산하고 소비할 것인지 선택의 문제가 발생한다. ( )

(2) 제품을 생산할 때 노동력을 이용할지, 아니면 기계를 이용할지를 고민하는 것은 생산물의 종류와 수량 결정에 관한 문제이다. ( )

(3) 계획 경제 체제는 자본주의와 결합하여 부와 소득의 불평등 완화가 목표이다. ( )

시험 적중 예상 문제

적중 100%

01 다음 내용에 해당하는 경제 활동의 대상으로 옳은 것은?

> 인간의 필요와 욕구를 충족해 주는 것 중 구체적인 형태를 가지고 있는 물건이다.

① 가수의 공연
② 교사의 수업
③ 의사의 진료
④ 변호인의 변론
⑤ 학생의 책가방

02 밑줄 친 부분에 해당하는 재화로 옳은 것은?

> 재화에는 대가를 치르지 않고 얻을 수 있는 재화와 일정한 대가를 치러야만 얻을 수 있는 재화가 있다.

① 교복
② 생수
③ 햇빛
④ 자동차
⑤ 스마트폰

03 생산 활동에 해당하는 사례를 〈보기〉에서 고른 것은?

> **보기**
> ㄱ. 농부가 농사를 짓는 것
> ㄴ. 마트에서 물건을 사는 것
> ㄷ. 생산된 물건을 운반하는 것
> ㄹ. 회사에서 일을 하고 월급을 받는 것

① ㄱ, ㄴ
② ㄱ, ㄷ
③ ㄴ, ㄷ
④ ㄴ, ㄹ
⑤ ㄷ, ㄹ

적중 100%

04 다음 내용이 의미하는 개념을 표현한 속담으로 가장 적절한 것은?

> 인간의 욕구는 무한한 데 비해 이를 충족해 줄 자원의 양은 한정되어 있는 현상이다.

① 낫 놓고 기역자도 모른다.
② 사촌이 땅을 사면 배가 아프다.
③ 가는 말이 고와야 오는 말도 곱다.
④ 바다는 메워도 사람의 욕심은 메울 수 없다.
⑤ 열 길 물 속은 알아도 한 길 사람 속은 모른다.

05 다음과 같은 상황을 겪게 되는 근본적인 까닭을 세 글자로 쓰시오.

> • 갑은 가진 용돈으로 영화를 볼지 책을 살지 고민하고 있다.
> • 정부는 사회 보장 예산을 늘릴지 국방 예산을 늘릴지 고민하고 있다.

08 합리적인 선택을 위한 기준으로 옳은 것은?

① 기회비용을 최대화한다.
② 같은 비용이면 편익이 큰 것을 선택한다.
③ 동일한 편익이라면 비용이 큰 것을 선택한다.
④ 최대의 비용으로 최소의 편익을 얻도록 선택한다.
⑤ 만족감과 상관없이 비용이 가장 적게 들도록 선택한다.

06 사례에서 갑의 선택에 따른 기회비용은?

> 갑은 제한된 용돈으로 분식집에서 무엇을 먹을까 고민하다 김밥, 떡볶이, 순대 중 순대를 먼저 포기하였다. 김밥과 떡볶이를 두고 고민하다가 최종적으로 김밥을 주문하였다.

① 김밥을 먹었을 때의 만족감
② 순대를 먹었을 때의 만족감
③ 떡볶이를 먹었을 때의 만족감
④ 김밥과 떡볶이를 먹었을 때의 만족감
⑤ 떡볶이와 순대를 먹었을 때의 만족감

09 다음 상황과 가장 관계 깊은 경제 문제로 옳은 것은?

> 사람을 더 고용해 수타식으로 면을 만들까? 아니면 기계를 사용해 만들까?

① 생산 방법의 문제　　② 생산 시기의 문제
③ 생산물의 분배 문제　④ 생산물의 수량 문제
⑤ 생산물의 종류 문제

07 스마트폰을 합리적으로 구입하기 위해 고려해야 할 사항을 〈보기〉에서 모두 고른 것은?

> 보기
> ㄱ. 가격과 상관없이 최근에 출시한 신제품을 선택한다.
> ㄴ. 동일한 만족감을 준다면 가장 가격이 싼 제품을 선택한다.
> ㄷ. 기본 요금, 데이터 양, 인터넷 속도 등을 검색하여 비교한다.
> ㄹ. 계획한 예산의 범위 내에서 가장 편익이 큰 제품을 선택한다.

① ㄱ, ㄴ　　② ㄱ, ㄷ　　③ ㄴ, ㄷ
④ ㄱ, ㄴ, ㄹ　　⑤ ㄴ, ㄷ, ㄹ

10 어떤 문제가 발생했을 때 그림과 같은 방식으로 해결하는 경제 체제의 특징이 **아닌** 것은?

> 시장에 맡겨 두면 돼. 배추 가격이 올라 소비량이 줄어 문제가 해결될 거야.

① 정부의 시장 개입을 최소화한다.
② 부와 소득의 불평등을 완화한다.
③ 이익 추구를 위한 경쟁이 활발하다.
④ 개인 경제 활동의 자유가 중시된다.
⑤ 적은 비용으로 많은 생산을 하려고 노력한다.

2 기업의 역할과 사회적 책임

🏃 시험에 꼭 나오는 개념 경제 주체, 기업, 이윤, 세금, 기업의 사회적 책임, 기업가 정신, 혁신

❶ 생산의 주체, 기업

1. 기업

(1) **의미** 생산 활동을 통해 ❶이윤의 극대화를 추구하는 경제 주체

(2) **역할** [자료]
┌ 재화와 서비스를 생산하는 데 필요한 요소로 노동, 토지, 자본을 생산의 3요소라고 해요.

① 가계로부터 생산 요소를 제공받고 가계에 일자리와 소득 제공

② 정부에 ❷세금 납부 → 국가 ❸재정 활동에 기여
└ 기업이 납부하는 세금은 국가 수입의 큰 비중을 차지해요.

③❹주주에게 이윤 배당

2. 기업의 사회적 책임

(1) **의미**

① 경제 관련 법령과 윤리를 준수

② 소비자, 주주, 지역 사회 등에 사회 구성원의 역할을 다하는 것

(2) **방법**

① 투명한 기업 경영, 법에 근거한 경제 활동

② 환경 보호, 장애인·여성 고용 확대, 적극적인 ❺기부 활동 등
미국의 한 신발 회사는 '일대일 기부' 방식으로 팔린 신발만큼 신발 없이 생활하는
제3 세계 어린이에게 신발을 기부함으로써 사회적 책임을 다하고 있어요.

❷ 기업가에게 필요한 자세는?

1. 기업가 정신

(1) **의미** 불확실성과 위험을 무릅쓰고 이윤을 창출하려는 기업가의 의지
└ 기업의 경영을 담당하는 사람이에요.

(2) **기업가의 혁신**
└ 기업가 정신의 핵심이에요.

① 의미 : 위험을 무릅쓰고 새로운 것을 개척하는 정신

② 혁신의 방법

• 새로운 제품 개발 ─ 현재 잘 팔리는 제품의 생산량을 늘리는 것은 혁신이 아니에요.

• 새로운 생산 기술과 방법 개발, 시장 개척

• 시장에 능동적으로 대처하는 새로운 경영 조직을 만드는 것 등

시험에 잘 나오는 자료

[자료] **경제 활동의 참여자들**

경제 활동을 이끄는 주체에는 가계, 기업, 정부가 있다.

• 가계는 기업에 노동과 자본 등을 제공하고 그 대가로 소득을 얻어 소비한다.

• 기업은 제공받은 노동과 자본 등을 이용해 재화나 서비스를 생산하여 이윤을 추구한다.

• 정부는 가계와 기업이 낸 세금으로 국방, 치안, 도로, 교육 등의 ❻공공재를 생산하거나 기업이 생산한 재화와 서비스를 소비한다.

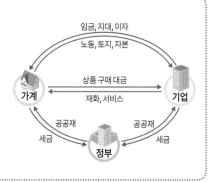

---

❶ 이윤

기업이 재화와 서비스를 팔아 생긴 수입에서 만드는 데 들어간 비용을 뺀 것을 말한다.

❷ 세금

정부나 지방 자치 단체가 필요한 경비로 사용하기 위하여 국민으로부터 강제로 거두어들이는 금전이다.

❸ 재정

정부의 수입과 지출에 관한 활동이다.

❹ 주주

주식을 가지고 직접 또는 간접으로 회사 경영에 참여하고 있는 개인이나 법인을 말한다.

❺ 기부

자선 사업이나 공공사업을 돕기 위하여 돈이나 물건 따위를 대가 없이 내놓는 것이다.

❻ 공공재

국방 서비스나 도로 등 대가를 내지 않아도 모든 사람이 함께 소비할 수 있는 재화나 서비스이다.

1 빈칸에 들어갈 알맞은 말을 쓰시오.

(1) 시장 경제 체제에서 기업은 생산 활동을 통해 ( )의 극대화를 추구한다.

(2) 기업은 생산 활동을 통해 벌어들인 수입 중 일부를 국가에 ( )으로 낸다.

(3) ( )(이)란 위험을 무릅쓰고 이윤을 창출하려는 기업가의 의지이다.

2 옳은 내용에 ○표를 하시오.

(1) 기업은 생산 활동을 통해 가계에 (소득, 세금)을 제공한다.

(2) 기업이 법령과 윤리를 준수하고 사회 구성원의 역할을 다하는 것을 (기업의 사회적 책임, 기업가 정신)이라고 한다.

(3) (이윤, 혁신)은 새로운 제품을 개발하고 생산 기술이나 방법을 새로운 것으로 대체하는 것이다.

3 밑줄 친 부분을 바르게 고쳐 쓰시오.

(1) 정부는 노동, 토지, 자본 등의 생산 요소를 기업에 제공한다. ( )

(2) 기업이 혁신을 추구하는 과정에서 소비자는 우수한 제품을 보다 비싼 가격으로 구입할 수 있다. ( )

4 내용이 옳으면 ○표, 틀리면 ×표 하시오.

(1) 기업이 내는 세금은 국가 재정 활동에 영향을 주지 않는다. ( )

(2) 오늘날에는 생산 활동을 통한 기여 외에도 기업의 사회적 책임이 강조되고 있다. ( )

(3) 혁신은 현재 잘 팔리고 있는 제품의 생산량을 늘리는 것이다. ( )

5 생산 요소와 관련된 내용을 알맞게 연결하시오.

(1) 토지 •   • ㉠ 지대

(2) 노동 •   • ㉡ 이자

(3) 자본 •   • ㉢ 임금

시험 적중 예상 문제

[01~03] 그림은 경제 활동의 순환을 나타낸 것이다.

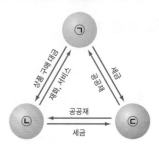

01 ㉠~㉢에 들어갈 경제 주체를 옳게 연결한 것은?

	㉠	㉡	㉢		㉠	㉡	㉢
①	가계	기업	정부	②	가계	정부	기업
③	기업	가계	정부	④	기업	정부	가계
⑤	정부	가계	기업				

02 위 그림에 관한 설명으로 옳은 것은?

① ㉠은 세금을 거두어 소비 활동을 하는 경제 주체이다.

② ㉡은 경제 활동에서 재화와 서비스를 생산하는 경제 주체이다.

③ ㉢은 최소의 비용으로 최대의 이윤을 추구하는 활동을 한다.

④ ㉢은 ㉠에게 생산 요소를 제공하고 그 대가로 소득을 얻는다.

⑤ ㉠은 ㉡과 ㉢이 내는 세금으로 공공재를 생산한다.

03 위 그림에서 ㉠에 관한 설명으로 옳은 것을 〈보기〉에서 고른 것은?

보기
ㄱ. 소득의 일부를 세금으로 낸다.
ㄴ. 주로 재화와 서비스를 소비하는 주체이다.
ㄷ. 경제 활동에 필요한 규칙을 제정한다.
ㄹ. 국방, 치안, 교육 등 공공재를 공급한다.

① ㄱ, ㄴ   ② ㄱ, ㄹ   ③ ㄴ, ㄷ
④ ㄴ, ㄹ   ⑤ ㄷ, ㄹ

04 **적중 100%** 기업에 해당하는 설명을 〈보기〉에서 고른 것은?

보기

ㄱ. 생산 활동을 담당하는 경제 주체이다.
ㄴ. 최소 비용으로 최대 편익을 얻는 것을 목적으로 한다.
ㄷ. 가계에서 제공한 생산 요소를 사용한 대가를 지불한다.
ㄹ. 생산 활동에 참여하여 얻은 소득으로 소비 활동을 한다.

① ㄱ, ㄴ　　　② ㄱ, ㄷ　　　③ ㄴ, ㄷ
④ ㄴ, ㄹ　　　⑤ ㄷ, ㄹ

05 경제 주체로서 정부에 관한 설명으로 옳지 <u>않은</u> 것은?

① 가계와 기업으로부터 세금을 거둔다.
② 교육, 국방, 치안 등 공공재를 공급한다.
③ 생산의 주체이자 소비의 주체이기도 하다.
④ 경제 질서를 유지하기 위해 규칙이나 명령을 만든다.
⑤ 세계화 시대에 중요성이 커지고 있는 무역의 주체이다.

06 사례를 통해 알 수 있는 내용으로 가장 적절한 것은?

미국의 ○○ 슈즈는 일대일 기부 방식으로 신발을 판매하고 있다. 신발 한 켤레가 팔릴 때마다 한 켤레를 기부하는 것이다. 이러한 판매 방식은 ○○ 슈즈의 매출 증대에 크게 이바지하였다.

① 기업가의 혁신　　　② 기업의 이윤 추구
③ 법령과 윤리 준수　　④ 기업 경영의 투명성
⑤ 기업의 사회적 책임

07 **주관식** **적중 100%** 다음 설명에 해당하는 용어를 두 글자로 쓰시오.

• 기업이 생산 활동을 통해 얻고자 하는 궁극적인 목적이다.
• 기업이 재화와 서비스를 팔아 생긴 수입에서 만드는 데 들어간 비용을 뺀 것이다.

08 기업의 사회적 책임에 해당하는 것을 〈보기〉에서 고른 것은?

보기

ㄱ. 이윤을 극대화한다.
ㄴ. 환경 정화 시설을 설치한다.
ㄷ. 장애인이나 여성 고용을 축소한다.
ㄹ. 기부 활동을 통해 사회 전체의 복지 증진에 기여한다.

① ㄱ, ㄴ　　　② ㄱ, ㄷ　　　③ ㄴ, ㄷ
④ ㄴ, ㄹ　　　⑤ ㄷ, ㄹ

09 **주관식** 다음 내용에 해당하는 용어를 쓰시오.

기업이 새로운 제품을 개발하려고 할 때 기업가는 그 제품이 시장에서 성공을 거둘지 모르는 상황에서 위험을 무릅쓰고 자금 등을 투자한다. 기업가가 이러한 도전을 하는 것은 이윤을 만들어 내기 위한 의지이다.

10 **적중 100%** 기업가 정신 중 혁신의 사례로 보기 <u>어려운</u> 것은?

① 새로운 상품을 개발한다.
② 새로운 상품 판매 시장을 개척한다.
③ 새로운 생산 기술이나 방법을 도입한다.
④ 새로 출시된 상품이 잘 팔려 생산량을 늘린다.
⑤ 변화에 능동적으로 대처할 수 있도록 경영 조직을 개선한다.

3 지속 가능한 경제생활

✦시험에 꼭 나오는 개념 생애 주기, 자산 관리, 예금, 주식, 안전성, 수익성, 유동성, 신용 관리

❶ 경제생활은 일생 동안 이루어진다

1. 일생 동안의 경제생활

(1) **소비자 역할** 인간이 태어나면서부터 평생에 걸쳐 이루어짐

(2) **생산자 역할** 직장에 취업하여 은퇴할 때까지 이루어짐

(3) **지속 가능한 경제 활동** 각 시기 경제 활동의 특징을 파악 → 계획적인 경제생활

└─ 안정적인 삶을 살기 위해 필요해요.

2. 생애 주기에 따른 경제생활 ❶ 자료❶

생애 주기	내용
유소년기	• 부모의 ❷소득에 의존하여 주로 소비 활동을 함 • 바람직한 경제생활 태도를 형성해야 함
청년기 본격적으로 생산 활동에 참여하는 시기예요.	• 취업과 함께 소득 발생 • 소득과 지출이 모두 적은 시기
❸장년기	• 소득이 가장 증가 • 주택 마련, 자녀 양육과 자녀 결혼 등에 따른 소비도 많음 • 노후 준비를 위해 소비를 줄이고 저축해야 함 └─ 소득에서 소비하지 않은 나머지를 말해요.
노년기	• ❹은퇴로 소득이 줄어 소득보다 소비가 많음 • 고령화로 노년기가 길어지고 그 중요성이 커짐

└─ 미리 노후 대비 자금이나 연금 등을 준비해야 해요.

❷ 자산과 신용을 어떻게 관리할까?

1. 지속 가능한 소비 생활

┌─ 평균 수명의 연장, 정년 단축 등으로 소득 없이 노후를 보내야 하는 기간이 길어지고 있으므로 노후를 대비하기 위한 노력이 필요해요.

(1) **소비 생활** 태어나면서부터 죽을 때까지 평생 동안 이루어짐

(2) **소득** 생산 활동을 통해 얻는 기간과 양이 한정되어 있음

(3) **자산 관리와 신용 관리** 지속 가능한 소비 생활을 위해 필요함

2. 자산 관리

(1) **자산** 자신이 소유하고 있는 것 중에서 경제적 가치를 지닌 것, 즉 현금화할 수 있는 것

└─ 자산은 부동산, 귀금속, 자동차 등과 같은 실물 자산과 현금, 예금, 주식, 채권 등과 같은 금융 자산으로도 나눌 수 있어요.

(2) **자산 관리** 소득과 소비를 고려하여 자산을 확보하고 운영하는 것 자료❷

└─ 자신이 추구하는 목적과 기간에 따라 알맞은 자산을 선택해서 관리해야 해요.

(3) **자산의 종류**

종류	내용
예금	이자 등을 목적으로 금융 기관에 맡긴 자산
적금	금융 기관에 일정 금액을 일정 기간 동안 넣은 다음에 찾는 예금
주식	❺주식회사가 자본금을 마련하기 위해 발행하는 증서
채권	정부, 기업 등이 자금을 마련하기 위해 일정한 이자 지급을 약속하고 발행하는 증서
부동산	토지나 건물 등 옮길 수 없는 자산

└─ 일정 금액을 한꺼번에 은행에 맡기는 것을 정기 예금이라고 해요.

---

❶ 생애 주기
시간의 흐름에 따라 개인이나 가족의 생활 모습이 어떻게 변화하는지를 단계로 나타낸 것이다.

❷ 소득
개인이 노동, 토지, 자본 등 생산 요소를 제공하고 받은 대가로 임금, 지대, 이자 등을 말한다.

❸ 장년기
한창 일할 시기로 성인기라고도 한다.

❹ 은퇴
직업이나 직책에서 손을 떼고 한가하게 지내는 것이다.

❺ 주식회사
주식의 발행을 통하여 여러 사람으로부터 자본을 조달받아 설립한 회사이다.

❻ 투자
금융 자산이나 실물 자산을 구입하여 운영하는 것을 말한다.

(4) 자산의 특성

특성	내용
안전성	❺투자한 원금이 손실되지 않는 정도
수익성	투자를 통해 이익을 얻을 가능성이 큰 정도
유동성	돈이 필요할 때 바로 현금화할 수 있는 정도

(5) 자산별 특성

① 예금과 적금 : 일반적으로 안전성이 높고 수익성이 낮음

② 주식 : 안전성은 낮지만 수익성이 높음

③ 부동산 : 유동성이 낮음

3. 신용 관리

(1) **신용**　사람의 경제적 지불 능력, 또는 지불 능력에 관한 사회적 평가

(2) **신용 관리의 중요성**　신용을 고려하여 합리적인 소비
　　└ 자신의 지불 능력을 고려하지 않고 연체 등을 하면
　　정상적인 경제생활에 지장을 초래해요.

시험에 잘 나오는 자료

자료❶ 생애 주기에 따른 수입과 지출

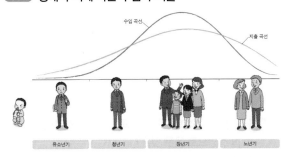

수입 곡선　지출 곡선

유소년기　청년기　장년기　노년기

▲ 인간의 생애 주기를 보면 소득을 얻는 기간은 한정되어 있지만 소비는 평생 동안 지속된다. 그러므로 생애 주기의 소득과 소비를 고려하여 자산을 확보하고 합리적으로 관리해야 한다. 특히 고령화 시대로 접어들면서 행복한 노후를 위해 자산 관리의 필요성은 더욱 커지고 있다.

자료❷ 자산 관리의 원칙

> 달걀을 한 바구니에 몽땅 담아서는 안 된다. 만일 바구니를 떨어뜨리면 모든 것이 끝나기 때문이다.

▲ 1981년 자산 관리에 관한 포트폴리오 이론 정립에 이바지하여 노벨 경제학상을 수상한 제임스 토빈 교수는 자산 관리의 원칙을 위와 같이 말하였다. 이 말은 자산을 안전성, 수익성, 유동성을 고려하여 예금, 주식, 부동산 등에 분산 투자하라는 것이다.

---

1 빈칸에 들어갈 알맞은 말을 쓰시오.

(1) (　　　)은/는 소득 가운데 소비하지 않은 나머지로 미래의 소비를 위해 현재의 소비를 억제하는 것이다.

(2) (　　　)은/는 자신이 소유하고 있는 것 중에서 경제적 가치를 지닌 것을 말한다.

(3) 사람의 경제적 지불 능력 또는 지불 능력에 관한 사회적 평가를 (　　　)(이)라고 한다.

2 옳은 내용에 ○표를 하시오.

(1) 인간의 (소비, 생산) 활동은 태어나서 죽을 때까지 평생에 걸쳐 이루어진다.

(2) (장년기, 노년기)는 은퇴 후 모은 돈을 가지고 여생을 보내는 시기로 고령화 시대에 접어들면서 중요성이 커지고 있다.

(3) 이자 등을 목적으로 금융 기관에 맡긴 자산을 (예금, 주식)이라고 한다.

(4) 예금과 적금은 안전성은 높은 데 비해 (수익성, 유동성)이 낮은 편이다.

3 밑줄 친 부분을 바르게 고쳐 쓰시오.

(1) 장년기에는 본격적으로 생산 활동에 참여하여 소득을 형성하지만 그 크기가 작다.

　　　　　　　　　　　　　　　(　　　　　)

(2) 주식은 기업이나 정부에 돈을 빌려주고 일정한 이자를 받을 수 있는 자산이다. (　　　　　)

4 내용이 옳으면 ○표, 틀리면 ×표 하시오.

(1) 부동산은 현금화하기 어렵기 때문에 유동성이 낮은 편이다. (　　　　　)

(2) 소비 생활과 생산 활동은 태어나서 죽을 때까지 평생 이루어진다. (　　　　　)

5 자산의 특성과 그 내용을 알맞게 연결하시오.

(1) 안전성 •　　• ㉠ 이익을 얻을 수 있는 정도

(2) 수익성 •　　• ㉡ 투자한 원금이 보장되는 정도

(3) 유동성 •　　• ㉢ 바로 현금화할 수 있는 정도

적중 100%

01 그림에 대한 분석으로 옳은 것을 〈보기〉에서 고른 것은?

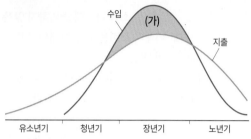

수입
(가)
지출

유소년기　　청년기　　장년기　　노년기

보기
ㄱ. (가) 영역은 저축을 나타낸다.
ㄴ. 안정적인 노후 생활을 위해 (가)를 줄여야 한다.
ㄷ. 은퇴 이후의 생활은 장년기의 저축에 의존한다.
ㄹ. 소득은 평생 얻을 수 있지만 소비 기간은 한정된다.

① ㄱ, ㄴ　　　② ㄱ, ㄷ　　　③ ㄴ, ㄷ
④ ㄴ, ㄹ　　　⑤ ㄷ, ㄹ

적중 100%

02 생애 주기에 따른 경제생활에 관한 설명으로 옳은 것을 〈보기〉에서 고른 것은?

보기
ㄱ. 유소년기는 소비가 감소하여 저축이 증가하는 시기이다.
ㄴ. 청년기는 경제 활동이 가장 왕성하여 소득이 가장 많은 시기이다.
ㄷ. 장년기에는 주택 마련, 자녀 교육과 자녀 결혼 등에 지출이 많아진다.
ㄹ. 노년기에는 소득이 크게 줄어들거나 없어져 소득보다 소비가 많아진다.

① ㄱ, ㄴ　　　② ㄱ, ㄷ　　　③ ㄴ, ㄷ
④ ㄴ, ㄹ　　　⑤ ㄷ, ㄹ

03 다음 내용에 해당하는 생애 주기 단계는?

- 본격적으로 생산 활동에 참여하여 소득이 발생하는 시기이다.
- 소득의 크기가 크지 않아 소득보다 소비가 많은 경우도 발생한다.
- 결혼과 자녀 출산 등에 대비하여 무분별한 소비를 줄여야 한다.

① 유소년기　　② 청년기　　③ 중년기
④ 장년기　　　⑤ 노년기

적중 100%

04 다음 내용에 해당하는 생애 주기 단계는?

고령화 시대에 접어들면서 그 중요성이 커지고 있는 시기이다. 소득은 줄어들거나 거의 없어지고 건강 관리 비용이나 병원비 등의 지출은 증가하여 소득보다 소비가 많다.

① 유소년기　　② 청년기　　③ 중년기
④ 장년기　　　⑤ 노년기

05 자산의 수익과 위험 정도를 나타낸 그래프이다. 이에 관한 설명으로 옳은 것은?

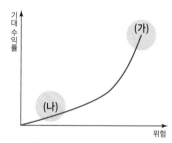

기대 수익률
(가)
(나)
위험

① (가)에 가까울수록 수익성이 낮다.
② (가)에는 저위험의 자산이 속한다.
③ (나)에는 주식과 채권이 해당한다.
④ (나)에 가까울수록 안전성이 높다.
⑤ 안전성이 높을수록 수익성과 위험성도 높다.

06 자산의 종류별 특성으로 옳은 것을 〈보기〉에서 고른 것은?

보기
ㄱ. 채권과 주식은 안전성이 높다.
ㄴ. 주식은 예금보다 수익성이 높다.
ㄷ. 예금은 채권보다 위험성이 높다.
ㄹ. 부동산은 주식보다 유동성이 낮다.

① ㄱ, ㄴ   ② ㄱ, ㄷ   ③ ㄴ, ㄷ
④ ㄴ, ㄹ   ⑤ ㄷ, ㄹ

07 빈칸에 공통으로 들어갈 자산의 종류는?

• (   )은/는 중앙 정부나 지방 자치 단체 등이 정책이나 사업 수행에 필요한 자금을 투자자로부터 빌려 쓰면서 발행하는 채무 증서이다.
• (   )은/는 주로 정부나 신용도가 높은 회사에서 발행하므로 원금과 이자에 대한 안전성이 높은 편이다.

① 예금   ② 주식   ③ 채권
④ 펀드   ⑤ 부동산

08 다음과 가장 관련 깊은 자산의 종류를 쓰시오.

• 이자를 목적으로 금융 기관에 한꺼번에 돈을 맡기는 자산이다.
• 원금의 손실을 막을 수 있으므로 가장 안정적이지만 수익성은 매우 낮다.

09 자산을 관리해야 할 필요성으로 볼 수 <u>없는</u> 것은?

① 좀 더 풍요롭고 안정적인 생활을 하기 위해서
② 사고 등의 예기하지 못한 지출에 대비해야 하므로
③ 지속 가능한 생산 활동과 소비 생활을 하기 위해서
④ 고령화로 노후를 보내야 하는 기간이 길어지고 있어서
⑤ 주택 마련이나 자녀 결혼 등과 같이 목돈이 필요한 경우가 발생하기 때문에

10 빈칸에 공통으로 들어갈 자산의 특성을 쓰시오.

• (   )은 투자한 금액에 비해 이익을 낼 수 있는 정도를 말한다.
• 주식은 예금에 비해 높은 이익을 기대할 수 있어서 (   )이 높다.

11 다음과 같은 거래 방식에 관한 설명으로 옳은 것은?

① 미래의 재정 부담을 줄여준다.
② 물건을 충동적으로 구매할 우려가 있다.
③ 현금을 가지고 다녀야 하는 불편함이 있다.
④ 현재의 소득을 초과하는 소비를 할 수 없다.
⑤ 소득이나 지불 능력을 고려하지 않아도 된다.

12 신용 거래에 관한 설명으로 옳은 것을 〈보기〉에서 고른 것은?

보기
ㄱ. 충동구매나 과소비를 줄여준다.
ㄴ. 미래의 만족을 앞당겨 누릴 수 있다.
ㄷ. 현금이 없어도 재화나 서비스를 살 수 있다.
ㄹ. 비용을 먼저 지불하고 상품을 나중에 받는 방법이다.

① ㄱ, ㄴ   ② ㄱ, ㄷ   ③ ㄴ, ㄷ
④ ㄴ, ㄹ   ⑤ ㄷ, ㄹ

❶ 경제 활동과 경제 체제

01 밑줄 친 ㉠~㉣ 중 서비스에 해당하는 것은?

> 갑은 좋아하는 아이돌 가수의 ㉠공연을 보고 친구와 저녁으로 ㉡떡볶이를 먹었다. 돌아오는 길에 편의점에 들러 ㉢음료수를 사고 나오는데 옆 가게에서 오늘 공연장에서 들은 ㉣노래가 흘러나왔다.

① ㉠, ㉡   ② ㉠, ㉣   ③ ㉡, ㉢
④ ㉡, ㉣   ⑤ ㉢, ㉣

02 소비 활동을 〈보기〉에서 고른 것은?

> 보기
> ㄱ. 회사원이 임금을 받는다.
> ㄴ. 버스를 타고 등교를 한다.
> ㄷ. 가게에서 식료품을 산다.
> ㄹ. 회사에서 신제품을 개발한다.

① ㄱ, ㄴ   ② ㄱ, ㄷ   ③ ㄴ, ㄷ
④ ㄴ, ㄹ   ⑤ ㄷ, ㄹ

서술형

03 다음과 같은 현상이 나타나는 근본적인 원인을 서술하시오.

> 빈센트 반 고흐의 작품은 고흐가 살아 있을 당시에는 사려는 사람이 거의 없었다. 하지만 고흐가 사망한 후 그의 작품은 생전에는 상상할 수 없을 만큼 비싼 가격에 거래되고 있다.

04 다음 내용이 공통으로 설명하는 개념은?

> • 어떤 것을 선택함으로써 포기한 대안 중에 가장 가치가 큰 것이다.
> • 사람마다 기호나 가치관이 다르기 때문에 달라질 수 있다.

① 편익   ② 무상재   ③ 서비스
④ 희소성   ⑤ 기회비용

05 배추 수확량이 줄었을 때 다음과 같이 경제 문제를 해결하는 경제 체제에 관한 설명으로 옳은 것은?

> 정부의 가구당 배추 배급량을 이전보다 줄여야지.

① 자원 활용의 효율성이 높다.
② 개인이 재산을 소유할 수 있다.
③ 개인의 창의적인 활동이 제한된다.
④ 경제 문제가 시장을 통해 해결된다.
⑤ 개인의 잠재력을 최대한 발휘할 수 있다.

❷ 기업의 역할과 사회적 책임

06 (가), (나)에 해당하는 경제 주체를 옳게 연결한 것은?

	생산 요소 구입, 상품 생산·판매 →	
(가)	← 생산 요소 제공, 상품 구매 대금	(나)

	(가)	(나)		(가)	(나)
①	가계	기업	②	가계	정부
③	기업	정부	④	기업	가계
⑤	정부	기업			

07 경제 주체의 상호 작용에 관한 설명으로 옳은 것을 〈보기〉에서 고른 것은?

> 보기
> ㄱ. 정부는 가계와 기업으로부터 세금을 걷는다.
> ㄴ. 기업의 생산 요소 구입 비용은 가계의 소득이 된다.
> ㄷ. 기업은 가계에게 노동, 토지, 자본 등을 제공한다.
> ㄹ. 가계는 기업과 정부에게 재화와 서비스를 공급한다.

① ㄱ, ㄴ   ② ㄱ, ㄷ   ③ ㄴ, ㄷ
④ ㄴ, ㄹ   ⑤ ㄷ, ㄹ

08 기업과 관련된 설명으로 옳지 <u>않은</u> 것을 〈보기〉에서 고른 것은?

> 〈보기〉
> ㄱ. 오늘날에는 기업의 사회적 책임이 약화되고 있다.
> ㄴ. 기업의 혁신으로 소비자는 제품을 비싸게 구입한다.
> ㄷ. 기업이 내는 세금은 국가 수입에서 큰 비중을 차지한다.
> ㄹ. 위험을 감수하고 신제품을 만드는 기업가의 활동은 혁신이다.

① ㄱ, ㄴ ② ㄱ, ㄷ ③ ㄴ, ㄷ
④ ㄴ, ㄹ ⑤ ㄷ, ㄹ

❸ 지속 가능한 경제생활

09 다음 내용에 해당하는 생애 주기를 아래 그래프에서 찾으면?

> 직장에서 은퇴를 하고 별다른 수입 없이 연금 등으로 여생을 보내는 시기로, 수입보다는 지출이 많고 병원비 등이 많이 필요하기 때문에 계획적인 경제생활의 중요성이 느껴지는 시기이다.

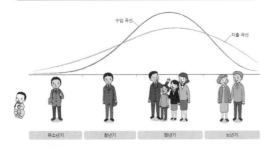

① 유소년기 ② 청년기 ③ 장년기
④ 노년기 ⑤ 전 생애

10 생애 주기에 따른 수입과 지출에 관한 설명으로 옳지 <u>않</u>은 것은?

① 유소년기에는 부모의 소득에 의존하여 소비한다.
② 청년기는 취업을 통해 소득을 형성하는 시기로 소득이 적다.
③ 장년기에는 소득이 크게 증가하지만 소비도 크게 증가한다.
④ 노년기에는 은퇴를 하고 모아 둔 돈을 가지고 여생을 보낸다.
⑤ 소득은 평생에 걸쳐 형성되지만 소비를 할 수 있는 기간은 한정되어 있다.

〈서술형〉

11 빈칸에 들어갈 자산의 특성 세 가지를 제시하고 그 의미를 서술하시오.

> 자산 관리의 원칙으로 다음과 같은 말이 있다.
> "달걀을 한 바구니에 몽땅 담아서는 안 된다. 만일 바구니를 떨어뜨리면 모든 것이 끝나기 때문이다."
> 이 말은 자산을 (   )을 고려하여 예금, 주식, 부동산 등에 분산 투자하라는 것이다.

12 신용 거래의 장점으로 옳은 것을 〈보기〉에서 고른 것은?

> 〈보기〉
> ㄱ. 목돈이 필요할 때 자금을 마련할 수 있다.
> ㄴ. 당장 돈이 없어도 필요한 소비를 할 수 있다.
> ㄷ. 충동구매를 통해 불필요한 상품을 구매할 수 있다.
> ㄹ. 미래의 소득이나 지불 능력을 고려하지 않고 구매할 수 있다.

① ㄱ, ㄴ ② ㄱ, ㄷ ③ ㄴ, ㄷ
④ ㄴ, ㄹ ⑤ ㄷ, ㄹ

① 시장의 의미와 종류

🔆 시험에 꼭 나오는 개념 시장, 교환, 사회적 분업, 거래 비용, 보이는 시장, 보이지 않는 시장, 생산물 시장, 생산 요소 시장

❶ 시장이란 무엇일까?

1. 시장의 의미와 발생 과정

(1) 시장의 의미

① 의미 : 물건을 사고자 하는 사람과 팔고자 하는 사람이 자발적으로 만나 거래가 이루어
지는 장소

② 형성 : 교통이 편리한 곳에 형성

(2) 시장의 발생 과정 [자료❶] ┌자급자족 생활은 모든 것을 스스로 만들어야 하므로 생산성이 낮아요.

① 자급자족 단계 : 필요한 물건을 스스로 만들어 사용

② 교환 시작 : 쓰고 남은 물건을 바꾸다가 이에 그치지 않고 잘 만들 수 있는 물건을 더 많
이 생산하여 다른 물건과 교환(❶사회적 분업 시작)

③ 시장의 발생 : 효율적인 교환을 위해 시간과 장소를 정하여 모임

2. 시장의 기능 [자료❷]

(1)❷거래 비용 감소 교환에 드는 시간과 비용이 줄어듦 ┌소비자는 다양하고 많은 상품을 직접 비교함으로써
더 좋은 상품을 살 수 있어요.

(2) 상품 정보 확인 시장을 통해 상품의 가격, 품질 등에 관한 많은 정보를 얻음

(3)❸생산성 증대 분업을 촉진하여 질 좋은 제품을 효율적으로 생산함 → 사회 전체의 생
산량이 증가함

❷ 시장에는 어떤 종류가 있을까? [자료❸]

1. 보이는 시장과 보이지 않는 시장

(1) 보이는 시장 ┌소비자가 돈을 주고 판매자가 물건을 주는 모습을 눈으로 직접 볼 수 있어요.

① 의미 : 사고파는 모습이 구체적으로 드러나는 시장

② 사례 : ❹재래시장, 백화점, 대형 할인점 등

(2) 보이지 않는 시장

① 의미 : 사고파는 모습이 보이지 않더라도 거래가 이루어지는 시장

② 사례 : ❺주식 시장, 외환 시장, 전자 상거래 등

2. 생산물 시장과 생산 요소 시장

(1) 생산물 시장 ┌재화와 서비스가 거래돼요.

① 의미 : 일반 소비자가 사용하는 상품이 판매되는 시장

② 사례 : 옷 시장, 식품 가게, 백화점 등

(2) ❻생산 요소 시장

① 의미 : 생산물을 만드는 데 필요한 생산 요소가 거래되는 시장

② 사례 : 노동, 토지, 자본 등을 거래하는 시장

---

❶ 사회적 분업

하나의 생산 부문을 특정한 개인이나 집단이 전담하는 것을 의미한다.

❷ 거래 비용

시장이 없다면 자신이 필요한 물건을 가지고 있는 사람을 직접 찾아야 하며, 그 사람이 자기가 가지고 있는 물건을 원하지 않으면 교환이 어렵다. 이러한 것들이 거래 비용에 해당한다.

❸ 생산성

물건을 생산할 때의 효율성을 의미하는 것으로 분업을 통해 특정 분야를 전문화할 경우 업무가 숙달되어 질 좋은 제품을 더욱 효율적으로 생산할 수 있다.

❹ 재래시장

예부터 있어 상품을 사고팔던 시장을 재래시장이라고 한다. 화개 장터나 남대문 시장 등이 이에 해당한다.

❺ 주식 시장

▲ 보이지 않는 시장 주식 시장은 주식회사의 자본을 구성하는 단위인 주식을 사고파는 시장이다. 사는 사람과 파는 사람이 직접 만나지 않고 거래가 이루어지므로 보이지 않는 시장에 속한다.

❻ 생산 요소

생산 요소는 상품의 생산 과정에 사용되는 자원을 의미한다. 크게 노동, 토지, 자본 등이 생산 요소에 해당한다.

3. 다양한 시장의 분류

(1) **개설 시기에 따른 분류** 매일 열리는 상설 시장, 특정 날짜에만 열리는 정기 시장 –3일장, 5일장 등이 해당돼요.

(2) **판매 대상에 따른 분류** 상인을 대상으로 하는 도매 시장, 소비자를 대상으로 하는 소매 시장 물건을 낱개로 파는 것이 아니라 묶음으로 파는 것을 말해요.

(3) **거래되는 상품에 따른 분류** 농산물 시장, 수산물 시장, 주식 시장 등

시험에 잘 나오는 자료

자료❶ 시장의 발생 과정

자급자족	자신에게 필요한 물건을 스스로 만들어 사용

⬇

교환 시작	교환이 모두에게 이익이 됨을 깨닫고, 자신이 잘 만들 수 있는 물건을 더 많이 생산하여 자신이 필요한 물건과 바꿈

⬇

시장의 발생	효율적인 교환을 위해 시간과 장소를 정하여 모임

자료❷ 시장의 기능

거래 비용 감소	교환에 드는 시간과 비용을 줄여줌
상품 정보 확인	많은 상품과 사람이 모여 상품의 가격과 품질 등의 정보를 얻을 수 있음
생산성 증대	분업을 촉진하여 질 좋은 제품이 더 효율적으로 생산됨

자료❸ 시장의 구분

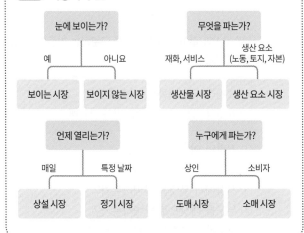

---

1 빈칸에 들어갈 알맞은 말을 쓰시오.

(1) 하나의 생산 부문을 특정한 개인이나 집단이 전담하는 것을 (　　　)(이)라고 한다.

(2) 시장은 교환에 드는 시간과 비용인 (　　　)을/를 줄이는 기능을 한다.

(3) 시장은 (　　　)에 따라 도매 시장과 소매 시장으로 나눌 수 있다.

2 옳은 내용에 ○표를 하시오.

(1) 자신에게는 풍족하지만, 상대방에게는 부족한 물건을 서로 바꾸어 쓰면 모두에게 (이익, 손해)이/가 된다.

(2) 시장은 분업을 촉진하여 질 좋은 제품을 더 효율적으로 생산하도록 하며, 사회 전체의 생산량이 (증가, 감소)하게 한다.

(3) 주식 시장, 외환 시장, 전자 상거래 등은 (보이는, 보이지 않는) 시장이다.

(4) 시장을 개설 시기에 따라 구분할 때 매일 열리는 시장을 (상설, 정기) 시장이라고 한다.

3 내용이 옳으면 ○표, 틀리면 ✕표 하시오.

(1) 시장은 효율적으로 교환을 하기 위해 발생하였다. (　　　)

(2) 생산물을 만드는 데 필요한 노동, 토지, 자본 등을 거래하는 시장은 생산물 시장이다. (　　　)

(3) 상인을 대상으로 상품을 판매하는 시장은 주식 시장이다. (　　　)

4 시장의 발생 과정과 관련 내용을 알맞게 연결하시오.

(1) 자급자족의 　·
　　단계

(2) 교환의 시작 　·

(3) 시장의 발생 　·

·㉠ 효율적 교환을 위해서 시간과 장소를 정함

·㉡ 물건을 스스로 만듦

·㉢ 사회적 분업의 시작

01 (가)~(다)를 시장의 발생 과정 순서대로 나열한 것은?

> (가) 사회적 분업의 시작
> (나) 모든 물건을 스스로 만들어 사용
> (다) 교환을 위한 시간과 장소를 정하여 모임

① (가) - (나) - (다) ② (가) - (다) - (나)
③ (나) - (가) - (다) ④ (나) - (다) - (가)
⑤ (다) - (나) - (가)

02 시장에 대한 설명으로 옳지 않은 것은?

① 교통이 편리한 곳에 형성된다.
② 자발적인 거래가 이루어지는 곳이다.
③ 자급자족이 활발해지면서 나타난 곳이다.
④ 물건을 사고자 하는 사람과 팔고자 하는 사람이 모이는 곳이다.
⑤ 효율적인 교환을 위해 일정한 시간과 장소를 정하여 모이는 곳이다.

적중 100%

03 다음 글의 두 부족이 거래한 까닭으로 가장 적절한 것은?

> 수렵을 통해 식량을 얻는 피그미족과 농사를 통해 식량을 얻는 반투족은 서로 사이가 좋지 않았다. 그런데도 이들은 정해진 장소에 피그미족은 고기를, 반투족은 곡식을 가져와 서로의 물건을 말없이 교환하였다.

① 거래 비용을 높일 수 있기 때문이다.
② 상품의 가격을 비교할 수 있기 때문이다.
③ 자급자족을 효과적으로 할 수 있기 때문이다.
④ 자신에게 없는 물건을 구할 수 있기 때문이다.
⑤ 상품에 대한 많은 정보를 얻을 수 있기 때문이다.

주관식

04 다음에서 설명하는 용어를 쓰시오.

> 하나의 생산 부문을 특정한 개인이나 집단이 전담하는 것으로, 이를 통해 교환이 더 활발해졌다.

적중 100%

05 시장의 기능으로 적절하지 않은 것은?

① 상품의 가격을 비교할 수 있다.
② 거래 비용을 줄이는 기능을 한다.
③ 필요한 물건을 한곳에서 쉽게 살 수 있게 한다.
④ 다양한 물건을 혼자 생산하는 장인이 등장하게 된다.
⑤ 상품별로 어떤 차이가 있는지 등의 다양한 정보를 얻을 수 있다.

06 다음 대화에 나타난 시장의 기능으로 가장 적절한 것은?

> 갑 : 이 텔레비전은 음성 인식이 된대.
> 을 : 저 텔레비전은 동시에 여러 채널을 볼 수 있는데, 가격도 더 저렴해.
> 병 : 매장에 오니 다양한 텔레비전을 비교해 볼 수 있군.

① 거래 비용을 높일 수 있다.
② 사회 전체의 생산량이 증가한다.
③ 상품에 대한 다양한 정보를 얻을 수 있다.
④ 공급자가 높은 가격으로 상품을 팔 수 있다.
⑤ 분업을 촉진하여 질 좋은 제품을 효율적으로 생산할 수 있다.

07 (가), (나)와 같이 시장의 종류를 구분하는 기준으로 가장 적절한 것은?

> (가) 재래시장, 백화점, 대형 할인점
> (나) 주식 시장, 외환 시장, 전자 상거래

① 시장이 어디에 있는가?
② 시장이 언제 열리는가?
③ 시장에서 무엇을 판매하는가?
④ 누구를 대상으로 판매하는가?
⑤ 사고파는 모습이 구체적으로 드러나는가?

08 다음 사진에 나타난 시장에 대한 설명으로 적절한 것은?

① 사고파는 모습이 구체적으로 드러나는 시장이다.
② 특정 날짜에만 열리는 오일장이라고 볼 수 있다.
③ 소비자가 없이 판매자로만 이루어지는 시장이다.
④ 생산물을 만드는 데 필요한 생산 요소가 거래되고 있다.
⑤ 이런 거래가 이루어지는 시장을 생산물 시장이라고 한다.

09 다음 그림에 나타난 시장에 대한 설명으로 적절하지 않은 것은?

① 일반 소비자가 사용하는 상품이 판매된다.
② 사고파는 모습이 구체적으로 보이지 않는다.
③ 사려는 사람과 팔려는 사람이 직접 만나지 않는다.
④ 최근 이모티콘, 게임 아이템 등 다양한 상품 거래가 이루어지고 있다.
⑤ 보이지 않는 시장을 통한 거래는 이용이 어려워서 점차 감소하고 있다.

📋주관식

10 다음 설명에 공통으로 해당하는 시장의 종류를 쓰시오.

• 토지, 노동, 자본 등이 거래된다.
• 생산물을 만들기 위한 요소가 거래된다.

11 ㉠과 ㉡에 대한 설명으로 옳지 않은 것은?

시장 구분 기준	시장의 종류
㉠	도매 시장, 소매 시장
㉡	상설 시장, 정기 시장

① ㉠에는 '판매 대상'이 들어갈 수 있다.
② ㉠에 따라 상인을 대상으로 하는 시장이 도매 시장이다.
③ ㉠에 따라 소비자를 대상으로 하는 시장이 소매 시장이다.
④ ㉡에는 '개설 시기'가 들어갈 수 있다.
⑤ ㉡에 따라 매일 열리는 시장이 정기 시장이다.

12 그림에 나타난 시장에 대한 설명으로 옳지 않은 것은?

① 이런 시장에서는 노동과 토지도 거래된다.
② 거래하는 모습이 보이니 보이는 시장이다.
③ 대형 할인점 등에서 쉽게 볼 수 있는 모습이다.
④ 소비자를 대상으로 하는 소매 시장에 해당한다.
⑤ 생산물을 사고파는 것을 보아 생산물 시장에 해당한다.

13 다음 글에서 설명하는 '외환 시장'과 같은 특징을 가진 시장의 사례로 적절하지 않은 것은?

엄마가 하는 일은 외환 시장에서 외환을 거래하는 것이야. 외환은 쉽게 생각해서 외국 돈이야. 외환을 거래하는 모습이나 엄마가 하는 일은 눈에 보이지는 않지만 꼭 필요한 일이란다.

① 재래시장 　　② 주식 시장
③ 인터넷 서점 　　④ 가상 화폐 시장
⑤ 디지털 음원 시장

2 시장 가격의 결정

🎯 시험에 꼭 나오는 개념 수요, 수요량, 수요 법칙, 공급, 공급량, 공급 법칙, 초과 수요, 초과 공급, 균형 가격, 균형 거래량

❶ 시장에 법칙이 있다

1. 수요와 수요 법칙

(1) **수요** 일정 기간 상품을 구입하고자 하는 ❶욕구

(2) **수요자** 상품을 구입하고자 하는 사람

(3) ❷**수요량** 각 가격 수준에서 수요자가 구입하고자 하는 구체적인 양

(4) **수요 법칙** 자료❶

① 상품의 가격이 상승(하락)하면 상품의 수요량은 감소(증가)함

② 상품의 가격과 수요량은 ❸반비례 관계 → 수요 곡선은 우하향함

곡선이라고 했지만 수요 곡선과 공급 곡선이 직선으로 나타날 수도 있어요. 곡선은 직선을 포함하는 개념이라고 생각하면 돼요.

2. 공급과 공급 법칙

(1) **공급** 일정 기간 상품을 판매하고자 하는 욕구

(2) **공급자** 상품을 판매하고자 하는 사람

(3) **공급량** 각 가격 수준에서 공급자가 판매하고자 하는 구체적인 양

(4) **공급 법칙** 자료❷

① 상품의 가격이 상승(하락)하면 상품의 공급량은 증가(하락)함

② 상품의 가격과 공급량은 비례 관계 → 공급 곡선은 우상향함

❷ 시장 가격은 어떻게 결정될까?

가격을 공급자가 마음대로 정하는 것 같지만, 공급자가 수요자의 수요를 무시하면 물건을 하나도 팔지 못할 수도 있어요. 결국 공급과 수요가 함께 가격을 결정해요.

1. ❹초과 수요와 초과 공급

(1) **초과 수요와 가격 변화**

① 초과 수요 : 특정 가격 수준에서 수요량이 공급량보다 많은 상태

② 가격 변화 : 상품이 부족하기 때문에 이를 사기 위한 수요자 간의 경쟁 발생 → 초과 수요가 없어질 때까지 상품의 가격이 상승함

(2) **초과 공급과 가격 변화**

① 초과 공급 : 특정 가격 수준에서 공급량이 수요량보다 많은 상태

② 가격 변화 : 상품이 남기 때문에 이를 팔기 위한 공급자 간의 경쟁 발생 → 초과 공급이 없어질 때까지 상품의 가격이 하락함

▲ 초과 수요   ▲ 초과 공급

---

❶ 욕구

욕구는 무엇을 얻거나 하고 싶은 생각이다.

❷ 수요량

수요량은 각 가격에서 수요자가 사고자 하는 구체적인 양으로, 가격이 달라지면 수요량도 달라진다.

❸ 반비례

반비례란 한쪽 양이 커질 때 다른 쪽의 양이 같은 비율로 작아지는 것을 의미한다.

❹ 초과

초과란 기준이나 한도를 넘음을 의미한다. 초과 수요는 수요량이 공급량보다 많은 것이고, 초과 공급은 공급량이 수요량보다 많은 것이다.

❺ 균형

균형이란 어느 한쪽으로 기울어지지 않은 상태를 의미한다. 균형 가격에서 균형은 수요량과 공급량이 일치한 상태를 의미한다.

2. 시장 가격의 결정 (자료 ❸)

(1) 수요와 공급의 상호 작용

① 수요량과 공급량이 일치하는 지점에서 균형 가격 형성

② 수요 곡선과 공급 곡선이 만나는 지점에서 균형 가격 형성

(2) ❺ 균형 가격 수요량과 공급량이 일치하는 지점의 시장 가격

(3) 균형 거래량 수요량과 공급량이 일치하는 지점의 시장 거래량

시험에 잘 나오는 자료

자료 ❶ 수요 법칙과 수요 곡선

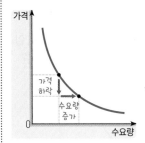

◀ **수요 곡선** 가격이 하락하면 수요량이 증가, 가격이 상승하면 수요량이 감소한다. 즉, 상품의 가격과 수요량은 반비례 관계이다.

자료 ❷ 공급 법칙과 공급 곡선

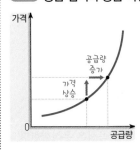

◀ **공급 곡선** 가격이 상승하면 공급량이 증가, 가격이 하락하면 공급량이 감소한다. 즉, 상품의 가격과 공급량은 비례 관계이다.

자료 ❸ 시장 가격의 결정

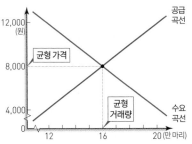

▲ **균형 가격과 균형 거래량** 시장 가격은 수요 곡선과 공급 곡선이 만나는 지점에서 형성된다.

---

1 빈칸에 들어갈 알맞은 말을 쓰시오.

(1) 시장에서 수요자가 일정 기간 상품을 구입하고자 하는 욕구를 (   )(이)라고 한다.

(2) 각 가격 수준에서 공급자가 판매하고자 하는 구체적인 양을 (   )(이)라고 한다.

(3) 시장에서 수요량과 공급량이 일치하는 지점에서의 시장 가격을 (   ), 이때의 거래량을 (   )(이)라고 한다.

2 옳은 내용에 ○표를 하시오.

(1) 다른 조건이 일정할 때 수요자는 가격이 상승하면 상품의 수요량을 (줄인다, 늘린다).

(2) 가격이 상승하면 공급량은 (증가, 상승)하기 때문에 공급 곡선은 (우상향, 우하향)한다.

(3) 특정 가격 수준에서 수요량보다 공급량이 더 많으면 (초과 수요, 초과 공급)이/가 발생하여 상품의 가격이 (상승, 하락)한다.

3 밑줄 친 부분을 바르게 고쳐 쓰시오.

(1) 일정 기간 상품을 판매하고자 하는 욕구를 <u>공급량</u>이라고 한다.   (   )

(2) 특정 가격 상태에서 수요량보다 공급량이 많으면 <u>초과 수요</u>가 발생한다.   (   )

4 내용이 옳으면 ○표, 틀리면 ×표 하시오.

(1) 수요 곡선은 우상향한다.   (   )

(2) 다른 조건이 일정할 때 공급자는 상품의 가격이 하락하면 공급량을 늘릴 것이다.

(   )

(3) 수요량과 공급량이 일치할 때의 가격을 균형 가격이라고 한다.   (   )

5 용어와 그 의미를 알맞게 연결하시오.

(1) 수요   •　　•㉠ 사려고 하는 구체적인 양

(2) 수요량 •　　•㉡ 팔려고 하는 구체적인 양

(3) 공급   •　　•㉢ 상품을 구입하고자 하는 욕구

(4) 공급량 •　　•㉣ 상품을 판매하고자 하는 욕구

01 다음 상황에 대한 설명으로 옳지 <u>않은</u> 것은?

① 갑은 사과 공급자이다.
② 사과 1개의 가격은 2,000원이다.
③ 갑은 가격이 상승하자 수요량을 줄이고 있다.
④ 갑은 소비할 때 사과의 가격을 고려하고 있다.
⑤ 사과 가격에 따라 사려는 양이 달라질 수 있다.

02 수요에 대한 설명으로 옳지 <u>않은</u> 것은?

① 사람마다 수요는 다를 수 있다.
② 상품의 가격은 수요량에 영향을 미친다.
③ 상품을 구입하고자 하는 사람을 수요자라고 한다.
④ 실제로 구입한 구체적인 양을 수요량이라고 한다.
⑤ 일정 기간 상품을 구입하고자 하는 욕구를 뜻한다.

적중 100%

03 다음 표를 통해 알 수 있는 수요 법칙에 대한 설명으로 옳은 것은?

떡볶이 가격(원)	떡볶이 수요량(인분)
1,000	250
2,000	200
3,000	150
4,000	100
5,000	50

① 떡볶이의 수요는 가격과 상관없이 변화한다.
② 떡볶이 가격이 하락하면 수요량은 증가할 것이다.
③ 떡볶이 가격이 상승하면 수요량은 증가할 것이다.
④ 상품의 가격과 수요량은 같은 방향으로 움직인다.
⑤ 떡볶이 가격이 오르면 같은 금액으로 살 수 있는 떡볶이 양이 증가한다.

04 공급에 대한 옳은 설명을 〈보기〉에서 고른 것은?

> **보기**
> ㄱ. 상품을 사고자 하는 사람을 공급자라고 한다.
> ㄴ. 시장 가격이 달라져도 공급량은 변동하지 않는다.
> ㄷ. 일정 기간 상품을 팔고자 하는 욕구를 공급이라고 한다.
> ㄹ. 각 가격 수준에서 공급자가 판매하고자 하는 구체적인 양을 공급량이라고 한다.

① ㄱ, ㄴ   ② ㄱ, ㄷ   ③ ㄴ, ㄷ
④ ㄴ, ㄹ   ⑤ ㄷ, ㄹ

적중 100%

05 다음은 자가용 승용차의 공급 곡선이다. 이를 통해 알 수 있는 공급 법칙에 대한 설명으로 가장 적절한 것은?

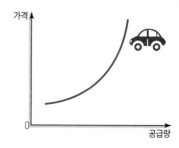

① 가격이 상승하면 공급량은 증가한다.
② 가격이 하락하면 공급량은 증가한다.
③ 공급량이 증가하면 가격이 상승한다.
④ 가격과 공급량은 상관없이 움직인다.
⑤ 공급 법칙에 따르면 공급 곡선은 우하향한다.

06 ㉠과 ㉡에 들어갈 알맞은 개념을 쓰시오.

> 영희는 바다에 나가 물고기를 잡는 어부이다. 이번에 잡은 커다란 참치를 팔기 위해 시장에 간 영희는 마침 횟집을 운영하는 철수를 만나 좋은 가격에 참치를 팔 수 있었다. 이처럼 시장에서는 영희와 같은 (㉠)와/과 철수와 같은 (㉡)이/가 만나 거래가 이루어진다.

07 다음 표에 대한 분석으로 옳지 <u>않은</u> 것은?

치킨 가격(원)	수요량(만 마리)	공급량(만 마리)
4,000	20 .	12
6,000	18	14
8,000	16	16
10,000	14	18
12,000	12	20

① 가격은 8,000원에서 결정될 것이다.
② 가격이 10,000원일 때는 초과 공급 상태이다.
③ 가격이 4,000원일 때 초과 수요가 발생한다.
④ 가격이 12,000원일 때 공급량보다 수요량이 많다.
⑤ 가격이 6,000원일 때 공급량이 4만 마리 부족하다.

주관식

08 다음 배 시장의 수요·공급표를 보고 균형 가격과 균형 거래량을 쓰시오.

가격	수요량(개)	공급량(개)
500원	10만	2만
1,000원	8만	4만
1,500원	6만	6만
2,000원	4만	8만

적중 100%

09 다음 그래프에 대한 설명으로 옳지 <u>않은</u> 것은?

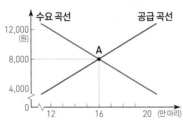

① 가격이 12,000원일 때 초과 수요가 발생한다.
② A점에서의 시장 가격을 균형 가격이라고 한다.
③ 그래프에서 나타난 균형 거래량은 16만 마리이다.
④ 시장 가격은 수요량과 공급량이 일치하는 지점에서 결정된다.
⑤ 시장 가격은 수요 곡선과 공급 곡선이 만나는 지점에서 결정된다.

10 다음에 나타난 만두의 가격 결정 과정에 대한 설명으로 적절하지 <u>않은</u> 것은?

> 만두가 2,000원에 판매되자 ㉠ 갑은 가격이 싸다고 느껴 만두를 많이 사야겠다고 생각하였다. 그런데 ㉡ 만두의 가격이 싸다고 느낀 많은 사람이 몰려들어 경쟁이 발생하였다. 이를 본 ㉢ 만두 회사들은 만두의 가격을 4,000원으로 올렸다. 그러자 ㉣ 만두가 비싸졌다 생각한 사람들은 만두 소비를 줄였다. 결국 만두 회사들은 ㉤ 만두의 가격을 다시 내릴 수밖에 없었다.

① ㉠ : 가격이 하락하면 수요량은 늘어난다.
② ㉡ : 초과 수요로 수요자 간 경쟁이 발생하였다.
③ ㉢ : 초과 수요가 발생하면 가격이 상승할 수 있다.
④ ㉣ : 공급 법칙에 따라 공급량이 줄어들었다.
⑤ ㉤ : 초과 공급이 없어질 때까지 가격이 하락할 것이다.

11 그림에서 나타난 시장 가격의 기능으로 가장 적절한 것은?

① 시장 가격은 자원을 비효율적으로 배분한다.
② 시장 가격은 공급자의 이득을 극대화시킨다.
③ 시장 가격은 소비자가 최적의 소비를 하게 만든다.
④ 시장 가격은 소비자가 상품의 수준을 판단하는 기준이 된다.
⑤ 시장 가격은 경제 주체들에게 경제 활동 조절을 위한 신호등 역할을 한다.

3 시장 가격의 변동

⚡ 시험에 꼭 나오는 개념 수요의 변동, 수요 곡선의 이동, 대체재, 보완재, 공급의 변동, 공급 곡선의 이동, 균형 가격의 변동, 균형 거래량의 변동

❶ 수요와 공급이 움직인다

1. 수요의 변동에 영향을 주는 요인

(1) **소득** 가계의 소득이 증가하면 상품의 수요가 증가함

(2) **대체재❶ 가격** 대체재의 가격이 상승하면 상품의 수요가 증가함

(3) **보완재❷ 가격** 보완재의 가격이 상승하면 상품의 수요가 감소함

(4) **선호도❸** 선호도가 높아지면 상품의 수요가 증가함

(5) **인구수** 인구가 증가하면 상품의 수요가 증가함

(6) 상품의 미래 가격에 관한 예상 등
└─ 미래 가격에 대한 예상이 아닌 실제 가격의 변화는 수요를 변화시키는 것이 아니라 수요량을 변화시켜요.

▲ 수요 변동 요인

2. 공급의 변동에 영향을 주는 요인

(1) **생산 요소의 가격** 생산 요소의 가격이 상승하면 상품의 공급이 감소함

(2) **생산 기술의 혁신** 생산 기술이 발전하면 같은 비용으로 더 많은 생산이 가능해져 상품의 공급이 증가함
└─ 같은 양이라면 더 적은 비용으로 생산할 수 있게 돼요.

(3) **공급자 수** 공급자 수가 증가하면 상품의 공급이 증가함

(4) 상품의 미래 가격에 관한 예상 등

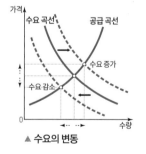
▲ 공급 변동 요인

❷ 시장 가격은 어떻게 변동할까?

1. 수요의 변동과 시장 가격❹ [자료❶]

(1) **수요의 증가**

① 요인 : 소득 증가, 대체재 가격 상승, 보완재 가격 하락, 선호도 증가, 인구 증가 등
└─ 가격이 변하지 않은 상태에서 수요량이 증가했기 때문에 오른쪽으로 이동하는 거에요.

② 과정 : 시장의 수요 곡선이 오른쪽으로 이동

③ 결과 : 균형 가격 상승, 균형 거래량 증가

(2) **수요의 감소**

① 요인 : 소득 감소, 대체재 가격 하락, 보완재 가격 상승, 선호도 감소, 인구 감소 등

② 과정 : 시장의 수요 곡선이 왼쪽으로 이동

③ 결과 : 균형 가격 하락, 균형 거래량 감소

▲ 수요의 변동

---

❶ 대체재

쓰임이 비슷하여 서로 바꾸어 쓸 수 있는 관계의 재화이다. 돼지고기와 쇠고기, 커피와 차 등을 대체재라고 할 수 있다.

❷ 보완재

함께 소비할 때 더 큰 만족을 얻는 관계의 재화이다. 탁구채와 탁구공, 승용차와 휘발유를 보완재의 관계라고 할 수 있다.

❸ 선호도

선호도는 재화를 좋아하는 정도이다. 사람에 따라 재화에 대한 선호도는 다를 수 있으며, 해당 재화가 건강에 좋다는 등의 뉴스도 소비자의 선호도를 바꿀 수 있다.

❹ 수요의 변동

수요가 변동하면 수요 곡선 자체가 이동한다. 수요가 증가하면 수요 곡선이 우측으로 이동하고, 수요가 감소하면 수요 곡선이 좌측으로 이동한다.

❺ 공급의 변동

공급이 변동하면 공급 곡선 자체가 이동한다. 공급이 증가하면 공급 곡선이 우측으로 이동하고, 공급이 감소하면 공급 곡선이 좌측으로 이동한다.

2. ⑤공급의 변동과 시장 가격 [자료②]

(1) 공급의 증가

① 요인 : 생산 요소 가격의 하락, 기술 혁신, 공급자 수의 증가, 미래 가격 하락 예상 등

② 과정 : 시장의 공급 곡선이 오른쪽으로 이동

③ 결과 : 균형 가격 하락, 균형 거래량 증가

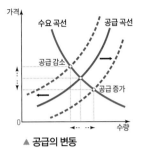

▲ 공급의 변동

(2) 공급의 감소

① 요인 : 생산 요소 가격의 상승, 공급자 수의 감소, 미래 가격 상승 예상 등

> 미래에 가격이 상승할 것이 예상되면 굳이 지금 팔 필요가 없으므로 공급이 감소해요.

② 과정 : 시장의 공급 곡선이 왼쪽으로 이동

③ 결과 : 균형 가격 상승, 균형 거래량 감소

시험에 잘 나오는 자료

[자료①] 수요의 변동과 시장 가격의 변화

• 소득 증가 • 대체재 가격 상승 • 보완재 가격 하락 • 선호도 증가 • 인구 증가	➡	수요 증가, 수요 곡선의 우측 이동	➡	균형 가격 상승, 균형 거래량 증가
• 소득 감소 • 대체재 가격 하락 • 보완재 가격 상승 • 선호도 감소 • 인구 감소	➡	수요 감소, 수요 곡선의 좌측 이동	➡	균형 가격 하락, 균형 거래량 감소

[자료②] 공급의 변동과 시장 가격의 변화

• 생산 요소 가격 하락 • 기술 혁신 • 공급자 수의 증가 • 미래 가격 하락 예상	➡	공급 증가, 공급 곡선의 우측 이동	➡	균형 가격 하락, 균형 거래량 증가
• 생산 요소 가격 상승 • 공급자 수의 감소 • 미래 가격 상승 예상	➡	공급 감소, 공급 곡선의 좌측 이동	➡	균형 가격 상승, 균형 거래량 감소

📖 바른답·알찬풀이 16쪽

기초 탄탄 개념 문제

1 빈칸에 들어갈 알맞은 말을 쓰시오.

(1) 쓰임이 비슷하여 서로 바꾸어 사용할 수 있는 재화를 (   )(이)라고 한다.

(2) 수요 곡선이 오른쪽으로 이동하면 시장의 균형 가격은 (   )한다.

(3) 공급이 감소하면 시장의 공급 곡선이 왼쪽으로 이동하고 균형 거래량은 (   )한다.

2 옳은 내용에 ○표를 하시오.

(1) 함께 사용하면 만족이 더 큰 보완재의 가격이 상승하면 수요는 (감소한다, 증가한다).

(2) 제품 생산 기술의 혁신이 발생하면 시장 가격은 (상승, 하락)한다.

(3) 미래 가격의 하락이 예상되면 공급 곡선은 (오른쪽, 왼쪽)으로 이동한다.

3 밑줄 친 부분을 바르게 고쳐 쓰시오.

(1) 생산 요소의 가격이 하락하면 공급은 <u>감소한</u>다. (   )

(2) 인구가 증가하면 수요 곡선은 <u>왼쪽</u>으로 이동한다. (   )

(3) 콜라의 대체재인 사이다의 가격이 상승하면, 콜라의 수요는 <u>감소한다</u>. (   )

4 내용이 옳으면 ○표, 틀리면 ×표 하시오.

(1) 상품의 가격이 변화하면 수요 곡선 자체가 이동한다. (   )

(2) 미래 가격에 대한 예상은 수요에만 영향을 미친다. (   )

5 수요·공급 곡선의 이동과 요인을 알맞게 연결하시오.

(1) 수요 곡선의 ·   · ㉠ 소득 증가
우측 이동

(2) 수요 곡선의 ·   · ㉡ 생산 기술 혁신
좌측 이동

(3) 공급 곡선의 ·   · ㉢ 공급자 수 감소
우측 이동

(4) 공급 곡선의 ·   · ㉣ 보완재 가격 상승
좌측 이동

시험 적중 예상 문제

01 수요 변동에 영향을 주는 요인으로 적절하지 <u>않은</u> 것은?

① 가계의 소득
② 대체재의 가격
③ 소비자의 선호도
④ 생산 요소의 가격
⑤ 미래 가격에 관한 예상

02 다음에서 설명하고 있는 재화의 개념을 쓰시오.

쓰임이 비슷하여 서로 바꾸어 쓸 수 있는 재화로, 쇠고기와 돼지고기를 예로 들 수 있다.

03 다음의 특징을 가지고 있는 재화의 개념과 사례로 옳은 것은?

함께 소비할 때 더 큰 만족을 얻을 수 있는 관계의 재화

	개념	사례
①	대체재	빵과 우유
②	대체재	치킨과 피자
③	보완재	콜라와 생수
④	보완재	아이스크림과 음료수
⑤	보완재	프린터와 프린터 잉크

04 다음은 어떤 학생의 수행 평가 제출물이다. 이 학생이 받을 점수는?

〈수행 평가〉

다음 요인이 수요 곡선 자체를 이동시키면 ○표, 그렇지 않으면 ×표 하시오.(각 1점)

요인	○ / ×	점수
1. 상품의 가격이 상승한다.	○	
2. 대체재의 가격이 하락한다.	×	
3. 보완재의 가격이 상승한다.	○	
4. 생산 기술의 혁신이 나타났다.	×	

① 0점　　② 1점　　③ 2점　　④ 3점　　⑤ 4점

05 자가용 승용차 시장의 공급을 증가시키는 요인을 〈보기〉에서 고른 것은?

〈보기〉
ㄱ. 가계 소득의 증가
ㄴ. 지하철 승차 요금 하락
ㄷ. 타이어 가격의 지속적인 하락
ㄹ. 외국 자동차 기업의 국내 진출

① ㄱ, ㄴ　　　② ㄱ, ㄹ　　　③ ㄴ, ㄷ
④ ㄴ, ㄹ　　　⑤ ㄷ, ㄹ

06 다음 대화에서 (가)에 들어갈 대사로 적절하지 <u>않은</u> 것은?

① 그럼 커피의 가격이 오르겠군.
② 앞으로 커피 대신 홍차를 마셔야겠군.
③ 커피의 공급이 줄어들 수도 있으려나?
④ 커피콩은 나중에 사는 것이 더 낫겠구나.
⑤ 커피와 함께 먹는 케이크의 수요가 줄어들겠군.

07
다른 요인이 일정할 때 균형 가격을 상승시키는 요인을 〈보기〉에서 고른 것은?

> **보기**
> ㄱ. 대체재의 가격 상승
> ㄴ. 재화의 선호도 감소
> ㄷ. 상품 생산 기술의 발전
> ㄹ. 생산 요소 가격의 상승

① ㄱ, ㄴ   ② ㄱ, ㄷ   ③ ㄱ, ㄹ
④ ㄴ, ㄷ   ⑤ ㄷ, ㄹ

08 다른 요인이 일정할 때 균형 거래량이 같은 방향으로 움직이는 것끼리 〈보기〉에서 골라 묶은 것은?

> **보기**
> ㄱ. 기술 혁신
> ㄴ. 인구 감소
> ㄷ. 보완재 가격 하락
> ㄹ. 공급자 수의 감소

① ㄱ, ㄴ   ② ㄱ, ㄷ   ③ ㄱ, ㄹ
④ ㄴ, ㄷ   ⑤ ㄷ, ㄹ

09
다음 그래프와 같이 공급 곡선을 이동시키는 원인으로 적절하지 <u>않은</u> 것은?

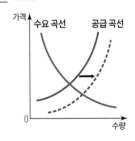

① 기술 혁신
② 공급자 수의 증가
③ 상품 가격의 하락
④ 미래 가격 하락 예상
⑤ 생산 요소의 가격 하락

10
다음 기사를 보고 황사용 마스크의 균형 가격과 균형 거래량이 어떻게 변화할지 쓰시오.

> ○○ 신문   ○○월 ○○일
>
> **반갑지 않은 봄철 손님, 황사**
>
> 추운 겨울이 지나가고 따뜻한 봄이 왔지만 사람들의 표정은 풀리지 않고 있다. 편서풍을 타고 날아오는 황사 때문인데, 올해 황사는 미세 먼지, 중금속 등을 포함하여 더욱 인체에 악영향을 미칠 것으로 예상된다.

(1) 균형 가격 :

(2) 균형 거래량 :

11 (가)와 (나)의 상황이 동시에 발생했을 때 보조 배터리 시장의 균형 가격과 균형 거래량의 변화를 바르게 연결한 것은?

> (가) 보조 배터리 원료의 가격이 크게 하락하였다.
> (나) 기술 결함으로 보조 배터리 폭발 사고가 증가하였다.

	균형 가격	균형 거래량
①	모름	감소
②	모름	증가
③	증가	상승
④	증가	모름
⑤	하락	모름

학교 시험 만점 문제

❶ 시장의 의미와 종류

01 시장에 대한 설명으로 옳은 것은?

① 자발적인 거래가 이루어지는 곳이다.
② 자급자족이 활발해지면서 나타난 곳이다.
③ 교통의 편리성과 시장의 발달은 관계가 없다.
④ 시장을 이용하면 교환에 드는 시간과 비용이 증가한다.
⑤ 물건을 사고자 하는 사람에게 판매하고자 하는 사람이 직접 찾아간다.

02 시장의 기능으로 옳은 것을 〈보기〉에서 고른 것은?

> **보기**
> ㄱ. 인구 증가   ㄴ. 생산성 증대
> ㄷ. 거래 비용의 감소   ㄹ. 자급자족의 활성화

① ㄱ, ㄴ   ② ㄱ, ㄹ   ③ ㄴ, ㄷ
④ ㄴ, ㄹ   ⑤ ㄷ, ㄹ

03 다음 시장의 공통점을 〈보기〉에서 고른 것은?

> • 자본 시장   • 노동 시장

> **보기**
> ㄱ. 보이는 시장   ㄴ. 생산물 시장
> ㄷ. 생산 요소 시장   ㄹ. 보이지 않는 시장

① ㄱ, ㄴ   ② ㄱ, ㄹ   ③ ㄴ, ㄷ
④ ㄴ, ㄹ   ⑤ ㄷ, ㄹ

04 시장의 종류와 사례를 바르게 연결한 것은?

① 보이는 시장 : 재래시장, 주식 시장
② 생산물 시장 : 재래시장, 가구 시장
③ 생산 요소 시장 : 오일장, 금융 시장
④ 도매 시장 : 주식 시장, 가구 시장, 금융 시장
⑤ 보이지 않는 시장 : 주식 시장, 오일장, 금융 시장

❷ 시장 가격의 결정

05 (가), (나)에 들어갈 용어를 옳게 연결한 것은?

> 일정 기간 상품을 구입하고자 하는 욕구를 수요라고 한다. 이때 상품을 구입하고자 하는 사람을 ___(가)___(이)라고 하고, 이때 각 가격 수준에서 ___(가)___(이)가 사려는 구체적인 양을 ___(나)___라고 한다.

　　(가)　　(나)　　　　　(가)　　(나)
① 수요자　　수요량　　② 수요자　　공급량
③ 수요자　　거래량　　④ 공급자　　수요량
⑤ 공급자　　거래량

06 다음 글에 나타난 공급 법칙에 대한 설명으로 옳지 <u>않은</u> 것은?

> 갑은 샤프를 만드는 공장을 운영하고 있다. 작년 초 샤프의 시장 가격이 1,000원에서 800원으로 하락했을 때 공장의 기계를 팔아 생산을 줄였는데, 올해 샤프의 시장 가격이 1,500원으로 상승하자 공장의 기계를 늘려 샤프를 더욱 많이 만들어 판매하려는 계획을 세우고 있다.

① 상품의 가격과 공급량은 비례한다.
② 상품의 가격이 하락하면 공급량은 감소한다.
③ 상품의 가격이 상승하면 공급량이 증가한다.
④ 상품의 가격과 공급량은 다른 방향으로 움직인다.
⑤ 공급 법칙을 그래프로 나타내면 우상향하는 곡선이 그려질 것이다.

[07~08] 햄버거의 수요·공급표를 보고, 물음에 답하시오.

가격(원)	수요량(만 개)	공급량(만 개)
2,000	30	22
3,000	28	24
4,000	26	26
5,000	24	28
6,000	22	30

07 햄버거 가격이 5,000원일 때 나타나는 상황에 대한 설명으로 옳은 것은?

① 수요자 간의 경쟁이 발생할 것이다.
② 4만 개의 초과 수요가 발생하고 있다.
③ 공급량을 늘리면 경쟁이 줄어들 것이다.
④ 햄버거의 가격은 하락할 것으로 예상된다.
⑤ 시장에서 거래되는 햄버거의 양은 28만 개일 것이다.

📝 서술형

08 위 표에 나타난 햄버거의 균형 가격과 균형 거래량을 적고, 균형 가격이 어떻게 결정되는지 서술하시오.

❸ 시장 가격의 변동

09 수요 변동에 영향을 주는 요인을 〈보기〉에서 있는 대로 고른 것은?

> 보기
> ㄱ. 인구수　　　ㄴ. 보완재의 가격
> ㄷ. 생산 요소의 가격　　　ㄹ. 상품에 대한 선호도

① ㄱ, ㄴ　　② ㄴ, ㄷ　　③ ㄱ, ㄴ, ㄷ
④ ㄱ, ㄴ, ㄹ　　⑤ ㄴ, ㄷ, ㄹ

📝 서술형

10 ㉠에 들어갈 용어를 쓰고, 그 사례를 두 가지 이상 서술하시오.

> (㉠)은/는 쓰임이 비슷하여 서로 바꾸어 쓸 수 있는 재화이다. 이러한 재화의 예로 콜라와 사이다를 들 수 있다.

11 다음은 어떤 학생의 수행 평가 제출물이다. 이 학생이 받을 점수는?

> 〈수행 평가〉
> 다음 요인이 공급 곡선을 우측으로 움직이면 ○표, 그렇지 않으면 ×표를 하시오.(각 1점)
>
> | 요인 | ○ / × | 점수 |
> |---|---|---|
> | 1. 기술의 혁신이 나타났다. | ○ | |
> | 2. 대체재의 가격이 하락하였다. | ○ | |
> | 3. 생산 요소의 가격이 하락하였다. | × | |
> | 4. 미래에 가격이 하락할 것이 예상된다. | ○ | |

① 0점　　② 1점　　③ 2점　　④ 3점　　⑤ 4점

12 아이스크림의 수요 곡선을 다음과 같이 이동시킨 요인으로 옳은 것은?

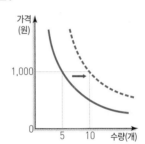

① 아이스크림 가격의 하락
② 기온 상승으로 선호도 증가
③ 대체재인 생수 가격의 하락
④ 아이스크림 재료의 가격 하락
⑤ 아이스크림에서 세균이 검출되었다는 뉴스

13 다른 요인이 일정할 때 균형 거래량을 증가시키는 요인을 〈보기〉에서 고른 것은?

> 보기
> ㄱ. 보완재 가격 하락
> ㄴ. 상품 생산 기술 혁신
> ㄷ. 생산 요소 가격의 상승
> ㄹ. 상품에 대한 선호도 감소

① ㄱ, ㄴ　　② ㄱ, ㄹ　　③ ㄴ, ㄷ
④ ㄴ, ㄹ　　⑤ ㄷ, ㄹ

1 국내 총생산의 이해

🎯 시험에 꼭 나오는 개념 국내 총생산, 최종 생산물, 부가 가치, 국내 총생산의 한계, 경제 성장, 삶의 질, 빈부 격차

❶ 한 나라의 경제 규모는 어떻게 파악할까?

1. ❶국내 총생산의 의미 자료❶

┌ 작년에 생산해 올해 판매한 물건은 작년의 국내 총생산에 포함돼요.

(1) 의미 일정 기간 한 나라 안에서 새롭게 생산한 모든 최종 생산물의 가치를 합한 것

- 일정 기간 : 보통 1년을 기준으로, 그해에 새롭게 생산된 것
- 한 나라 안에서 : 그 나라의 영토 안에서 생산된 것 ― 그 나라 안에서 생산된 것이면 생산자의 국적은 고려하지 않아요.
- 최종 생산물의 : ❷중간 생산물이 아닌 최종적으로 생산된 상품의 가치만 고려
- 가치 : 시장에서 실제로 거래되는 가치 ― 자신이 사용하거나 암시장에서 판매된 생산물 등은 포함되지 않아요.

(2) 국내 총생산 계산 자료❷

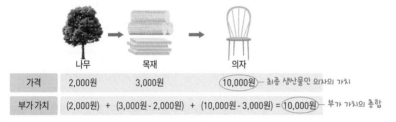

	나무	목재	의자
가격	2,000원	3,000원	10,000원 ― 최종 생산물인 의자의 가치
부가 가치	(2,000원) +	(3,000원 - 2,000원) +	(10,000원 - 3,000원) = 10,000원 ― 부가 가치의 총합

① 최종 생산물의 가치 : 최종 생산물인 의자의 가격이 10,000원이므로 국내 총생산은 10,000원임

② ❸부가 가치의 합 : 의자를 생산하는 과정에서 발생한 부가 가치를 모두 합하면 10,000원이므로 국내 총생산은 10,000원임

2. 국내 총생산의 한계 자료❸

(1) 시장에서 거래되는 재화와 서비스의 가치만을 측정 대가를 받지 않는 가사 및 ❹육아 활동, 봉사 활동 등은 포함되지 않음

┌ 범죄율이 높아져서 경찰을 많이 늘린다면 국내 총생산이 증가할 수 있어요.

(2) 국민의 삶의 질 수준을 알기 어려움 환경 오염, 범죄 등으로 삶의 질이 낮아져도 이를 해결하는 과정에서 국내 총생산이 오히려 증가하기도 함

(3) 분배의 공정성이나 ❺빈부 격차의 정도를 알 수 없음 국내 총생산은 전체적인 경제 규모만을 나타냄

❷ 경제 성장은 우리 생활에 어떤 영향을 끼칠까?

1. 경제 성장

(1) 의미 ❻국내 총생산이 증가하여 나라의 생산 능력과 경제 규모가 커지는 현상 → 일반적인 소득 수준이 높아짐

(2) 1인당 국내 총생산

① 의미 : 국내 총생산을 그 나라의 인구수로 나눈 것

② 의의 : 한 나라 국민의 평균적인 소득 수준을 파악하는 지표

---

❶ 국내 총생산
생산, 소비, 분배 등의 다양한 경제 활동 모습 중에 생산 활동의 규모를 측정하여 나라 전체의 경제 활동 규모를 파악한 것이다.

❷ 중간 생산물
생산 과정에서 다른 재화를 생산하기 위하여 사용되는 생산물을 말한다.

❸ 부가 가치
재화나 서비스의 생산 과정에서 새로 덧붙여진 가치를 의미한다.

❹ 육아 활동

▲ 부모의 육아 활동 육아 활동을 부모가 직접 한다면 대가를 받지 않기 때문에 국내 총생산 계산에서 제외된다. 반면 비용을 내고 육아 서비스를 이용한다면 이는 국내 총생산에 포함된다.

❺ 빈부 격차
빈부 격차는 경제적 부와 소득 등의 차이를 의미한다.

❻ 국내 총생산 증가

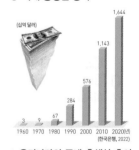

▲ 우리나라의 국내 총생산 추이 우리나라는 경제가 빠르게 성장하였다.

2. 경제 성장의 영향

(1) 긍정적인 영향

① 물질적으로 풍요로운 생활을 할 수 있게 함

② 문화와 여가 생활의 증가

③ 질 높은 교육과 의료 서비스 등을 누릴 수 있음

(2) 부정적인 영향

① 자원 고갈과 환경 오염 발생

② 경제 활동 시간의 증가로 여가가 부족해질 수 있음

③ 빈부 격차와 계층 간의 갈등 발생

시험에 잘 나오는 자료

자료① 국내 총생산 포함 요건

일정 기간	보통 1년을 기준으로, 그해에 새롭게 생산된 것
한 나라 안	생산자의 국적을 따지지 않고, 그 나라의 영토 안에서 생산된 것
최종 생산물	중간 생산물이 아닌 최종적으로 생산된 것의 가치만 계산
가치	시장에서 거래되는 가격으로 측정

자료② 국내 총생산을 계산하는 두 가지 방법

① 최종 생산물의 가치
→ 의자 가격인 10,000원

② 생산 과정에서 나타난 모든 부가가치의 합 → 2,000원 + 1,000원 + 7,000원 = 10,000원

자료③ 국내 총생산의 한계

시장에서 거래되는 재화와 서비스만 포함	가사 노동이나 봉사 활동 등은 국내 총생산에 포함되지 않음
삶의 질 파악이 어려움	환경 오염 등이 발생했을 때 해결 과정에서 국내 총생산이 증가할 수 있음
공정한 분배나 빈부 격차의 정도를 알 수 없음	한 나라의 전체적인 경제 규모만 나타냄

기초 탄탄 개념 문제

1 빈칸에 들어갈 알맞은 말을 쓰시오.

(1) 국내 총생산은 상품의 생산 과정에서 발생하는 (　　　)의 합으로 구할 수 있다.

(2) (　　　)은/는 국내 총생산이 증가하여 나라의 생산 능력과 경제 규모가 커지는 현상이다.

2 옳은 내용에 ○표를 하시오.

(1) 국내 총생산은 그 나라의 영토 안에서 생산된 최종 생산물의 가치를 합한 것으로, 생산자의 국적을 (고려한다, 고려하지 않는다).

(2) 가사 노동과 봉사 활동은 국내 총생산에 (포함된다, 포함되지 않는다).

(3) 경제가 성장하면 일반적인 소득 수준이 (상승, 하락)한다.

3 밑줄 친 부분을 바르게 고쳐 쓰시오.

(1) 국내 총생산은 일정 기간 한 나라 안에서 새롭게 생산된 모든 중간 생산물의 가치를 합한 것이다. (　　　)

(2) 한 나라 국민의 평균적 소득 수준을 파악하기 위해서는 국내 총생산을 알아야 한다.
(　　　)

4 내용이 옳으면 ○표, 틀리면 ×표 하시오.

(1) 외국인이 우리나라에서 생산한 생산물의 가치는 우리나라 국내 총생산에 포함된다.
(　　　)

(2) 작년에 생산한 상품이 올해 판매되면 올해의 국내 총생산에 포함된다. (　　　)

(3) 경제가 성장하면 전체적인 소득 수준이 높아지기 때문에 빈부 격차는 사라진다. (　　　)

5 경제 성장의 영향을 그 사례와 바르게 연결하시오.

(1) 긍정적 영향 •

(2) 부정적 영향 •

　• ㉠ 문화 발전

　• ㉡ 환경 오염 발생

　• ㉢ 계층 간의 갈등 발생

　• ㉣ 질 높은 의료 서비스

01 국내 총생산에 대한 설명으로 옳은 것은?

① 국가 간 경제 규모를 비교할 수 있다.

② 생산 활동과 소비 활동의 규모를 모두 더한 것이다.

③ 한 국가 내의 일부 지역의 경제 규모를 파악한 것이다.

④ 국가가 만들어지고 난 뒤 현재까지의 생산물을 모두 합한 것이다.

⑤ 작년에 만들어진 상품이 올해 판매되었다면 올해 국내 총생산에 포함된다.

적중 100%

02 한국의 국내 총생산에 포함되는 항목을 〈보기〉에서 고른 것은?

> **보기**
> ㄱ. 영국인 스미스 씨가 인천에서 생산한 의자
> ㄴ. 한국인 김농부 씨가 전라도에서 생산한 쌀
> ㄷ. 한국인 이루미 씨가 독일에서 만든 축구공
> ㄹ. 일본인 야마토 씨가 직접 먹기 위해 서울에서 재배한 토마토

① ㄱ, ㄴ   ② ㄱ, ㄷ   ③ ㄱ, ㄹ

④ ㄴ, ㄷ   ⑤ ㄷ, ㄹ

03 밑줄 친 ㉠~㉤에 대한 설명으로 옳지 <u>않은</u> 것은?

> 국내 총생산(GDP)은 ㉠일정 기간 ㉡한 나라 안에서 ㉢새롭게 생산한 모든 ㉣최종 생산물의 ㉤가치를 합한 것이다.

① ㉠ : 보통 1년을 기준으로 한다.

② ㉡ : 그 나라의 국적을 가진 사람의 생산물만 포함한다.

③ ㉢ : 작년에 생산한 것은 포함되지 않는다.

④ ㉣ : 중간 생산물이 아닌 최종적으로 생산된 상품의 가치를 의미한다.

⑤ ㉤ : 시장에서 거래되는 가격으로 측정된다.

04 다음은 올해 가게에서 칼국수가 생산될 때까지의 과정이다. 국내 총생산에 포함되는 가치로 옳은 것은?

밀		밀가루		칼국수
1,000원	→	2,000원	→	4,000원

① 1,000원   ② 2,000원   ③ 3,000원

④ 4,000원   ⑤ 7,000원

주관식

05 다음 빈칸에 공통으로 들어갈 용어를 쓰시오.

> (   )은/는 재화나 서비스의 생산 과정에서 새로 덧붙여진 가치로, (   )을/를 모두 더함으로써 국내 총생산을 계산할 수 있다.

적중 100%

06 다음 그림을 보고 옳은 분석을 한 학생은?

> 저는 매주 토요일마다 하천 보호를 위한 봉사 활동을 합니다.

① 갑 : 봉사 활동도 국내 총생산에 포함돼.

② 을 : 맞아. 봉사 활동이 늘어날수록 국내 총생산이 커질 거야.

③ 병 : 그건 봉사 활동이 최종 생산물의 가치에 포함되기 때문이지.

④ 정 : 봉사 활동은 대가를 받지 않기 때문에 국내 총생산에 포함되지 않아.

⑤ 무 : 봉사 활동은 가치 있는 행동이니 당연히 국내 총생산에 포함돼.

07 다음에 제시된 국내 총생산의 한계와 비슷한 사례가 아닌 것은?

> 나는 육아 휴직을 하고 우리 아이들을 돌보고 있어.

▲ 부모의 육아 활동은 국내 총생산에 포함되지 않는다.

① 하천에 쓰레기를 줍는 봉사 활동
② 노숙자를 위한 무료 급식 제공 행위
③ 공동 텃밭에서 토마토를 길러 파는 행위
④ 가족의 식사를 위해 매일 요리를 하는 행위
⑤ 유기견 봉사 단체에서 동물을 산책시키는 행위

08 다음 자료를 통해 알 수 있는 내용으로 옳지 않은 것은?

> 환경이 오염되어도 국내 총생산은 증가할 수 있어.

① 쓰레기가 많아지면 환경이 오염된다.
② 국내 총생산이 커질수록 삶의 질은 높아진다.
③ 환경 오염이 심해지면 삶의 질은 낮아질 수 있다.
④ 쓰레기를 처리할 때 드는 인건비도 국내 총생산에 포함된다.
⑤ 쓰레기 문제를 해결하는 과정에서 국내 총생산이 증가할 수 있다.

09 경제 성장에 대한 설명으로 옳은 것은?

① 경제 성장은 긍정적인 변화만을 가져온다.
② 계층 간의 갈등은 경제 성장으로 사라졌다.
③ 경제 성장은 여가 생활의 증가를 보장한다.
④ 경제 성장은 모든 사람에게 골고루 혜택을 준다.
⑤ 경제 활동 시간이 늘어나서 일과 삶의 균형이 깨질 수 있다.

10 ㉠에 들어갈 개념을 쓰시오.

> 우리나라의 국내 총생산은 1960년 약 30억 달러에서 2020년에는 약 1조 6,440억 달러로 증가하였다. 이처럼 국내 총생산이 증가하여 나라의 생산 능력과 경제 규모가 커지는 현상을 (㉠)(이)라고 한다.

11 다음 자료를 보고 우리나라의 생활 모습 변화를 예상한 내용으로 옳지 않은 것은?

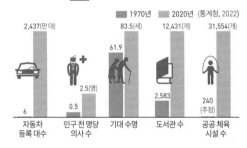

| | 1970년 | 2020년 (통계청, 2022) |

- 자동차 등록 대수: 2,437(만 대) / 6
- 인구 천 명당 의사 수: 2.5(명) / 0.5
- 기대 수명: 83.5(세) / 61.9
- 도서관 수: 12,431(개) / 2,583
- 공공 체육 시설 수: 31,554(개) / 240(추정)

① 기대 수명 증가로 노인 인구는 늘어났을 것이다.
② 도서관 수의 변화로 보아 교육 여건이 향상되었을 것이다.
③ 자동차 등록 대수의 변화로 보아 물질적으로 풍요로워졌을 것이다.
④ 공공 체육 시설 수의 변화로 보아 다양한 여가 생활을 즐길 것이다.
⑤ 인구 천 명당 의사 수의 변화로 보아 출산율이 지속하여 상승했을 것이다.

12 기사에 나타난 경제 성장의 문제점으로 가장 적절한 것은?

> **○○ 신문** ○○월 ○○일
>
> 우리나라는 눈부신 경제 성장으로 전쟁의 상처를 씻고 세계 10위권 안에 드는 경제 대국으로 우뚝 섰다. 그러나 이면에는 많은 하천과 토지가 쓰레기로 뒤덮였으며, 화석 연료의 사용으로 공기 질이 악화하여 많은 사람을 괴롭히고 있다.

① 천연자원이 고갈된다.
② 환경 오염이 발생한다.
③ 빈부 격차가 심화되었다.
④ 국가 간 대립이 심화한다.
⑤ 계층 간의 갈등이 나타난다.

2 물가와 실업

🔥 시험에 꼭 나오는 개념 물가, 인플레이션, 물가 안정, 실업, 경기적 실업, 구조적 실업, 마찰적 실업, 계절적 실업, 고용 안정

❶ 물가가 상승하면 내 용돈의 가치는 어떻게 될까?

1. 물가와 인플레이션

(1) **물가** 시장에서 거래되는 상품들의 가격을 종합하여 평균한 값

(2) **인플레이션** 물가가 지속적으로 오르는 현상

2. ❶물가 상승의 영향 [자료❶]

(1) **화폐의 가치 하락**

① 같은 금액의 화폐로 살 수 있는 물건의 수량과 질 감소

② ❷채권자, 저축한 사람, 일정한 봉급이나 연금을 받는 사람 불리

└ 화폐의 가치가 하락하여 전보다 적은 재화와 서비스를 구매할 수 있어서 불리해요.

(2) **재화와 서비스의 가치 상승**

① 저장이 가능한 물건이나 ❸부동산을 소유한 사람이 유리

└ 물건을 저장했다가 물가가 오르고 나서 팔면 더 많은 돈을 얻을 수 있으므로 유리해요.

② 외국 상품보다 자국 상품이 비싸져 수출 감소, 수입 증가

(3) 과도한 물가 상승은 안정적인 경제 활동에 지장을 주고 근로 의욕을 떨어뜨림

3. 물가 안정을 위한 노력

(1) **정부** ❹재정 지출 축소, ❺공공요금의 인상 억제, 이자율 상승

(2) **기업과 근로자** 생산성 향상 노력

└ 중앙은행이 이자율을 높이면 사람들이 소비를 줄이고 저축을 늘리게 되어 물가 상승을 억제할 수 있어요.

(3) **소비자** 과소비 자제, 합리적인 소비 생활

└ 자신의 소득이나 예상 지출에 비해 돈을 지나치게 쓰거나 물건을 지나치게 많이 사는 것을 말해요.

❷ 실업은 우리 생활에 어떤 영향을 끼칠까?

1. 실업의 의미와 영향

└ 가정주부나 학생은 일할 의지가 없으므로 실업자라고 하지 않아요.

(1) **실업** 일할 수 있는 능력과 마음이 있지만 일자리가 없어 일을 못하는 상태

(2) ❻**실업률** 경제 활동 인구 중 실업자의 비율

(3) **실업의 유형**

① 경기적 실업 : 경제 상황이 나빠져서 고용이 감소하여 발생하는 실업

② 구조적 실업 : 새로운 기술 도입으로 산업 구조가 변화하면서 생기는 실업

③ 마찰적 실업 : 더 나은 조건의 일자리를 구하기 위해 일시적으로 발생한 실업

④ 계절적 실업 : 계절의 영향을 많이 받는 분야에서 계절에 따라 고용 기회가 줄어들어 생기는 실업

└ 농업, 건설업, 관광업 등의 업종이에요.

(4) **실업의 영향**

┌ 일할 능력이 있는 사람이 경제 활동에 참여하지 못하고 있기 때문이에요.

개인적 측면	사회적 측면
• 생계유지에 어려움을 겪음 • 자아실현을 통한 만족감과 성취감을 얻을 수 없음 • 미래에 대한 불안감 증대	• 인적 자원의 낭비 • 소비가 위축되고 ❼세수가 줄어듦 • 실업 인구 부양으로 정부의 재정 부담 증가 • 범죄, 빈부 격차 등의 사회 불안 요소 증가

└ 먹을 것이 없어 빵을 훔친 장발장처럼 경제적으로 어려운 사람이 생계를 위해 저지르는 생계형 범죄가 늘어나요.

---

❶ 물가 상승
물가가 상승했다는 것은 시장에서 거래되는 상품 가격의 평균이 올랐음을 의미한다.

❷ 채권자
돈을 빌려준 사람은 채권자라고 하고, 돈을 빌린 사람은 채무자라고 한다.

❸ 부동산
토지나 집 같이 움직이거나 옮길 수 없는 재산을 부동산(不動産)이라고 한다.

❹ 재정 지출
정부는 공공 기능을 수행하는 데 필요한 재원을 마련하고 그 돈으로 여러 가지 사업을 하는데, 이러한 정부의 세입과 세출 활동을 재정이라고 한다.

❺ 공공요금
국가가 제공하는 재화나 서비스의 가격을 의미한다. 전기 요금, 수도 요금 등이 공공요금에 해당한다.

❻ 실업률

실업률은 경제 활동 인구 중 실업자의 비율로 계산할 수 있다. 만약 경제 활동 인구가 100명이고 이 중 실업자가 10명이면 실업률은 10%가 된다.

❼ 세수
세금으로 얻게 되는 정부의 수입을 말한다.

2. 고용 안정을 위한 노력 자료 ❷

(1) 정부의 노력

① **경기적 실업** : 재정 지출을 늘려 투자와 소비를 활성화, 일자리 창출

② **구조적 실업** : 유망 직업이나 기술을 예측하여 필요한 인력을 개발, 직업 훈련 시행

③ **마찰적 실업, 계절적 실업** : 적절한 구직 정보 제공

(2) 기업의 노력 일자리 창출 방안 모색

(3) 근로자의 노력 자기 능력을 계발하고 새로운 기술을 습득하여 생산성과 업무 처리 능력 향상

시험에 잘 나오는 자료

자료 ❶ 물가 상승의 영향

화폐의 가치 하락	• 같은 돈으로 살 수 있는 물건의 수량과 질 감소 • 저축한 사람, 채권자, 일정한 봉급이나 연금을 받는 사람은 불리해짐
재화와 서비스의 가치 상승	• 외국 상품보다 자국의 상품이 비싸져 수출 감소, 수입 증가 • 저장이 가능한 물건이나 부동산 소유자는 유리해짐

자료 ❷ 실업의 유형과 해결 방안

유형	의미	해결 방안
경기적 실업	경제 상황이 나빠지면서 발생하는 실업	재정 지출을 늘려 투자와 소비의 활성화 유도, 일자리 창출
구조적 실업	새로운 기술 도입 등으로 산업 구조가 변화하면서 생기는 실업	미래의 유망한 직업이나 기술을 예측하여 그에 필요한 인력을 개발하거나 직업 훈련 시행
마찰적 실업	더 나은 조건의 일자리를 구하기 위한 과정에서 발생하는 일시적 실업	적절한 구직 정보를 제공
계절적 실업	계절의 영향을 많이 받는 분야에서 계절에 따라 생기는 실업	

---

1 빈칸에 들어갈 알맞은 말을 쓰시오.

(1) 지속적으로 물가가 오르는 현상을 (   )(이)라고 한다.

(2) 일을 할 수 있는 능력과 마음이 있지만 일자리가 없어 일을 못하는 상태를 (   )(이)라고 한다.

(3) 새로운 기술 도입 등으로 산업 구조가 변화하면서 생기는 실업을 (   ) 실업이라고 한다.

2 옳은 내용에 ○표를 하시오.

(1) 인플레이션이 발생하면 화폐의 가치가 (하락, 상승)한다.

(2) 물가가 상승하면 국내 재화와 서비스의 가격이 상승하여 (수입, 수출)이 증가한다.

(3) 경제 상황이 나빠져 발생하는 실업을 (경기적, 마찰적) 실업이라고 한다.

3 밑줄 친 부분을 바르게 고쳐 쓰시오.

(1) 물가는 시장에서 거래되는 상품들의 가격을 <u>모두 합한</u> 값이다.   (   )

(2) 물가가 지속적으로 상승하는 상황에서는 화폐를 보유한 사람이 <u>유리</u>하다.   (   )

(3) 물가 안정을 위해 <u>정부</u>는 과소비를 자제하고, 합리적인 소비 생활을 해야 한다. (   )

4 내용이 옳으면 ○표, 틀리면 ×표 하시오.

(1) 인플레이션이 발생하면 일정한 월급을 받는 노동자는 유리해진다.   (   )

(2) 전업주부나 대학생은 실업자에 해당하지 않는다.   (   )

5 실업의 유형과 해결 방안을 바르게 연결하시오.

(1) 경기적 실업 •   • ㉠ 구직 정보 제공

(2) 구조적 실업 •   • ㉡ 직업 훈련 시행

(3) 마찰적 실업 •   • ㉢ 재정 지출 증가

01 물가에 대한 설명으로 옳은 것은?

① 나라마다 물가 수준은 모두 비슷하다.
② 물가가 상승하면 화폐의 가치는 하락한다.
③ 시장에서 거래되지 않은 상품의 가격도 포함된다.
④ 시장에서 거래되는 모든 상품의 가격을 합한 것이다.
⑤ 경제 활동의 흐름을 알기 위해서 두세 가지의 상품 가격의 평균을 구한 것이다.

02 물가가 상승했을 때 발생하는 상황을 〈보기〉에서 고른 것은?

> **보기**
> ㄱ. 외국으로부터 수입이 증가한다.
> ㄴ. 돈을 빌려준 사람이 유리해진다.
> ㄷ. 고정된 월급을 받는 노동자들이 유리해진다.
> ㄹ. 같은 금액의 화폐로 살 수 있는 물건의 수량과 질이 감소한다.

① ㄱ, ㄴ   ② ㄱ, ㄹ   ③ ㄴ, ㄷ
④ ㄴ, ㄹ   ⑤ ㄷ, ㄹ

03 다음 자료에 나타난 경제적 현상에 대한 설명으로 적절하지 <u>않은</u> 것은?

① 물가가 매우 크게 상승했을 것이다.
② 화폐의 가치가 매우 하락한 상태이다.
③ 이런 현상을 초인플레이션이라고 한다.
④ 재화와 서비스의 가치는 하락했을 것이다.
⑤ 이런 상황에서는 화폐보다 부동산을 소유하는 것이 유리하다.

04 <u>주관식</u>
다음에서 설명하고 있는 용어를 쓰시오.

> 물가가 지속적으로 상승하는 현상을 일컫는 말로, 이 현상이 발생하면 화폐의 가치가 하락한다.

05 <u>적중 100%</u>
그림에 나타난 갑과 <u>다른</u> 처지에 있는 사람은?

 갑은 3개월 전 친구인 을에게 2백만 원을 빌려주었다. 현재 물가가 지속해서 상승하고 있다.

① 번 돈을 모두 저축한 노동자
② 자동차를 수출하는 수출업자
③ 월급을 현금으로 주는 공장주
④ 부동산을 모두 팔아버린 건물주
⑤ 친구에게 많은 돈을 빌려준 채권자

06 다음 대화에서 빈칸에 들어갈 대사로 합리적이지 <u>않은</u> 것은?

> 갑 : 어머니, 학용품 가격이 너무 올랐어요.
> 어머니 : 장을 볼 때, 전과 같은 양을 사도 너무 비싸구나.
> 갑 : 맞아요. 앞으로도 계속 물가가 오를 것 같아요. 그래서 _____

① 제 용돈을 올려주시면 안될까요?
② 제 용돈의 가치가 하락한 것 같아 슬퍼요.
③ 친구에게 빌려준 돈은 천천히 받아야겠어요.
④ 지금 용돈으로는 간식을 이전만큼 사 먹을 수 없게 되었어요.
⑤ 차라리 꼭 필요한 건 지금 당장 사는 것이 이득일 것 같아요.

07 물가 안정을 위한 정부 측면의 노력을 〈보기〉에서 고른 것은?

> **보기**
> ㄱ. 재정 지출을 줄인다.
> ㄴ. 생산 비용을 절감한다.
> ㄷ. 합리적인 소비 생활을 한다.
> ㄹ. 공공요금의 인상을 억제한다.

① ㄱ, ㄴ   ② ㄱ, ㄹ   ③ ㄴ, ㄷ
④ ㄴ, ㄹ   ⑤ ㄷ, ㄹ

08 실업에 대한 설명으로 가장 적절한 것은?

① 일할 능력이 없는 경우 실업이라고 한다.
② 일할 의지가 없는 경우 실업이라고 한다.
③ 일자리가 없는 경우 모두 실업이라고 한다.
④ 일할 능력과 의지 중 하나만 있으면 실업이라고 한다.
⑤ 일할 능력과 의지가 모두 있으나 일자리가 없는 경우를 실업이라고 한다.

주관식

09 갑국의 실업률을 구하시오.

> • 갑국의 인구 : 100만 명
> • 갑국의 노동 가능 인구 : 80만 명
> • 갑국의 비경제 활동 인구 : 30만 명
> • 갑국의 취업자 : 40만 명

10 경제 주체가 겪는 실업의 영향으로 옳지 **않은** 것은?

① 개인 : 생계유지에 어려움을 겪는다.
② 개인 : 불확실한 미래로 불안감이 커진다.
③ 개인 : 직업을 통한 성취감을 얻을 수 없다.
④ 정부 : 소비가 위축되고 세수가 증가하게 된다.
⑤ 정부 : 실업 인구 부양 부담이 커져 재정 부담이 증가한다.

[11~13] 다음 그림을 보고 물음에 답하시오.

적중 100%

11 (가), (라)에 나타난 실업에 대한 설명으로 적절한 것은?

① (가)와 같은 실업을 마찰적 실업이라고 한다.
② (가)는 새로운 기술의 도입으로 산업 구조가 변화하면서 생겨난다.
③ (라)와 같은 실업을 경기적 실업이라고 한다.
④ (라)를 해결하기 위해 개인이 할 수 있는 일은 없다.
⑤ (라)는 특정 기간이 되면 사라지므로 정부가 개입할 필요가 없다.

12 (나) 유형의 실업 해결 방안을 〈보기〉에서 고른 것은?

> **보기**
> ㄱ. 직업 훈련을 시행한다.
> ㄴ. 재정 지출을 늘려 투자를 활성화한다.
> ㄷ. 유망한 직업에 필요한 인력을 개발한다.
> ㄹ. 경기 부양 정책으로 새로운 일자리를 만든다.

① ㄱ, ㄴ   ② ㄱ, ㄷ   ③ ㄴ, ㄷ
④ ㄴ, ㄹ   ⑤ ㄷ, ㄹ

13 (다)에 나타난 실업에 대한 설명으로 옳지 **않은** 것은?

① 이러한 실업을 마찰적 실업이라고 한다.
② 현 직장에 대한 불만족으로 나타난 실업이다.
③ 근로자가 더 나은 일자리를 탐색하려는 것이다.
④ 정부의 노력으로 없앨 수 있는 실업의 유형이다.
⑤ 적절한 구직 정보를 제공하여 이를 줄일 수 있다.

3 국제 거래와 환율

✦ 시험에 꼭 나오는 개념 국제 거래, 세계화, 자유 무역 협정, 환율, 환율 변동, 환율 변동의 영향

❶ 국제 거래는 왜 하는 것일까?

1. 국제 거래

┌ 국제 거래를 할 때는 상대 국가의 법과 제도,
└ 종교, 문화, 환율 등을 꼭 고려해야 해요.

(1) **의미** 생산물이나 생산 요소가 국경을 넘어 거래되는 것

(2) **필요성** 각국이 처한 생산 여건이 달라 거래를 통해 서로 이익을 얻을 수 있음

(3) **발생 원인**

① 자연환경의 차이

② 자원의 보유 상태가 다름 **예** 석유, 구리 등의 자원은 특정 지역에 집중적으로 매장됨

③ 생산 요소의 보유 상태가 다름 **예** 노동력이 풍부한 국가는 신발 등 노동력이 많이 필요한 상품의 생산에 유리함

④ 기술 수준의 차이

2. 세계화와 국제 거래의 양상 자료❶

(1) **세계화** 전 세계가 하나의 공동체처럼 연결된 현상

(2) **국제 거래의 증가 원인** 교통과 통신의 발달로 세계화가 진행되며 국제 거래가 더 활발해짐

(3) **국제 거래의 양상**

① 과거 : 자원이나 상품이 주로 거래됨

② 현재 : 자본과 노동 · 기술 등의 거래 증가, 경제 협력체 구성과 ❷자유 무역 협정 체결 등으로 국제 거래의 장벽이 완화

┌ 여러 나라가 서로 경제 정책의 협조를 꾀하기 위하여
└ 결성하는 협력체를 말해요.

❷ 환율은 어떻게 결정될까?

1. 환율

(1) **의미** 두 나라의 화폐가 교환되는 비율 **예** 1,000원과 1달러를 교환할 때 1,000원/달러로 표시

┌ 다른 나라 화폐의 가격을 우리나라 돈으로
└ 표현한 것이라고 볼 수도 있어요.

(2) ❸**환율의 변동**

① 환율 상승 : 외화의 가격 상승 **예** 1,000원/달러 → 1,200원/달러

② 환율 하락 : 외화의 가격 하락 **예** 1,000원/달러 → 800원/달러

2. 환율의 결정과 변동 자료❷

(1) **환율의 결정** 외화의 수요와 공급에 의해 결정

(2) **외화의 수요 변동**

① 외화의 수요 증가 요인 : 외국으로부터 재화나 서비스 수입 증가, 해외여행이나 해외 투자 증가, ❹외채 상환

② 환율 변동 과정 : 외화의 수요 증가 → 외화의 가치 상승 → 환율 상승

상대적으로 우리나라 돈인 원화의
가치가 하락했다는 의미예요.

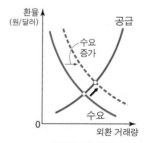

▲ 외화의 수요 증가

곁다리 설명

❶ **자원**
사람들에게 유용하게 사용되는 재화와 서비스 등을 의미한다. 좁은 의미로는 금이나 석유 같은 천연자원을 의미하며, 넓은 의미의 자원으로는 인적 자원과 문화적 자원까지 포함한다.

❷ **자유 무역 협정(FTA)**
협정을 맺은 국가 간 무역 거래에서 관세를 낮추거나 없앰으로써 국가 사이의 무역을 보다 자유롭게 하기 위해 맺는 협정이다.

❸ **환율의 변동**
원/달러 환율의 상승은 달러 가치의 상승 및 원화 가치의 하락을 뜻한다. 반면 원/달러 환율의 하락은 달러 가치의 하락 및 원화 가치의 상승을 뜻한다.

❹ **외채 상환**
외채는 외국에서 빌려 온 빚이며 상환이란 갚는다는 의미이다. 즉, 외채의 상환은 외국에서 빌린 돈을 갚는다는 의미이다.

❺ **원자재**
생산 과정에서 재화를 만들 때 재료가 되는 자재를 의미한다.

물건을 팔고 외국 돈으로 받으면 외국 돈이 많아져 상대적으로 외국 돈의 가치가 하락하는 거예요.

(3) 외화의 공급 변동

① 외화의 공급 증가 요인 : 외국으로 재화나 서비스 수출 증가, 외국인 관광객 증가, 외국인의 국내 투자 증가, 외채 도입 — 외국에서 돈을 빌리는 것을 의미해요.

② 환율 변동 과정 : 외화의 공급 증가 → 외화의 가치 하락 → 환율 하락

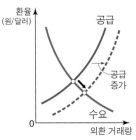

▲ 외화의 공급 증가

3. 환율 변동이 우리 생활에 미치는 영향

환율 상승	환율 하락
• 해외여행, 외채 상환 등의 부담 증가 • 수입 ❺원자재 가격의 상승으로 국내 물가 상승 • 외국인 관광객 증가 • 수출 증가, 수입 감소	• 해외여행, 외채 상환 등의 부담 감소 • 외국인 관광객 감소 • 수출 감소, 수입 증가

시험에 잘 나오는 자료

자료❶ 국제 거래의 증가

원인	교통과 통신의 발달
양상	• 자원이나 상품의 거래 → 오늘날에는 자본, 노동, 기술 등의 거래 증가 • 경제 협력체 구성과 자유 무역 협정 체결로 국제 거래 확대

자료❷ 환율의 변동 원인과 영향

구분	원인	영향
환율 상승	• 외국으로부터 재화나 서비스 수입 증가 • 우리나라 국민의 해외여행이나 내국인의 해외 투자 증가 • 외채의 상환	• 수입과 해외여행, 외채 상환 등의 부담 증가 • 수입 원자재 가격의 상승으로 국내 물가 상승 • 외국인 관광객 증가 • 우리나라 상품의 수출 증가
환율 하락	• 외국으로 재화나 서비스 수출 증가 • 외국인 관광객 증가, 외국인의 국내 투자 증가 • 외채의 도입	• 수입과 해외여행, 외채 상환 등의 부담 감소 • 외국인 관광객 감소 • 우리나라 상품의 수출 감소

1 빈칸에 들어갈 알맞은 말을 쓰시오.

(1) 생산물이나 생산 요소가 국경을 넘어 거래되는 것을 (   )(이)라고 한다.

(2) 환율은 외화의 (   )와/과 (   )에 의해 결정된다.

2 옳은 내용에 ○표를 하시오.

(1) 과거의 국제 거래는 주로 (자원, 기술)이 거래되었다.

(2) 환율이 상승할 경우 원화의 가치는 상대적으로 (상승, 하락)하며, 외화의 가격은 (상승, 하락)한다.

(3) 재화나 서비스의 수출이 증가할 경우 환율은 (상승, 하락)한다.

3 밑줄 친 부분을 바르게 고쳐 쓰시오.

(1) 나라마다 자연환경이 똑같기 때문에 국제 거래가 활발하게 이루어진다. (   )

(2) 외화의 수요가 증가하면 외화의 가치가 하락하여 환율이 하락한다. (   )

(3) 환율이 상승하면 우리나라 국민의 해외여행에 대한 부담은 줄어든다. (   )

4 내용이 옳으면 ○표, 틀리면 ×표 하시오.

(1) 국제 거래를 통해 거래에 참여한 나라들이 이익을 얻을 수 있다. (   )

(2) 과거보다 자본과 노동의 국제 거래가 늘어나고 있다. (   )

(3) 환율이 상승하면 외국인 관광객이 감소하게 된다. (   )

5 환율 변동의 원인과 결과를 바르게 연결하시오.

(1) 외채의 상환 •　　　　• ㉠ 환율 상승

(2) 외채의 도입 •　　　　• ㉡ 환율 하락

01 국제 거래에 대한 설명으로 옳은 것은?

① 생산물은 거래되지 않는다.
② 생산 요소 등이 국경을 넘어 거래되는 것이다.
③ 각국이 처한 생산 여건이 동일할 때 발생한다.
④ 기술 수준이 다른 국가가 거래하면 한 나라만 이익을 얻는다.
⑤ 한민족으로 이루어진 우리나라는 외국인 근로자가 들어오지 않는다.

02 그림을 통해 알 수 있는 국제 거래의 발생 원인으로 가장 적절한 것은?

① 국가마다 자연환경이 다르기 때문이다.
② 국가마다 기술 수준이 다르기 때문이다.
③ 국가마다 경제 수준이 다르기 때문이다.
④ 국가마다 물가 수준이 다르기 때문이다.
⑤ 국가마다 생산 요소가 다르기 때문이다.

주관식

03 다음에서 설명하고 있는 용어를 쓰시오.

국가 사이의 무역을 보다 자유롭게 하기 위해 맺는 협정으로, 이 협정을 통해 경제적 이해관계를 같이하는 국가 간의 국제 거래가 확대되고 있다.

적중 100%

04 오늘날의 국제 거래 양상으로 옳은 내용을 〈보기〉에서 고른 것은?

보기
ㄱ. 자본과 노동의 거래 감소
ㄴ. 국가 경제 협력체의 등장
ㄷ. 자원이나 상품의 거래 감소
ㄹ. 세계화를 통한 국제 거래의 증가

① ㄱ, ㄴ   ② ㄱ, ㄷ   ③ ㄱ, ㄹ
④ ㄴ, ㄷ   ⑤ ㄴ, ㄹ

05 환율에 대한 설명으로 옳지 <u>않은</u> 것은?

① 두 나라 간 화폐의 교환 비율이다.
② 국내외 경제 상황에 상관없이 영원히 고정되어 있다.
③ 외국 화폐를 얼마의 원화로 살 수 있는지를 표현한 것이다.
④ 국내 여행과 달리 외국 여행을 갈 경우 환율을 고려해야 한다.
⑤ 우리나라 돈으로 표현한 외국 화폐의 가격이라고 설명할 수 있다.

적중 100%

06 그림과 같이 그래프를 이동시키는 요인으로 적절한 것은?

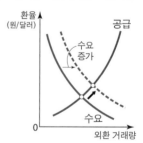

① 외채 상환
② 해외 투자의 감소
③ 재화 수입의 감소
④ 서비스 수출의 증가
⑤ 내국인의 해외여행 감소

07 환율의 변동에 직접적인 영향을 주는 요인을 〈보기〉에서 고른 것은?

> 【보기】
> ㄱ. 해외 투자의 증가
> ㄴ. 재화의 가격 상승
> ㄷ. 서비스의 공급 감소
> ㄹ. 외국인 관광객의 증가

① ㄱ, ㄴ   ② ㄱ, ㄷ   ③ ㄱ, ㄹ
④ ㄴ, ㄷ   ⑤ ㄴ, ㄹ

🔖주관식

08 철수가 게임기를 사기 위해 원화로 얼마가 필요한지 쓰시오. (단, 배송비 등은 고려하지 않음)

> 철수는 미국에서 새로 나온 게임기를 사기 위해 용돈을 모았다. 게임기는 현재 미국에서 40달러에 판매되고 있으며, 환율은 1,100원/1달러이다.

🎯적중 100%

09 다음은 갑의 수행 평가 제출물이다. 갑이 받을 점수는?

> 다음 요인이 원화의 가치를 상승시키면 ○표, 그렇지 않으면 ×표 하시오.(각 1점)

요인	○/×	점수
1. 해외 투자가 증가한다.	×	
2. 외채 상환이 증가한다.	×	
3. 재화의 수출이 증가한다.	○	
4. 외국인의 국내 투자가 증가한다.	○	

① 0점   ② 1점   ③ 2점   ④ 3점   ⑤ 4점

10 환율 상승이 예상될 때 합리적이지 <u>않은</u> 행동은?

① 갑 : 사고 싶은 외국 상품을 미리 사야겠어.
② 을 : 해외여행 가서 쓸 돈을 미리 환전해야겠어.
③ 병 : 석유를 수입한 대금을 지금 당장 줘야겠어.
④ 정 : 수출이 증가할테니 제품을 많이 만들어야지.
⑤ 무 : 외국인 관광객이 감소할테니 숙박업을 그만해야겠어.

11 밑줄 친 내용에 따른 환율의 변동을 바르게 표현한 그래프는?

> ○○ 신문   ○○월 ○○일
>
> 국제 거래가 증가하며 우리나라 경제가 회복하고 있다. 최근 경제 연구소에서 발표한 자료에 의하면 <u>국내 기업의 수출이 눈에 띄게 증가</u>하면서 실업률 하락에도 영향을 미치고 있다.

① 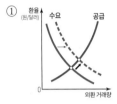 ②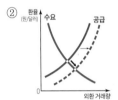

③ 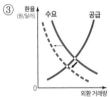 ④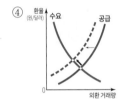

⑤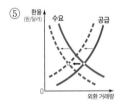

12 다음과 같은 환율 변동이 우리 생활에 미치는 영향으로 적절하지 <u>않은</u> 것은?

> 미국으로 해외여행을 가기 위해서는 은행에 가서 원화를 달러로 바꿔야 한다. 이전에는 1달러를 1,000원에 살 수 있었다면, 이제는 1,200원을 내야 1달러를 살 수 있게 되었다.

① 외채 상환의 부담이 감소한다.
② 수입품을 사는 부담이 증가한다.
③ 해외여행을 전보다 덜 가게 된다.
④ 우리나라 상품의 수출이 증가한다.
⑤ 수입 원자재 가격이 상승하여 국내 물가가 상승한다.

❶ 국내 총생산의 이해

01 다음 중 우리나라의 올해 국내 총생산에 포함되는 것은?

① 매주 하는 집안 대청소
② 작년에 만들어 올해 판매한 곶감
③ 영국에서 한국인 갑이 생산한 한지
④ 자동차를 만들기 위해 우리나라에서 생산된 엔진
⑤ 제주도에서 브라질 사람이 재배하여 판매하는 한라봉

02 다음의 생산 과정에서 측정되는 국내 총생산으로 옳은 것은?

나무	목재	의자
2,000원	3,000원	10,000원

① 1,000원 ② 3,000원 ③ 7,000원
④ 10,000원 ⑤ 15,000원

03 기사에 나타난 국내 총생산의 한계로 가장 적절한 것은?

> 우리나라 국내 총생산의 변동은 고도성장의 역사를 보여준다. 1960년대 국내 총생산은 39억 달러에 불과하였으나 2016년의 국내 총생산은 1조 3천억 달러가 넘는다. 세계 11위의 경제 대국이 된 것이다. 그러나 이런 눈부신 성장 과정에서 빈익빈부익부 현상이 더욱 심화되어 앞으로의 갈등 해결에 많은 노력이 필요한 것으로 보인다.

① 물가 상승 수준을 알 수 없다.
② 여가나 문화생활 등의 수준을 알 수 없다.
③ 대가가 없는 봉사 활동은 포함되지 않는다.
④ 생산의 결과가 공정하게 분배되었는지 알 수 없다.
⑤ 시장에서 거래되는 재화와 서비스의 가치만을 측정한다.

04 다음 대화에서 을의 밑줄 친 부분에 들어갈 내용으로 적절하지 <u>않은</u> 것은?

> 갑 : 경제 성장을 통해 풍요로운 생활을 누리고 질 높은 교육과 의료 서비스를 받을 수 있게 되었어.
> 을 : 맞아. 하지만 경제 성장 과정에서 문제점도 나타날 수 있는데, _____.

① 자원 고갈을 걱정하게 될 수 있어.
② 삶의 질이 떨어지는 경우도 생겨나.
③ 환경 오염이 발생할 수 있음을 항상 생각해야 해.
④ 빈부 격차는 해결되지만, 계층 갈등은 심각해질 수 있어.
⑤ 경제 활동 시간이 늘어나면서 여가가 오히려 부족해질 수 있어.

❷ 물가와 실업

서술형

05 다음에 나타난 현상이 무엇인지 쓰고, 이를 해결하기 위한 정부의 대책을 한 가지 서술하시오.

> 어머니의 심부름으로 장을 보러 온 갑은 깜짝 놀랐다. 저번 달에 산 물건을 똑같이 골랐는데 가격이 거의 2배에 가깝게 올랐기 때문이다. 어쩔 수 없이 갑은 장바구니에 있는 물건을 몇 개 뺄 수밖에 없었다. 점원에게 물어보니 갑이 산 물건만 가격이 오른 것이 아니라 물가가 계속 오르고 있다고 한다.

06 물가가 상승할 때 상대적으로 유리한 사람을 〈보기〉에서 고른 것은?

> **보기**
> ㄱ. 돈을 빌린 사람
> ㄴ. 돈을 빌려준 사람
> ㄷ. 부동산을 보유한 사람
> ㄹ. 현금으로 매달 봉급을 받는 사람

① ㄱ, ㄴ ② ㄱ, ㄷ ③ ㄴ, ㄷ
④ ㄴ, ㄹ ⑤ ㄷ, ㄹ

07 물가 안정을 위해 소비자가 할 수 있는 노력으로 가장 적절한 것은?

① 재정 지출을 줄인다.
② 생산 비용을 절감한다.
③ 합리적인 소비 생활을 한다.
④ 공공요금의 인상을 억제한다.
⑤ 이자율을 높여 소비가 줄어들도록 유도한다.

08 실업자에 해당하는 사람을 〈보기〉에서 고른 것은?

> [보기]
> ㄱ. 아이를 양육하는 전업주부
> ㄴ. 대학교에 가기 위해 공부하는 수험생
> ㄷ. 회사에 면접을 보러 다니는 취업 준비생
> ㄹ. 겨울이 되어 농사를 쉬며 일자리를 알아보는 농부

① ㄱ, ㄴ ② ㄱ, ㄷ ③ ㄴ, ㄷ
④ ㄴ, ㄹ ⑤ ㄷ, ㄹ

✎서술형

09 (가), (나)에서 설명하고 있는 실업의 유형과 해결 방안을 각각 서술하시오.

> (가) 새로운 기술의 도입으로 산업 구조가 변화하면서 발생한 실업
> (나) 기존에 다니던 직장을 그만두고 더 나은 조건의 일자리를 구하기 위해 일시적으로 실업 상태가 된 것

❸ 국제 거래와 환율

10 오늘날 국제 거래가 증가하게 된 요인을 〈보기〉에서 고른 것은?

> [보기]
> ㄱ. 환율의 변동
> ㄴ. 교통과 통신의 발달
> ㄷ. 자유 무역 협정의 체결
> ㄹ. 국가 간 자연환경의 차이

① ㄱ, ㄴ ② ㄱ, ㄷ ③ ㄴ, ㄷ
④ ㄴ, ㄹ ⑤ ㄷ, ㄹ

11 다음은 환율의 변동과 관련된 게임 수업의 내용이다. 민수네 모둠이 얻은 점수는?

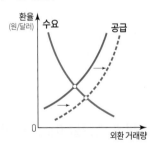

> 〈게임 규칙〉
> 1. 학생들은 각자 하나의 카드를 뽑는다.
> 2. 순서대로 카드를 뒤집어 카드에 적힌 내용을 확인한다.
> 3. 카드의 내용이 환율을 상승시키는 경우 2점을 얻고, 환율을 하락시키는 경우 1점을 잃는다.
> 4. 가장 높은 점수를 얻은 모둠이 승리한다.

> 민수네 모둠은 총 4명이며 각각의 모둠원이 뽑은 카드는 다음과 같다.
> 민수 : 외채를 빌려옴
> 지윤 : 해외여행의 증가
> 준우 : 외국 상품의 수입 증가
> 한아 : 외국인의 국내 투자 증가

① -4점 ② -1점 ③ 2점
④ 5점 ⑤ 8점

12 그림과 같은 외화 공급 곡선의 이동을 가져오는 사례를 〈보기〉에서 고른 것은?

> [보기]
> ㄱ. 외채를 상환하였다.
> ㄴ. 해외 투자가 증가하였다.
> ㄷ. 외국인 관광객이 늘어났다.
> ㄹ. 외국으로 재화와 서비스를 수출하였다.

① ㄱ, ㄴ ② ㄱ, ㄷ ③ ㄴ, ㄷ
④ ㄴ, ㄹ ⑤ ㄷ, ㄹ

① 국제 사회의 특성과 행위 주체

✏️ 시험에 꼭 나오는 개념　국제 사회, 주권, 국가, 자국의 이익, 힘의 논리, 국제법, 정부 간 국제기구, 국제 비정부 기구, 다국적 기업

❶ 국제 사회는 어떤 특성이 있을까?

1. 국제 사회

(1) **의미**　여러 국가가 서로 영향을 주고받으며 공존하는 사회 → ❶주권을 가진 국가를 기본 요소로 함

(2) **국제 사회의 구성**　오늘날에는 국가뿐 아니라 국제기구, 다국적 기업, 개인 등 다양한 주체가 국제 사회에 참여하고 있음

2. 국제 사회를 바라보는 관점

(1) **현실주의**

① 국제 사회를 ❷약육강식의 정글처럼 힘의 논리가 작용하는 공간으로 봄

② 개별 국가는 자국의 안전을 지키고 더 큰 힘을 갖기 위해 군사 비용을 늘리거나 다른 국가와 동맹을 맺어 경쟁국을 견제하고 위협하기도 함

(2) **자유주의**

① 국제 사회를 가꿀 수 있는 정원으로 봄

② 국제 사회 구성원의 협력을 강조하며, 국가 간 약속과 국제기구의 역할을 통해 평화의 실현이 가능하다고 봄

3. 국제 사회의 특성 `자료①`

(1) **자국의 이익 추구**　국가는 자국의 이익을 우선으로 추구하고, 그 과정에서 국가 간 갈등이나 분쟁이 발생하기도 함

(2) **힘의 논리가 작용**　원칙적으로는 평등한 주권을 지니지만, 실제로는 군사력과 경제력 등이 더 큰 강대국이 더 큰 영향력을 행사함

(3) **중앙 정부의 부재**　강제성을 지닌 중앙 정부가 존재하지 않으므로, 분쟁이나 갈등이 발생했을 때 조정이나 해결이 쉽지 않음

(4) **일정한 질서 존재**　❸국제법을 준수하고, 국제 여론과 국제기구 등을 통해 공동의 문제 해결을 위해 노력함 → 최근에는 환경, 인권, 난민 등과 관련된 문제를 해결하기 위한 국제 협력의 필요성이 커짐

❷ 국제 사회에 영향을 미치는 행위 주체는?

1. 국가 `자료②`

┌─ 국가는 국제 사회의 다양한 행위 주체 중에 가장 중요한 행위 주체예요.

(1) **의미**　일정한 영토와 국민으로 구성되고, 독립적 주권을 행사하는 사회 집단

(2) **특징**

① 가장 기본적이고 전통적인 행위 주체

② 독립적인 주권을 행사하는 동등한 행위 주체

③ 자국의 안전 보장과 국력 확장을 추구하며, 국제기구에 참여함

④ 다양한 행위 주체가 등장했지만 여전히 가장 중요한 행위 주체임

---

❶ 주권

주권은 다른 나라의 간섭을 받지 않고, 국가의 의사를 최종적으로 결정할 수 있는 권력을 말한다. 국가 안에서는 최고의 힘을 가지며, 국가 밖에서는 독립성을 가진다.

❷ 약육강식

강한 자가 약한 자를 희생시켜서 번영하고 약한 자는 강한 자의 먹이가 된다는 뜻이다.

❸ 국제법

국가 간의 합의에 따라 국가 간의 관계를 규칙으로 정해 놓은 법이다. 대표적인 예로 국가 간의 조약을 들 수 있다.

❹ 국제 연합

▲ 국제 연합의 안전 보장 이사회

국제 연합은 제2차 세계 대전 이후 전쟁을 방지하고 국제 평화를 유지하기 위해 만들어진 국제기구이다. 미국, 영국, 프랑스, 중국, 러시아는 국제 연합 안전 보장 이사회의 상임 이사국으로서 국제 사회에 큰 영향력을 행사한다.

❺ 경제 협력 개발 기구(OECD)

경제 발전과 세계 경제 문제 해결을 위해 활동하는 국제기구이다.

2. 국가 이외의 행위 주체

(1) 국제기구 — 정부, 민간단체, 개인 등을 회원으로 하여 국제 평화를 유지하고 다양한 영역에서 협력하는 행위 주체를 말해요.

① 정부 간 국제기구 : 각국 정부를 회원으로 하는 국제기구 **예** ❹국제 연합(UN), ❺경제 협력 개발 기구(OECD), 국제 통화 기금(IMF)

② 국제 비정부 기구 ┌ 개인이나 민간단체가 중심이 되어 만들어진 국제기구 **예** 국제 사면 위원회, 국경 없는 의사회, 그린피스
└ 권력이나 이윤을 추구하지 않고 공공의 이익을 추구하는 시민 사회 단체를 뜻해요.

(2) 다국적 기업 해외 여러 국가에 자회사, 지점, 제조 공장을 두고 생산과 판매 활동을 하는 기업 → 세계적 다국적 기업은 개별 국가의 정책 등에 영향력을 행사하기도 함

(3) 기타 종교 지도자나 유명한 기업인 등 영향력 있는 개인, 국가 내 지방 정부나 소수 민족 등도 국제 사회의 주요한 행위 주체가 될 수 있음

시험에 잘 나오는 자료

자료❶ 국제 사회의 특성

자국의 이익 추구	국가는 자국의 이익을 우선으로 추구함
힘의 논리가 작용	원칙적으로는 평등한 주권을 지니지만, 실제로는 강대국이 더 큰 영향력을 행사함
중앙 정부의 부재	강제성을 지닌 중앙 정부가 존재하지 않아서 분쟁이나 갈등이 발생했을 때 조정이나 해결이 쉽지 않음
일정한 질서 존재	국제법, 국제 여론, 국제기구 등을 통해 공동의 문제 해결을 위해 노력함

자료❷ 국제 사회의 행위 주체

---

1 빈칸에 들어갈 알맞은 말을 쓰시오.

(1) (   )은/는 여러 국가가 서로 영향을 주고받으며 공존하는 사회를 말한다.

(2) (   )은/는 각국 정부를 회원으로 하여 다양한 영역에서 협력하는 국제 사회의 행위 주체이다.

(3) (   )은/는 가장 전통적이며 대표적인 국제 사회의 행위 주체이다.

2 밑줄 친 부분을 바르게 고쳐 쓰시오.

(1) 국제 사회는 주권을 가진 <u>민족</u>을 기본 요소로 하여 구성된다. (   )

(2) 국제 사회에는 중앙 정부가 <u>존재한다</u>. (   )

(3) 국제 사회는 <u>타국</u>의 이익을 우선으로 여기는 특징을 지닌다. (   )

3 내용이 옳으면 ○표, 틀리면 ×표 하시오.

(1) 오늘날 국제 사회는 상호 의존과 국제적 협력의 필요성이 강화되고 있다. (   )

(2) 국제 연합(UN)은 개인이나 민간단체가 중심이 되어 만들어진 국제 비정부 기구에 속한다. (   )

(3) 국제 비정부 기구는 해외 여러 국가에 자회사, 지점, 공장 등을 두고 생산과 판매 활동을 하는 기업을 말한다. (   )

4 국제 사회의 행위 주체와 설명을 알맞게 연결하시오.

(1) 국가 • • ㉠ 독립적 주권을 행사함

(2) 국제기구 • • ㉡ 국경을 넘어 생산과 판매 활동을 하는 기업

(3) 다국적 기업 • • ㉢ 국제 연합(UN), 국제 사면 위원회 등이 속함

01 ㉠에 들어갈 용어로 알맞은 것은?

> (㉠)은/는 여러 국가가 서로 영향을 주고받으며 공존하는 사회를 말하며, 주권을 가진 국가를 기본 요소로 하여 구성된다.

① 정부
② 국제기구
③ 국제 사회
④ 민주 사회
⑤ 다문화 사회

02 국제 사회를 바라보는 (가), (나)의 관점에 대한 설명으로 적절하지 않은 것은?

> (가) 강한 자가 살아남는 정글과 같이 힘의 논리가 작용하는 공간으로 국제 사회를 바라본다.
> (나) 국제 사회 구성원이 협력하면 국제 사회를 평화로운 정원처럼 만들 수 있다고 본다.

① (가)는 국제 사회를 약육강식의 논리가 작용하는 곳으로 볼 것이다.
② (가)는 자국의 안전을 위하여 군사 비용을 늘려야 한다고 볼 것이다.
③ (나)는 국제 사회에 도덕과 규범, 여론이 작동한다고 볼 것이다.
④ (나)는 국가 간 약속과 국제기구의 역할을 통해 평화 실현이 가능하다고 볼 것이다.
⑤ (가), (나)는 국제 사회가 주권을 가진 국제기구를 기본 요소로 구성된다고 볼 것이다.

03 국제 사회의 특징으로 옳지 않은 것은?

① 국제 사회는 국가를 기본 요소로 구성된다.
② 강제성을 지닌 중앙 정부가 존재하지 않는다.
③ 강대국은 힘의 논리를 앞세워 더 많은 영향력을 행사한다.
④ 국제 관계에서 자국의 이익보다는 전체의 이익을 우선으로 추구한다.
⑤ 국제 사회는 국가 간의 합의에 근거한 국제법 등의 규범을 준수하고자 노력하고 있다.

04 다음 자료를 통해 알 수 있는 국제 사회의 특징으로 가장 적절한 것은?

>
> 2016년 7월 국제 재판소인 상설 중재 재판소는 남중국해 대부분에서 중국이 영유권(일정한 영역에 대한 권리)을 주장하는 것은 법적 근거가 없다고 판결함으로써 필리핀의 손을 들어주었다. 하지만 중국은 판결에 따르지 않고, 오히려 남중국해에서의 군사 활동을 강화하였다.

① 각국의 주권은 실질적으로 평등하다.
② 국가 간 협력이 활발하게 진행되고 있다.
③ 강제성을 지닌 중앙 정부가 존재하지 않는다.
④ 국가 간의 합의에 근거한 국제법 등의 규범을 준수하고 있다.
⑤ 국제 사회가 자국의 이익보다는 이념 중심으로 운영되고 있다.

05 ㉠에 공통으로 들어갈 용어를 쓰시오.

> (㉠)은/는 국가의 의사를 최종적으로 결정할 수 있는 권력이다. 개인이 모여 사회를 이루듯이 국제 사회는 (㉠)을/를 가진 국가를 기본 요소로 하여 구성된다.

06 다음 설명에 공통으로 해당하는 국제 사회의 행위 주체로 옳은 것은?

> • 가장 기본적이고 전통적인 행위 주체이다.
> • 자국의 안전 보장과 국력의 확장을 추구한다.

① 국가
② 다국적 기업
③ 국제 비정부 기구
④ 정부 간 국제기구
⑤ 영향력 있는 개인

07 ㉠에 공통으로 들어갈 국제 사회의 행위 주체는?

> 국제 관계가 다양해지고 상호 의존성이 강화되면서 많은 (㉠)이/가 등장하였다. (㉠)은/는 각국 정부 또는 개인이나 민간단체가 중심이 되어 만들어졌으며, 국제 사회에 영향력을 행사하는 국제적 행위 주체이다.

① 국가
② 국제기구
③ 다국적 기업
④ 영향력 있는 개인
⑤ 국가 내 지방 정부

09 〈보기〉에 제시된 국제 사회의 행위 주체를 바르게 분류한 것은?

> 보기
> ㄱ. 그린피스   ㄴ. 국제 연합
> ㄷ. 국제 통화 기금   ㄹ. 국제 사면 위원회
> ㅁ. 국경 없는 의사회   ㅂ. 경제 협력 개발 기구

	정부 간 국제기구	국제 비정부 기구
①	ㄱ, ㄴ, ㄷ	ㄹ, ㅁ, ㅂ
②	ㄱ, ㄴ, ㄹ	ㄷ, ㅁ, ㅂ
③	ㄴ, ㄷ, ㅂ	ㄱ, ㄹ, ㅁ
④	ㄷ, ㄹ, ㅁ	ㄱ, ㄴ, ㅂ
⑤	ㄹ, ㅁ, ㅂ	ㄱ, ㄴ, ㄷ

10 국제 사회의 행위 주체에 대한 설명으로 옳지 않은 것은?

① 세계적인 다국적 기업은 개별 국가의 정책 등에 영향력을 행사하기도 한다.
② 국제기구는 참여하는 주체에 따라 정부 간 국제기구와 국제 비정부 기구로 나눌 수 있다.
③ 국제 관계가 다양해지고 경제적 상호 의존성이 강화되면서 국제기구의 역할이 줄어들고 있다.
④ 국제 사회에서 다양한 행위 주체가 등장하고 있지만 국가는 여전히 가장 중요한 행위 주체이다.
⑤ 종교 지도자나 유명한 기업인 등과 같은 영향력 있는 개인도 국제 사회의 행위 주체가 될 수 있다.

08 다음 자료에서 설명하는 국제기구로 옳은 것은?

>  제2차 세계 대전 이후 전쟁을 방지하고 국제 평화를 유지하기 위해 만들어진 국제기구이다. 주요 기관에는 총회, 안전 보장 이사회, 국제 사법 재판소 등이 있다. 다양한 분야에서 국제적 협력을 증진하기 위해 다양한 전문 기구를 두고 있다.

① 그린피스
② 국제 연합
③ 국제 통화 기금
④ 세계 무역 기구
⑤ 국제 사면 위원회

11 ㉠에 들어갈 국제 사회의 행위 주체를 쓰시오.

> (㉠)은/는 어느 한 나라에 본사를 두고 세계 여러 나라에 자회사와 공장을 설립하여 상품을 생산하고 판매한다.

2 국제 사회의 다양한 모습

🔆 시험에 꼭 나오는 개념 경쟁, 갈등, 협력, 외교, 외교 정책, 외교 활동

❶ 국제 사회에도 경쟁, 갈등, 협력이 존재한다

1. 국제 사회의 경쟁과 갈등

(1) **경쟁** 세계 여러 국가는 기술 개발, 지하자원 확보, 시장 개척 등을 통해 경제적 이익을 추구하며 경쟁함 ⓔ 경쟁력 있는 기업 지원, 다국적 기업의 투자 유치 등

(2) **갈등**

　 ┌ 갈등은 테러나 전쟁으로 이어지기도 해요.

① 경제적 갈등 : 특허 소송, 무역 분쟁 등 　┌ 주권과 영토뿐만 아니라 민족과 종교 등
　　　　　　　　　　　　　　　　　　　　　　 다양한 원인이 얽혀 있어요.

② 주권과 영토 문제를 둘러싼 갈등 : ❶이스라엘과 팔레스타인 분쟁, ❷동중국해 분쟁 등

③ 민족 간 갈등과 종교의 차이로 발생하는 갈등 증가

④ 사이버 공간에서의 갈등 : 정보 사회의 발달과 함께 해킹과 바이러스 공격 등의 분쟁이 발생함

2. 국제 사회의 협력

(1) 경제 협력체를 구성하거나 협정을 맺어 상호 간의 이익을 증진하고자 노력함

(2) 전쟁 예방, 환경 등과 같은 공동의 문제에 대처하기 위한 협력 강화 ⓔ❸파리 협정 등

❷ 국제 사회의 공존을 위해 필요한 노력은?

1. 공존을 위한 노력

(1) **국가의 노력**

① 국제법 준수

② 국제기구 참여 ⓔ 국제 연합(UN)을 창설하여 세계 평화 유지와 국제 협력 증진 노력

(2) **민간단체의 노력** 인권, 환경, 보건 등의 다양한 영역에서 국제 사회의 문제 해결을 위해 노력함 ⓔ 난민 보호 활동, 사막화를 막기 위한 나무 심기 활동

2. 공존을 위한 외교

(1) **외교** 한 국가가 국제 사회에서 자국의 이익을 평화적으로 달성하려는 활동

(2) **외교 정책** 외교를 통해 이루고자 하는 목표나 그 목표를 달성하기 위한 전략

(3) **외교의 중요성**

① 외교 활동을 통해 자국의 정치적·경제적 이익을 실현할 수 있음

② 외교를 통해 자국의 위상을 높일 수 있음

(4) **외교의 변화**

① ❹전통적인 외교 활동은 정부 간 활동이 중심 ⓔ 대사의 교환, 정상 회담, 정부 간 협상

② 최근에는 민간 차원의 외교 활동도 활발하게 진행 　┌ 민간 외교는 스포츠나 문화 등 다양한
　　　　　　　　　　　　　　　　　　　　　　　　　　　　차원에서 이루어지고 있어요.

(5) **우리나라의 외교** 국가 안전 보장, 평화 통일을 위한 국제적 여건의 조성, 경제 발전을 위한 자원·자본 및 기술의 확보와 ❺통상 증대, 국제 사회의 공동 문제 해결 등을 목적으로 활발한 외교 활동을 펼치고 있음

---

❶ 이스라엘과 팔레스타인 분쟁

제1차 세계 대전 이후 유대인들이 팔레스타인 사람들이 사는 땅으로 들어오기 시작하면서 갈등이 시작되었다. 유대교를 믿는 유대인들이 이스라엘을 세운 뒤 땅을 점차 넓혀 가자, 이슬람교를 믿는 팔레스타인 사람들은 자신이 살던 땅을 빼앗겼고, 이후 분쟁이 계속되고 있다.

❷ 동중국해 분쟁

중국명 댜오위다오, 일본명 센카쿠 열도는 동중국해의 남부에 있는 5개의 작은 섬과 3개의 암초로 구성되어 있다. 이를 둘러싸고 중국과 일본이 영유권을 주장하며 갈등이 발생하고 있다.

❸ 파리 협정

2015년 12월 파리에서 열린 21차 유엔 기후 변화 협약 당사국 총회(COP21) 본회의에서 195개 당사국이 채택한 협정이다. 산업화 이전 대비 2100년까지 지구 평균 기온 상승 폭을 1.5℃ 이하로 제한하였다.

❹ 전통적인 외교 활동

전통적인 외교 활동은 대사의 교환, 정상 회담, 정부 간 협상 등 정부 간 활동이 중심이 된다.

❺ 통상

나라들 사이에 서로 물품을 사고팖, 또는 그런 관계를 말한다.

기초 탄탄 개념 문제

1 빈칸에 들어갈 알맞은 말을 쓰시오.

(1) 세계 여러 국가는 기술 개발, 지하자원 확보, 시장 개척 등을 통해 경제적 이익을 추구하며 (　　　)한다.

(2) 한 국가가 국제 사회에서 자국의 이익을 평화적으로 달성하려는 활동을 (　　　)(이)라고 한다.

(3) (　　　)은/는 외교를 통해 이루고자 하는 목표나 그 목표를 달성하기 위한 전략을 말한다.

2 밑줄 친 부분을 바르게 고쳐 쓰시오.

(1) 정보 사회의 발달과 함께 사이버 공간에서의 국가 간 분쟁은 <u>감소</u>하는 추세이다.
(　　　)

(2) 전쟁을 예방하고 환경 오염과 같은 공동의 문제에 대처하기 위해 국제 사회는 <u>경쟁</u>을 강화하고 있다. (　　　)

(3) 오늘날 대부분 국가는 <u>무력</u>을 통해 국제 사회의 공존을 추구하고 있다. (　　　)

3 내용이 옳으면 ○표, 틀리면 ×표 하시오.

(1) 국제 사회에도 경쟁, 갈등, 협력이 존재한다.
(　　　)

(2) 국제 사회에서는 정상 회담, 정부 간 협상만을 외교 활동으로 인정하고 있다. (　　　)

(3) 오늘날에는 과거보다 다양한 행위 주체가 외교 활동을 펼치고 있다. (　　　)

4 외교 활동의 유형과 사례를 알맞게 연결하시오.

(1) 정부 간 외교　•　　•㉠ 스포츠 경기
활동　　　　　　　　교류

(2) 민간 차원의　•　　•㉡ 대사의 교환,
외교 활동　　　　　　정상 회담

시험 적중 예상 문제

01 국제 사회의 모습에 관한 설명으로 옳지 <u>않은</u> 것은?

① 민간단체를 통한 국제 협력도 활발하게 나타나고 있다.

② 오늘날 국제 사회의 행위 주체는 과거보다 다양해졌다.

③ 경쟁과 갈등만 있는 것이 아니라 상호 이익과 공존을 위한 협력도 나타난다.

④ 경제적 이익을 둘러싼 갈등은 증가하고 종교 차이로 발생한 갈등은 사라지고 있다.

⑤ 많은 국가는 국제법을 준수하며 다양한 국제기구에 참여함으로써 공존을 위해 노력하고 있다.

02 다음 사례에서 공통으로 알 수 있는 국제 사회의 모습은?

- 스마트폰 제조사 간의 특허 소송
- 유럽 연합이 중국산 철강 제품에 높은 관세를 부과하여 발생한 무역 분쟁

① 협력　　② 갈등　　③ 경쟁
④ 화합　　⑤ 공존

03 국제 사회의 갈등을 보여주는 사례를 〈보기〉에서 있는 대로 고른 것은?

보기
ㄱ. 이스라엘과 팔레스타인의 분쟁
ㄴ. 자국의 경쟁력 있는 기업에 보조금을 지급
ㄷ. 석유 자원 확보를 위한 서남아시아 페르시아만 연안 국가 간의 충돌
ㄹ. 베트남 정부가 하노이에 다국적 기업의 공장이 건설되도록 해외 투자를 지원

① ㄱ, ㄷ　　② ㄴ, ㄹ　　③ ㄱ, ㄴ, ㄷ
④ ㄱ, ㄴ, ㄹ　　⑤ ㄴ, ㄷ, ㄹ

04 다음 글을 통해 알 수 있는 국제 사회의 모습을 〈보기〉에서 고른 것은?

> 2015년 미국과 쿠바는 양국에 대사관을 다시 열고 오바마 대통령이 미국 대통령으로서는 88년 만에 쿠바를 방문하면서 1961년 국교 단절 후 이어져 온 적대적 관계를 우호 관계로 바꾸었다. 미국과 쿠바는 냉전이 심화하였던 1962년 '쿠바 미사일 위기'로 전 세계를 전쟁의 공포로 이끌었다. 하지만 양국의 경제적 협력 관계가 회복되면서 교류가 다시 시작되었다. 이는 국제 사회에는 영원한 적도, 영원한 친구도 없다는 것을 보여준다.

보기
> ㄱ. 민간 외교가 정부 차원의 외교보다 효과적이다.
> ㄴ. 국제 사회에 냉전 체제는 지금도 계속되고 있다.
> ㄷ. 국제 사회에는 다양한 모습의 상호 관계가 존재한다.
> ㄹ. 국제 관계는 고정된 것이 아니라 계속 변화하는 것이다.

① ㄱ, ㄴ ② ㄱ, ㄷ ③ ㄱ, ㄹ
④ ㄴ, ㄷ ⑤ ㄷ, ㄹ

주관식
05 다음 자료의 내용이 국제 사회의 다양한 모습 중 어떤 모습인지 쓰시오.

> 국제 연합 195개 당사국
> 모두가 참여하는 파리 협정 체결(2015년)
> • 2100년까지 지구의 평균 기온 상승 폭을 1.5℃ 이하로 제한
> • 21세기 후반 이산화탄소 순 배출량 0% 달성
> • 선진국은 연간 1천억 달러 이상을 개발 도상국에 지원

06 다음 자료를 통해 알 수 있는 내용으로 가장 적절한 것은?

> 국제 연합(UN)은 세계의 빈곤을 줄이기 위한 새 천 년 개발 목표(MDGs, 2000~2015)를 세우고 이를 실천해 왔다. 이후 2016년부터는 이를 구체화하여 환경, 경제, 사회 영역에서 17가지 지속 가능 발전 목표(SDGs)를 세웠다. 이 목표에는 경제 성장, 양성평등, 불평등 해소, 기반 시설, 교육 평등, 빈곤 해결, 목표를 위한 연대, 지속 가능한 도시, 책임감 있는 소비, 기아 해결, 해양 자원 보존, 깨끗한 물과 위생, 깨끗한 에너지, 육지 생태계 보호, 건강, 평화와 정의, 기후 대응이 있다.

① 국제 사회는 협력과 공존을 위해 노력하고 있다.
② 국제 사회에서 자국의 위상을 높이기 위해서는 무력이 필요하다.
③ 지속 가능 발전 목표를 위해 개인이 노력할 수 있는 방안은 없다.
④ 각국은 세계 전체를 위해서 자국의 이익을 추구하지 말아야 한다.
⑤ 국제 연합이 제정한 국제법으로 국제 사회의 갈등을 조정하고 있다.

07 외교에 관한 설명으로 옳지 <u>않은</u> 것은?

① 최근에는 민간 차원의 외교 활동도 활발하게 이루어지고 있다.
② 오늘날 우리나라의 외교 활동은 실리보다 이념과 명분을 중시한다.
③ 외교 활동을 통해 자국의 이익을 실현하고 자국의 위상을 높이는 데 이바지한다.
④ 오늘날 대부분 국가는 무력이 아닌 외교적인 노력을 통해 국제 사회의 공존을 추구하고 있다.
⑤ 전통적인 외교 활동은 대사의 교환, 정상 회담, 정부 간 협상 등 정부 간 활동이 중심이 되었다.

주관식
08 정부 간 외교 활동의 사례를 두 가지 쓰시오.

3 우리나라의 국제 관계

✐ 시험에 꼭 나오는 개념 독도, 국제 사법 재판소, 일본군 '위안부', 야스쿠니 신사, 동북공정, 해양 자원, 저작권

❶ 우리나라가 직면하고 있는 국가 간 갈등 문제는?

1. 우리나라와 일본의 갈등

(1) **일본의 독도 ❶영유권 주장**

① 일본의 독도 영유권 주장 : 1905년 독도를 불법적으로 자국 영토로 편입한 조치를 근거로 독도가 일본 땅이라고 주장 → 일본은 독도 문제를 ❷국제 사법 재판소를 통해 해결하려고 함

② 역사적 사실 : 독도는 ❸역사적, 지리적, 국제법적으로 우리의 영토이며, 현재 우리나라가 확고한 주권을 행사하고 있음

(2) **역사 교과서 왜곡**

① 일본이 역사 교과서에서 독도 영유권 주장을 강화함

② 일본군 '위안부'와 관련된 기술을 삭제하거나 강제 동원이 드러나지 않게 왜곡하여 기술하고 있음

(3) **야스쿠니 신사 참배** 일부 일본 정치인의 야스쿠니 신사 참배로 외교적 마찰 발생 → 야스쿠니 신사에 제2차 세계 대전을 일으킨 전쟁 범죄자들의 위패가 있기 때문임

┌ 일본에서 조상의 위패를 두고 제사하는 곳이에요.

(4) **동해 표기** 동해 표기를 둘러싼 갈등이 있음

2. 우리나라와 중국의 갈등

(1) **❹동북공정**

① 의미 : 동북 변경 지역의 역사와 현상에 관한 연구 과제

② 내용 : 고조선, 고구려, 발해 등 우리나라 역사를 고대 중국의 지방 정부로 인식하고, 이를 모두 중국사에 포함하여 역사를 왜곡함

③ 추진 배경 : 중국의 여러 소수 민족 통제, 만주 지역 영향력 강화

④ 대응 방안 : 중국의 역사 왜곡 문제에 지속적인 관심을 가지고 고대사 연구를 통해 대응 논리를 마련해야 함

(2) **해양 자원을 둘러싼 갈등** 중국 어선의 ❺배타적 경제 수역 침범 등

(3) **저작권 침해** 상품뿐만 아니라 웹툰과 게임 등의 산업에서도 불법 복제가 발생함

❷ 우리나라와 주변국 간 갈등을 해결하기 위해서는?

1. 정부의 노력

(1) 체계적인 역사 연구 지원

(2) 국제 사회에 홍보 및 외교 활동

2. 학계와 시민 사회의 노력

(1) **대학과 연구 기관** 연구 활동, 주변국과의 공동 역사 연구 진행

(2) **시민 단체** 홍보 활동, 민간 교류 등

(3) **개인** 지속적인 관심과 참여가 필요함

---

❶ 영유권

한 나라가 일정한 영토와 관련된 문제에 대해 처리할 수 있는 권리를 말한다.

❷ 국제 사법 재판소

국제 연합의 산하 기구로 국제법을 기준으로 국가 간의 분쟁을 법적으로 해결하기 위해 설립한 국제기구이다.

❸ 독도에 관한 역사적 기록

▲ 삼국사기 《삼국사기》(1145)에 울릉도와 독도가 포함된 우산국에 관한 기록이 있다. 또한 《세종실록》〈지리지〉(1454), 《숙종실록》(1696) 등의 많은 자료에서 독도가 우리 영토라는 기록을 찾을 수 있다.

❹ 동북공정

중국 국경 안에서 전개된 모든 역사를 중국 역사로 만들기 위해 중국이 추진한 동북 변경 지역의 역사와 현상에 관한 연구 프로젝트를 말한다.

❺ 배타적 경제 수역

한 국가가 해양 자원을 탐사, 개발, 보존 및 관리를 할 수 있는 권리가 미치는 수역이다.

기초 탄탄 개념 문제

1 빈칸에 들어갈 알맞은 말을 쓰시오.

(1) 울릉도 동남쪽 뱃길을 따라가면 (　　　)이/가 있다. 이곳은 우리나라 국민이 거주하고 있는 대한민국의 영토이다.

(2) 현재 우리나라는 (　　　)와/과 독도 영유권 주장, 역사 교과서 왜곡, 야스쿠니 신사 참배 등의 문제로 갈등을 겪고 있다.

(3) 현재 우리나라는 (　　　)와/과 동북공정, 해양 자원을 둘러싼 문제 등으로 갈등을 겪고 있다.

2 밑줄 친 부분을 바르게 고쳐 쓰시오.

(1) 일본은 <u>국제 연합</u>에서 독도 영유권 문제를 해결하려고 한다. (　　　)

(2) <u>동북공정</u>은 일본의 '동북 변경 지역의 역사와 현상에 관한 체계적인 연구 과제'라는 말을 줄인 것이다. (　　　)

(3) 국제 사회의 갈등과 분쟁을 해결하기 위해서는 객관적 자료를 통하여 <u>감정적인</u> 대응 근거를 마련해야 한다. (　　　)

3 내용이 옳으면 ○표, 틀리면 ×표 하시오.

(1) 국가 간 분쟁을 해결하기 위해서는 정부만 나서서 해결해야 한다. (　　　)

(2) 일본의 야스쿠니 신사는 제2차 세계 대전을 일으킨 전쟁 범죄자들의 위패가 있는 곳이다. (　　　)

(3) 중국과는 동해 표기를 둘러싸고 국가 간 갈등을 겪고 있다. (　　　)

(4) 중국은 동북공정을 통해 우리나라의 고려, 조선 등의 역사를 중국사 속에 포함하여 역사를 왜곡하고 있다. (　　　)

(5) 중국 어선이 우리나라 배타적 경제 수역을 침범하여 불법으로 어업 활동을 하면서 해양 자원을 둘러싼 갈등이 발생하고 있다. (　　　)

시험 적중 예상 문제

01 다음 글의 ㉠에 들어갈 지역으로 옳은 것은?

> 신라 지증왕 때 이사부가 우산국을 점령했다는 기록이 있다. 이후 《세종실록》〈지리지〉(1454년), 《숙종실록》(1696년)을 비롯한 많은 기록을 통해 (　㉠　)이/가 우리 영토임을 분명히 해 왔다.

① 독도　　　② 만주　　　③ 제주도
④ 대마도　　⑤ 연해주

02 우리나라와 일본과의 갈등 문제에 해당하는 사례만을 〈보기〉에서 있는 대로 고른 것은?

> **보기**
> ㄱ. 역사 교과서 왜곡
> ㄴ. 야스쿠니 신사 참배
> ㄷ. 일본군 '위안부' 문제
> ㄹ. 동북공정을 통한 역사 왜곡

① ㄱ, ㄴ　　　② ㄱ, ㄹ　　　③ ㄱ, ㄴ, ㄷ
④ ㄱ, ㄴ, ㄹ　⑤ ㄴ, ㄷ, ㄹ

03 일본이 독도 영유권을 주장하는 까닭을 〈보기〉에서 고른 것은?

> **보기**
> ㄱ. 한반도 통일 후 중국을 견제하기 위함이다.
> ㄴ. 만주 지역에서 영향력을 강화하기 위함이다.
> ㄷ. 영역적으로 활용 가치가 뛰어나기 때문이다.
> ㄹ. 경제적 측면에서 풍부한 해양 자원을 확보하기 위함이다.

① ㄱ, ㄴ　　　② ㄱ, ㄷ　　　③ ㄱ, ㄹ
④ ㄴ, ㄹ　　　⑤ ㄷ, ㄹ

04 다음 설명에 해당하는 국제기구로 옳은 것은?

> 국제 연합의 산하 기구로, 국제법을 기준으로 국가 간의 분쟁을 법적으로 해결하기 위해 설립한 국제기구이다.

① 유네스코 ② 그린피스
③ 국제 사면 위원회 ④ 국제 사법 재판소
⑤ 국경 없는 의사회

주관식

05 다음 빈칸에 공통으로 들어갈 단어를 쓰시오.

> 8월 15일은 우리나라에는 광복절이지만 일본에는 패전일이다. 매년 이날이 되면 일본의 장관 등을 포함한 수십 명의 정치인이 (   )을/를 참배한다. (   )에는 제2차 세계 대전을 일으킨 전쟁 범죄자들의 위패가 있다. 이 때문에 일본의 정치인들이 이곳에 가서 참배할 때마다 한국과 중국 등 주변국으로부터 비판을 받는다.

06 다음 자료에 관한 설명으로 옳지 <u>않은</u> 것은?

중국 정부가 고구려 성산산성의 표지석에 "고구려는 중국의 소수 민족 지방 정권이었다."라는 문구를 새긴 사실이 확인되었다.

◀ 고구려 성산산성 표지석

① 중국의 동북공정과 관련 있다.
② 만주 지역에서의 영향력을 강화하려는 것이다.
③ 중국의 여러 소수 민족을 통제하기 위한 것이다.
④ 고구려의 역사를 중국 역사로 편입시키기 위한 목적이다.
⑤ 중국은 국제 사법 재판소를 통해 이 문제를 해결하려고 한다.

07 다음과 같은 일이 벌어졌을 때 한국과 중국과의 관계에 미칠 영향으로 가장 적절한 것은?

> 최근 한류의 또 다른 중심이 될 것으로 기대되는 웹툰과 게임의 불법 복제가 중국에서 심각한 것으로 알려졌다. 유료 웹툰 기업인 A사는 최근 자사의 유료 웹툰이 중국에서 불법 복제된 것을 발견하고 검찰에 수사를 요청하였다.

① 한국과 중국 간의 교류가 사라질 것이다.
② 중국은 한국의 요구를 모두 수용할 것이다.
③ 한국과 중국의 관계에서 갈등 요소가 될 수 있다.
④ 저작권 문제는 한국과 중국 간의 관계에서는 전혀 문제되지 않는다.
⑤ 한류 열풍을 유지하기 위해 한국과 중국 모두 이를 무시하고 넘어갈 것이다.

08 우리나라와 주변국 간 갈등을 해결하기 위한 적절한 방안을 〈보기〉에서 고른 것은?

> 보기
> ㄱ. 시민 단체는 영토 주권과 역사적 사실에 관한 홍보 활동을 펼쳐야 한다.
> ㄴ. 학계와 시민 사회는 주변국과의 갈등 문제 해결을 위해 나서지 않아야 한다.
> ㄷ. 학자들은 주변국과의 공동 역사 연구와 공동 저술로 상호 간의 이해를 넓혀야 한다.
> ㄹ. 정부는 체계적 역사 연구를 지원하는 것보다 힘의 논리를 통하여 문제를 해결해야 한다.

① ㄱ, ㄷ ② ㄱ, ㄹ ③ ㄴ, ㄷ
④ ㄴ, ㄹ ⑤ ㄷ, ㄹ

09 역사 교과서 왜곡, 신사 참배 문제 등 우리나라와 일본과의 갈등을 해결하는 방법으로 가장 적절한 것은?

① 일본과의 교류를 단절한다.
② 감정적 대응으로 우리의 주장을 관철한다.
③ 체계적인 연구를 통해 관련 자료를 수집한다.
④ 우리도 역사를 왜곡하여 우리의 주장을 펼친다.
⑤ 힘의 논리를 활용하여 국제 사회에서 유리한 위치를 차지한다.

❶ 국제 사회의 특성과 행위 주체

01 국제 사회의 특성으로 옳은 내용을 〈보기〉에서 고른 것은?

〈보기〉
ㄱ. 국제 관계에서 자국의 이익을 우선으로 추구한다.
ㄴ. 국내법보다 강력한 국제법을 통해 국제 분쟁을 해결한다.
ㄷ. 국가 간 갈등을 해결해 줄 강제력을 가진 중앙 정부가 없다.
ㄹ. 국제 사회는 평등의 원리가 작용하여 강대국과 약소국의 영향력이 비슷하다.

① ㄱ, ㄴ ② ㄱ, ㄷ ③ ㄱ, ㄹ
④ ㄴ, ㄷ ⑤ ㄷ, ㄹ

02 국제 사회의 행위 주체인 (가)~(다)에 대한 옳은 설명을 〈보기〉에서 고른 것은?

(가)	일정한 영토와 국민을 바탕으로 주권을 행사하는 기본적이고 대표적인 행위 주체
(나)	정부, 민간단체, 개인 등을 회원으로 하여 국제 사회에 영향력을 행사하는 국제적 행위 주체
(다)	세계 여러 나라에 자회사와 공장을 설립하여 국제적 규모로 상품을 생산하고 판매하는 기업

〈보기〉
ㄱ. (가)는 영향력 있는 개인을 말한다.
ㄴ. (나)는 국제기구로 정부 간 국제기구와 국제 비정부 기구로 나뉜다.
ㄷ. (다)는 세계화가 진행되면서 영향력이 점점 커지고 있다.
ㄹ. 오늘날에는 국가 간의 상호 의존성 약화로 (나)와 (다)의 영향력이 점점 약화하고 있다.

① ㄱ, ㄴ ② ㄱ, ㄷ ③ ㄱ, ㄹ
④ ㄴ, ㄷ ⑤ ㄷ, ㄹ

03 다음에 제시된 국제 사회의 행위 주체가 포함되는 유형으로 옳은 것은?

제2차 세계 대전 이후 전쟁을 방지하고 국제 평화를 유지하기 위해 만들어졌다. 1945년에 공식 출범하였으며, 190개가 넘는 국가가 가입하였다.

① 국가
② 다국적 기업
③ 정부 간 국제기구
④ 국제 비정부 기구
⑤ 영향력 있는 개인

서술형

04 정부 간 국제기구와 국제 비정부 기구의 차이점을 쓰고, 각각의 사례를 하나씩 제시하시오.

❷ 국제 사회의 다양한 모습

05 다음 글에서 알 수 있는 국제 사회의 특징으로 가장 적절한 것은?

2015년 파리는 두 사건으로 국제 사회의 관심을 받았다. 11월에 일어난 파리 테러는 폭력과 테러에 경각심을 불러일으켰으며, 국제 사회에 긴장을 높였다. 12월에는 국제 연합 기후 변화 협약 총회가 열려서 기후 문제를 해결하기 위해 195개 당사국 모두가 참여하여 서로 협력하기로 합의하였다.

① 대부분의 국가 간 갈등은 경제적 이익 때문에 발생한다.
② 국제 사회에는 협력과 갈등의 다양한 모습이 나타난다.
③ 민족 간 갈등과 종교 차이로 발생하는 갈등은 사라지고 있다.
④ 정보 사회에 진입하면서 다양한 국제 사회 문제가 등장하였다.
⑤ 국제 사회에서는 공존을 위한 협력의 모습은 존재하지 않는다.

06 외교에 대한 옳은 설명을 〈보기〉에서 고른 것은?

보기

ㄱ. 정부 관료나 외교관만 할 수 있는 활동이다.
ㄴ. 국제 사회에서 나타나는 모든 갈등과 분쟁을 해결할 수 있다.
ㄷ. 오늘날에는 국가 정상, 민간단체 등 다양한 주체에 의해 이루어진다.
ㄹ. 한 국가가 국제 사회에서 자국의 이익을 평화적으로 달성하려는 활동을 말한다.

① ㄱ, ㄴ　　② ㄱ, ㄷ　　③ ㄴ, ㄷ
④ ㄴ, ㄹ　　⑤ ㄷ, ㄹ

07 다음 사례에 대한 분석으로 옳지 않은 것은?

미국과 중국은 한국 전쟁 이후 적대적 관계를 유지해 왔다. 하지만 1971년 중국의 초청을 받은 미국의 탁구 대표팀이 중국을 방문하여 친선 경기를 펼쳤으며, 그 후 양국의 정상 회담에 합의하였다. 이를 시작으로 미국과 중국의 관계가 개선되었다.

① 전통적인 외교의 형태로만 이루어졌다.
② 국제 사회에 갈등과 협력의 다양한 모습이 나타났다.
③ 결과적으로 국제 사회의 평화와 공존에 이바지하였다.
④ 외교가 다양한 형태로 이루어지고 있다는 것을 보여준다.
⑤ 민간 교류를 계기로 미국과 중국 간의 대립과 긴장이 완화된 사례이다.

08 국제 사회의 행위 주체와 해당 주체가 공존을 위해 할 수 있는 노력을 옳지 않게 연결한 것은?

① 국가 : 상호 합의하여 만든 국제법을 준수한다.
② 국가 : 국제기구의 활동에 적극적으로 참여한다.
③ 민간단체 : 난민을 보호하기 위한 활동을 한다.
④ 민간단체 : 환경, 인권을 위한 조약 등의 국제법을 직접 제정한다.
⑤ 개인 : 국제 민간단체의 환경 보호 활동 등에 자발적으로 참여한다.

❸ 우리나라의 국제 관계

09 우리나라의 국제 관계에 대한 설명으로 옳지 않은 것은?

① 일본과는 독도 영유권 문제로 갈등을 겪고 있다.
② 근대 이후 국제적인 평화 지역으로 자리매김하고 있다.
③ 최근에는 해양 자원을 둘러싼 중국과의 갈등이 증가하고 있다.
④ 우리나라는 역사 왜곡 문제로 일본 및 중국과 갈등을 겪고 있다.
⑤ 우리나라는 지리적 특수성 때문에 주변국들과 갈등과 협력의 관계를 반복하고 있다.

10 우리나라와 일본과의 관계에서 갈등이 발생하는 이유로 적절하지 않은 것은?

① 일본이 독도의 영유권을 주장하기 때문에
② 일본이 동북공정을 통해 우리의 역사를 왜곡하기 때문에
③ 일본이 동해를 일본해로 표기해야 한다고 국제 사회에 주장하기 때문에
④ 일본의 일부 정치인이 전범의 위패가 있는 야스쿠니 신사를 참배하기 때문에
⑤ 일본이 일본군 '위안부'와 관련된 내용을 역사 교과서에서 삭제하거나 왜곡하기 때문에

서술형

11 일본 및 중국의 영토 주권 침해와 역사 왜곡 문제 등을 해결하기 위해 필요한 우리나라의 정부 차원의 노력과 시민 사회의 노력을 각각 한 가지씩 서술하시오.

1 인구 분포

🔍 시험에 꼭 나오는 개념　인구 분포, 인구 밀도, 자연적 요인, 인문적·사회적 요인, 인구 밀집 지역, 인구 희박 지역, 이촌 향도

❶ 세계의 인구는 어떻게 분포하고 있을까?

1. 세계의 인구 분포 특징 자료❶

(1) **불균등한 인구 분포**　❶대륙별로 아시아와 유럽에 인구가 많이 분포하고, 오세아니아는 인구가 적게 분포, ❷중국과 인도가 세계 인구의 3분의 1 이상을 차지

(2) **세계의 인구 밀집 지역**
└ 육지의 대부분이 북반구에 분포하기 때문이에요.
① 세계 인구의 90% 이상이 북반구에 분포
② 북위 20°~40°의 온화한 기후가 나타나는 지역
③ 하천 주변의 평야 지대나 해안 지역

(3) **세계의 인구 희박 지역**
① 적도 부근이나 극지방
② 험준한 산지 지역 └ 너무 춥기 때문에 농업 활동을 하기가 어려워요.

2. 인구 분포에 영향을 주는 자연적 요인　기후, 지형 등
┌ 아시아의 계절풍 기후 지역에서 벼농사가 활발하게 이루어져요.

❸인구 밀집 지역	기후가 온화하고 물이 풍부한 지역, ❹계절풍 기후가 나타나는 지역, 평야 및 해안 지역 등 └ 농경에 유리해요.
❺인구 희박 지역	너무 덥거나 추운 지역, 물이 부족한 건조 지역, 높고 험준한 산지 지역

3. 인구 분포에 영향을 주는 인문적·사회적 요인　산업, 교통, 문화, 정치 등

인구 밀집 지역	2, 3차 산업이 발달하여 일자리가 풍부한 지역, 교육·문화 시설이 잘 갖추어진 지역, 교통이 편리한 지역 ⓐ 서부 유럽과 미국의 북동부, 일본의 태평양 연안 등
인구 희박 지역	산업 시설과 일자리가 부족한 지역, 전쟁이나 분쟁이 자주 발생하는 지역, 교통이 불편한 지역

4. 인구 분포의 변화

(1) **과거**　자연적 요인이 인구 분포에 큰 영향을 미침

(2) **산업화 이후**　산업화와 도시화가 진행되면서 인문적·사회적 요인의 중요성이 커짐

❷ 우리나라의 인구는 어떻게 분포하고 있을까? 자료❷

1. 우리나라의 인구 분포 특징

(1) **높은 인구 밀도**　좁은 국토 면적에 비해 인구가 많아 인구 밀도가 높음

(2) **불균등한 분포**　지역별로 고르지 않은 인구 분포
└ 어떤 지역이나 나라의 총인구를 총면적으로 나눈 값으로, 1km²의 면적에 사는 인구를 나타내요.

2. 산업화 이전의 인구 분포

(1) 농업 사회로 자연적 요인이 크게 작용함 → 농업에 유리한 비옥한 땅과 물을 쉽게 얻을 수 있는 지역에 인구 밀집

(2) **인구 밀집 지역**　평야가 넓고 기후가 온화하여 ❻벼농사에 유리한 남서부 지역

(3) **인구 희박 지역**　기온이 낮고 산지나 고원이 많은 북동부 지역
└ 농경에 불리해요.
┌ 우리나라의 주요 하천과 평야는 남서부에 발달해 있어요.

---

❶ 대륙별 인구 분포

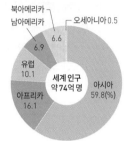

북아메리카
남아메리카
오세아니아 0.5
6.6
6.9
유럽 10.1
아프리카 16.1
세계 인구 약 74억 명
아시아 59.8(%)

(국제 연합, 2016)

중국, 인도 등 인구 대국이 위치한 아시아에 세계 인구의 약 60%가 분포하고 있다.

❷ 국가별 인구 순위(2015년)

중국 1		1,402(백만 명)
인도 2		1,282
미국 3	325	
인도네시아 4	256	
브라질 5	204	
파키스탄 6	188	
나이지리아 7	184	
방글라데시 8	160	
러시아 9	142	
일본 10	127	

(통계청, 2015)

❸ 방글라데시
연중 기온이 높고 강수량이 많으며 평야가 넓어 벼농사가 발달하여 인구 밀도가 높다.

❹ 계절풍
여름과 겨울에 대륙과 해양의 온도 차로 인해 계절에 따라 방향이 바뀌는 바람이다.

❺ 아이슬란드
일 년 내내 너무 춥기 때문에 사람이 살기에 불리하다.

❻ 벼농사
생육 기간 동안 기온이 높고 강수량이 많은 조건에서 잘 자라는 벼는 단위 면적당 수확량이 많아 인구 부양력이 높다.

📖 바른답·알찬풀이 23쪽

── 우리나라의 산업화는 1960년대 이후에 이루어졌어요.

3. 산업화 이후의 인구 분포

(1) **인문적·사회적 요인**이 크게 작용함

(2) **인구 밀집 지역** 산업이 발달하여 일자리가 풍부한 도시 지역으로 인구가 모여드는 이촌 향도 현상 발생 → 서울, 부산, 인천, 대구, 대전, 광주 등 대도시와 포항, 울산, 광양, 여수 등 공업 도시로 인구 밀집 └ 산업화와 도시화로 농촌의 인구가 도시로 이동하는 현상을 말해요.

(3) **인구 희박 지역** 농어촌 지역과 산지 지역

시험에 잘 나오는 자료

자료❶ 세계의 인구 분포

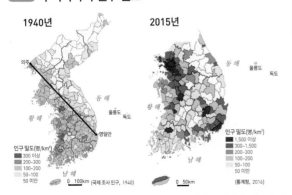

(미국항공우주국, 2016)

인구 밀도(명/km²)
- 1,000 이상
- 250~1,000
- 25~250
- 5~25
- 1~5
- 1 미만
- 자료없음.

인구 밀집 지역	인구 희박 지역
• 서부 유럽, 미국 북동부, 일본의 태평양 연안 • 동부 아시아 및 동남아시아, 남부 아시아	• 극지방, 적도 부근 • 오스트레일리아 내륙, 북부 아프리카

자료❷ 우리나라의 인구 분포

1940년 / **2015년**

인구 밀도(명/km²)
- 300 이상
- 200~300
- 100~200
- 50~100
- 50 미만

(국제 조사 인구, 1940)

인구 밀도(명/km²)
- 1,500 이상
- 300~1,500
- 200~300
- 100~200
- 50~100
- 50 미만

(통계청, 2016)

농경 위주 사회였던 과거에는 벼농사에 유리한 남서부 지역에 인구가 밀집하였다. 그러나 1960년대 이후 산업화에 따른 이촌 향도 현상으로 수도권과 대도시, 남동 임해 공업 지역에 인구가 밀집하였다.

└ 2015년 기준 우리나라 전체 인구의 약 50%가 수도권에 분포해요.

---

1 빈칸에 들어갈 알맞은 말을 쓰시오.

(1) 세계 인구의 90% 이상은 육지 면적이 넓은 ( )에 살고 있다.

(2) 적도 부근이나 ( )지방은 인구 밀도가 낮다.

(3) 산업화와 도시화로 농촌의 인구가 도시로 이동하는 현상을 ( )(이)라고 한다.

2 옳은 내용에 ○표를 하시오.

(1) 인구가 가장 많이 분포하는 대륙은 (아시아, 오세아니아)이다.

(2) 산업화 이전에 인구 분포에 크게 영향을 미친 요인은 (자연적, 인문적·사회적) 요인이다.

(3) 전쟁과 기아가 발생한 지역이나 교통이 불편한 지역은 인구 밀도가 (높다, 낮다).

3 밑줄 친 부분을 바르게 고쳐 쓰시오.

(1) 아시아의 편서풍 기후 지역은 벼농사에 유리하여 인구 밀도가 높다. ( )

(2) 산업화 이전 우리나라는 평야가 넓고 기후가 온화하여 벼농사에 유리한 북동부 지역에 인구가 많이 분포하였다. ( )

4 내용이 옳으면 ○표, 틀리면 ×표 하시오.

(1) 북위 20°~40°의 기후가 온화한 지역은 많은 사람이 거주하고 있다. ( )

(2) 2, 3차 산업이 발달하여 일자리가 풍부한 서부 유럽, 미국의 북동부, 일본의 태평양 연안 등에 인구가 밀집하였다. ( )

(3) 오늘날 우리나라는 산업이 발달하여 일자리가 풍부한 수도권과 남동 임해 공업 지역에 인구가 밀집하였다. ( )

5 인구 분포에 영향을 준 요인을 알맞게 연결하시오.

(1) 자연적 요인 • • ㉠ 산업, 교통, 문화, 정치

(2) 인문적·사회적 요인 • • ㉡ 기후, 지형

적중 100%

01 세계의 인구 분포 특징에 대한 설명으로 옳지 <u>않은</u> 것은?

① 지구상에 불균등하게 분포한다.
② 적도 부근, 극지방은 인구 밀도가 낮다.
③ 기후가 온화한 지역은 인구 밀도가 높다.
④ 세계 인구의 90% 이상은 남반구에 살고 있다.
⑤ 평야 지대, 해안 지역에 인구가 많이 거주한다.

02 그래프는 대륙별 인구 분포 비율을 나타낸 것이다. (가), (나) 대륙을 바르게 연결한 것은?

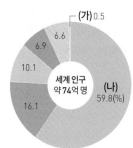

(국제 연합, 2016)

	(가)	(나)
①	유럽	오세아니아
②	아시아	아메리카
③	아메리카	아프리카
④	아프리카	유럽
⑤	오세아니아	아시아

03 인구 분포에 영향을 주는 인문적·사회적 요인을 〈보기〉에서 고른 것은?

> **보기**
> ㄱ. 기후   ㄴ. 산업
> ㄷ. 교통   ㄹ. 지형

① ㄱ, ㄴ   ② ㄱ, ㄷ   ③ ㄴ, ㄷ
④ ㄴ, ㄹ   ⑤ ㄷ, ㄹ

적중 100%

04 자연적 요인과 관련된 인구 분포 특징으로 옳은 것을 〈보기〉에서 고른 것은?

> **보기**
> ㄱ. 하천 주변의 평야 지대에 인구가 많이 거주한다.
> ㄴ. 기후가 온화하고 물이 풍부한 곳에 인구가 밀집하였다.
> ㄷ. 2, 3차 산업이 발달하여 일자리가 풍부한 곳에 인구가 밀집하였다.
> ㄹ. 교통이 편리하고 교육과 문화 시설이 잘 갖추어진 곳에 인구가 밀집하였다.

① ㄱ, ㄴ   ② ㄱ, ㄷ   ③ ㄴ, ㄷ
④ ㄴ, ㄹ   ⑤ ㄷ, ㄹ

05 다음은 어떤 학생의 형성 평가 제출물이다. 이 학생이 받을 점수는?

인구 분포에 대한 설명으로 옳은 것은 ○표, 틀린 것은 ×표를 하시오.(각 1점)	
1. 과학 기술의 발달로 거주 지역이 넓어지고 있다.	×
2. 세계의 인구는 지구상에 고르게 분포한다.	○
3. 2, 3차 산업이 발달한 지역에 인구가 밀집해 있다.	○
4. 오늘날 인구 분포는 인문적·사회적 요인보다 자연적 요인의 영향이 크다.	×

① 0점   ② 1점   ③ 2점   ④ 3점   ⑤ 4점

주관식

06 다음 설명에 해당하는 용어를 쓰시오.

> 한 지역에 사는 사람들의 밀집한 정도를 나타낸 지표이다. 어떤 지역이나 나라의 총인구를 총면적으로 나눈 값으로, 1km²의 면적에 사는 인구를 나타낸다.

[07~08] 다음 지도를 보고 물음에 답하시오.

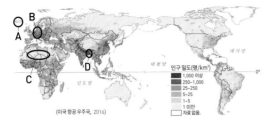

(미국항공우주국, 2016)

적중 100%

07 (가), (나)에 해당하는 지역을 지도에서 찾아 바르게 연결한 것은?

> (가) 2, 3차 산업이 발달하여 인구가 많이 밀집해 있다.
> (나) 극지방에 가까워 매우 춥기 때문에 인간 거주에 불리하다.

	(가)	(나)		(가)	(나)
①	A	B	②	A	C
③	B	A	④	B	D
⑤	C	D			

적중 100%

08 D 지역의 인구 분포 특징으로 옳은 것은?

① 공업이 발달하여 인구가 밀집하였다.
② 벼농사가 발달하여 인구 밀도가 높다.
③ 매우 춥지만 일자리가 많아 인구가 밀집하였다.
④ 국토 대부분이 건조 기후가 나타나므로 인구 밀도가 낮다.
⑤ 세계 제1의 인구 대국으로 평야와 해안 지대에 인구가 집중 분포한다.

주관식

09 다음 퀴즈에 해당하는 지역을 쓰시오.

> 제시하는 힌트를 듣고 답하시오.
> 1단계(100점) : 우리나라 전체 인구의 약 50%를 차지한다.
> 2단계(80점) : 서울, 인천, 경기도를 포함한다.
> 3단계(60점) : 산업이 발달하여 일자리가 풍부하다.

10 지도는 우리나라 1940년의 인구 분포를 나타낸 것이다. A, B 지역의 인구 분포 특징으로 옳지 <u>않은</u> 것은?

① A 지역은 중국과 교통이 편리하여 인구가 밀집하였다.
② A 지역은 고원 지대로 기온이 낮아 인구가 적게 분포하였다.
③ B 지역은 우리나라 대표적인 곡창 지대로 인구가 밀집하였다.
④ B 지역은 기후가 온화하고 평야가 넓어 인구가 많이 분포하였다.
⑤ A 지역보다 B 지역이 농경에 유리하다.

적중 100%

11 A~D 지역의 인구 분포 특징으로 옳은 것을 〈보기〉에서 고른 것은?

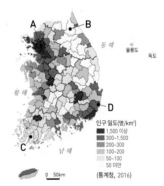

(통계청, 2016)

> **보기**
> ㄱ. A는 일자리가 풍부하여 인구 밀도가 높다.
> ㄴ. B는 전체 면적의 90% 이상이 산지로 인구 밀도가 낮다.
> ㄷ. C는 공업이 발달하여 인구 밀도가 높다.
> ㄹ. D는 넓은 농경지가 발달하고 농업 활동이 활발하여 인구 밀도가 높다.

① ㄱ, ㄴ　　② ㄱ, ㄷ　　③ ㄴ, ㄷ
④ ㄴ, ㄹ　　⑤ ㄷ, ㄹ

2 인구 이동

⚡ 시험에 꼭 나오는 개념 인구 이동, 흡인 요인, 배출 요인, 강제적 이동, 경제적 이동, 종교적 이동, 정치적 이동, 인구 이동의 영향

❶ 인구 이동은 왜 일어나는 것일까?

1. ❶인구 이동

(1) **의미** 사람들이 원래 살던 지역을 떠나 다른 지역으로 옮겨가는 현상

(2) ❷인구 이동의 요인

흡인 요인	높은 임금, 풍부한 일자리, 좋은 교육·문화 시설, 쾌적한 환경 등
배출 요인	낮은 임금, 일자리 부족, 열악한 주거 환경, 교육·문화 시설 부족, 전쟁 등

2. 세계의 인구 이동

(1) **과거의 대표적인 인구 이동**

> 영국에서 청교도를 믿는 사람들이 종교의 자유를 찾아 아메리카 대륙으로 이주하였어요.

① 종교적 이동 : 영국 청교도의 아메리카 대륙으로 이주

② 경제적 이동 : 유럽인의 아메리카 대륙·오스트레일리아 등지로 이주, 중국인들(❸화교)의 국제 이동

③ 강제적 이동 : 아프리카 흑인들의 아메리카로의 강제 이동(노예 무역)

> 아메리카의 대농장에서 필요한 노동력을 채우기 위해 아프리카에서 강제로 이주시켰어요.

(2) **최근의 인구 이동** 자료❶

① 경제적 이동 : 일자리를 찾아 개발 도상국에서 선진국으로 인구 이동

② 정치적 이동 : 전쟁이나 분쟁을 피한 ❹난민 이동

3. 우리나라의 인구 이동

(1) **국내 이동**

① 1960년대 이후 : 산업화로 수도권과 신흥 공업 도시로 이동하는 이촌 향도가 나타남

② 1990년대 이후 : 대도시 인구가 쾌적한 생활 환경을 찾아 도시 주변 지역으로 이동하는 현상이 나타남

(2) **국제 이동**

① 일제 강점기 : 중국, 러시아, 일본 등지로 이주

② 1960~1970년대 : 일자리를 찾아 독일, 미국, 서남아시아 등지로 이주

③ 1990년대부터 : 취업·결혼을 위해 중국, 동남아시아 등지에서 우리나라로 유입되는 외국인 증가 자료❷

> 직업을 얻어 직장에 나가는 것을 말해요.

❷ 인구 이동에 따른 변화는 무엇일까?

1. 인구 유입 지역의 변화

(1) **긍정적인 변화** 노동력이 풍부해져서 경제 활성화, 문화적 다양성 증가 등

(2) **이주민과 현지인 간 문화적 차이로 갈등 발생**

① 북서부 유럽 : 북아프리카·서남아시아 출신의 이슬람교도들과 크리스트교의 전통이 강한 현지인 사이의 종교적 갈등

> 몇몇 나라에서는 공공장소에서 히잡 착용에 관한 갈등이 발생해요.

② 미국 : 멕시코 등 라틴 아메리카 ❺이주자 증가 → 사회 통합 문제, 인종 차별 문제 등

---

❶ 인구 이동의 유형

이동 범위	┌ 국제 이동
	└ 국내 이동
이동 기간	┌ 영구적 이동
	└ 일시적 이동
이주자의 의지	┌ 자발적 이동
	└ 강제적 이동
이동 목적	┌ 경제적 이동
	├ 정치적 이동
	└ 종교적 이동

❷ 흡인 요인과 배출 요인

흡인 요인은 사람들을 끌어들이는 요인, 배출 요인은 사람들을 밀어내는 요인에 해당한다.

❸ 화교

화교란 외국에 있는 중국인을 말한다. 이들은 동남아시아와 미국 등 세계 각 지역에서 살고 있으며, 특히 동남아시아에 많이 거주하고 있다.

❹ 난민

기근이나 전쟁, 천재지변으로 살기 어려워져 다른 나라로 이동하는 사람을 말한다. 최근에는 기후 변화로 인해 이동하는 환경 난민도 있다.

❺ 미국 이주자의 출신 국가별 비율

총 이주자 수 약 4,700만 명

기타 25.8
멕시코 58.9(%)
중국 6.6
인도 4.5
필리핀 4.2

(국제 연합, 2016)

바른답·알찬풀이 23쪽

기초 탄탄 개념 문제

2. 인구 유출 지역의 변화

(1) 긍정적인 변화 이주자들이 본국으로 송금하는 외화 증가로 경제 활성화

└ 필리핀은 사우디아라비아, 미국 등지에서 일하는 해외 근로자들이 보내온 송금액이 2015년 기준 국내 총생산의 약 10%를 차지해요.

(2) 인구 유출 지역이 겪는 문제

① 인구 유출의 원인 : 정치적·사회적 불안정, 낮은 임금 수준, 좋은 일자리 부족 등

② 주요 문제 : 청장년층 유출로 노동력 부족과 경제 성장 둔화 등의 문제 발생 **예** 아프리카, 남부 아시아, 라틴 아메리카 일부 국가

└ 경제 성장이 느려진다는 의미예요.

시험에 잘 나오는 자료

자료 ① 인구의 국제 이동

2010~2015년
- ■ 주요 인구 유출 지역
- ■ 주요 인구 유입 지역

이동 방향
→ 경제적 이동
→ 정치적 이동

(국제 연합, 디르케 세계지도, 2015)

인구 유출 지역	인구 유입 지역
라틴 아메리카와 아프리카, 아시아의 일부 개발 도상국은 인구 유출이 많다.	유럽, 북아메리카 등의 선진국과 석유 자본이 풍부한 서남아시아의 일부 국가는 인구 유입이 많다.

자료 ② 우리나라 체류 외국인

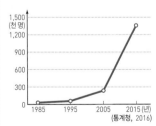

▲ **우리나라 체류 외국인의 변화** 우리나라 체류 외국인은 꾸준히 증가하고 있으며 2015년에는 136만 명으로 총인구의 2.7%를 차지한다.

▲ **우리나라 체류 외국인의 국적비율** 우리나라 체류 외국인의 국적은 중국이 가장 많고, 베트남 등 동남아시아 지역 국가가 많다.

---

1 빈칸에 들어갈 알맞은 말을 쓰시오.

(1) 영국의 청교도들은 ( )의 자유를 찾아 아메리카 대륙으로 이주하였다.

(2) 전쟁과 분쟁으로 인한 난민들의 이동은 이동 목적에 따라 ( ) 이동에 해당한다.

(3) 화교들이 동남아시아나 미국 등지로 이주한 것은 이동 목적에 따라 ( ) 이동에 해당한다.

2 옳은 내용에 ○표를 하시오.

(1) 인구 이동의 요인 중 사람들을 밀어내는 요인을 (흡인, 배출) 요인이라고 한다.

(2) 우리나라는 1960년대 이후 산업화로 (이촌향도, 교외화) 현상이 나타나면서 많은 인구가 수도권과 신흥 공업 도시로 이동하였다.

(3) 노예 무역으로 아프리카 흑인들이 아메리카로 이동한 것은 (자발적, 강제적) 이동이다.

(4) 최근 일자리를 찾아 개발 도상국에서 선진국으로 인구가 이동하는 것은 (경제적, 종교적) 이동이다.

3 내용이 옳으면 ○표, 틀리면 ×표 하시오.

(1) 1990년대 이후 우리나라는 대도시의 인구가 쾌적한 생활 환경을 찾아 도시 주변 지역으로 이동하는 현상이 나타났다. ( )

(2) 북서부 유럽에서는 이슬람교도인 이주민과 크리스트교도인 현지인 사이에 종교적 갈등이 발생하기도 한다. ( )

4 인구 이동의 요인을 알맞게 연결하시오.

(1) 흡인 요인 • • ㉠ 낮은 임금, 일자리 부족, 내전과 분쟁

(2) 배출 요인 • • ㉡ 풍부한 일자리, 쾌적한 생활 환경, 종교의 자유

01 인구 이동의 흡인 요인을 〈보기〉에서 고른 것은?

> **보기**
> ㄱ. 높은 임금 　　　 ㄴ. 전쟁과 기아
> ㄷ. 쾌적한 환경 　　 ㄹ. 고용 기회 부족

① ㄱ, ㄴ　　　② ㄱ, ㄷ　　　③ ㄴ, ㄷ
④ ㄴ, ㄹ　　　⑤ ㄷ, ㄹ

02 (가), (나)에 해당하는 인구 이동을 지도에서 찾아 바르게 연결한 것은?

> (가) 청교도들이 종교의 자유를 찾아 이동하였다.
> (나) 유럽인들이 신항로 개척 이후 경제적 목적으로 이동하였다.

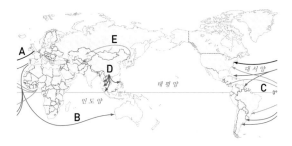

	(가)	(나)		(가)	(나)
①	A	B	②	B	D
③	C	E	④	D	A
⑤	E	C			

주관식

03 다음과 같은 인구 이동의 특성을 모두 골라 쓰시오.

나는 오스트레일리아에서 일하면서 인도에 사는 가족에게 생활비를 보내고 있어요.

- 강제적 이동
- 자발적 이동
- 경제적 이동
- 정치적 이동

04 질문에 대해 옳은 답변을 한 학생을 고른 것은?

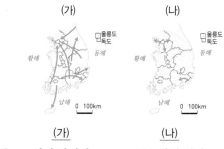

> 파일(F)　편집(E)　보기(V)　즐겨찾기(A)　도구(T)　도움말(H)
>
> **Q** 최근 세계 인구 이동의 경향에 대해 알려주세요.
>
> **A**
> └ 갑 : 종교적 이동이 높은 비중을 차지하고 있어요.
> └ 을 : 전쟁이나 분쟁을 피해 정치적 이동을 하는 난민이 많아요.
> └ 병 : 노예 무역으로 아프리카 흑인들이 아메리카 대륙으로 이동해요.
> └ 정 : 높은 임금, 일자리 등을 갖춘 곳으로 이동하는 경제적 이동이 많아요.

① 갑, 을　　② 갑, 병　　③ 을, 병
④ 을, 정　　⑤ 병, 정

적중 100%

05 (가), (나) 인구 이동 시기를 바르게 연결한 것은?

	(가)	(나)
①	일제 강점기	6.25 전쟁 시기
②	광복 직후	1990년대
③	6.25 전쟁 시기	1960~1980년대
④	1960~1980년대	1990년대
⑤	1990년대	1960~1980년대

06 우리나라의 인구 이동을 시대순으로 옳게 나열한 것은?

> (가) 광복 이후 해외 동포들이 국내로 귀국하였다.
> (나) 중국, 동남아시아 노동자들의 유입이 활발히 일어났다.
> (다) 독일, 미국 등지로 일자리를 찾아 떠난 청장년층 인구가 많았다.

① (가) – (나) – (다)　　② (가) – (다) – (나)
③ (나) – (가) – (다)　　④ (나) – (다) – (가)
⑤ (다) – (나) – (가)

07 우리나라의 외국인 유입에 관한 설명으로 옳지 <u>않은</u> 것은?

① 단일 민족의 전통을 지켜나가기 위해 노력해야 할 것이다.

② 외국인 노동자들은 주로 일자리가 많은 지역에 거주하고 있다.

③ 1990년대부터 결혼이나 취업을 위해 유입되는 외국인이 증가하였다.

④ 중국과 동남아시아 등지에서 유입되는 외국인이 많은 비율을 차지하고 있다.

⑤ 우리나라가 다문화 사회에 접어들면서 이주민과 문화적 갈등이 발생할 수 있다.

🔲주관식

08 다음과 같은 인구 이동으로 발생할 수 있는 갈등을 쓰시오.

> 프랑스 정부는 초·중·고등학교에서 히잡, 부르카 등 이슬람 전통 의상 착용을 금지한 조치를 대학교로 확대하는 방안을 추진 중이다. 프랑스는 전체 인구 중 8%에 달하는 약 600만 명이 이슬람교도로, 유럽에서 이슬람교도 비율이 가장 높은 국가이다. 이에 이슬람교 신자들은 정부의 조치에 대해 반발하고 있다.

09 다음 지역에서 공통으로 나타나는 현상으로 가장 적절한 것은?

> 아프리카와 남부 아시아, 라틴 아메리카의 일부 국가들은 정치 및 사회적 불안정과 낮은 임금 수준, 좋은 일자리 부족 등으로 어려움을 겪고 있다.

① 인구 유입이 활발하다.

② 종교적 갈등이 발생한다.

③ 문화의 다양성이 증가한다.

④ 인종 차별 문제가 심각하다.

⑤ 청장년층 인구의 해외 유출이 많다.

10 지도는 A 국가 근로자들의 해외 이주를 나타낸 것이다. 이에 대한 설명으로 적절하지 <u>않은</u> 것은?

(A 해외 고용 노동청, 2016)

① A는 필리핀이다.

② 주요 도착 국가는 사우디아라비아와 미국 등이다.

③ A 국가는 임금 수준이 높고, 일자리가 풍부하다.

④ 도착 국가에서는 문화적 갈등이 발생할 수 있다.

⑤ A 국가는 이주자들이 송금하는 외화가 늘어나면서 경제가 활성화될 것이다.

🔲적중 100%

11 지도의 인구 유입 국가에서 나타나는 문제점을 〈보기〉에서 고른 것은?

(국제 연합, 2016)

> 보기
> ㄱ. 외화의 유입으로 경제 활성화
> ㄴ. 이주자 증가로 사회 통합 문제 발생
> ㄷ. 청장년층의 유출로 인한 노동력 부족
> ㄹ. 이슬람교도와 크리스트교도 간 종교적 갈등

① ㄱ, ㄴ　　② ㄱ, ㄷ　　③ ㄴ, ㄷ

④ ㄴ, ㄹ　　⑤ ㄷ, ㄹ

3 인구 문제

⚡ 시험에 꼭 나오는 개념 인구 성장, 저출산, 고령화, 생산 가능 인구, 합계 출산율, 성비 불균형, 인구 부양력

❶ 선진국과 개발 도상국은 어떤 인구 문제가 있을까?

1. 세계의 인구 증가 자료❶

(1) 인구 증가 원인 ❶산업 혁명 이후 의학 및 생활 수준 향상 → 평균 수명 연장, ❷영아 사망률 감소 → 세계 인구 증가

(2) 경제 발전 수준에 따른 인구 증가

선진국	산업 혁명 이후부터 인구 증가, 현재는 증가 속도가 완만하거나 정체
개발 도상국	제2차 세계 대전 이후 인구가 빠르게 증가

└ 경제 성장과 의료 기술 및 생활 환경의 개선 등으로 짧은 시간 동안 인구가 빠르게 증가하고 있어요.

2. 선진국의 인구 문제와 대책

(1) 인구 문제

└ 인구 증가가 더 이상 진전되지 않고 멈춰 유지되는 상황이에요.

① 저출산 : ❸합계 출산율이 낮아 인구 정체 및 감소

② ❹고령화 : 생산 가능 인구 감소, 경제 성장 둔화, 노인 부양 비용 증가 등

└ 15세부터 64세까지 나이의 사람을 말해요.

(2) 대책

① 합계 출산율을 높이기 위한 정부 지원 확대 등

② 부족한 노동력 확보를 위해 외국인 근로자 유입 확대 정책 추진

3. 개발 도상국의 인구 문제와 대책

(1) 인구 문제

① 인구의 지속적인 증가 : 높은 출생률과 사망률 감소

└ 식량 생산량의 증가와 의학 발달로 사망률이 감소하였어요.

② 낮은 ❺인구 부양력 : 빈곤 및 기아 발생

③ 출생 ❻성비의 불균형 : 아시아 일부 국가의 남아 선호 사상

└ 여자아이보다 남자아이를 선호하는 것을 남아 선호 사상이라고 해요.

(2) 대책

① 인구 증가 억제 : 가족계획 시행

② 인구 부양력 증대 : 식량 확보와 경제 발전을 위한 정책 시행

❷ 우리나라는 어떤 인구 문제를 겪고 있을까? 자료❷

1. ❼저출산 문제와 대책

(1) 원인 자녀 양육비 부담, 결혼 연령 상승, 미혼 인구 증가, 결혼 및 가족에 관한 가치 관 변화 등 → 초저출산 사회로 진입

(2) 문제점 총인구 감소, 노동력 부족, 경기 침체 등

└ 경기가 하강하는 단계로 가계의 소비가 줄고 기업의 투자와 고용 등이 줄어들어 소득 감소로까지 이어질 수 있는 상태예요.

(3) 해결 방안

① 국가 보육 지원 : 임신과 출산 관련 의료비 및 양육비 지원, 영·유아 보육 시설 확대 등

② 사회·문화적 변화 : 청년층의 고용 안정, 남성의 육아 참여 확대, 결혼 및 가족에 관한 인 식 변화 등

---

❶ **산업 혁명**
18세기 중반에 시작된 기계의 발 명과 기술의 혁신에 의한 산업상 의 큰 변화와 이에 따른 사회·경 제적 변화이다.

❷ **영아 사망률**
연간 1,000명 출생당 생후 일 년 미만의 사망자 수를 말한다.
영아 사망률(‰) = (영아 사망자 수 / 출생자 수) × 1,000

❸ **합계 출산율**
한 여성이 평생 낳을 것으로 예 상되는 평균 자녀 수를 말하며, 합계 출산율이 최소 2.1명이 되어 야 인구 유지가 가능하다.

❹ **주요 선진국의 65세 이상 인 구 비율(2015년)**

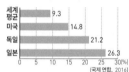

세계 평균 9.3
미국 14.8
독일 21.2
일본 26.3
(국제 연합, 2016)

❺ **인구 부양력**
한 나라의 인구가 그 나라의 사 용 가능한 자원으로 생활할 수 있는 능력을 말한다.

❻ **성비**
여성 100명당 남성의 수를 말한 다. 성비가 100 이상이면 여성에 비해 남성의 수가 많은 것이고, 100 이하이면 남성보다 여성의 수가 많은 것이다.

❼ **우리나라의 저출산**
우리나라는 2001년에 합계 출산 율 1.3명을 기록하면서 초저출산 사회로 진입하였다.

2. 고령화 문제와 대책

65세 이상 인구의 비율이 전체 인구의 7% 이상~14% 미만일 경우를 말해요.

(1) 현황 2000년에 고령화 사회로 접어들었으며, 현재 고령 사회로 진입

65세 이상 인구의 비율이 전체 인구의 14% 이상~20% 미만일 경우를 말해요.

(2) 문제점

① 청장년층의 노인 부양 부담 증가

② 젊은 노동력 부족으로 국가 경쟁력 약화

③ 각종 노인 문제 발생 — 노인 실업, 빈곤 및 자살, 노인 복지 혜택 부족 등 다양한 노인 관련 문제가 발생할 수 있어요.

(3) 해결 방안 노인 직업 훈련 기회 및 일자리 제공, 정년 연장과 안정적 생활을 위한 연금 확대, 노인 복지 시설 확충 등

└ 노후 생활의 안정을 위해 적립한 후, 일반적으로 은퇴 후에 받는 돈을 말해요.

시험에 잘 나오는 자료

자료 ❶ 세계의 인구 성장

세계 인구가 증가한 원인은 산업 혁명 이후 생활 수준의 향상으로 의료 기술이 발달하고 공공 위생 시설이 개선되어 사망률이 낮아졌기 때문이다. 산업화가 일찍 진행된 선진국은 산업 혁명 이후부터 인구가 성장하였으나, 현재는 증가 속도가 완만하거나 정체되어 있다. 반면에 개발 도상국은 제2차 세계 대전 이후 짧은 시간 동안 인구가 빠르게 증가하고 있다.

자료 ❷ 우리나라의 인구 문제

저출산	고령화
▲ 합계 출산율 변화	▲ 65세 이상 인구 비율 변화
총인구 감소, 노동력 부족, 경기 침체 등	청장년층의 노인 부양 부담 증가, 젊은 노동력 부족으로 국가 경쟁력 약화, 각종 노인 문제 발생 등

---

1 빈칸에 들어갈 알맞은 말을 쓰시오.

(1) ( ) 이후 의학 및 생활 수준이 향상하여 세계 인구가 증가하기 시작하였다.

(2) ( )은/는 한 여성이 평생 낳을 것으로 예상되는 평균 자녀 수를 말한다.

(3) 한 나라의 인구가 그 나라의 사용 가능한 자원으로 생활할 수 있는 능력을 ( ) (이)라고 한다.

2 옳은 내용에 ○표를 하시오.

(1) 제2차 세계 대전 이후 인구가 빠르게 증가한 지역은 (선진국, 개발 도상국)이다.

(2) 결혼과 가족에 관한 가치관의 변화, 결혼 연령 상승 등으로 (저출산, 고령화) 문제가 발생하였다.

(3) 우리나라는 저출산 문제를 해결하기 위해서는 (출산 억제, 출산 장려) 정책을 실시해야 한다.

3 밑줄 친 부분을 바르게 고쳐 쓰시오.

(1) 선진국에서는 고령화로 인해 <u>보육비</u> 부담이 커지고 있다. ( )

(2) 개발 도상국은 의학 발달로 사망률은 감소하였으나, 출생률이 여전히 높아 인구가 계속 <u>감소하고</u> 있다. ( )

4 내용이 옳으면 ○표, 틀리면 ×표 하시오.

(1) 선진국에서는 남아 선호 사상의 영향으로 출생 성비 불균형의 문제가 발생하고 있다. ( )

(2) 개발 도상국에서는 부족한 노동력을 확보하기 위해 외국인 근로자의 유입 확대 정책을 실시하고 있다. ( )

5 저출산·고령화에 따른 대책을 알맞게 연결하시오.

(1) 저출산 대책 • • ㉠ 정년 연장

(2) 고령화 대책 • • ㉡ 보육 시설 확대

01 적중 100%

(가), (나) 지역에 대한 설명으로 옳지 <u>않은</u> 것은?

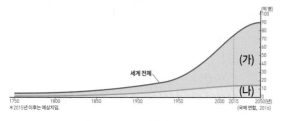

① (가)는 현재 세계 인구 성장을 주도하고 있다.
② (가)에는 아시아와 아프리카의 일부 국가가 해당한다.
③ (나)는 인구 증가 속도가 완만하거나 정체되어 있다.
④ (나)에서는 저출산·고령화 현상이 나타나고 있다.
⑤ (가)는 선진국, (나)는 개발 도상국이다.

02 주관식

다음 밑줄 친 ㉠에 해당하는 역사적 사건을 쓰시오.

18세기 중반에 시작된 기계의 발명과 기술의 혁신에 의한 ㉠ <u>산업상의 큰 변화</u>와 이에 따른 사회·경제적 변화로 의학 및 생활 수준이 향상되어 평균 수명이 연장되고 영아 사망률이 감소하면서 세계 인구가 증가하기 시작하였다.

03 개발 도상국과 선진국의 인구 특성을 비교한 것으로 옳지 <u>않은</u> 것은?

	구분	개발 도상국	선진국
①	인구 증가율	높다	낮다
②	노동력	많다	적다
③	평균 수명	길다	짧다
④	영아 사망률	높다	낮다
⑤	65세 이상 인구 비율	낮다	높다

04 적중 100%

다음과 같은 인구 문제가 발생하고 있는 국가를 〈보기〉에서 고른 것은?

- 사망률과 출생률이 모두 낮아 인구가 정체되거나 감소하고 있다.
- 경제 성장과 평균 수명 연장으로 노인 인구 비율이 전체 인구에서 차지하는 비중이 높다.

보기

ㄱ. 독일   ㄴ. 인도
ㄷ. 일본   ㄹ. 필리핀

① ㄱ, ㄴ   ② ㄱ, ㄷ   ③ ㄴ, ㄷ
④ ㄴ, ㄹ   ⑤ ㄷ, ㄹ

05 다음과 같은 인구 구조를 보이는 국가에서 실시해야 할 인구 정책으로 적절하지 <u>않은</u> 것은?

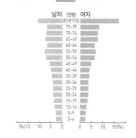

① 다자녀 우대 정책을 실시한다.
② 외국인 근로자의 유입을 확대한다.
③ 실버 산업을 육성하고 정년을 연장한다.
④ 양육비를 지원하고 보육 시설을 확대한다.
⑤ 인구 증가를 억제하는 가족계획을 시행한다.

06 주관식

다음 빈칸에 공통으로 들어갈 용어를 쓰시오.

(   )은/는 여성 100명당 남성의 수를 의미한다. 아시아의 일부 국가에서 남아 선호 사상으로 출생 (   ) 불균형 문제가 나타나기도 한다.

07 **적중 100%** 다음과 같은 인구 구조를 보이는 국가의 인구 문제에 해당하는 것은?

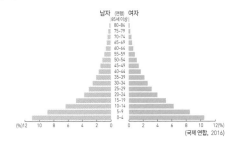

① 저출산으로 인해 총인구가 감소하고 있다.
② 생산 인구의 감소로 경제 성장이 둔화된다.
③ 인구 부양력이 낮아 빈곤과 기아가 발생한다.
④ 노인 부양에 따른 청장년층의 부담이 늘어난다.
⑤ 젊은 노동력의 부족으로 국가 경쟁력이 약화된다.

08 다음과 같은 인구 문제가 나타나는 국가에서 우선적으로 실시해야 할 인구 정책으로 적절하지 <u>않은</u> 것은?

> • 주로 아시아와 아프리카에 속한 나라들이다.
> • 높은 출생률과 사망률 감소로 인구가 급증하고 있다.

① 인구 부양력을 높이기 위해 노력한다.
② 가족계획을 통해 인구 증가를 억제한다.
③ 식량 증산과 경제 성장 정책을 실시한다.
④ 외국인 근로자의 유입 확대 정책을 추진한다.
⑤ 양성평등 운동을 통해 남아 선호 인식을 바꾼다.

주관식 **적중 100%**

09 우리나라 인구 정책이 다음과 같이 바뀌게 된 원인을 쓰시오.

10 그래프는 우리나라의 65세 이상 인구 비율의 변화를 나타낸 것이다. 이러한 현상으로 나타나는 문제를 해결하기 위한 대책으로 적절하지 <u>않은</u> 것은?

① 정년을 단축한다.
② 고령 친화 산업을 육성한다.
③ 노인 복지 시설을 확충한다.
④ 연금 제도를 개선하고 확대한다.
⑤ 노인 일자리를 만들어 제공한다.

11 우리나라에서 다음과 같은 인구 정책을 실시하게 된 배경으로 적절한 것을 〈보기〉에서 고른 것은?

> **보기**
> ㄱ. 합계 출산율이 낮다.
> ㄴ. 65세 이상 인구 비율이 높다.
> ㄷ. 출생률과 사망률이 모두 높아 인구 부양력이 낮다.
> ㄹ. 남아 선호 사상으로 출생 성비 불균형이 심각하다.

① ㄱ, ㄴ   ② ㄱ, ㄷ   ③ ㄴ, ㄷ
④ ㄴ, ㄹ   ⑤ ㄷ, ㄹ

❶ 인구 분포

01 다음 인구 분포에 공통적으로 영향을 준 요인으로 옳은 것은?

> • 계절풍 기후가 나타나 벼농사가 활발한 아시아 지역은 인구 밀도가 높다.
> • 너무 춥거나 건조한 지역은 인구가 희박하다.

① 지형　　　② 기후　　　③ 산업
④ 교통　　　⑤ 정치

02 A~E 지역의 인구 분포 특성에 대한 설명으로 옳지 않은 것은?

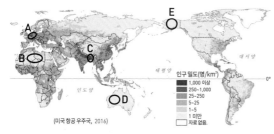

(미국항공 우주국, 2016)

① A 지역은 2, 3차 산업이 발달하여 인구 밀도가 높다.
② B 지역은 기후가 건조하여 인구 밀도가 낮다.
③ C 지역은 벼농사가 발달하여 인구 밀도가 높다.
④ D 지역은 석유 자원의 개발로 인구 밀도가 높다.
⑤ E 지역은 매우 추워 농업 활동이 어려우므로 인구 밀도가 낮다.

서술형

03 다음 밑줄 친 ⑦의 이유를 서술하시오.

> 기후가 온화하고 물이 풍부하며 평야가 넓어 농경에 유리한 지역에는 인구가 많이 분포한다. 특히, ⑦ 계절풍 기후가 나타나 벼농사가 활발한 아시아 지역은 인구 밀도가 높다.

04 우리나라의 인구 분포를 시기별로 비교한 것이다. ⑦~⑩ 중 옳은 것은?

구분	1940년	2015년
인구 밀집 지역	⑦북동부	촌락
인구 희박 지역	ⓒ남서부	ⓒ대도시
인구 분포에 영향을 준 요인	산업, 교통 등	②자연적 요인
주요 산업	⑩농업	공업·서비스업

① ⑦　　② ⓒ　　③ ⓒ　　④ ②　　⑤ ⑩

❷ 인구 이동

05 ⑦과 같은 인구 이동의 사례를 지도에서 고른 것은?

> 인구 이동은 이주자의 의지에 따라 ⑦ 강제적 이동과 자발적 이동으로 구분할 수 있다.

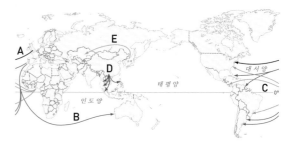

① A, B　　　② A, D　　　③ B, C
④ C, E　　　⑤ D, E

서술형

06 지도에 나타난 인구 이동의 방향과 이동 원인을 서술하시오.

07 우리나라의 인구 이동 특징으로 옳은 것을 〈보기〉에서 고른 것은?

ㄱ. 1990년대부터 일자리를 찾아 독일, 미국 등지로 이주가 많았다.

ㄴ. 1960년대 이후 산업화로 농어촌 지역에서 대도시로 인구 이동이 활발하였다.

ㄷ. 1960~1970년대에는 취업이나 결혼을 하기 위해 유입되는 외국인이 증가하였다.

ㄹ. 1990년대 이후에는 대도시 인구가 쾌적한 생활 환경을 찾아 도시 주변 지역으로 이동하는 현상이 나타났다.

① ㄱ, ㄴ   ② ㄱ, ㄷ   ③ ㄴ, ㄷ
④ ㄴ, ㄹ   ⑤ ㄷ, ㄹ

❸ 인구 문제

08 (가) 지역에 대한 설명으로 옳은 것은?

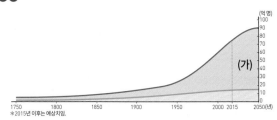

*2015년 이후는 예상치임.

① 고령화와 저출산 현상이 심화되고 있다.

② 인구의 증가 속도가 완만하거나 정체되고 있다.

③ 유럽, 북아메리카, 오세아니아 등의 선진국에 해당한다.

④ 생산 가능 인구가 감소하여 경제 성장이 둔화되고 있다.

⑤ 사망률이 감소하였으나, 출생률이 여전히 높아 세계 인구 성장을 주도하고 있다.

09 다음과 같이 중국의 인구 정책이 변화하게 된 이유를 서술하시오.

10 (가), (나)의 인구 특색에 대한 설명으로 옳지 <u>않은</u> 것은?

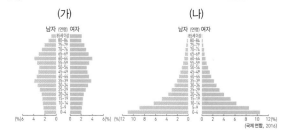

(국제 연합, 2016)

① (가)는 노인 부양 비용이 증가하고 있다.

② (가)는 생산 가능 인구가 증가하고 있다.

③ (나)는 유소년층의 인구 비율이 높다.

④ (나)는 빈곤과 기아 문제를 겪고 있다.

⑤ (가)가 (나)보다 노년층의 인구 비율이 더 높다.

11 그래프는 우리나라 합계 출산율의 변화를 나타낸 것이다. 이로 인해 나타나게 될 현상으로 적절한 것을 〈보기〉에서 고른 것은?

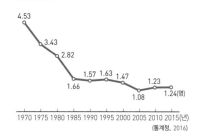

(통계청, 2016)

ㄱ. 인구가 계속 증가할 것이다.

ㄴ. 통폐합되는 초등학교가 늘어날 것이다.

ㄷ. 정부는 출산 억제 정책을 추진할 것이다.

ㄹ. 노동력이 부족하여 외국인 노동자가 많이 유입될 것이다.

① ㄱ, ㄴ   ② ㄱ, ㄷ   ③ ㄴ, ㄷ
④ ㄴ, ㄹ   ⑤ ㄷ, ㄹ

① 세계의 다양한 도시

🔅 시험에 꼭 나오는 개념 취락, 도시, 촌락, 세계 도시, 생태 도시, 관광 도시, 역사·문화 도시, 고산 도시

❶ 도시란 무엇일까?

1. 도시의 의미와 특징

(1) **취락** 사람들이 살아가는 삶터 → **❶**도시와 촌락으로 구분

　　　　　　　　　　　　도시에 세계 인구의 절반 이상이 살고 있어요.

(2) **도시와 촌락의 특징**

구분	도시	촌락
주요 ❷경관	인문 경관 — 건축물이나 도로 등을 말해요.	자연 경관 — 숲이나 하천 등을 말해요.
인구	높은 인구 밀도	낮은 인구 밀도
직업 구성	2·3차 산업 종사자 비율이 높음	1차 산업 종사자 비율이 높음
역할	주변 지역에 재화와 서비스를 제공	농산물 등을 제공하며 휴식처 제공

2. 도시의 다양한 모습 도시마다 지리, 역사, 문화, 가치관에 따라 다양한 매력과 특징을 갖고 있음

❷ 유명하거나 매력적인 도시는 어떤 특징을 지니고 있을까?

1. 유명하거나 매력적인 도시 （자료❶）

구분	특징	주요 도시
❸세계 도시	다국적 기업의 본사 위치, 자본과 정보의 집중, 세계 경제의 중심지	뉴욕(미국), 런던(영국), 도쿄(일본) 등
생태 도시	생태 환경이 우수한 도시	❹프라이부르크(독일), 쿠리치바(브라질)
역사 도시	오랜 세월에 걸친 역사 유적이 많은 도시	로마(이탈리아), 아테네(그리스), 이스탄불(튀르키예), 시안(중국) — 중국에서 가장 보존이 잘된 성벽을 볼 수 있어요.
매력적인 문화 도시	독특하고 매력적인 문화 보유	❺바르셀로나(에스파냐), 리우데자네이루(브라질)
관광 도시	아름다운 경관, 관광 산업 발달	나폴리(이탈리아), 시드니(오스트레일리아)
자연환경이 독특한 도시	지리적 위치와 관련하여 독특한 자연환경이 나타남	레이캬비크(아이슬란드) – 오로라 감상 키토(에콰도르) – 고산 도시

　　　　　　　　　　　　　　　　적도상에 위치하지만 해발 고도가 높아 연중 봄과 같은 기후가 나타나요.

（시험에 **잘 나오는** 자료）

자료❶ 세계적으로 유명하거나 매력적인 도시의 특징

런던	국제 자본의 연결망을 가진 도시	시안	중국의 역사와 문화 도시
프라이부르크	친환경 에너지 사용이 많은 생태 도시	시드니	아름다운 항구와 오페라 하우스
		키토	연중 온화한 기후의 고산 도시

---

❶ 도시의 기준

도시의 기준은 나라마다 다르며, 일반적으로 인구를 기준으로 한다. 스웨덴은 200명, 오스트레일리아는 1,000명, 우리나라는 20,000명(읍 기준)을 도시의 최소 인구로 설정하고 있다.

❷ 경관

눈으로 보았을 때 한 번의 조망으로 이해될 수 있는 모든 사물을 뜻하며 건물과 도로 등 사람이 만든 것을 인문 경관, 숲이나 하천 등 사람의 손이 거의 닿지 않은 경관을 자연 경관이라고 한다.

❸ 세계 도시

세계적인 범위와 규모로 제품이나 서비스를 생산, 판매하는 다국적 기업의 본사가 많고, 자본과 정보가 집중하여 주변 국가와 도시에 미치는 영향력이 매우 큰 도시로 세계 경제의 중심지 역할을 한다.

❹ 프라이부르크(독일)

세계의 환경 수도로 불릴 만큼 친환경 에너지 사용이 많은 생태 도시이다.

❺ 바르셀로나(에스파냐)

사그라다 파밀리아 성당, 구엘 공원 등 가우디가 설계한 독특한 건축물이 유명한 도시이다.

기초 탄탄 개념 문제

1 빈칸에 들어갈 알맞은 말을 쓰시오.

(1) 사람들이 살아가는 삶터를 (　　　)(이)라고 한다.

(2) 도시에는 숲이나 하천과 같은 자연 경관보다 건축물이나 도로와 같은 (　　　)이/가 더 많다.

(3) (　　　)은/는 아름다운 항구와 오페라 하우스로 유명한 도시이다.

2 옳은 내용에 ○표를 하시오.

(1) 세계 인구의 절반 이상이 살고 있는 도시는 인구 밀도가 (높다, 낮다).

(2) 도시는 (1차, 2·3차) 산업에 종사하는 인구가 많다.

3 밑줄 친 부분을 바르게 고쳐 쓰시오.

(1) <u>촌락</u>은 인구가 많고, 주변 지역에 재화와 서비스를 제공하는 역할을 한다. (　　　)

(2) 아이슬란드의 레이캬비크는 <u>고산 기후</u>를 경험할 수 있는 도시이다. (　　　)

4 내용이 옳으면 ○표, 틀리면 ×표 하시오.

(1) 영국의 런던은 금융 시장을 기반으로 국제 자본의 연결망을 가진 도시이다. (　　　)

(2) 브라질의 쿠리치바는 적도상에 위치하지만 해발 고도가 높아 연중 온화한 기후가 나타난다. (　　　)

5 도시의 특징을 알맞게 연결하시오.

(1) 프라이부르크 •　　　• ㉠ 생태 도시

(2) 나폴리 •　　　• ㉡ 아름다운 항구

(3) 시안 •　　　• ㉢ 세계 경제의 중심지

(4) 뉴욕 •　　　• ㉣ 역사·문화 도시

시험 적중 예상 문제

적중 100%

01 도시의 특징으로 옳은 것을 〈보기〉에서 고른 것은?

보기
ㄱ. 인구 밀도가 높다.
ㄴ. 1차 산업에 종사하는 인구가 많다.
ㄷ. 도로, 건물 등 자연 경관이 두드러진다.
ㄹ. 주변 지역에 재화와 서비스를 공급한다.

① ㄱ, ㄴ　　② ㄱ, ㄹ　　③ ㄴ, ㄷ
④ ㄴ, ㄹ　　⑤ ㄷ, ㄹ

02 빙고를 완성하기 위해 ㉠~㉢에 들어갈 국가를 바르게 연결한 것은?

• 각 대륙에 해당하는 도시를 빙고 판에 적어 빙고 게임을 해 보자.

유럽	파리	㉠	런던
아메리카	뉴욕	리우데자네이루	㉡
아시아	쿠알라룸푸르	㉢	서울

	㉠	㉡	㉢
①	상하이	키토	아테네
②	상하이	아테네	키토
③	키토	아테네	상하이
④	아테네	상하이	키토
⑤	아테네	키토	상하이

03 다음은 친구가 소개하는 도시의 모습이다. 빈칸에 들어갈 도시는?

미국에 있는 (　　　)은/는 내가 꼭 가 보고 싶은 도시야. 내가 즐겨 보는 드라마의 배경이 되는 도시이기 때문이야.

① 파리　　② 런던　　③ 뉴욕
④ 시드니　　⑤ 바르셀로나

04 다음 글의 ㉠~㉤에 들어갈 말로 옳은 것은?

> 사람들이 살아가는 삶터를 (㉠)(이)라고 하며, 도시와 촌락으로 구분된다. 그중 (㉡)에 세계 인구의 절반 이상이 살고 있다. 도시는 (㉢) 산업에 종사하는 인구가 많고 주변 지역에 재화와 서비스를 제공하는 역할을 한다. 도시에는 숲이나 하천과 같은 (㉣) 경관보다는 건축물이나 도로와 같은 (㉤) 경관이 많다.

① ㉠ - 도시
② ㉡ - 취락
③ ㉢ - 2·3차
④ ㉣ - 인문
⑤ ㉤ - 자연

05 (가), (나) 도시에 대한 설명으로 옳지 <u>않은</u> 것은?

(가)

(나)

① (가)는 아시아에 있는 도시이다.
② (가)는 역사와 문화의 도시이다.
③ (나)는 아메리카에 있는 도시이다.
④ (나)는 아름다운 항구로 유명한 관광 도시이다.
⑤ (가)는 시안, (나)는 시드니이다.

06 다음 글의 빈칸에 들어갈 용어를 쓰시오.

> 미국의 뉴욕과 일본의 도쿄 등은 세계적인 범위와 규모로 제품이나 서비스를 생산, 판매하는 다국적 기업의 본사가 많고 자본과 정보가 집중하여 주변 국가와 도시들에 미치는 영향이 매우 큰 도시로 세계 경제의 중심지 역할을 하는 ( )에 해당한다.

07 다음 설명에 해당하는 도시를 지도에서 찾은 것은?

> 금융 시장을 기반으로 국제 자본의 연결망을 가진 도시이며, 세계 경제의 중심지 역할을 하고 있다.

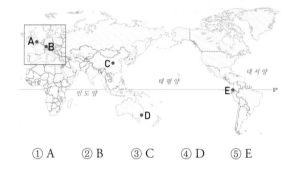

① A
② B
③ C
④ D
⑤ E

08 다음 사진과 같은 독특한 건축물을 볼 수 있는 도시는?

▲ 사그라다 파밀리아 성당

▲ 구엘 공원

① 영국의 런던
② 미국의 뉴욕
③ 그리스의 아테네
④ 튀르키예의 이스탄불
⑤ 에스파냐의 바르셀로나

09 유명하거나 매력적인 도시와 그 특징을 바르게 연결한 것은?

① 일본의 도쿄 - 고산 도시
② 튀르키예의 이스탄불 - 생태 도시
③ 이탈리아의 로마 - 역사 도시
④ 에콰도르의 키토 - 오로라 관광
⑤ 브라질의 쿠리치바 - 세계 경제의 중심지

2 도시의 경관

✦ 시험에 꼭 나오는 개념 도시의 경관, 도시 내부의 지역 분화, 접근성, 지가, 도심, 부도심, 중간 지역, 주변 지역, 개발 제한 구역, 위성 도시, 중심 업무 지구, 인구 공동화 현상, 집심 현상, 이심 현상

❶ 도시에는 어떤 경관이 나타날까?

1. 도시의 다양한 경관

(1) **다양한 기능 집중** 도시에는 업무, 상업 시설 및 공장 등 다양한 기능이 집중

(2) **다양한 경관** 도시 중심부는 건물의 높이가 높고 주변 지역으로 갈수록 건물의 높이가 낮아짐
└ 상업 시설과 주택, 공장 등 기능들의 분포 차이에 따라 경관이 달라져요.

2. 위치에 따른 경관의 특징 (자료❶)

(1) **도시 중심부** 고층 건물 밀집, 신문사, 기업의 본사, 백화점 등이 있음

(2) **주변 지역** 건물의 높이가 낮아지고 아파트나 주택 단지가 넓게 나타남 → 주변 지역으로 갈수록 도시와 농촌의 모습이 함께 나타남
└ 공장과 농경지가 많이 보여요.

❷ 도시 내부의 경관이 다르게 나타나는 까닭은 무엇일까?

1. 도시 내부의 지역 분화 (자료❷)

(1) **의미** 도시가 성장하면서 비슷한 기능끼리 모이는 현상

(2) **원인** ❶접근성과 땅값(❷지가)의 차이 때문 → 도심은 도시에서 접근성이 가장 좋아 땅값(지가)이 비쌈

(3) **지역 분화의 과정**

① ❸집심 현상 : 업무와 상업 기능이 도심으로 집중하는 것

② ❹이심 현상 : 주택과 학교, 공장 등이 넓은 토지를 찾아 도심에서 벗어나는 것

▲ 토지 이용별 지가 그래프

2. 도시 내부의 지역별 기능 특징 (자료❸)

구분	내용
도심	• 행정 기관, 금융 기관, 신문사, 기업의 본사, 백화점, 고급 상점 등이 모여 ❺중심 업무 지구(CBD)를 형성 → 풍부한 일자리 • 접근성이 좋아 높은 땅값(지가) 형성 → 고층 건물 밀집 • ❻인구 공동화 현상 → 주간에는 유동 인구가 많으나 야간에 유동 인구가 주거 지역으로 빠져나감 └ 도심의 주거 기능 약화로 인구 공동화 현상이 나타나요.
부도심	• 도심과 주변 지역을 연결하는 교통의 요지에 형성 • 도심의 기능 분담 • 상업과 업무 기능이 집중, 일부 주거 기능도 나타남
중간 지역	• 주택, 학교, 공장 등이 섞여 나타남 • 중간 지역에서 주변 지역으로 갈수록 공장이 더 많아짐
주변 지역	도시와 농촌의 모습이 함께 나타남
개발 제한 구역 (greenbelt)	도시의 무질서한 팽창을 막기 위해 설정

3. 위성 도시 대도시 주변에서 대도시의 주거, 공업, 행정 등의 기능 일부를 분담

---

❶ 접근성
어느 한 장소에서 다른 장소까지 도달하기 쉬운 정도를 의미하며 교통이 발달한 지역이 접근성이 좋다.

❷ 지가
토지의 가격 또는 경제적 가치를 말한다. 접근성이 좋은 지역의 지가가 높게 나타난다.

❸ 집심 현상
업무와 상업 기능 등이 접근성이 좋은 도심으로 집중하려는 현상이다. 관공서, 기업 본사, 은행 본점, 백화점 등이 대표적이다.

❹ 이심 현상
주거와 공업 기능 등이 지가가 저렴한 외곽으로 분산되는 현상으로 학교, 주택, 공장 등이 대표적이다.

❺ 중심 업무 지구(CBD)
대도시에서 중추 관리 기능을 비롯하여 상업 기능 및 고급 서비스 기능이 밀집된 지역을 말한다. 중추 관리 기능이란 은행이나 대기업의 본사와 같이 도시의 운영과 성장을 위한 중요한 업무를 관리하는 기능을 말한다.

❻ 인구 공동화 현상

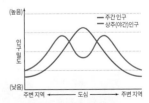

도심에서 주거 기능의 약화로 밤에 잠을 자는 상주인구 밀도가 감소하는 현상이다.

■ 바른답·알찬풀이 26쪽

기초 탄탄 개념 문제

자료 ① 도시의 다양한 경관

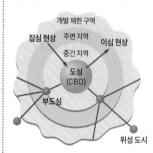

도시 중심부에서 주변 지역으로 가면서 건물의 높이와 경관이 달라진다.

자료 ② 도시 내부 구조의 모식도

개발 제한 구역
집심 현상 주변 지역 이심 현상
중간 지역
도심
(CBD)
부도심
위성 도시

도심의 높은 지가를 부담할 수 있는 상업·업무 기능들은 접근성이 좋은 도심으로 모이는 집심 현상을 보이지만, 높은 지가를 감당하기 어려운 주거·교육·공업 기능 등은 도심에서 벗어나는 이심 현상이 나타난다.

자료 ③ 서울의 내부 경관과 지가

▲ 도심

▲ 부도심

*지가는 각 지점이 있는 구(區)의 1㎡당 평균 지가임.
*2013년 기준

606 160(만 원)
주변지역
(주거지역)
246 도심
191 ○부도심
주변지역
(공업 지역)
0 5km (서울시청, 2016)

▲ 공업 지역

▲ 주거 지역

---

1 빈칸에 들어갈 알맞은 말을 쓰시오.

(1) 도시가 성장하면서 비슷한 기능끼리 모이는 현상을 도시 내부의 (   )(이)라고 한다.

(2) 도시 내부의 지역 분화는 (   )와/과 (   )의 차이로 발생한다.

(3) 도심은 주간에 유동 인구가 많지만, 야간에는 유동 인구가 주거 지역으로 빠져나가는 (   ) 현상이 나타난다.

2 옳은 내용에 ○표를 하시오.

(1) 도시 중심부에서 주변 지역으로 가면서 건물의 높이가 (낮아, 높아)진다.

(2) 대도시에서 중추 관리 기능을 비롯하여 상업 및 고급 서비스 기능이 밀집한 지역은 (도심, 부도심)이다.

3 밑줄 친 부분을 바르게 고쳐 쓰시오.

(1) 어느 한 장소에서 다른 장소까지 도달하기 쉬운 정도를 지가라고 한다.   (   )

(2) 도시 내에서 교통의 요지에 형성되어 도심의 기능을 분담하는 지역은 위성 도시이다.
(   )

4 내용이 옳으면 ○표, 틀리면 ×표 하시오.

(1) 도심은 도시에서 접근성이 가장 좋은 곳이다.
(   )

(2) 업무와 상업 기능이 도심으로 집중하는 현상을 이심 현상이라고 한다.   (   )

(3) 아파트는 도시 중심부보다 주변 지역으로 가면서 더 많이 볼 수 있다.   (   )

5 도시 내부 지역의 특징을 알맞게 연결하시오.

(1) 도심 • • ㉠ 중심 업무 지구 형성

(2) 주변 지역 • • ㉡ 도시의 무질서한 팽창을 막기 위해 지정

(3) 개발 제한 구역 • • ㉢ 도시와 농촌의 모습이 함께 나타남

시험 적중 예상 문제

01 도시의 다양한 경관에 대한 설명으로 적절하지 <u>않은</u> 것은?

① 도시 중심부에는 농경지와 공장이 많이 나타난다.
② 도시에는 상업 시설, 주택, 공장 등이 집중되어 있다.
③ 역사와 문화, 사람들의 가치관 등에 영향을 받는다.
④ 기능들의 분포 차이에 따라 도시에는 다양한 경관이 나타난다.
⑤ 도시 중심부에서 주변 지역으로 갈수록 건물의 높이가 낮아진다.

02 (가)~(다)의 경관 특징에 대한 설명으로 옳지 <u>않은</u> 것은?

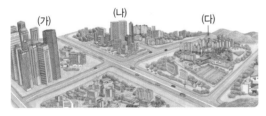

① (가)에서 회사나 관공서를 많이 볼 수 있어요.
② (나)에서 도시와 농촌의 모습이 함께 나타나요.
③ (나)보다 (가) 건물의 높이가 더 높아요.
④ (다)에서 아파트와 학교 등을 볼 수 있어요.
⑤ (가)에서 (다)로 갈수록 넓은 땅을 필요로 하는 기능이 많아요.

03 도시 중심부를 선호하는 시설을 〈보기〉에서 고른 것은?

〈보기〉
ㄱ. 공장   ㄴ. 중학교
ㄷ. 백화점   ㄹ. 은행 본점

① ㄱ, ㄴ   ② ㄱ, ㄷ   ③ ㄴ, ㄷ
④ ㄴ, ㄹ   ⑤ ㄷ, ㄹ

04 도시 내부의 지역 분화에 대한 설명으로 옳은 것을 〈보기〉에서 모두 고른 것은?

〈보기〉
ㄱ. 도시 발달 초기에 나타난다.
ㄴ. 비슷한 기능끼리 모이는 현상이다.
ㄷ. 접근성과 땅값의 차이 때문에 나타난다.
ㄹ. 집심 현상과 이심 현상을 통해 이루어진다.

① ㄱ, ㄴ   ② ㄱ, ㄷ   ③ ㄴ, ㄹ
④ ㄱ, ㄴ, ㄷ   ⑤ ㄴ, ㄷ, ㄹ

05 다음 ㉠, ㉡에 들어갈 말을 쓰시오.

(㉠)은/는 어느 한 장소에서 다른 장소까지 도달하기 쉬운 정도를 의미한다. (㉡)은/는 토지의 가격 또는 경제적 가치로, 교통이 발달하여 (㉠)이/가 좋으면 (㉡)이/가 높다.

06 다음은 토지 이용별 지가 그래프이다. A~D 지역의 경관 특징으로 옳지 <u>않은</u> 것은?

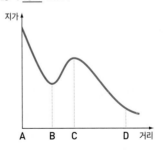

① A - 고층 건물이 많다.
② B - 주택, 학교, 공장 등이 섞여 있다.
③ C - 고층 건물과 낮은 건물이 섞여 있다.
④ D - 농경지, 공장이 있고 녹지 공간이 많다.
⑤ A에서 D로 갈수록 건물의 높이가 높아지고 간격이 좁아진다.

07 다음과 같은 특징이 나타나는 지역은?

> 높은 건물이 많고, 신문사, 금융 기관, 기업의 본사, 백화점, 고급 상점 등이 모여 있다.

① 도심
② 부도심
③ 중간 지역
④ 주변 지역
⑤ 개발 제한 구역

[08~10] 다음 모식도를 보고 물음에 답하시오.

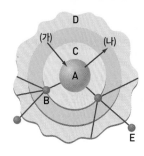

08 A~E를 바르게 연결한 것은?

① A – 중간 지역
② B – 위성 도시
③ C – 도심
④ D – 개발 제한 구역
⑤ E – 부도심

09 A~E에 대한 설명으로 옳지 <u>않은</u> 것은?

① A는 중심 업무 지구를 형성한다.
② B는 도심과 주변 지역을 연결하는 교통의 요지에 형성된다.
③ C는 도시와 농촌의 모습이 함께 나타난다.
④ D는 도시의 무질서한 팽창을 막기 위해 지정되기도 한다.
⑤ E는 대도시의 주거, 공업, 행정 기능 등의 일부를 분담한다.

10 (가), (나)에 대한 설명으로 옳은 것을 〈보기〉에서 고른 것은?

> 보기
> ㄱ. (가)는 상업·업무 기능이 외곽으로 분산되는 현상이다.
> ㄴ. 도심에 있는 학교의 학생 수가 적어진 것은 (나)와 관련이 있다.
> ㄷ. (나)는 주택이나 학교, 공장 등이 넓은 토지를 찾아 도심에서 벗어나는 현상이다.
> ㄹ. (가)는 이심 현상, (나)는 집심 현상이다.

① ㄱ, ㄴ
② ㄱ, ㄷ
③ ㄴ, ㄷ
④ ㄴ, ㄹ
⑤ ㄷ, ㄹ

11 도심에서 나타나는 (가)와 같은 현상을 무엇이라고 하는지 쓰시오.

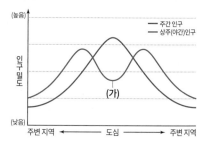

12 다음은 서울 내부의 지가 그래프이다. A~D 지역에 대한 설명으로 옳은 것은?

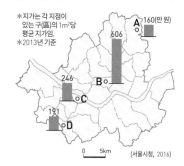

① A는 업무와 상업 기능이 집중되는 곳이다.
② B는 대규모 아파트 단지가 밀집한다.
③ C는 접근성이 가장 좋아 고층 건물이 밀집한다.
④ D는 주변 지역으로 공업 지역이 형성된다.
⑤ A에서 D로 갈수록 건물의 높이가 낮아진다.

3 선진국과 개발 도상국의 도시화

🏃 시험에 꼭 나오는 개념 도시화, 도시화율, 역도시화, 이촌 향도, 도시 재개발, 슬럼, 도심 재활성화

❶ 선진국과 개발 도상국의 도시화는 어떻게 다를까?

1. 도시화

(1) 의미

① 도시의 수가 증가하거나 도시 거주 인구 비율이 높아지는 현상

② 도시적 생활 양식이 확산되는 현상

(2) 도시화율 자료❶

① 의미 : 전체 인구 중 도시에 거주하는 인구의 비율

② 지역의 산업 발전 정도와 경제 수준 파악이 가능

(3) 도시화 곡선

① 형태 : S자 형태

└ 곡선의 기울기가 급할수록 도시화가 빠르게 진행됨을 의미해요.

② 단계

구분	특징
초기	• 1차 산업 종사자 비율이 높음 • 도시 거주 인구 비율이 낮은 단계
가속화	• 이촌 향도 현상 → 급격한 도시화 — 심각한 도시 문제가 발생해요. • 도시 거주 인구 비율이 빠르게 증가
종착	• 도시 인구의 증가 속도 둔화 • 일부 지역 ❶역도시화 현상 발생

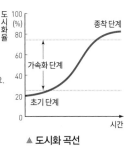

▲ 도시화 곡선

2. 선진국과 개발 도상국의 도시화 자료❷

구분	선진국	개발 도상국
시기	❷산업 혁명 후 공업 발달과 함께 진행	제2차 세계 대전 이후 본격적으로 시작
속도	200여 년에 걸쳐 서서히 진행	급격하게 진행
도시화 단계	• 종착 단계 → 정체하거나 완만한 증가 • 도시의 인구가 쾌적한 거주 환경을 찾아 도시 주변으로 이주하거나 농촌으로 이동하는 역도시화 현상이 나타나기도 함	• 가속화 단계 → ❸이촌 향도 현상과 인구의 자연 증가로 급속한 도시화 진행 • 오늘날 도시화는 선진국보다 개발 도상국에서 활발히 진행

└ 아시아와 아프리카의 도시화율은 현재보다 더욱 증가할 것으로 전망해요.

3. ❹우리나라의 도시화

(1) 1960년대 중반 이촌 향도, 도시 인구의 급격한 증가

(2) 1990년대 전체 인구의 80% 정도가 도시 거주, 위성 도시 발달

└ 서울과 부산, 대구 등 대도시와 공업 도시를 중심으로 산업화가 시작되면서 도시화가 빠른 속도로 진행되었어요.

(3) 오늘날 전체 인구 중 90% 이상이 도시 거주

└ 도시화 단계에서 종착 단계에 해당해요.

❷ 선진국과 개발 도상국에는 어떤 도시 문제가 나타날까?

1. 선진국

(1) 도시 문제 각종 시설의 노후화와 교외화로 도시 내부 지역의 기능 약화, 도시 내 제조

---

❶ **역도시화 현상**

도시 인구가 농촌으로 이동하여 도시 인구가 감소하는 현상이다.

❷ **산업 혁명**

18세기 중반 영국에서 시작된 기술 혁신과 이로 인해 일어난 사회, 경제 등의 큰 변화를 일컫는다.

❸ **이촌 향도**

촌락의 주민들이 일자리를 찾아 도시로 이동하는 현상이다.

❹ **우리나라의 도시화**

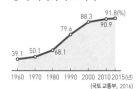

(국토 교통부, 2016)

우리나라는 전체 인구의 90% 이상이 도시에 살고 있고, 인구 및 기능이 수도권과 남동 해안 지역에 집중하는 등 국토 불균형 문제가 나타나고 있다.

❺ **도심 재활성화**

도심의 인구 유출과 기능 상실을 극복하기 위해 도심의 주택 및 시설을 개량하고 중산층의 이주로 기존 환경을 변화시키는 과정을 뜻한다. 도심 재활성화로 낙후된 지역이 활기를 띠고 경쟁력이 높아지지만 기존 지역의 공동체가 파괴되는 등 문제가 발생하기도 한다.

❻ **슬럼**

대도시 내에서 빈민이 주로 거주하고 주거 환경이 나쁜 지역으로, 도시 내부의 다른 지역과 빈부 격차가 매우 크다.

업 쇠퇴에 따른 실업률 상승, 이주민과 지역 주민 간의 갈등 증가 등

(2) **해결 노력** 도시 재개발 및 도시 재생 사업 진행, ❺도심 재활성화 노력, 산업 구조 개편으로 일자리 창출 등
　　┗첨단 산업과 관광 산업을 중심으로 산업 구조를 개편하여 도시 내의 일자리 창출을 촉진하고 있어요.

2. 개발 도상국

(1) **도시 문제** 주택과 각종 시설 부족, 일자리 부족, 열악한 위생, 환경 오염, ❻슬럼, 빈부 격차 등

(2) **해결 노력** 일자리 확대, 주거 환경 개선 및 부족한 도시 기반 시설 확충 등

시험에 잘 나오는 자료

자료❶ 대륙 및 국가별 도시화율

(국제 연합 세계 도시화 전망 보고서, 2014)

도시화가 본격적으로 진행되면 1차 산업에 종사하는 인구 비율은 감소하고 2, 3차 산업에 종사하는 인구 비율이 증가한다. 따라서 도시화율을 통해 특정 지역 또는 국가의 산업 및 경제 발전 수준을 파악할 수 있다. 북아메리카, 유럽, 오세아니아, 남아메리카의 도시화율이 높고 아시아와 아프리카의 도시화율은 낮다.

자료❷ 선진국과 개발 도상국의 도시화 비교

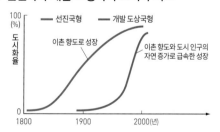

선진국과 개발 도상국의 도시화는 서로 다르게 진행되어 왔다. 선진국은 개발 도상국에 비해 도시화가 일찍 시작되어 오랜 기간동안 점진적으로 진행되었다. 반면에 개발 도상국의 도시화는 단기간에 급속하게 진행되었다.

---

1 빈칸에 들어갈 알맞은 말을 쓰시오.

(1) 도시의 수가 증가하거나 도시에 거주하는 인구 비율이 높아지고, 도시적 생활 양식이 확산되는 현상을 (　　　)(이)라고 한다.

(2) 오늘날 일부 선진국에서 나타나는 현상으로 도시 인구가 농촌으로 이동하여 도시 인구가 감소하는 현상을 (　　　)(이)라고 한다.

(3) (　　　)(이)란 대도시 내에서 빈민이 주로 거주하고 주거 환경이 나쁜 지역을 말한다.

2 옳은 내용에 ○표를 하시오.

(1) 현재 아시아와 아프리카의 도시화율은 아메리카나 유럽에 비해 (낮은, 높은) 편이다.

(2) 개발 도상국에서는 산업화가 진행되면서 촌락의 주민들이 일자리를 찾아 도시로 이동하는 (이촌 향도, 역도시화) 현상이 나타났다.

(3) 우리나라는 인구 및 기능이 (수도권, 남서 해안) 지역에 집중하고 있다.

3 밑줄 친 부분을 바르게 고쳐 쓰시오.

(1) 선진국의 도시화는 제2차 세계 대전 이후 시작되었다. (　　　)

(2) 현재 개발 도상국의 도시화는 종착 단계에 해당한다. (　　　)

4 내용이 옳으면 ○표, 틀리면 ×표 하시오.

(1) 도시화 곡선은 도시화율에 따라 초기 단계, 가속화 단계, 종착 단계로 나뉜다. (　　　)

(2) 선진국의 도시화는 개발 도상국에 비해 급격하게 진행되었다. (　　　)

5 선진국과 개발 도상국에서 나타나는 도시 문제를 알맞게 연결하시오.

(1) 선진국　　　・　　・㉠ 열악한 위생, 기반 시설 부족

(2) 개발 도상국・　　・㉡ 각종 시설의 노후화

시험 적중 예상 문제

적중 100%

01 도시화의 의미로 옳은 것을 〈보기〉에서 고른 것은?

> **보기**
> ㄱ. 도시의 수 증가
> ㄴ. 도시 지역 면적의 축소
> ㄷ. 도시적 생활 양식의 확산
> ㄹ. 도시 거주 인구 비율 감소

① ㄱ, ㄴ   ② ㄱ, ㄷ   ③ ㄴ, ㄷ
④ ㄴ, ㄹ   ⑤ ㄷ, ㄹ

02 다음은 대륙 및 국가별 도시화율을 나타낸 지도이다. 지도의 해석으로 적절하지 <u>않은</u> 것은?

(국제 연합 세계 도시화 전망 보고서, 2014)

① 유럽의 도시화율은 높다.
② 적도 주변 국가의 도시화율은 높다.
③ 북아메리카의 도시화율이 가장 높다.
④ 아시아와 아프리카의 도시화율은 낮다.
⑤ 경제 발전 수준이 낮은 국가의 도시화율이 낮다.

적중 100%

03 도시화 곡선의 A~C에 대한 설명으로 옳은 것은?

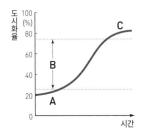

① A 단계에는 도시에 인구가 집중된다.
② B 단계에서 이촌 향도 현상이 나타난다.
③ C 단계에는 산업화가 빠르게 이루어진다.
④ A보다 C 단계에서 1차 산업의 비중이 높다.
⑤ B보다 A 단계에서 도시 문제가 더욱 심각하다.

04 선진국의 도시화에 관한 설명으로 옳은 것은?

① 오늘날 가속화 단계에 해당한다.
② 단기간에 걸쳐 급격하게 진행되었다.
③ 공업의 발달과 함께 도시화가 진행되었다.
④ 제2차 세계 대전 이후 본격적으로 시작되었다.
⑤ 이촌 향도와 인구의 자연 증가가 주된 원인이다.

05 다음 도시의 인구가 증가한 배경으로 가장 적절한 것은?

 미국 네바다주의 헨더슨은 라스베이거스의 주변에 위치하며, 1990~2010년에 미국에서 인구가 빠르게 증가한 지역 중 하나이다.

① 농업 발달   ② 제조업 발달
③ 높은 출산율   ④ 쾌적한 거주 환경
⑤ 라스베이거스의 산업 쇠퇴

06 개발 도상국의 도시화에 관한 설명으로 옳은 것은?

① 산업 혁명 이후 시작되었다.
② 농업의 발달이 도시화를 가속화하였다.
③ 짧은 시간에 급격한 도시화가 진행되었다.
④ 오늘날 도시화는 종착 단계에 접어들었다.
⑤ 촌락의 주민들이 일자리를 찾아 도시로 이동하는 역도시화 현상이 나타난다.

주관식

07 그래프의 A, B에 들어갈 말을 쓰시오.

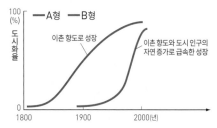

08 適中 100%

다음은 국가별 도시화율 변화 그래프이다. (가)~(다)에 해당하는 국가를 지도에서 찾아 바르게 연결한 것은?

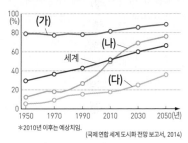

*2010년 이후는 예상치임.

(국제 연합 세계 도시화 전망 보고서, 2014)

	(가)	(나)	(다)
①	A	B	C
②	A	C	B
③	B	A	C
④	B	C	A
⑤	C	A	B

09 適中 100%

우리나라의 도시화에 관한 설명으로 옳은 것을 〈보기〉에서 고른 것은?

보기

ㄱ. 1960년대 중반에 위성 도시가 발달하였다.

ㄴ. 오늘날 전체 인구 중 90% 이상이 도시에 살고 있다.

ㄷ. 인구 및 기능이 수도권과 남동 해안 지역에 집중하였다.

ㄹ. 1990년대 이촌 향도에 따른 도시화가 빠른 속도로 진행되었다.

① ㄱ, ㄴ   ② ㄱ, ㄷ   ③ ㄴ, ㄷ
④ ㄴ, ㄹ   ⑤ ㄷ, ㄹ

10

선진국에서 다음과 같은 도시 문제가 발생한 원인으로 가장 적절한 것은?

선진국의 도시는 각종 시설이 노후화되고 도시 내부 지역의 기능이 약해지면서 성장이 정체되기도 한다.

① 전쟁의 영향

② 자연재해의 발생

③ 긴 도시화의 역사

④ 지역 간 빈부 격차

⑤ 급격하게 진행된 도시화

11

다음 빈칸에 들어갈 개념으로 옳은 것은?

도심 재개발이 진행되면 낙후된 지역에 업무용 고층 건물과 상업 시설, 고급 주거지가 들어서게 되고 기존 거주자들은 높은 임대료를 감당하지 못해 다른 지역으로 밀려나는 이동이 발생한다. 이러한 도심 개발과 도시 내부의 이동 과정을 (   )(이)라고 한다.

① 도시화   ② 역도시화

③ 이촌 향도   ④ 도심 재활성화

⑤ 도심 인구 공동화

12 주관식

(가), (나) 지역에서 발생할 수 있는 도시 문제를 각각 쓰시오.

(가) 미국 디트로이트

1903년~ 자동차 산업으로 번성

1980년대 부유한 백인들 교외로 이주

2009년~ 자동차회사인 G사, C사 파산 보호 신청

2013년 디트로이트 시 파산 보호 신청

(미국 통계청, 2016)

(나) 브라질 리우데자네이루

제2차 세계 대전 후 산업화 시작 이촌 향도로 인구 급증 슬럼 형성 및 확대

1970년대 조선 산업 호황

2010년 인구의 22% 이상이 슬럼에 거주

(브라질 통계청, 2016)

4 살기 좋은 도시

✦ 시험에 꼭 나오는 개념 도시 문제, 교통 문제, 환경 문제, 지역 균형 발전 정책, 도시 기반 시설, 살기 좋은 도시의 조건, 살기 좋은 도시를 만들기 위한 노력

❶ 살기 좋은 곳으로 변화한 도시는 어떤 곳일까?

1. ❶도시 문제

(1) **원인** 인구와 기능의 집중 ─ 도시는 정치·경제·문화의 중심지로 경제 활동에 참여할 기회가 풍부하고 생활이 편리하여 많은 인구와 기능이 집중해요.

(2) **종류** 교통 혼잡, 주택 및 시설 부족, 일자리 부족, 빈부 격차, 환경 오염 등

(3) **도시 문제 해결** ❷도시 문제 해결로 주민들의 삶의 질 향상

2. 도시 문제 해결 노력 사례 자료❶

도시	도시 문제	해결 노력
브라질의 쿠리치바	교통 혼잡	굴절 버스, 원통형 버스 정류장, 버스 전용 차선 도입 등으로 시민들의 대중교통 이용률을 높여 교통 문제 해소
인도의 벵갈루루	일자리 부족, 빈곤	소프트웨어 산업 육성 정책, 글로벌 기업 유치, 인재 양성으로 세계 IT 산업의 중심 도시로 발전
오스트리아의 그라츠	지역 간 빈부 격차	지역 균형 발전 정책, 소득이 차이 나는 두 거주지를 연결하여 교류 확대
에스파냐의 빌바오	철강 산업 쇠퇴로 지역 경제 침체	구겐하임 미술관 유치로 문화와 예술, 관광 도시로 성장

❷ 살기 좋은 도시를 만들기 위해 어떤 노력이 필요할까?

1. 살기 좋은 도시의 조건 전쟁과 범죄의 위험이 적어 안전한 곳, 자연환경이 아름답고 녹지 공간이 많은 곳, 풍부한 ❸도시 기반 시설 등

2. ❹살기 좋은 도시를 만들기 위한 노력

(1) 도시의 긍정적 이미지를 대외적으로 홍보

(2) **정부 및 지방 자치 단체** 합리적이고 효율적인 정책을 만들고 시행

(3) **지역 사회 및 시민** 공동체 의식을 갖고 적극적으로 참여

시험에 잘 나오는 자료

자료❶ 도시 문제를 해결하여 살기 좋은 도시가 된 사례

❶브라질의 쿠리치바(대중교통의 혁명)
❷인도의 벵갈루루(IT 산업의 도시)
❸오스트리아의 그라츠(소통과 화합의 도시)
❹에스파냐의 빌바오(문화와 예술의 도시)

---

❶ **도시 문제**

도시는 각종 인구와 기능이 집중되었기 때문에 교통 혼잡, 주택 부족, 환경 오염 등과 같은 문제가 발생한다.

❷ **독일의 엠셔강**

▲ 1900년대

▲ 현재

엠셔강은 19세기부터 시작된 산업화 과정에서 심각하게 오염되었으나, 생태 복원 프로젝트를 통해 깨끗한 환경을 되찾았다.

❸ **도시 기반 시설**

도로, 전기, 상하수도 등 도시의 기능을 수행하는 데 바탕이 되는 시설을 말한다.

❹ **생태 도시로 발전하고 있는 순천**

순천시는 순천만의 생태 보호를 위해 순천만 주변의 전봇대 280개를 모두 뽑아 이전하고, 2009년부터 순천만 주변의 농경지 약 59ha는 친환경 농법으로 벼를 재배하여 철새 먹이를 안정적으로 확보하였다. 지역 농민들과 시민들이 유기농 농업과 철새 지킴이 활동 등에 적극적으로 참여하여 순천시가 정책을 실천하는 데 큰 도움이 되었다.

기초 탄탄 개념 문제

1 빈칸에 들어갈 알맞은 말을 쓰시오.

(1) 정치·경제·문화의 중심지인 도시에서는 교통 체증, 환경 오염 등 다양한 (   )이/가 발생하고 있다.

(2) (   ) 문제를 해결하기 위해 도로 환경을 개선하고 대중교통 이용을 장려한다.

(3) 도로, 전기, 상하수도 등 도시의 기능을 수행하는 데 바탕이 되는 시설을 (   )(이)라고 한다.

2 옳은 내용에 ○표를 하시오.

(1) 환경 문제를 해결하기 위해 (일자리 창출, 쓰레기 분리수거) 등을 실시한다.

(2) 특정 도시로 인구와 기능이 밀집하는 것을 완화하기 위해 (지역 균형 발전, 도심 재활성화) 정책을 실시한다.

3 밑줄 친 부분을 바르게 고쳐 쓰시오.

(1) 인도의 벵갈루루는 지역 간 빈부 격차 문제를 해결하기 위해 소프트웨어 산업을 육성하였다.　　　　(   )

(2) 오스트리아의 빌바오는 동서 간의 소득 격차를 해소하기 위해 두 거주지를 연결하여 교류를 확대하였다.　　　　(   )

4 내용이 옳으면 ○표, 틀리면 ×표 하시오.

(1) 도시에 인구와 기능이 집중함에 따라 도시 문제가 발생하고 있다.　　　　(   )

(2) 순천시는 시와 시민들의 적극적인 노력으로 살기 좋은 공업 도시로 발전하고 있다. (   )

5 살기 좋은 도시와 관련된 내용을 알맞게 연결하시오.

(1) 쿠리치바 ·　　· ㉠ IT 산업의 도시

(2) 벵갈루루 ·　　· ㉡ 소통과 화합의 도시

(3) 그라츠 ·　　· ㉢ 문화와 예술의 도시

(4) 빌바오 ·　　· ㉣ 굴절 버스, 원통형 버스 정류장

시험 적중 예상 문제

01 도시 문제에 대한 설명으로 옳지 **않은** 것은?

① 인구와 기능이 집중하여 도시 문제가 발생한다.

② 쓰레기 분리수거를 통해 환경 문제를 해결한다.

③ 대중교통 이용률을 높여 교통 문제를 해결한다.

④ 환경 문제를 해결하기 위해 화석 에너지 사용을 장려한다.

⑤ 오염된 하천을 정화하기 위해 수질 정화 시설을 마련한다.

02 다음 설명에 해당하는 도시는?

> 19세기 중반 극심한 교통 문제에 시달리게 되자, 두더지 구멍에서 아이디어를 얻어 세계 최초로 지하철을 개통한 도시가 되었다.

① 영국의 런던　　② 미국의 뉴욕

③ 일본의 도쿄　　④ 프랑스의 파리

⑤ 브라질의 쿠리치바

03 다음 빈칸에 들어갈 알맞은 말은?

1900년대　　현재

독일의 엠셔강은 19세기부터 시작된 산업화 과정에서 심각하게 오염되었으나, (   )을/를 통해 깨끗한 환경을 되찾았습니다.

① 인공 섬 건설

② 쓰레기 재활용

③ 생태 복원 프로젝트

④ 지역 균형 발전 정책

⑤ 태양광 에너지 우선 정책

04 다음 빈칸에 들어갈 말을 쓰시오.

> 도시 문제를 해결한 곳은 주민들의 (　　　　)이/가 높아지면서 살기 좋은 도시로 변화하게 된다.

07 살기 좋은 도시의 조건으로 보기 <u>어려운</u> 것은?

① 보령 : 전쟁과 테러의 위험이 없어야 해.
② 유진 : 다양한 문화를 누릴 수 있어야 해.
③ 수현 : 도시 기반 시설이 잘 갖춰져 있어야 해.
④ 선재 : 경제가 어려워도 환경이 깨끗하면 좋아.
⑤ 상우 : 휴일에 가족들과 여유를 즐길 수 있는 녹지 공간이 있어야 해.

05 사진 속 도시에 대한 설명으로 옳은 것을 〈보기〉에서 고른 것은?

> 〈보기〉
> ㄱ. 시민들의 대중교통 이용률을 높였다.
> ㄴ. 철강 산업의 쇠퇴로 어려움을 겪었다.
> ㄷ. 지역 간 빈부 격차 문제를 해결하였다.
> ㄹ. 굴절 버스, 원통형 버스 정류장 등을 도입하여 도시 문제를 해결하였다.

① ㄱ, ㄴ　　② ㄱ, ㄹ　　③ ㄴ, ㄷ
④ ㄴ, ㄹ　　⑤ ㄷ, ㄹ

08 살기 좋은 도시를 만들기 위한 노력으로 보기 <u>어려운</u> 것은?

> 도시는 살기 좋은 도시로 거듭나기 위해 ㉠주민들의 삶의 질보다 경제 성장을 추구하고, ㉡도시 문제를 적극적으로 해결하려고 노력하고 있으며, 도시의 ㉢긍정적 이미지를 대외적으로 홍보하고 있다. 살기 좋은 도시를 만들기 위해 ㉣정부와 지방 자치 단체는 합리적이고 효율적인 정책을 만들어 시행해야 하며, ㉤지역 사회와 시민들은 공동체 의식을 가지고 이를 적극적으로 실천해야 한다.

① ㉠　　② ㉡　　③ ㉢　　④ ㉣　　⑤ ㉤

06 다음 도시에 대한 설명으로 옳지 <u>않은</u> 것은?

▲ 구겐하임 미술관

① 과거 철강 산업이 발달한 도시였다.
② 정부가 소프트웨어 산업 육성 정책을 시행하였다.
③ 오늘날 관광 산업의 발달로 지역 경제가 활기를 띠게 되었다.
④ 침체된 지역 경제를 활성화하기 위해 구겐하임 미술관을 유치하였다.
⑤ 공업 도시에서 문화·예술 도시로 발전하여 시민들의 삶의 질이 높아졌다.

09 순천시에 대한 옳은 설명을 〈보기〉에서 모두 고른 것은?

> 순천시는 생태 보호를 위한 정책을 만들고 시행하였으며 주민들도 시의 정책에 적극적으로 협조하였다.

> 〈보기〉
> ㄱ. 우리나라의 대표적인 생태 도시이다.
> ㄴ. 관광객이 늘어나면서 지역 경제가 활기를 띠게 되었다.
> ㄷ. 세계적인 미술관을 유치하여 문화·예술의 도시가 되었다.
> ㄹ. 지방 자치 단체와 시민들의 노력으로 살기 좋은 도시로 발전하게 되었다.

① ㄱ, ㄴ　　② ㄱ, ㄹ　　③ ㄴ, ㄷ
④ ㄱ, ㄴ, ㄹ　　⑤ ㄴ, ㄷ, ㄹ

❶ 세계의 다양한 도시

01 (나)와 비교한 (가)의 특징으로 옳은 것을 〈보기〉에서 고른 것은?

(가)   (나)

┌─ 보기 ──────────────────┐
ㄱ. 인구 밀도가 낮다.
ㄴ. 주변 지역에 농산물 등을 제공한다.
ㄷ. 주변 지역에 재화와 서비스를 제공한다.
ㄹ. 건축물, 도로 등 인문 경관이 두드러진다.
└──────────────────────┘

① ㄱ, ㄴ   ② ㄱ, ㄷ   ③ ㄴ, ㄷ
④ ㄴ, ㄹ   ⑤ ㄷ, ㄹ

02 A~E 도시에 대한 설명으로 옳은 것은?

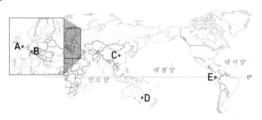

① A - 런던, 아름다운 항구가 유명한 도시
② B - 프라이부르크, 세계 경제의 중심지
③ C - 시안, 생태가 잘 보존된 도시
④ D - 시드니, 가우디의 건축물이 유명한 도시
⑤ E - 키토, 독특한 기후가 나타나는 도시

✎ 서술형
03 다음 도시들의 공통점을 경제적 측면에서 서술하시오.

┌──────────────────────┐
• 미국의 뉴욕   • 영국의 런던   • 일본의 도쿄
└──────────────────────┘

❷ 도시의 경관

04 도시 내부의 경관에 대한 설명으로 옳은 것은?

① 부도심에는 공장이 많이 있다.
② 백화점은 주로 주변 지역에 위치한다.
③ 아파트는 도시 주변 지역보다 중심부에 더 많다.
④ 도시 중심부에는 은행 본점과 신문사 등이 있다.
⑤ 도시 중심부에서 주변 지역으로 갈수록 건물의 높이가 높아진다.

05 A~E에 대한 설명으로 옳지 <u>않은</u> 것은?

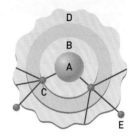

① A - 접근성과 땅값이 가장 높다.
② B - 인구 공동화 현상이 나타난다.
③ C - 도심의 기능을 분담한다.
④ D - 도시의 무질서한 팽창을 막기 위한 것이다.
⑤ E - 대도시의 기능을 일부 분담한다.

06 A, B 지역에 대한 설명으로 옳은 것을 〈보기〉에서 고른 것은?

*지가는 각 지점이 있는 구(區)의 1m²당 평균 지가임.
*2013년 기준
(서울시청, 2016)

┌─ 보기 ──────────────────┐
ㄱ. A는 개발 제한 구역으로 지정된다.
ㄴ. B는 상대적으로 지가가 저렴하다.
ㄷ. A보다 B의 접근성이 좋다.
ㄹ. A에는 업무·상업 기능이, B에는 주거 기능이 집중된다.
└──────────────────────┘

① ㄱ, ㄴ   ② ㄱ, ㄷ   ③ ㄴ, ㄷ
④ ㄴ, ㄹ   ⑤ ㄷ, ㄹ

📖 바른답·알찬풀이 28쪽

❸ 선진국과 개발 도상국의 도시화

07 (가)~(다)에 해당하는 단계를 도시화 곡선에서 찾아 바르게 연결한 것은?

> (가) 이촌 향도, 급격한 도시화
> (나) 도시화율이 가장 높은 단계
> (다) 1차 산업의 비중이 가장 높음

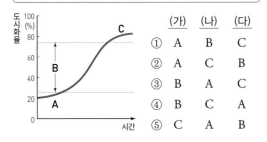

	(가)	(나)	(다)
①	A	B	C
②	A	C	B
③	B	A	C
④	B	C	A
⑤	C	A	B

08 다음은 국가별 도시화율 변화 그래프이다. A~C에 대한 설명으로 옳지 않은 것은?(단, A~C는 영국, 중국, 니제르 중 하나임)

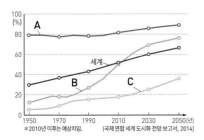

*2010년 이후는 예상치임.
(국제 연합 세계 도시화 전망 보고서, 2014)

① A는 도시화 단계로 볼 때 선진국이다.
② B는 2010년 기준으로 가속화 단계에 해당한다.
③ C는 도시화 수준이 가장 낮다.
④ 2030년 이후 C보다 A의 도시화 속도가 빠를 것이다.
⑤ A는 영국, B는 중국, C는 니제르이다.

✍서술형

09 A, B 지역의 도시화를 시기와 속도의 측면에서 비교하여 서술하시오.

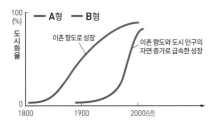

10 선진국의 도시 문제에 해당하는 것을 〈보기〉에서 모두 고른 것은?

> ㄱ. 급속한 도시화로 주택 부족 문제가 나타난다.
> ㄴ. 일부 도시는 제조업의 쇠퇴로 실업률이 상승한다.
> ㄷ. 이주민과 지역 주민 간의 갈등이 증가하기도 한다.
> ㄹ. 노후화된 시설과 도시 내부의 기능 약화로 도시 활력이 줄어든다.

① ㄱ, ㄴ ② ㄱ, ㄹ ③ ㄴ, ㄷ
④ ㄱ, ㄷ, ㄹ ⑤ ㄴ, ㄷ, ㄹ

❹ 살기 좋은 도시

11 A~E 도시에 대한 설명으로 옳지 않은 것은?

① A – 교통 문제를 지하철 건설로 해결
② B – 산업 쇠퇴를 문화 관광 활성화로 극복
③ C – 수질 오염 문제를 인공 섬 건설로 해결
④ D – 소프트웨어 산업 육성으로 경제 활성화
⑤ E – 대중교통 이용률을 높여 교통 문제 해소

12 다음 설명에 해당하는 도시를 지도에서 찾은 것은?

> • 우리나라의 대표적인 생태 도시
> • 시와 시민들의 적극적인 노력으로 갈대숲과 광활한 갯벌, 철새들이 어우러진 관광지로 발전

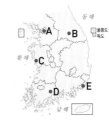

① A
② B
③ C
④ D
⑤ E

1 농업의 기업화와 세계화에 따른 변화

✏️ 시험에 꼭 나오는 개념 상업적 농업, 농업 생산의 기업화, 플랜테이션, 농업 생산의 세계화, 식량 자급률

❶ 농업 생산의 기업화와 세계화란?

1. 농업 생산의 기업화

┌ 종자 개발과 공급, 거대 저장 시설 운영과 농산물 유통·운송을 위한 항만과 선박 사업까지
│ 하는 다국적 기업으로 세계 농산물 가격을 조절할 수 있을 정도로 영향력이 커요.

(1) **농업의 변화** 전통적인 자급적 농업 → 시장 판매를 목적으로 한 상업적 농업 확대

(2) **농업의 기업화**

① 미국, 캐나다, 오스트레일리아 등 : 기업들이 많은 자본과 기술을 농업에 투입 → 대규모 기계화 농업을 통해 농산물의 대량 생산 → 전 세계로 판매

② 아프리카, 아시아의 개발 도상국 : 다국적 농업 기업들의 ❶플랜테이션 농장 운영 → ❷커피, 카카오, 바나나 등 열대작물 재배 → 전 세계에 유통 （자료❶）

2. 농업 생산의 ❸세계화

(1) **배경** 교통과 통신의 발달로 지역 간 교류 증가, 경제 성장으로 생활 수준 향상 → 다양한 농산물에 대한 수요 증가
┌ 우리가 식재료로 사용하는 노르웨이산 고등어, 중국산 콩으로
└ 만든 간장, 프랑스산 포도씨유 등이 대표적인 예죠.

(2) **영향** 일상생활에서 소비하는 먹거리 변화(먹거리의 세계화)

과일
🇺🇸 미국 오렌지
🇵🇭 필리핀 바나나, 망고
🇨🇱 칠레 포도
🇳🇿 뉴질랜드 키위
🇰🇷 대한민국 딸기

해물 파전
🇺🇸 미국 밀가루
🇹🇭 타이 새우
🇨🇱 칠레 오징어
🇳🇿 뉴질랜드 홍합
🇨🇳 중국 콩(간장)

고등어구이
🇳🇴 노르웨이 고등어
🇫🇷 프랑스 포도씨유
🇪🇸 에스파냐 레몬

◀ 교통과 통신의 발달로 세계 여러 곳에서 생산된 농산물이 우리의 식탁 위에 오르고 있다.

(3) **지역별 농업 생산 방식** （자료❷）

국가	농작물	생산 방식	공통점	차이점
필리핀	바나나	플랜테이션	• 전 세계를 대상으로 생산 • 농업의 기업화, 세계화	작물 재배에 많은 노동력 활용
미국	밀	대규모, 기계화		대규모 농장에서 농기계 이용

❷ 농업 생산의 기업화와 세계화가 가져온 변화는?

1. 농업 생산 구조와 토지 이용 변화

(1) **농산물 수출 지역** 적은 비용으로 많은 농산물을 생산하기 위해 대형 농기계와 다량의 화학 비료·농약 사용 → 농업 생산의 기계화

(2) **개발 도상국**
┌ 자신이 소유한 땅에서 농사를 짓는 사람을 말해요.
① **자영농 감소** : 외국계 농업 기업의 진출로 곡물 농업을 하는 자영농 감소
② ❹**상품 작물 재배 증가** : 상업적 농업 확대

---

❶ 플랜테이션

열대 기후 지역에서 선진국의 자본과 개발 도상국의 값싼 노동력이 결합하여 하나의 상품 작물을 대규모로 재배하는 상업적 농업 방식이다.

❷ 커피

커피는 주로 열대 기후 지역의 개발 도상국에서 생산하여 경제 발전 수준이 높은 선진국으로 수출한다.

❸ 세계화

경제, 사회, 문화 등 각 분야에서 국경의 장벽이 없어지고 사람, 물자, 기술 등이 자유롭게 교류하는 현상이다.

❹ 필리핀의 농업 변화

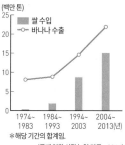

(백만 톤)
■ 쌀 수입
─○─ 바나나 수출

1974~1983 1984~1993 1994~2003 2004~2013(년)
※해당 기간의 합계임.
(국제 연합 식량 농업 기구, 2016)

다국적 기업이 바나나를 수출하기 위해 플랜테이션 농장을 확대하면서 쌀 생산지가 바나나 농장으로 바뀌었다. 그 결과 필리핀은 바나나 수출량이 많이 증가하였지만, 쌀 생산량이 인구 증가 속도를 따라가지 못해 쌀 수출국에서 수입국으로 변화하였다.

❺ 식량 자급률

식량의 국내 소비량에서 국내 생산량이 차지하는 비율이다.

바른답·알찬풀이 29쪽

커피, 차, 카카오 등 맛과 향을 즐기기 위해 먹는
기호 식품의 원료가 되는 작물이에요.

2. 농작물 소비 특성의 변화 및 영향

(1) 식단의 서구화

① 변화 모습 : 옥수수, 육류, 커피, 과일 등 소비량 증가

② 영향 : 기호 작물 재배와 목축업 때문에 열대 우림 파괴, ❺식
량 자급률 하락 문제 발생

농산물을 대량으로 수입하는 국가는
식량 자급률이 하락하였어요.

(2) 외국산 농산물 소비 증가

① 장점 : 세계 각지의 농산물을 저렴하게 구매

② 영향 : 수입 농산물 안전성 문제 제기, 국제 농산물 가격 급
등에 따른 식량 부족 문제 발생

└ 수입 곡물 의존도가 높은   └ 운송 과정에서 부패를 막기 위해 방부제나
일부 국가에서 나타나요.   농약을 많이 사용하기 때문이에요.

시험에 잘 나오는 자료

자료❶ 커피의 주요 생산국과 수입국

독일 / 이탈리아 / 적도 / 일본 / 베트남 / 인도양 / 인도네시아 / 미국 / 대서양 / 콜롬비아 / 브라질 / 태평양 / 0°

(국제 연합 식량 농업 기구, 2016)

■ 생산량 상위 4개국
■ 수입량 상위 4개국

커피 생산국	• 열대 기후 지역의 개발 도상국 • 다국적 기업이 대규모 플랜테이션 농장에서 상업적으로 재배
커피 수입국	생활 수준이 높은 유럽과 미국, 일본 등 선진국

자료❷ 다양한 농업 생산 방식

▲ 플랜테이션
• 열대 기후 지역
• 선진국의 자본과 현지인의 값싼 노동력 결합
• 커피, 카카오, 바나나 등을 대규모로 재배

▲ 기업적 곡물 농업
• 미국, 오스트레일리아 등
• 대규모 농장에서 대형 농기계를 이용하여 밀 등을 생산
• 생산 비용이 저렴해 싼 값에 전 세계로 수출

기초 탄탄 개념 문제

1 빈칸에 들어갈 알맞은 말을 쓰시오.

(1) 기업이 많은 자본과 기술을 투입하여 농장을 운영하는 농업 생산의 (   )이/가 확대되고 있다.

(2) (   )(이)란 열대 기후 지역에서 선진국의 자본과 개발 도상국의 값싼 노동력을 결합하여 하나의 상품 작물을 대규모로 재배하는 농업 방식이다.

2 옳은 내용에 ○표를 하시오.

(1) 농업 기술의 발달로 농산물의 생산량이 많아지면서 시장 판매를 목적으로 한 (자급적, 상업적) 농업이 확대되었다.

(2) 농업의 세계화로 농산물을 대량으로 수입하는 국가는 식량 자급률이 (상승, 하락)하기도 한다.

3 밑줄 친 부분을 바르게 고쳐 쓰시오.

(1) 미국, 오스트레일리아 등 대규모 농장에서 이루어지는 기업적 농업은 주로 가족 노동력을 이용하여 농산물을 생산한다. (   )

(2) 개발 도상국에서는 플랜테이션 농장의 확대로 상품 작물의 재배가 감소하고 있다.
(   )

4 내용이 옳으면 ○표, 틀리면 ×표 하시오.

(1) 농업 생산의 기업화와 세계화로 생산량 증가를 위해 다량의 화학 비료와 농약을 사용하고 있다. (   )

(2) 식단의 서구화에 따른 농작물 수요 변화로 열대 우림이 기호 작물 재배와 목축업 때문에 파괴되고 있다. (   )

5 농작물의 생산 방식을 알맞게 연결하시오.

(1) 필리핀의 바나나 생산 • • ㉠ 대규모 기계화된 생산 방식

(2) 미국의 밀 생산 • • ㉡ 많은 노동력 활용

01 최근 일어나고 있는 농업 생산의 변화로 적절하지 <u>않은</u> 것은?

① 농업 생산의 기업화
② 자급적 농업의 확대
③ 상품 작물의 재배 증가
④ 농업 생산의 세계화 진행
⑤ 다국적 농업 기업의 영향력 확대

적중 100%

02 사진과 같은 농업 생산 방식에 대한 설명으로 옳은 것을 〈보기〉에서 고른 것은?

보기

ㄱ. 작물 재배 및 수확에 많은 노동력을 활용한다.
ㄴ. 작물을 대량으로 생산하여 전 세계 시장에 판매한다.
ㄷ. 대규모 농장에서 농기계를 이용하여 밀 등을 생산한다.
ㄹ. 주로 아시아와 아프리카의 개발 도상국에서 행해지는 농업 방식이다.

① ㄱ, ㄴ   ② ㄱ, ㄷ   ③ ㄴ, ㄷ
④ ㄴ, ㄹ   ⑤ ㄷ, ㄹ

주관식

03 다음 설명에 해당하는 농업 방식을 쓰시오.

열대 기후 지역에서 선진국의 자본과 개발 도상국의 값싼 노동력이 결합하여 하나의 상품 작물을 대규모로 재배하는 상업적 농업 방식으로, 커피, 카카오, 바나나 등을 생산한다.

[04~05] 다음 지도를 보고 물음에 답하시오.

(국제 연합 식량 농업 기구, 2016)

▲ A의 주요 생산국과 수입국(2013년)

04 지도의 A 작물은?

① 밀   ② 커피   ③ 팜유
④ 카카오   ⑤ 옥수수

05 A 작물에 대한 설명으로 옳지 <u>않은</u> 것은?

① 세계 시장 판매를 목적으로 생산한다.
② 대부분 유럽, 미국 등 선진국으로 수출한다.
③ 대규모 농장에서 대형 농기계를 이용하여 재배한다.
④ 열대 기후 지역의 개발 도상국에서 주로 생산한다.
⑤ 다국적 기업이 플랜테이션 농장에서 많은 노동력을 활용하여 재배한다.

적중 100%

06 농업 생산의 기업화와 세계화에 대한 설명으로 옳지 <u>않</u>은 것은?

① 우리 농산물의 해외 수출이 증가하고 있다.
② 다양한 외국산 농산물을 쉽게 구매할 수 있다.
③ 자급적 농업에서 상업적 농업으로 변화하고 있다.
④ 가족 노동력을 이용한 곡물 재배가 증가하고 있다.
⑤ 농업에 많은 자본과 기술을 투입하는 기업농이 등장하고 있다.

07 사진과 같은 현상이 나타나게 된 배경으로 보기 <u>어려운</u> 것은?

▲ 외국에서 판매되는 우리나라 농산물

▲ 우리나라에서 판매되는 외국 농산물

① 생활 수준의 향상
② 지역 간 교류 증가
③ 교통과 통신의 발달
④ 농산물의 가격 급등
⑤ 다양한 농산물에 대한 수요 증가

08 다음은 미래가 정리한 노트의 일부이다. ㉠~㉢ 중 옳지 <u>않은</u> 것은?

> 〈농업 생산의 기업화와 세계화가 가져온 변화〉
> 1. 농업 생산 구조와 토지 이용 변화
> (1) 농산물 수출 지역 : ㉠대형 농기계 이용, ㉡다량의 화학 비료와 농약 사용
> (2) 개발 도상국 : 외국계 농업 기업의 진출로 ㉢곡물 농업을 하는 자영농 감소, ㉣상품 작물 재배 감소 → ㉤상업적 농업 확대

① ㉠   ② ㉡   ③ ㉢   ④ ㉣   ⑤ ㉤

09 다음 ㉠, ㉡에 해당하는 작물을 바르게 연결한 것은?

> 1980년대까지 필리핀은 대표적인 (㉠) 수출국이었다. 그러나 농산물 시장이 개방되면서 외국계 기업농이 땅을 사들여 (㉡) 농장으로 바꾸었다. 그 결과 필리핀은 (㉡) 수출량은 증가하였지만, (㉠) 생산량이 인구 증가를 따라가지 못해 식량 위기를 겪게 되었다.

	㉠	㉡			㉠	㉡
①	쌀	커피		②	쌀	카카오
③	쌀	바나나		④	밀	커피
⑤	밀	바나나				

10 지도는 ○○ 농업 회사의 글로벌 네트워크를 나타낸 것이다. 이에 대한 설명으로 옳은 것을 〈보기〉에서 고른 것은?

(D사, 2011)

● 농장
■ 가공 공장
▲ 항만 시설
◆ 유통 창고 및 영업 지점
○ 본사
▨ 제품을 판매하는 국가

> **보기**
> ㄱ. ○○ 농업 회사는 다국적 기업이다.
> ㄴ. 우리나라에는 이 작물을 생산하는 농장이 없다.
> ㄷ. 주로 열대 지역에서 생산되어 세계 여러 나라에서 판매한다.
> ㄹ. 라틴 아메리카에는 가공 공장이 농장보다 더 많이 입지해 있다.

① ㄱ, ㄴ   ② ㄱ, ㄷ   ③ ㄴ, ㄷ
④ ㄴ, ㄹ   ⑤ ㄷ, ㄹ

11 다음 글의 밑줄 친 ㉠~㉤ 중 옳지 <u>않은</u> 것은?

> 세계적으로 식단이 서구화되면서 ㉠옥수수와 육류, 커피, 과일 등의 소비량이 감소하였으며 이를 대량으로 수입하는 국가는 ㉡식량 자급률이 하락하였다. 농업의 세계화로 우리는 세계 각지에서 생산한 ㉢농산물을 저렴하게 먹을 수 있게 되었다. 그러나 수입 과정에서 농산물의 부패를 막기 위해 사용한 화학 약품 때문에 ㉣안전성 문제가 제기되기도 한다. 또한 수입 곡물 의존도가 높은 일부 국가에서는 국제 농산물 가격이 급등하면서 ㉤식량 부족 문제가 나타나고 있다.

① ㉠   ② ㉡   ③ ㉢   ④ ㉣   ⑤ ㉤

2 다국적 기업의 발달과 지역 변화

🎯 시험에 꼭 나오는 개념 다국적 기업, 세계 무역 기구(WTO), 자유 무역 협정(FTA), 공간 분업

❶ 다국적 기업이란 무엇일까?

1. 다국적 기업 └─ 삼성, LG, 나이키, 아디다스, 스타벅스, 맥도날드, 애플, GM 등이 대표적인 다국적 기업이에요.

(1) **의미** 국경을 넘어 제품 기획과 생산, 판매 활동을 하는 기업

(2) **성장 배경** 교통과 통신의 발달, ❶세계 무역 기구(WTO)의 등장, ❷자유 무역 협정(FTA)의 확대 → 경제 활동의 세계화 촉진 → 다국적 기업의 활동 범위 확대

└─ 자본과 기술, 상품과 서비스의 국제적 이동이 활발해져 지역 간 교류가 늘어난 것이 원인이에요.

2. 다국적 기업의 형성 및 변화

(1) ❸**다국적 기업의 성장 과정** 기업의 규모가 커지면서 본사, 연구·개발 시설, 생산 공장, 영업 지점 등이 세계 여러 국가로 분산하는 과정에서 발달 〔자료❶〕

(2) **다국적 기업의 변화** └─ 최근에는 인도와 중국의 기업들이 다국적 기업으로 발전하고 있어요.

① 선진국뿐만 아니라 개발 도상국의 기업이 다국적 기업으로 발전

② 제조업뿐 아니라 농산물 생산과 가공, 자원 개발, 유통, 금융 등 다양한 분야로 확대

❷ 다국적 기업의 발달이 미친 영향은?

1. 다국적 기업의 공간 분업 ┌─ 경영의 효율성을 높이고 이윤을 극대화하기 위해 기업의 본사, 연구소, 공장 등이 각각의 기능을 수행하는 데 적합한 지역을 찾아 지리적으로 분산하는 것을 말해요.

본사와 연구소	높은 기술 수준, 많은 고급 인력, 풍부한 자본, 교통과 통신 시설이 잘 갖추어진 선진국에 주로 입지
생산 공장	• 낮은 지가와 저렴한 노동력이 풍부한 개발 도상국에 입지 • 시장 확대 및 ❹무역 장벽 극복을 위해 선진국에 입지하기도 함

2. 다국적 기업의 진출에 따른 지역 변화

(1) **다국적 기업의 본국(선진국)** 공장 이전에 따른 일자리 감소, 실업자 증가, 지역 경제 침체 등의 문제 발생

(2) ❺**공장 이전 지역(개발 도상국)**

긍정적 영향	자본 유입, 일자리 창출, 기술 이전 등
부정적 영향	공장이 철수하는 경우 대규모 실업 사태, 경기 침체 발생

└─ 생산 공장이 입지한 지역의 인건비가 상승하는 경우에 값싼 노동력을 구할 수 있는 다른 지역으로 공장을 이전해요.

시험에 〔잘 나오는〕 자료

〔자료❶〕 **다국적 기업의 성장 과정**

대도시에 공장 설립, 기업 활동 시작	➡	지방에 영업 지점 및 생산 공장 설립	➡	외국에 영업 지점을 개설하여 시장 확대	➡	본사, 생산 공장, 영업 지점 등이 여러 국가에 분포

---

❶ **세계 무역 기구(WTO)**

1995년 설립되어 자유 무역을 촉진하고 불공정 무역에 대한 중재 기능을 수행하는 국제기구로, 설립 목적은 무역 자유화를 통해 전 세계적인 경제 발전을 이루는 것이다.

❷ **자유 무역 협정(FTA)**

둘 또는 그 이상의 나라들이 서로 간에 수출입 관세와 시장 점유율 제한 등의 무역 장벽을 완화하거나 제거하는 협정이다.

❸ **H 자동차 제품의 국내 및 해외 생산 현황(2015년)**

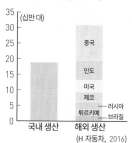

(H 자동차, 2016)

H 자동차는 국내 및 해외에서 생산 및 판매 활동을 하는 다국적 기업이다.

❹ **무역 장벽**

국가 간의 상품이나 서비스의 이동을 방해하는 장벽을 의미하고, 높은 관세, 수입량이나 수입 금액을 제한하는 등의 조치가 대표적이다.

❺ **미국 ○○○ 기업의 생산 공장**

전 세계에 스포츠 의류와 신발을 판매하는 미국 ○○○ 기업은 생산비 절감을 위해 인건비가 저렴한 개발 도상국에 생산 공장을 지었다. 최근에는 중국보다 인건비가 더욱 저렴한 베트남과 인도네시아 등 동남아시아 지역으로 생산 공장을 이전하였다.

기초 탄탄 개념 문제

1 빈칸에 들어갈 알맞은 말을 쓰시오.

(1) 국경을 넘어 제품 기획과 생산, 판매 활동을 하는 기업을 (　　　)(이)라고 한다.

(2) (　　　)(WTO)의 출범과 자유 무역 협정 (FTA)의 확대로 자본과 기술, 상품의 국제 이동이 활발해졌다.

(3) 기업이 성장함에 따라 연구·개발, 생산 등의 기능이 세계 여러 국가로 분산하는 (　　　) 현상이 나타난다.

2 옳은 내용에 ○표를 하시오.

(1) 다국적 기업의 생산 공장이 빠져나간 지역에서는 (실업자 증가, 일자리 창출) 등의 현상이 나타난다.

(2) 다국적 기업의 생산 공장이 들어선 지역은 자본이 (㉠ 유입, 유출)되고 경제가 (㉡ 침체, 활성화)된다.

3 내용이 옳으면 ○표, 틀리면 ×표 하시오.

(1) 다국적 기업은 생산비를 줄이고 시장을 개척하기 위해 생산 공장과 영업 지점 등을 세계 여러 나라로 분산하는 과정에서 발달하였다. (　　　)

(2) 다국적 기업은 제조업 분야에만 진출하고 있다. (　　　)

4 다국적 기업의 기능별 입지 조건을 알맞게 연결하시오.

(1) 본사　　·

(2) 연구소　·

(3) 생산 공장·

·㉠ 지가와 인건비가 저렴한 곳

·㉡ 전문 기술 인력이 풍부한 곳

·㉢ 정보와 자본 획득이 유리한 곳

시험 적중 예상 문제

적중 100%

01 다국적 기업의 성장 배경으로 옳은 것을 〈보기〉에서 모두 고른 것은?

보기
ㄱ. 무역 장벽 강화
ㄴ. 교통과 통신의 발달
ㄷ. 자유 무역 협정 확대
ㄹ. 세계 무역 기구 출범

① ㄱ, ㄴ　　② ㄱ, ㄹ　　③ ㄴ, ㄷ
④ ㄱ, ㄴ, ㄹ　　⑤ ㄴ, ㄷ, ㄹ

02 다국적 기업에 대한 설명으로 옳지 않은 것은?

① 전 세계를 대상으로 판매 활동을 한다.
② 경제 활동의 세계화로 활동 범위가 확대되었다.
③ 미국, 영국, 독일 등 선진국의 기업만 해당한다.
④ 본사, 영업 지점, 생산 공장 등이 여러 국가로 분산된다.
⑤ 세계 여러 지역 간 교류가 늘어나면서 성장하게 되었다.

적중 100%

03 다국적 기업의 성장 과정을 순서대로 옳게 나열한 것은?

(가) 단일 공장이 있는 지역에서 기업이 성장한다.
(나) 해외에 영업 지점을 개설하여 시장을 확대한다.
(다) 지방에 생산 공장을 건설하여 생산 기능을 분리한다.
(라) 본사, 생산 공장, 영업 지점 등을 여러 국가에 배치한다.

① (가)-(나)-(다)-(라)　　② (가)-(다)-(나)-(라)
③ (나)-(가)-(다)-(라)　　④ (나)-(라)-(가)-(다)
⑤ (다)-(나)-(가)-(라)

주관식

04 다음 빈칸에 들어갈 용어를 쓰시오.

다국적 기업의 생산 공장은 상대적으로 지가가 낮고 저렴한 노동력이 풍부한 개발 도상국에 두는 경우가 많은데, 일부는 시장을 확대하고 (　　　)을/를 피하려고 선진국에 두기도 한다.

05 다국적 기업의 공간적 분업에 대해 옳게 설명한 학생을 고른 것은?

- 갑 : 본사는 주로 개발 도상국에 입지한다.
- 을 : 연구소는 기술 수준이 높고 고급 인력이 많은 선진국에 입지한다.
- 병 : 생산 공장은 자본과 정보 수집이 용이한 개발 도상국에 입지한다.
- 정 : 다국적 기업은 이윤의 극대화를 위해 본사, 연구소, 생산 공장 등을 서로 다른 지역에 배치한다.

① 갑, 을 ② 갑, 병 ③ 을, 병
④ 을, 정 ⑤ 병, 정

06 다음은 H 자동차 제품의 국내 및 해외 생산 현황을 나타낸 것이다. 이에 대한 설명으로 옳은 것을 〈보기〉에서 고른 것은?

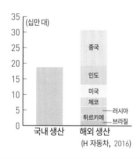

보기

ㄱ. H 자동차는 다국적 기업이다.
ㄴ. 국내보다 해외에서 자동차가 많이 생산된다.
ㄷ. 미국의 생산 공장은 저렴한 인건비를 고려한 것이다.
ㄹ. 기업의 의사 결정은 생산 공장에서 각각 이루어진다.

① ㄱ, ㄴ ② ㄱ, ㄷ ③ ㄴ, ㄷ
④ ㄴ, ㄹ ⑤ ㄷ, ㄹ

07 다음은 어떤 학생의 수행 평가 답안지이다. 이 학생이 받을 점수는?

다국적 기업에 대한 설명이 옳으면 ○표, 틀리면 ×표를 하시오.(각 1점)	
1. 세계를 대상으로 생산, 판매 활동을 한다.	○
2. 생산 공장이 들어선 곳은 일자리가 증가한다.	×
3. 이윤을 극대화하기 위해 공간적 분업이 일어난다.	○
4. 선진국에는 생산 공장이 입지하지 않는다.	×

① 0점 ② 1점 ③ 2점 ④ 3점 ⑤ 4점

08 다국적 기업이 생산 공장을 해외로 이전할 경우 본국에서 나타나는 변화로 옳은 것은?

① 제품의 해외 생산량이 점차 감소한다.
② 실업자 증가로 지역 경제가 침체될 수 있다.
③ 고용이 확대되고 관련 산업이 발달하게 된다.
④ 상당한 규모의 기업 이윤이 해외로 유출된다.
⑤ 비용 절감을 위해 본사와 연구소 기능을 축소한다.

09 (가), (나) 국가에 대한 설명으로 옳지 않은 것은?

(가) 국가의 대표적인 공업 지역인 광둥성의 공장들이 문을 닫고 있다. 타이완의 신발 제조업체는 광둥성에 있는 공장을 (나) 국가로 이전하였고, 일본의 시계 기업과 미국의 휴대 전화 기업은 (가) 국가에서의 공장 가동을 중단하였다.

① (가) : 임금 상승으로 생산 공장들이 문을 닫고 있다.
② (가) : 대규모 실업 사태가 발생하여 경기가 침체된다.
③ (나) : 값싼 노동력이 생산 공장 이전의 요인이다.
④ (나) : 신발 산업 유치로 지역 경제가 활성화된다.
⑤ (나) : 고급 인력이 풍부해 연구소가 들어서게 된다.

3 세계화 시대의 서비스 산업 변화

🎯 시험에 꼭 나오는 개념 서비스 산업, 소비자 서비스업, 생산자 서비스업, 탈공업화, 공정 여행, 전자 상거래

❶ 세계화는 서비스 산업에 어떤 영향을 주었을까?

1. 서비스 산업 인간이 필요로 하는 재화나 ❶용역을 공급하는 활동
└ 사람들의 욕구를 충족시켜 주는 물건을 말해요.

(1) **특성** 소비자마다 원하는 서비스 형태가 달라 표준화가 어렵고, 고용 창출 효과가 큼

(2) **서비스 산업의 유형**
서비스 산업은 공급자에 따라 소비자에게 제공하는 서비스가 같지 않고
소비자도 원하는 서비스가 각각 다르기 때문에 표준화가 어려워요.

소비자 서비스업	일반 소비자에게 직접 제공하는 서비스 예 음식업, 숙박업, 소매업 등
생산자 서비스업	기업 활동에 도움을 주는 서비스 예 금융, 법률, 광고, 시장 조사 등

2. 서비스 산업의 성장과 입지 변화

(1) ❷**탈공업화 현상** 제조업보다 서비스 산업이 경제 성장을 이끎 자료❶

(2) **세계화와 서비스 산업의 확대** 교통과 통신의 발달 및 세계화는 경제 활동의 시간적·공간적 제약을 감소시켜 서비스 산업의 확대를 촉진하였어요.

공간적 분산	식당, 편의점, 대형 상점 등 세계 여러 지역에서 유사한 상품과 서비스 제공
공간적 집중	광고, 영화, 금융 등 전문화된 서비스는 접근성이 좋고 관련 정보가 풍부한 특정 지역에 집중

❷ 서비스 산업의 세계화가 가져온 변화는?

1. ❸**서비스 산업의 세계화** 교통과 통신의 발달, 다국적 기업의 활동 확대 등 → 국가 간 상호 의존성이 커짐

2. 관광의 세계화

(1) **배경** 교통·통신의 발달로 관광 관련 정보 획득 용이, 소득 수준 향상, 여가 증대 등

(2) **영향** 지역 주민의 고용 창출, 자연환경 파괴, 지역의 고유문화 훼손 → ❹공정 여행에 대한 관심 증가
           (긍정적 영향)   (부정적 영향)

3. ❺**전자 상거래의 확대** 교통·통신의 발달로 제품 구매의 시·공간적 제약 극복, 유통 산업 발달의 주요 원동력 → 택배 및 물류 산업 발달
└ 제조된 상품이나 서비스가 최종 고객에게까지 흘러가는 모든 과정을 말해요.
└ 해외 상점도 쉽게 접속할 수 있어 소비 활동의 범위가 전 세계로 확대되었어요.

시험에 잘 나오는 자료

자료❶ 국가별 서비스 산업의 비중

독일 / 중국 / 차드 / 대한민국 / 미국 / 인도양 / 콩고 민주 공화국 / 태평양 / 대서양 / 볼리비아

70 이상 / 60~70 / 50~60 / 50 미만 / 자료 없음.
3차 산업 구조 (%) / 2차 / 1차
*생산액 기준임.
(CIA Factbook, 2016)

미국과 독일 등 선진국은 국내 총생산에서 서비스 산업이 차지하는 비율이 높은 데 비해 개발 도상국은 상대적으로 서비스 산업이 차지하는 비중이 낮다.

---

❶ 용역
물질적 재화 이외의 생산이나 소비에 관련한 모든 경제 활동으로 의사의 진료, 교사의 수업 등이 해당된다.

❷ 탈공업화
정보 통신 발달과 첨단 기술 산업의 확산, 다양하고 전문화된 서비스에 대한 요구 등에 의해 빠르게 진행되었다.

❸ 필리핀의 콜센터 입지

(억 달러)
*2015년은 추정치임.
260
89
71
32

2006 2009 2010 2015(년)
(필리핀 기업 지원 협회, 2016)

필리핀은 인건비가 저렴한데다 영어를 공용어로 사용하고 있어 다국적 기업의 콜센터가 많다.

❹ 공정 여행
현지인들에게 적절한 비용을 지불하여 공정하게 거래하고, 여행지의 환경에 미치는 영향은 최소화하며, 현지의 문화를 존중하는 대안적 여행 문화를 말한다.

❺ 전자 상거래 시장의 발전

(십억 달러)
2,273
1,895
1,537
1,196
1,014

2011 2012 2013 2014 2015(년)
*기업과 소비자 간에 이루어지는 전자 상거래만을 대상으로 함.
(Emarketer, Ecommerce Foundation, 2016)

전자 상거래는 소비자가 상점을 방문할 필요 없이 상품을 구매하고 원하는 곳에서 받을 수 있다는 편리성 때문에 전 세계에서 급성장하고 있다.

기초 탄탄 개념 문제

1 빈칸에 들어갈 알맞은 말을 쓰시오.

(1) 서비스 산업은 누구에게 제공하느냐에 따라 소비자 서비스업과 (　　　) 서비스업으로 구분한다.

(2) (　　　)은/는 지역 주민에게 직접 이익이 돌아가면서 환경 파괴도 최소화할 수 있는 여행 방식이다.

(3) (　　　)은/는 소비자가 상점을 방문하지 않고 인터넷 등의 전자 매체를 이용하여 상품을 구매하는 것을 말한다.

2 옳은 내용에 ○표를 하시오.

(1) 선진국은 개발 도상국보다 대체로 국내 총생산에서 서비스 산업이 차지하는 비중이 (높다, 낮다).

(2) 오늘날 선진국에서는 (제조업, 서비스 산업)이 경제 성장을 이끄는 탈공업화 현상이 나타나고 있다.

(3) 정보 통신 기술의 발달로 상품 구매 활동의 범위가 점차 (축소, 확대)되고 있다.

3 밑줄 친 부분을 바르게 고쳐 쓰시오.

(1) 교통과 통신의 발달, 소득 수준 향상으로 관광에 대한 수요가 <u>감소</u>하고 있다. (　　　)

(2) 전자 상거래의 활성화로 해외 직구가 <u>감소</u>하고 있다. (　　　)

4 내용이 옳으면 ○표, 틀리면 ×표 하시오.

(1) 교통과 통신의 발달은 서비스 산업의 세계화를 촉진하였다. (　　　)

(2) 금융, 의료, 영화 제작 등 전문화된 서비스업은 공간적으로 분산하여 입지한다. (　　　)

5 서비스 산업의 유형을 알맞게 연결하시오.

(1) 소비자 서비스업 •   • ㉠ 음식업, 숙박업, 소매업

(2) 생산자 서비스업 •   • ㉡ 금융, 광고, 법률

시험 적중 예상 문제

01 서비스 산업의 특성으로 옳지 <u>않은</u> 것은?

① 표준화하기 어렵다.

② 고용 창출 효과가 작다.

③ 소비자에 따라 원하는 형태가 다르다.

④ 사람이 필요로 하는 재화나 용역을 공급하는 활동이다.

⑤ 생활 수준 향상, 여가의 증대 등으로 서비스 산업의 수요가 증가하고 있다.

02 (가), (나)에 대한 설명으로 옳은 것을 〈보기〉에서 고른 것은?

> 일반적으로 서비스업은 수요 주체에 따라 ㈎생산자 서비스업과 ㈏소비자 서비스업으로 구분한다.

보기

ㄱ. ㈎는 기업 활동에 도움을 주는 서비스이다.

ㄴ. ㈏는 금융, 법률, 광고, 시장 조사 등이 대표적이다.

ㄷ. ㈏는 일반 소비자에게 직접 제공하는 서비스이다.

ㄹ. ㈏는 ㈎보다 사업체 수가 적다.

① ㄱ, ㄴ   ② ㄱ, ㄷ   ③ ㄴ, ㄷ

④ ㄴ, ㄹ   ⑤ ㄷ, ㄹ

주관식

03 다음 설명에 해당하는 용어를 쓰시오.

> 교통과 통신의 발달로 생산과 고용에서 제조업의 비중이 감소하고 서비스 산업의 비중이 높아지는 현상이다.

04 지도는 국가별 국내 총생산 중 서비스 산업이 차지하는 비중을 나타낸 것이다. 이와 관련한 설명으로 옳은 것은?

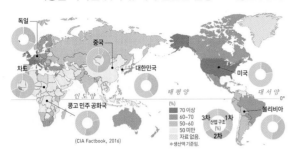

(CIA Factbook, 2016)

① 경제가 발전한 국가일수록 농업 비중이 높다.
② 우리나라는 독일보다 서비스 산업 비중이 높다.
③ 서비스 산업 비중이 가장 높은 나라는 차드이다.
④ 선진국은 개발 도상국보다 서비스 산업 비중이 높다.
⑤ 아프리카, 동남아시아의 국가들은 서비스 산업 비중이 매우 높다.

05 다음과 같은 변화가 필리핀에 미친 영향으로 가장 적절한 것은?

(억 달러)
*2015년은 추정치임.

32 71 89 260
2006 2009 2010 2015(년)
(필리핀 기업 지원 협회, 2016)
▲ 필리핀 콜센터의 매출액 변화

① 일자리가 감소한다.
② 실업자가 증가한다.
③ 지역 경제가 침체된다.
④ 관련 서비스업이 성장한다.
⑤ 다국적 기업의 본사가 입지한다.

06 관광의 세계화와 관련된 설명으로 옳지 <u>않은</u> 것은?

① 관광 시설 건설로 자연환경이 파괴되기도 한다.
② 상업화로 인해 지역의 고유문화가 보존되고 있다.
③ 교통과 통신이 발달하면서 관광과 관련된 정보 획득이 편리해졌다.
④ 국가 간의 교류가 늘어나면서 전 세계적으로 관광 활동이 확대되었다.
⑤ 소득 수준 향상과 여가의 증대로 관광에 대한 사람들의 관심이 높아졌다.

[07~08] 다음 글을 읽고 물음에 답하시오.

(㉠)은/는 현지의 자연과 문화 등을 존중하는 여행 방식으로 '착한 여행'이라고도 한다. 이 여행은 그 지역에서만 경험할 수 있는 체험과 지역 주민에게 이익이 많이 돌아가게 하면서 환경 피해도 최소화하는 데에 도움을 준다.

07 ㉠에 해당하는 여행 방식을 쓰시오.

08 ㉠과 관련한 여행의 모습으로 적절하지 <u>않은</u> 것은?

① 현지의 대중교통을 이용한다.
② 여행지의 생활 방식과 문화를 체험해 본다.
③ 현지의 동식물로 만든 기념품을 사지 않는다.
④ 현지인이 운영하는 상점과 음식점을 이용한다.
⑤ 외부인이 운영하는 대규모 호텔이나 리조트에 투숙한다.

09 다음은 전자 상거래의 유통 구조이다. 전자 상거래의 특징으로 옳은 것을 〈보기〉에서 고른 것은?

온라인 구매 상품 확보 및 배송 준비 물류 센터 집화 배송 상품 수령

〈보기〉
ㄱ. 택배 산업, 물류 산업 등이 성장하게 된다.
ㄴ. 소비자는 오프라인 매장에서 상품을 구매한다.
ㄷ. 인터넷이나 TV 홈쇼핑을 이용하는 구매자가 증가한다.
ㄹ. 다국적 기업의 대형 마트가 국내에 진출하면서 활성화되었다.

① ㄱ, ㄴ   ② ㄱ, ㄷ   ③ ㄴ, ㄷ
④ ㄴ, ㄹ   ⑤ ㄷ, ㄹ

학교 시험 만점 문제

① 농업의 기업화와 세계화에 따른 변화

01 (가), (나) 생산 방식의 공통점을 〈보기〉에서 고른 것은?

(가)   (나)

<보기>

ㄱ. 가족 노동력을 중심으로 농업이 이루어진다.
ㄴ. 세계 시장을 상대로 농산물을 생산하여 판매한다.
ㄷ. 미국, 캐나다 등 넓은 농업 지대에서 주로 이루어진다.
ㄹ. 많은 자본과 기술을 농업에 투입하는 다국적 농업 기업이 생산을 주도한다.

① ㄱ, ㄴ   ② ㄱ, ㄷ   ③ ㄴ, ㄷ
④ ㄴ, ㄹ   ⑤ ㄷ, ㄹ

02 농업 생산의 기업화와 세계화가 가져온 변화로 옳은 것을 〈보기〉에서 모두 고른 것은?

<보기>

ㄱ. 수입 농산물의 안전성 문제가 제기되고 있다.
ㄴ. 세계 각지에서 생산한 농산물을 저렴하게 먹을 수 있게 되었다.
ㄷ. 적은 비용으로 많은 농산물을 생산하기 위해 대형 농기계를 이용하고 있다.
ㄹ. 플랜테이션 농장이 위치한 개발 도상국은 곡물 농업을 하는 자영농이 늘어나고 있다.

① ㄱ, ㄴ   ② ㄱ, ㄹ   ③ ㄱ, ㄴ, ㄷ
④ ㄱ, ㄴ, ㄹ   ⑤ ㄴ, ㄷ, ㄹ

서술형

03 밑줄 친 '이 지역'의 농업 생산 구조의 변화를 서술하시오.

> 안녕? 내가 태어난 곳은 주로 열대 기후 지역의 대규모 농장이야. 이 지역은 과거에 식량을 생산하던 곳이었어.

② 다국적 기업의 발달과 지역 변화

04 다국적 기업의 성장 과정을 순서대로 옳게 나열한 것은?

(가)   (나)

(가) 외국에도 영업 지점을 만들어 제품 판매 시장을 확대했어요.

(나) 대도시에 공장을 만들고 기업 활동을 시작했어요.

(다)   (라)

(다) 제품 판매가 늘어 지방에 영업 지점을 만들고 생산 시설도 확충했어요.

(라) 본사, 생산 공장, 영업 지점 등이 여러 국가에 분포하는 기업이 되었습니다.

① (가) - (나) - (다) - (라)   ② (가) - (라) - (나) - (다)
③ (나) - (가) - (다) - (라)   ④ (나) - (다) - (가) - (라)
⑤ (다) - (가) - (나) - (라)

05 다음은 일상생활에서 사용하는 제품의 정보이다. 이를 통해 알 수 있는 내용으로 옳지 <u>않은</u> 것은?

• 본사 : 미국 • 생산지 : 베트남	• 본사 : 한국 • 생산지 : 중국	• 본사 : 독일 • 생산지 : 중국

① 기업의 본사는 주로 선진국에 입지한다.

② 기업의 공간적 분업 현상이 나타나고 있다.

③ 기업의 경제 활동은 한 국가 내에서만 이루어진다.

④ 생산 공장은 주로 인건비가 저렴한 지역에 위치한다.

⑤ 일상생활에서 다국적 기업의 제품을 쉽게 찾아볼 수 있다.

서술형

06 다음 글의 밑줄 친 ⊙, ⓒ의 입지 특성을 각각 서술하시오.

> 국경을 넘어 제품 기획과 생산, 판매 활동을 하는 기업을 다국적 기업이라고 한다. 다국적 기업은 경영의 효율성을 높이고 이윤을 극대화하기 위해 기업의 ⊙기획·관리 및 연구, ⓒ생산, 판매 기능을 서로 다른 지역에 배치하는데 이를 공간적 분업이라고 한다.

07 지도는 미국 ○○○ 기업의 생산 공장 분포를 나타낸 것이다. 생산 공장이 있는 국가에 대한 설명으로 옳은 것을 〈보기〉에서 고른 것은?

*공장 근로자 상위 5개국만 나타냄.
(월스트리트저널, 2016)

> **보기**
>
> ㄱ. 대규모 실업 사태가 나타난다.
>
> ㄴ. 일자리가 창출되는 등 긍정적인 효과가 나타난다.
>
> ㄷ. 해당 업종과 유사한 국내 기업의 매출액이 증가한다.
>
> ㄹ. 기술의 이전과 자본의 유입으로 지역 경제가 활성화된다.

① ㄱ, ㄴ ② ㄱ, ㄷ ③ ㄴ, ㄷ
④ ㄴ, ㄹ ⑤ ㄷ, ㄹ

③ 세계화 시대의 서비스 산업 변화

서술형

08 다음 빈칸에 들어갈 서비스 산업의 특성을 두 가지 서술하시오.

> 상점과 식당, 학교, 병원 등에서는 인간이 필요로 하는 재화나 용역을 공급하는데 이를 서비스 산업이라고 한다. 서비스 산업은 _____

09 (가), (나) 서비스업에 대한 설명으로 옳지 않은 것은?

(가)

(나)

① (가)는 일반 소비자에게 제공하는 서비스이다.

② (가)에는 음식업, 숙박업, 소매업 등이 해당한다.

③ (가)는 접근성이 좋고 관련 정보가 많은 대도시에 집중하는 경향이 있다.

④ (나)에는 금융, 법률, 광고, 시장 조사 등이 해당한다.

⑤ 경제 수준이 높아질수록 (가), (나)에 대한 수요가 증가한다.

10 세계화에 따른 서비스 산업의 변화로 옳은 것을 〈보기〉에서 고른 것은?

> **보기**
>
> ㄱ. 세계화는 서비스 산업의 확대를 촉진하였다.
>
> ㄴ. 선진국은 개발 도상국에 비해 서비스 산업의 비중이 낮다.
>
> ㄷ. 탈공업화 사회에서는 서비스 산업이 경제 성장을 이끈다.
>
> ㄹ. 관광, 유통 등의 분야에서 국가 간의 상호 의존성이 약해지고 있다.

① ㄱ, ㄴ ② ㄱ, ㄷ ③ ㄴ, ㄷ
④ ㄴ, ㄹ ⑤ ㄷ, ㄹ

1 기후 변화

🔖 시험에 꼭 나오는 개념 기후 변화, 온실가스, 온실 효과, 지구 온난화, 해수면 상승, 국제 연합 기후 변화 협약, 교토 의정서

❶ 기후 변화는 무엇이고, 왜 발생할까?

1. 기후 변화의 의미와 원인

(1) **의미** 기후 환경이 자연적 요인과 인위적 요인의 영향을 받아 변화하는 현상

(2) **기후 변화의 요인**

자연적 요인	• 화산 활동에 따른 화산재 분출 • 태양 활동의 변화 • 태양과 지구의 상대적 위치 변화
인위적 요인	• 산업 혁명 이후 공장과 가정에서 ❶화석 연료 사용에 따른 ❷온실가스 배출 • ❸도시화 • 무분별한 토지 및 삼림 개발

삼림 개발   ❹축산과 농업   에너지 사용   화석 연료 사용   쓰레기 매립장   소각

▲ **인위적 요인에 의한 온실가스 배출** 삼림 개발과 에너지 사용 등의 인간 활동으로 대기 중에 온실가스 배출량이 늘어난다. 대표적인 온실가스로는 이산화 탄소와 메탄, 아산화 질소 등이 있다. 그중 이산화 탄소는 온실가스의 70% 이상을 차지한다.

2. 지구 온난화

(1) **온실 효과** 온실가스가 온실의 유리와 같이 지구 복사 에너지가 방출되는 것을 방해하여 지구 표면의 온도가 높게 유지되는 현상

(2) **지구 온난화** 대기 중에 온실가스의 양이 많아지면서 온실 효과가 과도하게 나타나 지구의 평균 기온이 높아지는 현상 `자료❶`

└─ 기온 상승은 남반구보다는 북반구, 저지도 지역보다는 고위도 지역에서 더 크게 나타나고 있으며, 해양보다는 육지에서 더 빠르게 나타나고 있어요.

❷ 기후 변화로 지역은 어떻게 변하고 있을까?

1. 기후 변화의 영향 `자료❷`

(1) **빙하 감소** 극지방과 고산 지역의 빙하 감소

(2) **해수면 상승** 해발 고도가 낮은 곳은 바닷물에 잠김 **예** ❺투발루

(3) 집중 호우와 홍수의 잦은 발생

(4) 가뭄과 사막화 심화

(5) 산호초 군락의 백화 현상

└─ 바닷물 온도가 올라가 조류(藻類)가 살 수 없게 되고, 조류와 공생하던 산호초가 죽어 하얗게 변하는 것을 말해요.

2. 기후 변화 해결을 위한 노력

(1) **국제 사회의 노력**

① 국제 연합 기후 변화 협약(1992년) : 기후 변화에 적극적으로 대처하기 위해 채택

② 교토 의정서(1997년) : 온실가스의 배출량 감축을 위해 의결

---

❶ 화석 연료

지각에 파묻힌 동식물의 유해가 오랜 세월에 걸쳐 변화하여 만들어진 연료로 석유와 석탄, 천연가스 등이 화석 연료에 해당한다.

❷ 온실가스

지구 온난화에 원인이 되는 기체들을 온실가스라고 한다. 가장 대표적인 온실가스는 이산화 탄소이며, 이외에도 메탄, 아산화 질소, 플루오린 화합물 등 다양한 물질이 지구 온난화의 원인이 된다.

❸ 도시화에 따른 기후 변화

인구가 늘고 산업이 발달하면서 숲을 베어내고 도시를 건설하고 있다. 도시에는 각종 산업 시설과 주거 단지가 밀집해 있고 자동차도 많아 온실가스 배출량이 많다. 또한 폐기물(쓰레기)이 썩으면서 발생하는 메탄 가스도 기후 변화의 원인으로 알려져 있다.

❹ 축산과 농업에 따른 기후 변화

목장과 농장을 만들면서 숲을 베어내고, 가축의 분뇨와 볏짚 등에서 메탄 가스가 배출되기도 하는 등 축산과 농업 영역에서도 기후 변화에 영향을 미치고 있다.

❺ 바닷물이 육지로 넘치는 투발루

투발루는 국토가 침수되고 있는 대표적인 국가로 기후 변화가 국가의 존립을 위협하고 있다.

③ 제21차 국제 연합 기후 변화 협약 당사국 총회(2015년) : 교토 의정서(2020년) 이후의 기후 체제 논의

(2) **정부, 지방 자치 단체의 노력** 기후 변화 대응책 마련 및 실천

(3) **개인의 노력** 기후 변화로 발생하는 문제의 심각성 인식 → 일상생활 속에서 실천하는 노력 필요

▲ 지구촌 불끄기 행사를 통해 기후 변화에 관한 인식을 확산시키고 있다.

시험에 잘 나오는 자료

자료① 세계 연평균 기온과 이산화 탄소의 농도 변화

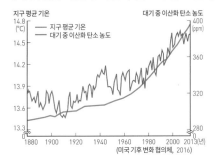

(미국 기후 변화 협의체, 2016)

과도한 온실 효과로 지구의 평균 기온은 지난 100년 동안 0.74℃ 상승하였다. 현재와 같이 화석 연료를 지속해서 사용한다면 21세기 말까지 지구의 평균 기온과 해수면은 더욱 상승할 것으로 전망하고 있다.

자료② 20세기 이후 기후 변화로 나타난 주요 현상

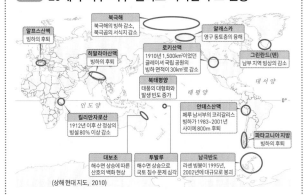

(상해 현대 지도, 2010)

지구의 평균 기온이 상승하면서 극지방과 고산 지역의 빙하가 녹아 해수면이 꾸준히 상승하고 있으며, 그 결과 해발 고도가 낮은 곳은 바닷물에 잠기고 있다. 또한 집중 호우와 홍수가 잦아지거나 가뭄과 사막화가 심해지고 있다.

---

1 빈칸에 들어갈 알맞은 말을 쓰시오.

(1) (　　　　)은/는 온실가스의 70 % 이상을 차지한다.

(2) 산업 혁명 이후 공장과 가정에서 (　　　　) 사용에 따른 온실가스 배출, 도시화, 무분별한 토지 및 삼림 개발 등으로 기후 변화가 심각해지고 있다.

2 옳은 내용에 ○표를 하시오.

(1) 지구의 평균 기온이 상승하면서 극지방과 고산 지역의 빙하가 녹아 해수면이 꾸준히 (상승, 하강)하고 있다.

(2) (지구 온난화, 사막화)는 대기 중에 온실가스의 양이 많아지면서 지구의 평균 기온이 높아지는 현상이다.

3 밑줄 친 부분을 바르게 고쳐 쓰시오.

(1) 지구의 연평균 기온은 지난 100년 동안 급격하게 <u>하락</u>하였다. (　　　　)

(2) <u>안데스산맥</u>과 같이 해발 고도가 낮은 태평양의 섬 지역은 해수면 상승으로 국토가 물에 잠길 위기에 처해 있다. (　　　　)

4 내용이 옳으면 ○표, 틀리면 ×표 하시오.

(1) 국제 사회는 기후 변화의 원인인 온실가스 배출량을 더욱 늘리기 위해 노력하고 있다. (　　　　)

(2) 우리나라는 정부와 지방 자치 단체 등이 중심이 되어 기후 변화 대응책을 세우고 실천하고 있다. (　　　　)

5 기후 변화 해결을 위한 국제 사회의 노력을 내용에 알맞게 연결하시오.

(1) 교토 의정서　·

(2) 국제 연합 기후 변화 협약　·

·㉠ 온실가스 배출량 감축 의결

·㉡ 기후 변화에 적극적으로 대처하기 위해 채택

01 기후가 변화하는 요인 중 자연적 요인에 해당하는 것을 〈보기〉에서 모두 고른 것은?

> 보기
> ㄱ. 도시화 ㄴ. 화산재 분출
> ㄷ. 태양 활동의 변화 ㄹ. 온실가스 배출
> ㅁ. 무분별한 토지 및 삼림 개발

① ㄱ, ㄹ ② ㄴ, ㄷ ③ ㄹ, ㅁ
④ ㄱ, ㄷ, ㄹ ⑤ ㄴ, ㄷ, ㅁ

적중 100%

02 다음과 같은 인간 활동으로 인해 기후가 변화하는 까닭으로 옳은 것은?

① 식물 성장을 도와 대기 중 산소를 증가시킨다.
② 대기를 흐리게 하여 태양 에너지를 감소시킨다.
③ 태양 활동의 변화를 일으켜 기후 변화를 촉진시킨다.
④ 화산과 지진 활동을 활발하게 하여 지구의 평균 기온을 상승시킨다.
⑤ 온실가스인 이산화 탄소를 대기 중으로 배출시켜 지구 온난화를 일으킨다.

주관식

03 다음 빈칸에 공통적으로 들어갈 알맞은 말을 쓰시오.

> 삼림 개발과 에너지 사용 등의 인간 활동으로 대기 중에 ( ) 배출량이 늘어난다. 대표적인 ( )로는 이산화 탄소와 메탄, 아산화 질소 등이 있다. 그중 이산화 탄소는 ( )의 70% 이상을 차지한다.

주관식 적중 100%

04 다음 설명에 해당하는 알맞은 말을 쓰시오.

> 대기 중에 온실가스의 양이 많아지면서 온실 효과가 과도하게 나타나 지구의 평균 기온이 높아지는 현상을 말한다.

05 그래프를 분석한 내용으로 옳은 것을 〈보기〉에서 고른 것은?

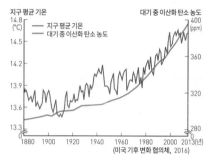

▲ 세계 연평균 기온과 이산화 탄소의 농도 변화

> 보기
> ㄱ. 지구의 평균 기온은 점점 상승하고 있다.
> ㄴ. 최근의 기온 상승은 자연적 요인의 영향이 크다.
> ㄷ. 대기 중 이산화 탄소 농도는 점점 증가하고 있다.
> ㄹ. 대기 중 이산화 탄소 농도와 지구 평균 기온은 반비례 관계에 있다.

① ㄱ, ㄴ ② ㄱ, ㄷ ③ ㄴ, ㄷ
④ ㄴ, ㄹ ⑤ ㄷ, ㄹ

06 기후 변화에 관한 설명으로 옳지 <u>않은</u> 것은?

① 최근의 기온 상승은 인간 활동의 영향이 크다.
② 대기 중으로 배출되는 온실가스의 양이 증가하고 있다.
③ 기온 상승은 저위도 지역과 해양에서 더욱 빠르게 나타나고 있다.
④ 과도한 온실 효과로 지구의 평균 기온은 지난 100년 동안 급격하게 상승하였다.
⑤ 현재와 같이 화석 연료를 지속해서 사용한다면 지구의 평균 기온과 해수면은 더욱 상승할 것으로 전망된다.

07 지도에 표시된 A 지역에서 기후 변화로 인해 겪고 있는 어려움으로 옳은 것은?

① 산호의 백화 현상 발생
② 집중 호우의 발생 빈도 증가
③ 해발 고도가 높은 지역 침수
④ 빙하 감소 및 북극곰 서식지 감소
⑤ 고산 지대의 빙하 감소와 홍수 증가

08 사진은 태평양의 섬나라 투발루에서 바닷물이 육지로 넘치고 있는 장면을 나타낸 것이다. 이와 같은 피해가 발생하게 된 원인으로 옳은 것은?

① 바닷물의 수온이 낮아지고 있기 때문이다.
② 육지 면적이 점점 늘어나고 있기 때문이다.
③ 바닷물의 퇴적 활동이 활발해지고 있기 때문이다.
④ 인구가 급격하게 증가하면서 바다 위에 건물을 지었기 때문이다.
⑤ 극지방과 고산 지역의 빙하가 녹아 해수면이 상승하였기 때문이다.

09 교토 의정서 이후의 기후 체제를 논의하기 위해 2015년에 열렸던 국제회의는?

① 바젤 협약
② 람사르 협약
③ 사막화 방지 협약
④ 국제 연합 기후 변화 협약
⑤ 제21차 국제 연합 기후 변화 협약 당사국 총회

적중 100%

10 기후 변화가 지구에 미치는 영향으로 옳지 않은 것은?

① 가뭄과 사막화가 심해진다.
② 집중 호우와 홍수가 잦아진다.
③ 극지방과 고산 지역의 빙하가 녹는다.
④ 해발 고도가 낮은 곳은 바닷물에 잠기게 된다.
⑤ 바닷물의 온도가 내려가 바다의 산호초에 백화 현상이 나타난다.

11 다음은 국가·지역별 온실가스 배출량 감축 목표를 나타낸 것이다. 이를 분석한 내용으로 옳은 것은?

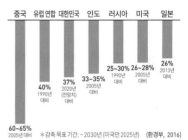

① 인도와 러시아의 온실가스 배출량 감축 목표는 같다.
② 미국과 일본은 모두 화석 연료 사용을 크게 늘려야 한다.
③ 중국은 가장 많은 온실가스 배출량 감축을 목표로 하고 있다.
④ 일본은 대기 중으로 배출되는 이산화 탄소의 양을 늘려도 된다.
⑤ 우리나라는 제시된 국가 중 가장 적은 온실가스 배출량 감축 목표를 내세우고 있다.

12 기후 변화로 발생하는 문제를 해결하기 위한 개인의 노력으로 적절하지 않은 것은?

① 나무 심기
② 재활용 잘하기
③ 대중교통 이용하기
④ 적정 온도 유지하기
⑤ 저효율 전구 사용하기

2 산업 이전에 따른 환경 문제

⚡ 시험에 꼭 나오는 개념 공해 유발 공장, 전자 쓰레기, 농업의 이전과 환경 문제, 환경 문제의 지역적 불평등

❶ 환경 문제를 유발하는 산업은 어디로 이동할까?

1. 자원 소비 증가에 따른 환경 문제
└ 산업이 발달하면서 화학 물질 사용과 방사성 물질 누출 등의 산업 재해로 환경이 오염되어 있어요.

(1) 산업 혁명과 기술 혁신으로 자연의 제약 극복, 인구의 폭발적 증가 → 환경 악화, 대량의 폐기물 발생 → ❶생태계의 수용 능력을 넘는 각종 오염 발생

(2) 도시화로 인해 도시의 교통량 증가, 폐기물 및 생활 하수 등의 오염 물질 대량 방출 등

2. 공해 유발 공장의 이전
└ 국가별로 산업화의 시기와 속도가 달라 생산 시설이 국가 간 이동하면서 발생해요.
최신 기술 설비는 선진국에 유지, 오래된 제조 설비는 개발 도상국으로 이전하여 해당 지역에 환경 문제를 일으킴

3. 전자 쓰레기의 이전 자료❶
└ 환경 오염을 유발하는 중금속 물질이 많이 포함되어 있어요.

(1) 기술 발달로 전자 제품의 사용 주기 단축 → 전자 쓰레기의 양 증가

(2) 선진국에서 규제가 느슨한 개발 도상국으로 이전하여 해당 국가의 환경 오염을 심화시킴

❷ 농업의 이전은 지역 환경에 어떤 영향을 미칠까?

1. 농장과 ❹농업 기술의 이전

(1) 선진국의 ❺농장과 농업 기술은 임금과 땅값이 저렴한 개발 도상국으로 이전하여 작물 재배
└ 주로 과일과 식량 작물, 기호 작물, 축산물, 화초류 등을 재배해요.

(2) 발생 문제 토양의 황폐화와 관개용수 남용에 따른 물 부족 문제, 화학 비료와 농약 사용에 따른 토양과 식수 오염 문제 등 유발

2. 농업과 열대 우림의 개발
└ 동남아시아 및 아프리카, 남아메리카의 여러 국가에서는 대규모 농장을 만들면서 열대 우림이 빠른 속도로 파괴되고 있어요. 이로 인해 식생 파괴에 따른 토양 침식과 황폐화, 다양한 생물 종이 사라질 위기에 놓여 있어요.

(1) 팜유 채취 식용 및 바이오 디젤 원료 획득을 위해 열대 우림 개발

(2) 목축업 아마존 열대 우림을 목축업 등을 위해 개발하고 파괴

시험에 잘 나오는 자료

자료❶ 전자 쓰레기의 발생량과 이동

└ 해발 고도가 높은 고원 지대가 널리 나타나 기후 조건이 장미 재배에 적합하여 나이바샤 호수의 수자원도 이용할 수 있어 장미 재배 산업이 발달하였어요.

아이슬란드 / 노르웨이 / 독일 / 스위스 / 세네갈 / 이집트 / 가나 베냉 / 나이지리아 / 코트디부아르 / 파키스탄 / 인도 / 중국 / 홍콩 / 일본 / 베트남 / 미국 / 대서양 / 태평양 / 인도양

1인당 전자 쓰레기 발생량 상위 국가(kg)
- 24 이상
- 20~24
- 20 미만

전자 쓰레기 발생량 상위 5개국(만 톤)
- 700
- 200

→ 주요 이동 경로

(국제 연합 대학, 그린피스, 바젤 행동 네트워크, 2016)

환경 문제를 유발하는 산업은 주로 환경 규제가 엄격한 선진국에서 환경 관련 규제가 느슨한 개발 도상국으로 이전하여 해당 지역에 환경 문제를 일으킨다. 이처럼 환경 문제는 지역적으로 불평등하게 나타난다.

---

❶ 생태계의 수용 능력
생태계를 유지할 수 있는 범위에서 환경의 변화 없이 일정 동물이 서식할 수 있는 최대 능력을 말한다.

❷ 공해 유발 공장의 이전
석면은 건축 자재 등으로 널리 사용되었으나, 1급 발암 물질로 지정되면서 현재는 사용을 제한하고 있다. 최근 석면 산업은 동남아시아 국가들로 이전하였다.

❸ 전자 쓰레기
사용하고 난 전자 제품에서 나오는 폐기물을 말한다. 환경 규제가 느슨한 개발 도상국에서는 선진국에서 수입한 전자 쓰레기를 분해해 그 안의 여러 자원을 수집하여 판매하고 있다.

❹ 농업 기술의 이전
선진국의 농업 기술을 바탕으로 세계 시장을 대상으로 하는 플랜테이션 농업이 개발 도상국에서 이루어지는 경우가 증가하고 있다. 이러한 농업의 이전은 지역 경제에 큰 도움을 주기도 한다.

❺ 케냐 나이바샤 호수 주변의 화초 재배 단지

● 화초 재배 단지
나이바샤호
0 5km
(케냐 화훼 협의회, 2016)

장미 재배를 위해 호수의 물을 끌어다 쓰면서 호수의 수량이 줄어들고 있다. 또한 농장에서 사용한 비료와 농약 등이 호수로 흘러들어 가면서 환경이 오염되고 생태계가 파괴되고 있다.

기초 탄탄 개념 문제

1 빈칸에 들어갈 알맞은 말을 쓰시오.

(1) (　　　)은/는 건축 자재 등으로 널리 사용되었으나, 현재는 사용을 제한하고 있다.

(2) 사용하고 난 전자 제품에서 나오는 폐기물을 (　　　)(이)라고 한다.

2 옳은 내용에 ○표를 하시오.

(1) (선진국, 개발 도상국)의 기업은 최신 기술의 설비는 자국 내에 유지하고 환경 오염을 유발하는 오래된 설비는 (선진국, 개발 도상국)으로 이전시킨다.

(2) 교통의 발달로 (선진국, 개발 도상국)의 대규모 농장에서는 플랜테이션 농업이 이루어지는 경우가 증가하고 있다.

3 밑줄 친 부분을 바르게 고쳐 쓰시오.

(1) 선진국은 환경 규제가 엄격한 개발 도상국으로 전자 쓰레기를 이전하여 해당 국가의 오염을 심화하고 있다. (　　　)

(2) 선진국에서는 농업 기술 이전으로 관개용수 남용에 따른 물 부족 문제 등의 환경 문제가 발생하고 있다. (　　　)

4 내용이 옳으면 ○표, 틀리면 ×표 하시오.

(1) 국가별로 산업화의 시기와 속도가 다르므로 생산 시설이 국가 간 이동하기도 한다. (　　　)

(2) 기술이 발달할수록 전자 쓰레기의 양은 늘어나고 있다. (　　　)

(3) 목축업자들이 열대 우림을 개간하면서 빠른 속도로 파괴되고 있으나 이를 지키려는 노력은 전혀 진행되지 않고 있다. (　　　)

5 농업의 이전이 지역 환경에 미치는 영향을 내용에 알맞게 연결하시오.

(1) 팜유 채취　·　　·㉠ 오랑우탄 서식지 파괴

(2) 케냐의 장미 재배　·　　·㉡ 호수 수자원 고갈 피해

시험 적중 예상 문제

01 자원 소비 증가에 따른 환경 문제에 관한 설명으로 옳은 것을 〈보기〉에서 고른 것은?

> **보기**
>
> ㄱ. 산업 혁명과 기술 혁신은 환경을 악화시키는 요인으로 작용하였다.
> ㄴ. 소비 증가로 폐기물의 양이 늘어 생태계의 수용 능력을 넘어서고 있다.
> ㄷ. 인구의 폭발적 증가로 자연 제약을 극복하지 못하면서 환경이 오염되고 있다.
> ㄹ. 도시화가 진행되면서 교통량 감소, 폐기물 처리 등의 환경 문제가 점차 줄어들고 있다.

① ㄱ, ㄴ 　　② ㄱ, ㄷ 　　③ ㄴ, ㄷ
④ ㄴ, ㄹ 　　⑤ ㄷ, ㄹ

02 기술이 발달하고 자원 소비가 증가하면서 나타나는 환경 문제로 적절하지 <u>않은</u> 것은?

① 화산재 분출 　　② 방사성 물질 누출
③ 폐기물의 대량 방출 　　④ 화학 물질의 과다 사용
⑤ 교통량 증가로 인한 대기 오염

03 지도를 보고 분석한 내용으로 옳은 것은?

▲ 20세기의 산업 재해에 따른 주요 오염 지역

① 농업과 광업은 환경 오염을 일으키지 않는다.
② 오염 지역은 아시아 지역에 집중적으로 분포한다.
③ 원자력 발전은 다른 발전 방식에 비해 환경 오염을 일으키지 않는다.
④ 개발 도상국에서는 주로 공장 오염 물질로 인한 환경 문제가 발생하고 있다.
⑤ 아프리카 지역은 산업 발달이 느려 상대적으로 환경 문제가 적게 일어난다.

04 다음 대화의 밑줄 친 곳에 들어갈 내용으로 옳은 것은?

> 상미 : 우리나라에서 석면이 사용이 제한되면서 공장들이 다른 나라로 빠져나가게 되었대.
> 영우 : 아직도 석면을 생산하는 국가가 있어?
> 상미 : 환경 규제가 느슨한 국가들은 석면의 사용 이나 생산을 허용한대.
> 영우 : 그러면 석면 공장은 _____

① 남반구로 이전하겠구나.
② 선진국으로 이전하겠구나.
③ 개발 도상국으로 이전하겠구나.
④ 한대 기후 지역으로 이전하겠구나.
⑤ 바다와 가까운 지역으로 이전하겠구나.

05 밑줄 친 '이것'은 무엇인지 쓰시오.

> 이것은 사용하고 난 전자 제품에서 나오는 폐기물 을 말한다. 이것에는 환경 오염을 유발하는 중금속 물질이 많이 포함되어 있다.

06 지도는 전자 쓰레기의 발생량과 이동을 나타낸 것이다. 이와 같이 전자 쓰레기가 이동하는 까닭으로 옳은 것은?

① 첨단 기술이 적용된 상품이기 때문이다.
② 개발 도상국에서 전자 쓰레기가 많이 발생하기 때문이다.
③ 개발 도상국은 전자 쓰레기가 유출되면서 주민들의 소득이 증가하기 때문이다.
④ 전자 제품의 사용 주기가 길어져 전자 쓰레기 배출량이 감소하고 있기 때문이다.
⑤ 처리 과정에서 오염 물질이 많이 배출되어 선진국에서는 처리하기를 꺼리기 때문이다.

07 다음 글에 설명하는 농업 형태를 쓰시오.

> • 선진국의 농업 기술을 바탕으로 세계 시장을 대상으로 하는 농업을 말함
> • 대규모 농장에서 과일과 식량 작물, 기호 작물, 축산물, 화초류 등을 주로 재배함
> • 교통의 발달로 개발 도상국으로 이전하여 이루어지는 경우가 증가하고 있음

08 다음과 같은 환경 문제가 발생하게 된 원인은?

> 인도네시아와 말레이시아에서는 열대 우림이 파괴되어 멸종 위기 동물인 오랑우탄의 개체 수가 상당히 줄었다. 이 외에도 식생 파괴에 따른 토양의 침식과 황폐화 등의 문제가 나타나게 되었다.

① 사료용 곡물 재배 감소
② 팜유 채취를 위한 팜 농장 확대
③ 말레이시아 열대 우림의 땅값 하락
④ 개발 도상국 농업의 선진국으로의 이동
⑤ 비료 사용 감소 및 관개용수 사용 중단

09 다음과 같은 농업의 발달로 인해 나타나는 긍정적 영향과 부정적 영향을 정리한 내용으로 옳지 <u>않은</u> 것은?

> 케냐는 해발 고도가 높은 고원 지대가 널리 나타나 기후 조건이 장미 재배에 적합하며 나이바샤 호수의 풍부한 수자원도 이용할 수 있어 장미 재배 산업이 발달하였다.

> 〈긍정적 영향〉
> • 장미 수출로 외화 수입 증가 ·············· ㉠
> • 일자리 창출로 지역 주민의 소득 증대 ·········· ㉡
> 〈부정적 영향〉
> • 나이바샤 호수의 수량 감소 ·············· ㉢
> • 네덜란드 꽃 시장 수출 금지 ·············· ㉣
> • 호수 주변의 수산업 쇠퇴 ·············· ㉤

① ㉠   ② ㉡   ③ ㉢   ④ ㉣   ⑤ ㉤

3 생활 속 환경 이슈

🔍 시험에 꼭 나오는 개념 환경 이슈, 쓰레기 문제, 유전자 재조합 식품(GMO), 미세 먼지

❶ 생활 속 환경 이슈는 무엇일까?

1. 환경 ❶이슈

(1) **의미** 환경 문제 중에서 원인과 해결 방안이 입장에 따라 서로 다른 것

(2) **특징** 시대별로 다르며, 지역적인 것부터 세계적인 것까지 다양한 규모에서 나타남

2. 생활 속의 주요 환경 이슈

┌ 서울·경기·인천 간에 수도권 매립지 사용 연장을 둘러싸고 갈등이 발생하였어요.

(1) **쓰레기 문제** 과거보다 더 많은 자원을 소비하면서 발생, 일회용품과 포장재 사용 증가로 더욱 심각해짐 → 쓰레기 매립이나 소각을 둘러싼 갈등 발생

(2) **유전자 재조합 식품(GMO)** 과학 기술의 발달로 만들었으나, 논란이 되고 있음 자료❶

(3) **먹거리 이동 과정에서 발생하는 문제** 우리나라에서 멀리 떨어진 국가에서 수입하는 먹거리의 소비 증가로 발생, 먹거리가 이동하는 과정에서 많은 양의 화석 연료를 사용하게 됨 ┌ 먹거리의 세계화로 소비가 증가하고 있어요.

(4) ❷**미세 먼지** 주로 석탄을 사용하는 화력 발전소와 노후 경유차의 운행으로 발생 → 폐와 심장 질환, 치매와 같은 뇌 질환 유발

(5) **그 외 환경 이슈** ❸태평양에 생겨난 쓰레기 섬, 지리산의 댐과 케이블카 건설 등

❷ 환경 이슈를 바라보는 다양한 입장

1. 다양한 집단의 입장
정부와 지방 자치 단체, 기업, 시민 단체 등 다양한 집단 사이에서 환경을 바라보는 관점이 다양해짐 → 환경 이슈를 둘러싼 사회 갈등 발생

2. 해결 방법

(1) 지구촌의 지속 가능성을 최우선으로 한 토의와 토론

(2) 합리적이며 민주적인 절차를 통한 해결 노력 필요

시험에 잘 나오는 자료

자료❶ 유전자 재조합 식품(GMO), 기술의 축복인가, 재앙인가?

유전자 재조합 식품은 안전하다	유전자 재조합 식품은 위험하다
• 저렴한 비용으로 많은 양의 식량을 생산할 수 있다.	• 변형된 유전자가 생태계 질서를 파괴할 수 있다.
• 농작물의 부족한 영양분을 증대시킬 수 있다.	• 인체에 관한 안정성이 충분히 확보되지 않았다.
• 암이나 기타 질병을 유발하지 않는다.	• 식량난 문제에 크게 이바지하지 못하였다.
• 수확량을 증가시켜 농부의 소득을 높여준다.	• 재배 과정에서 국내 고유종을 파괴한다.
• 추위와 병충해에 강해 관리나 수송이 쉽다.	• 종자를 가진 국제 곡물 도매상에게 많은 돈을 지불해야 한다.
• 이산화 탄소 배출량과 농약 사용량이 감소하였다.	• 일부 선진국이 식량을 독점할 수 있다.

유전자 재조합 식품은 생물체의 유용한 유전자를 다른 생물체의 유전자와 결합하여 특정 목적에 맞도록 일부를 변형시킨 것이다. 과학 기술의 발달로 유전자 재조합 식품을 만들었으나, 인체 유해성 및 생태계 교란 여부가 명확하게 밝혀지지 않아 논란이 되고 있다.

---

❶ **이슈(Issue)**
해결 방안에 대하여 입장이 서로 다른 사회 문제를 의미한다.

❷ **미세 먼지 발생의 다양한 원인**

(환경부, 2016)

지름이 10㎛보다 작은 먼지를 미세 먼지라고 한다. 미세 먼지는 공장이나 건설 현장 등에서 고체 상태로 배출되기도 하고(1차적 발생), 가스 상태로 배출된 물질이 공기 중의 다른 물질과 화학 반응을 일으켜 생성되기도 한다(2차적 발생).

❸ **북태평양에 만들어진 쓰레기 섬**

북태평양의 쓰레기 섬

태평양 한가운데에 썩지 않는 비닐과 플라스틱이 뒤엉켜 거대한 쓰레기 섬이 만들어졌다. 그 면적이 우리나라 영토의 14배에 달하며, '제7의 대륙'으로 불린다.

바른답·알찬풀이 33쪽

기초 탄탄 개념 문제

1 빈칸에 들어갈 알맞은 말을 쓰시오.

(1) 환경 문제 중에서 원인과 해결 방안이 입장에 따라 서로 다른 것을 (　　　)(이)라고 한다.

(2) 지름이 10㎛보다 작은 먼지를 (　　　)(이)라고 한다.

2 옳은 내용에 ○표를 하시오.

(1) 화력 발전소와 노후 경유차의 운행은 (미세 먼지, 쓰레기) 문제의 주요 원인이다.

(2) (유전자 재조합 식품, 친환경 식품)은 물체의 유용한 유전자를 다른 생물체의 유전자와 결합하여 특정 목적에 맞도록 일부를 변형시킨 것을 말한다.

3 밑줄 친 부분을 바르게 고쳐 쓰시오.

(1) 종이컵과 스티로폼, 나무젓가락 등 일회용품과 포장재 사용이 증가하면서 <u>미세 먼지</u> 문제가 더욱 심각해지고 있다.　　(　　　)

(2) <u>쓰레기</u> 문제는 폐와 심장 질환, 치매와 같은 뇌 질환을 유발한다.　　(　　　)

4 내용이 옳으면 ○표, 틀리면 ×표 하시오.

(1) 환경 이슈는 시대별로 다르며, 지역적인 것부터 세계적인 것까지 다양한 규모에서 나타난다.　　(　　　)

(2) 세계화로 먹거리를 우리나라로 수입하는 과정에서 환경 문제가 해결되고 있다. (　　　)

(3) 환경 이슈는 합리적이며 민주적인 절차를 통해 해결해 나가야 한다.　　(　　　)

5 유전자 재조합 식품의 찬성과 반대 입장을 각각 내용에 알맞게 연결하시오.

(1) 찬성 ・　　　・㉠ 저렴한 비용

　　　　　　　・㉡ 생태계 질서 파괴

(2) 반대 ・　　　・㉢ 암 등의 질병 유발

　　　　　　　・㉣ 많은 양의 식량 생산

시험 적중 예상 문제

주관식

01 다음 글의 빈칸에 공통적으로 들어갈 알맞은 말을 쓰시오.

> 환경 문제 중에서 원인과 해결 방안이 입장에 따라 서로 다른 것을 (　　　)(이)라고 한다. (　　　)은/는 시대별로 다르며, 지역적인 것부터 세계적인 것까지 다양한 규모에서 나타난다.

02 환경 이슈에 관한 설명으로 옳지 <u>않은</u> 것은?

① 시대별로 다르게 나타난다.

② 각 집단 간 환경 문제를 바라보는 관점이 동일하다.

③ 대표적인 사례로 미세 먼지, 유전자 재조합 식품 등이 있다.

④ 지역적인 것부터 세계적인 것까지 다양한 규모에서 나타난다.

⑤ 지구촌의 지속 가능성을 최우선으로 하여 의견 차이를 좁혀 나가야 한다.

03 다음과 같은 환경 문제가 발생하는 원인으로 옳은 것은?

> 사람들이 버리는 플라스틱 쓰레기로 바닷새와 바다표범, 바다거북 등 바다를 터전으로 하는 모든 생명체가 고통을 받고 있다. 전 세계 플라스틱 생산량은 연간 3억 톤이 넘으며, 이 중 500만 톤이 바다로 흘러들어 간다.

① 경유차의 운행이 늘어났기 때문

② 미세 먼지 발생이 늘어났기 때문

③ 쓰레기 소각장이 줄어들었기 때문

④ 과거보다 일회용품 사용이 줄었기 때문

⑤ 편리한 생활만을 추구하게 되었기 때문

주관식

04 다음 설명에 해당하는 알맞은 말을 쓰시오.

> 과학 기술이 발달하면서 만든 식품으로, 병충해에 강하고 수확량이 많지만 인체 유해성 및 생태계 교란 여부가 논란이 되는 환경 이슈이다.

05 다음은 유전자 재조합 식품(GMO)에 관한 논쟁을 정리한 것이다. (가)에 들어갈 내용으로 옳은 것을 〈보기〉에서 고른 것은? 📍적중 100%

유전자 재조합 식품은 위험하다	유전자 재조합 식품은 안전하다
• 식량난 문제에 크게 이바지하지 못하였다.	
• 재배 과정에서 국내 고유종을 파괴한다.	
⋮	**(가)**

〈보기〉
ㄱ. 병충해에 강하다.
ㄴ. 농약 사용량이 감소하였다.
ㄷ. 생태계 질서를 파괴할 수 있다.
ㄹ. 인체에 관한 안전성이 충분히 확보되지 않았다.

① ㄱ, ㄴ ② ㄱ, ㄷ ③ ㄴ, ㄷ
④ ㄴ, ㄹ ⑤ ㄷ, ㄹ

06 다음 대화에서 밑줄 친 ㉠의 근거로 옳은 것은?

수희 : 어머니, 아버지가 퇴근하는 길에 오렌지를 사 오셨어요.
어머니 : 어머나, 캘리포니아산 오렌지네. 저녁 식사 후에 함께 먹자꾸나.
수희 : 학교에서 배웠는데, ㉠ 멀리서 수입되는 먹거리는 환경 문제를 일으킨대요. 다음에는 우리 귤을 먹어요.

① 농약을 덜 사용하기 때문
② 수입산 먹거리는 수확량이 많기 때문
③ 귤은 전통 시장에서만 판매하기 때문
④ 오렌지는 세계 어느 곳에서나 재배하기 때문
⑤ 운송 과정에서 많은 양의 화석 연료를 사용하기 때문

07 미세 먼지의 발생 원인으로 적절하지 <u>않은</u> 것은?

① 산불 ② 쓰레기 소각
③ 노후 화력 발전소 ④ 포장재 사용 증가
⑤ 자동차 등 배기가스

08 다음 글에서 설명하는 환경 문제를 둘러싼 이슈를 〈보기〉에서 고른 것은? 📋주관식

지름이 10μm보다 작은 먼지에 대한 관심이 늘어나고 있다. 이 작은 먼지는 공장이나 건설 현장 등에서 고체 상태로 배출되기도 하고, 가스 상태로 배출된 물질이 공기 중의 다른 물질과 화학 반응을 일으켜 생성되기도 한다.

〈보기〉
ㄱ. 쓰레기 분류 배출 실시 여부
ㄴ. 노후 화력 발전소 폐쇄 여부
ㄷ. 노후 경유차 도심 운행 정지 여부
ㄹ. 유전자 재조합 식품의 재배와 수입 여부

① ㄱ, ㄴ ② ㄱ, ㄷ ③ ㄴ, ㄷ
④ ㄴ, ㄹ ⑤ ㄷ, ㄹ

09 다음 사례를 분석한 내용으로 옳지 <u>않은</u> 것은?

인천광역시에 위치한 수도권 쓰레기 매립지는 시행 계획대로라면 2016년 말 문을 닫아야 하지만 이는 불가능하다. 서울·경기·인천 어느 곳도 매립지를 대체할 다른 매립지를 확보하지 못하였기 때문이다. 이에 서울특별시는 경기도, 환경부와 함께 인천광역시에 현 매립지의 시설 용량에 충분한 여유가 있으니 30년 이상은 더 사용하자고 요구하였다. 그러나 인천광역시가 이 요구를 수용한다면 매립지 개장 이후 20여 년간 환경 피해를 겪은 시민들에게 또다시 고통을 감내해 달라고 호소해야 한다.

① 인천광역시와 경기도의 입장은 서로 다르다.
② 인천 시민들은 매립지 연장 사용을 반대할 것이다.
③ 이러한 갈등이 발생했을 때에는 정부의 입장만을 따라야 한다.
④ 서울특별시는 인천광역시에 연장 사용의 대가로 법적, 경제적 이득을 제안할 것이다.
⑤ 지속 가능성을 최우선으로 하여 토의와 토론을 통해 의견의 차이를 좁혀 나가야 할 것이다.

① 기후 변화

01 다음과 같은 문제가 발생하게 된 원인으로 옳지 <u>않은</u> 것은?

① 화석 연료 사용
② 쓰레기 매립 및 소각
③ 신·재생 에너지 사용 증가
④ 무분별한 토지와 삼림 개발
⑤ 과도한 축산업과 농업 활동

02 밑줄 친 '이것'에 해당하는 것을 〈보기〉에서 고른 것은?

> <u>이것</u>은 지구 온난화에 원인이 되는 기체들을 말한다. <u>이것</u>은 삼림 개발과 에너지 사용 등의 인간 활동으로 대기 중에 배출량이 늘어나면서 지구의 평균 기온을 상승시킨다.

보기
ㄱ. 질소   ㄴ. 메탄
ㄷ. 산소   ㄹ. 이산화 탄소

① ㄱ, ㄴ   ② ㄱ, ㄷ   ③ ㄴ, ㄷ
④ ㄴ, ㄹ   ⑤ ㄷ, ㄹ

✎서술형
03 그래프와 같은 현상이 계속될 경우 발생할 문제점을 해수면과 관련하여 서술하시오.

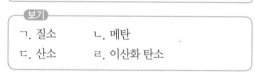

▲ 세계 연평균 기온과 이산화 탄소의 농도 변화

04 기후 변화로 인해 다음 사진과 같은 문제를 겪고 있는 지역을 지도에서 찾은 것은?

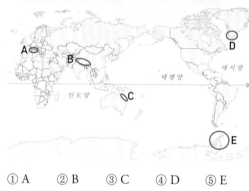

① A   ② B   ③ C   ④ D   ⑤ E

05 다음에서 제시된 국제 협약에 관한 설명으로 옳지 <u>않은</u> 것은?

> ㉠ 국제 연합 기후 변화 협약(1992)
> ㉡ 교토 의정서(1997)
> ㉢ 제21차 국제 연합 기후 변화 협약 당사국 총회(2015)

① ㉡을 통해 국제 사회는 온실가스 배출량 감축 목표를 의결하였다.
② ㉢에서는 ㉡ 이후의 기후 체제를 논의하였다.
③ ㉠~㉢과 같은 국제 협약에 따라서만 기후 변화를 막을 수 있다.
④ ㉠~㉢의 협약에 따라 세계 여러 나라는 온실가스 배출량을 줄여야 한다.
⑤ 국제 사회는 기후 변화에 대처하기 위해 ㉠~㉢과 같은 국제 협약을 체결하였다.

❷ 산업 이전에 따른 환경 문제

서술형

06 지도는 전자 쓰레기의 발생량과 국제적 이동을 나타낸 것이다. 전자 쓰레기가 주로 유입되는 국가들의 공통점을 쓰고, 이곳에서 겪는 환경 문제를 한 가지만 서술하시오.

07 다음과 같은 환경 문제가 발생하는 지역을 지도에서 찾은 것은?

> 팜유의 수요 증가로 열대 우림이 파괴되어 멸종 위기 동물인 오랑우탄의 개체 수가 상당히 줄었다. 이 외에도 식생 파괴에 따른 토양의 침식과 황폐화 등의 문제가 나타나게 되었다.

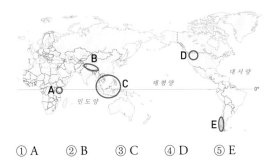

① A　　② B　　③ C　　④ D　　⑤ E

08 케냐 나이바샤호 주변의 장미 재배가 이 지역에 미친 부정적 영향을 〈보기〉에서 고른 것은?

> **보기**
> ㄱ. 장미 수출 감소
> ㄴ. 소득 및 일자리 감소
> ㄷ. 호수 주변 수산업 침체
> ㄹ. 호수 수량 감소로 인한 용수 확보 어려움

① ㄱ, ㄴ　　② ㄱ, ㄷ　　③ ㄴ, ㄷ
④ ㄴ, ㄹ　　⑤ ㄷ, ㄹ

❸ 생활 속 환경 이슈

09 다음 상황에서 인천광역시의 의견에 해당하는 것은?

> 인천광역시에 위치한 수도권 쓰레기 매립지는 2016년 말 문을 닫아야 하지만 이는 불가능하다. 서울시는 경기도, 환경부와 함께 연장 사용을, 인천광역시는 연장 사용 불가를 주장하였다.

① 쓰레기 반입 수수료가 비싸다.
② 대체할 다른 매립지를 확보하지 못하였다.
③ 매립지를 30년 이상은 더 사용할 수 있다.
④ 매립지의 시설 용량에 충분한 여유가 있다.
⑤ 시민들이 악취와 소음, 분진 등의 피해를 겪고 있다.

10 다음 의견에 대한 반론으로 가장 적절한 것은?

> 미국 국립 과학원은 현재 시장에서 유통되는 유전자 재조합 식품은 안전하며, 암이나 기타 질병의 유발과는 전혀 관련이 없다고 밝혔다. 유전자 재조합 식품과 알레르기 반응의 연관성도 없는 것으로 나타났다.

① GMO는 재배하는 데에 많은 비용이 든다.
② GMO는 수확량이 적어 농가 소득에 도움이 되지 못한다.
③ GMO는 운송과 저장이 어려워 특정 지역에서만 소비할 수 있다.
④ GMO를 장기간 먹었을 때 인체에 미치는 안전성이 충분히 확보되지 못하였다.
⑤ GMO는 맛과 향은 좋지만 인체에 필요한 영양소가 부족하여 영양 불균형을 초래한다.

11 다음 글에서 설명하고 있는 환경 문제로 옳은 것은?

> 노후 경유차의 운행 등이 주요 발생 원인이며, 폐와 심장 질환, 뇌 질환을 유발한다고 알려져 있다.

① 기후 변화　　　　② 미세 먼지
③ 쓰레기 문제　　　④ 지구 온난화
⑤ 해수면 상승

1 우리나라의 영역과 독도의 중요성

🎯 시험에 꼭 나오는 개념 영토, 영해, 통상 기선, 직선 기선, 영공, 배타적 경제 수역, 독도의 위치, 독도의 가치

❶ 우리나라의 영토와 영해, 영공은 어디까지일까?

1. 영역   ┌─ 국가의 의사를 최종적으로 결정하는 권력으로, 주권이
　　　　　　　 └─ 있어야 독립된 국가의 지위를 가질 수 있어요.

(1) **의미** 한 나라의 주권이 미치는 범위, 국민의 생활이 이루어지는 공간

(2) **구성** 영토, 영해, 영공

2. 영토, 영해, 영공

구분	내용
영토	• 한반도와 부속 섬으로 구성 → 총면적은 약 22.3만 km²(남한의 면적은 약 10만 km²) • 삼면이 바다로 둘러싸인 반도국 → 꾸준한 간척 사업으로 영토 확대 • 남북으로 긴 형태 → 다양하게 나타나는 기후
영해 자료❶	• 영토 주변의 바다 → 기준선으로부터 12❷해리까지 • 영해의 설정 　– 동해안, 제주도, 울릉도, 독도 : ❸통상 기선이 적용되어 해안의 최저 조위선으로부터 12 　　해리까지의 바다 ─ 썰물 때 바다와 육지가 만나는 해안선이에요 　– 황·남해 : 섬이 많고 해안선이 복잡하여 가장 외곽에 있는 섬들을 연결한 ❹직선 기선으 　　로부터 12해리까지의 바다 　– 대한 해협 : 일본과 인접하여 직선 기선에서 3해리까지의 바다
영공	• 영토와 영해의 상공 • 영공의 수직 한계는 대기권까지 • 통신 및 항공 교통의 발달로 중요성 커짐

3. 배타적 경제 수역

(1) **범위** 영해를 설정한 기준선으로부터 200해리까지의 바다에서 영해를 제외한 바다

(2) **이용** 연안국은 수산·광물·에너지 자원 등 해양 자원의 탐사와 개발이 가능

(3) **우리나라의 배타적 경제 수역** 중국, 일본과 지리적으로 가까워 배타적 경제 수역을 설
정하는데 어려움이 많음 → ❺어업 협정을 맺어 어족 자원을 공동으로 관리

(4) ❻**이어도** 가장 가깝게 위치한 육지가 우리나라의 마라도이므로 국제법상 우리나라의
배타적 경제 수역에 포함됨 ┌─ 수중 암초이며, 종합 과학 기지가 설치되어 있어
　　　　　　　　　　　　　　 └─ 기상 및 해양 관측을 하고 있어요.

❷ 영역으로서 독도의 가치와 중요성은 무엇일까?

1. 독도의 지리적 특색과 역사 ┌─ 동도와 서도 두 개의 큰 섬과 89개의 바위섬으로
　　　　　　　　　　　　　　　　 └─ 이루어져 있으며, 일 년 내내 강수가 고른 편이야.

(1) **위치** 우리나라의 가장 동쪽 영토, 울릉도에서 동남쪽으로 87.4km 떨어져 있음
　　　　　　　　　　　　　　　　　└─ 독도는 울릉도에서 날씨가 맑은 날에 육안으로 보여요.

(2) **형성** 동해의 해저에서 형성된 화산섬

(3) **역사** 512년 신라 장군 이사부가 우산국을 편입한 후 우리나라의 영토로 관리

① 역사 속의 독도 : 다양한 고문헌과 고지도 등에서 우리나라 땅으로 기록됨 자료❷

② 독도를 지킨 사람들 : 신라 장군 이사부, 조선의 어부 안용복, 울릉군수 심흥택, 독도 의
　용 수비대와 홍순칠 대장 등 ┌─ 세종실록지리지, 강계고, 동국지도, 삼국접양지도 등의 고문헌과
　　　　　　　　　　　　　　 └─ 고지도에 독도가 우리 땅이라는 증거를 찾을 수 있어요.

(4) **주민 거주** 각종 주민 생활 시설과 경비 활동을 위한 시설 등이 있음

---

❶ 영역의 구성

❷ 해리
항해의 거리를 나타내는 단위로,
1해리는 약 1,852m이다.

❸ 통상 기선
해안선이 단조로운 곳에서는 해
안의 썰물 때 육지와 바다가 만
나는 최저 조위선을 영해의 기
선으로 한다. 이를 통상 기선이
라고 한다.

❹ 직선 기선
섬이 많고 해안선이 복잡한 경우
가장 외곽에 있는 섬이나 해안
의 끝을 연결한 선을 영해의 기
선으로 한다. 이를 직선 기선이
라고 한다.

❺ 어업 협정
협정을 통해 한국과 일본 간에는
한·일 중간 수역, 한국과 중국 간
에는 한·중 잠정 조치 수역을 설
정하여 어족 자원을 공동으로 관
리하고 있다.

❻ 이어도의 위치

(국립 해양 조사원, 2016)

❼ 메탄하이드레이트
메탄이 주성분인 천연가스가 낮
은 온도와 높은 압력에 의해 물
분자와 결합하여 형성된 자원으
로, 주로 수심이 300m 이상인 깊
은 바다에서 발견된다.

2. 독도의 가치

> 난류와 한류가 만나는 경계 수역으로 플랑크톤이 풍부하여 물고기가 많이 잡혀요.

영역적 가치	• 독도를 기준으로 배타적 경제 수역 설정이 가능 • 태평양을 향한 해상 전진 기지 역할
경제적 가치	• 조경 수역을 형성하는 곳으로 어족 자원 풍부 • ❼메탄하이드레이트 매장 • 울릉도와 독도 간 여객선 운항으로 관광객 증가
환경 및 생태적 가치	• 다양한 동식물 서식 → 천연 보호 구역 지정 • 뛰어난 지형과 지질 경관, 해저 화산의 진화 과정을 볼 수 있는 지형학적 보고

시험에 잘 나오는 자료

자료❶ 우리나라 영해의 설정

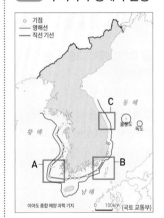

○ 기점
— 영해선
— 직선 기선

해안선이 단조로운 동해안에서는 통상 기선(최저 조위선)으로부터 12해리까지

섬이 많고 해안선이 복잡한 황·남해에서는 직선 기선으로부터 12해리까지

일본과 가까운 대한 해협에서는 직선 기선에서 3해리까지

자료❷ 고문헌과 고지도 속의 독도

세종실록지리지(1454)	삼국접양지도(1785)
"우산(독도)과 무릉(울릉도) 두 섬이 울진현의 정동쪽 바다에 있다. 두 섬은 거리가 멀지 않아 날씨가 맑으면 서로 바라볼 수 있다."	일본인 학자가 만든 지도로, 울릉도와 독도를 조선의 색깔로 표시했으며, 울릉도에는 '조선의 것'이라고 적어 놓았다. 

1 빈칸에 들어갈 알맞은 말을 쓰시오.

(1) 우리나라의 영토는 (　　　)와/과 부속 섬으로 구성되어 있다.

(2) 우리나라 영토 주변의 바다에서 기준선으로부터 (　　　)해리까지의 범위가 영해이다.

(3) 영공의 수직 한계는 (　　　)까지이다.

2 옳은 내용에 ○표를 하시오.

(1) 섬이 많고 해안선이 복잡한 황·남해에서는 (통상 기선, 직선 기선)이 영해의 기준선이 된다.

(2) 우리나라의 가장 동쪽에 있는 (독도, 울릉도)는 영역적 가치가 매우 크다.

3 밑줄 친 부분을 바르게 고쳐 쓰시오.

(1) 배타적 경제 수역은 영해를 설정한 기준선으로부터 200해리까지의 바다에서 영해를 <u>포함한</u> 바다이다. (　　　)

(2) 독도는 다양한 동식물이 서식하는 곳으로 섬 전체가 <u>국립 공원</u>으로 지정되어 있다. (　　　)

4 내용이 옳으면 ○표, 틀리면 ×표 하시오.

(1) 영역은 한 나라의 주권이 미치는 범위로 영토, 영해, 영공으로 구성된다. (　　　)

(2) 오늘날 항공 교통이 발달하면서 배타적 경제 수역의 중요성이 커지고 있다. (　　　)

(3) 독도는 해저 화산의 폭발로 형성된 섬이다. (　　　)

5 독도의 가치와 그 내용을 알맞게 연결하시오.

(1) 영역적 가치 ・ ・㉠ 해상 전진 기지

(2) 경제적 가치 ・ ・㉡ 뛰어난 지질 경관

(3) 환경 및 생태적 가치 ・ ・㉢ 풍부한 어족 자원

01 다음 빈칸에 들어갈 말로 가장 적절한 것은?

> ( )은/는 한 나라의 주권이 미치는 범위이며, 국민의 생활이 이루어지는 공간이므로 외부의 침입으로부터 보호해야 하는 공간이다.

① 영역 　② 영토 　③ 영해
④ 영공 　⑤ 배타적 경제 수역

적중 100%

02 우리나라 영토에 관한 설명으로 옳지 <u>않은</u> 것은?

① 간척 사업을 통해 영토가 넓어졌다.
② 삼면이 바다로 둘러싸인 반도국이다.
③ 한반도와 부속 섬으로 구성되어 있다.
④ 영해와 영공을 설정하는 기준이 된다.
⑤ 동서로 형태가 길어 다양한 시간대가 나타난다.

03 A~C에 관한 옳은 설명을 〈보기〉에서 고른 것은?

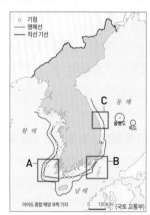

〈보기〉
ㄱ. A는 직선 기선에서부터 12해리까지가 영해이다.
ㄴ. B는 통상 기선에서부터 3해리가 영해이다.
ㄷ. C는 최저 조위선으로부터 12해리까지가 영해이다.
ㄹ. 울릉도, 독도, 제주도는 A와 같이 영해를 정한다.

① ㄱ, ㄴ 　② ㄱ, ㄷ 　③ ㄴ, ㄷ
④ ㄴ, ㄹ 　⑤ ㄷ, ㄹ

04 ㉠~㉢에 들어갈 말을 바르게 연결한 것은?

> 우리나라 영토 주변 바다에서 기준선으로부터 (㉠)까지의 범위가 영해이다. 영해를 설정하는 기준선에는 통상 기선과 (㉡)이 있다. 해안선이 단조로운 (㉢)은 통상 기선이 적용되고, 반면 섬이 많고 해안선이 복잡한 곳에서는 (㉡)으로부터 (㉠)까지가 영해이다.

	㉠	㉡	㉢
①	20해리	직선 기선	서·남해안
②	20해리	최저 조위선	동해안
③	12해리	직선 기선	동해안
④	12해리	직선 기선	서·남해안
⑤	12해리	최저 조위선	동해안

05 영공에 관한 옳은 설명을 〈보기〉에서 고른 것은?

〈보기〉
ㄱ. 수직 한계는 대기권까지로 한다.
ㄴ. 영토와 배타적 경제 수역의 수직 상공이다.
ㄷ. 항공 교통이 발달하면서 중요성이 커지고 있다.
ㄹ. 해당국의 허가 없이 타국의 비행기가 지나갈 수 있다.

① ㄱ, ㄴ 　② ㄱ, ㄷ 　③ ㄴ, ㄷ
④ ㄴ, ㄹ 　⑤ ㄷ, ㄹ

06 지도에 표시된 A 섬에 관한 설명으로 옳지 <u>않은</u> 것은?

① 영해 설정의 기준이 된다.
② 바다에 잠겨 있는 수중 암초이다.
③ 종합 해양 과학 기지가 설치되어 있다.
④ 우리나라의 배타적 경제 수역에 포함된다.
⑤ 기상 및 해양 관측 목적으로 이용되고 있다.

07 다음은 어떤 학생의 평가지이다. 이 학생이 받을 점수는?

〈진단 평가〉

배타적 경제 수역에 관한 설명으로 옳으면 ○, 틀리면 × 표를 하시오.(각 1점)

문제	○ / ×	점수
1. 연안국은 인공 섬을 만들 수 없다.	○	
2. 연안국은 해양 자원을 탐사할 수 있다.	○	
3. 영해를 설정한 기준선으로부터 200 해리까지의 바다이다.	×	
4. 우리나라는 중국, 일본과 지리적으로 가까워 배타적 경제 수역 설정에 어려움이 많았다.	○	

① 0점　② 1점　③ 2점　④ 3점　⑤ 4점

08 다음 빈칸에 들어갈 말로 가장 적절한 것은?

독도는 동해의 해저에서 (　　)으로 형성된 섬으로 동도와 서도 두 개의 큰 섬과 89개의 바위섬으로 이루어져 있다.

① 풍화 작용　② 화산 활동　③ 습곡 작용
④ 퇴적 작용　⑤ 해수면 상승

09 독도의 지리적 특색으로 옳은 설명을 〈보기〉에서 고른 것은?

보기
ㄱ. 일 년 내내 강수가 고르다.
ㄴ. 마그마의 분출 활동을 관찰할 수 있다.
ㄷ. 우리나라에서 가장 동쪽에 있는 영토이다.
ㄹ. 가장 가까운 섬으로 일본의 오키섬이 있다.

① ㄱ, ㄴ　② ㄱ, ㄷ　③ ㄴ, ㄷ
④ ㄴ, ㄹ　⑤ ㄷ, ㄹ

10 (가), (나)에 해당하는 독도의 가치를 바르게 연결한 것은?

(가) 배타적 경제 수역 설정의 기준점이 될 수 있다.
(나) 천연 보호 구역으로 지정될 만큼 다양한 동식물이 서식하고 있다.

	(가)	(나)
①	영역적 가치	경제적 가치
②	영역적 가치	환경 및 생태적 가치
③	경제적 가치	영역적 가치
④	경제적 가치	환경 및 생태적 가치
⑤	환경 및 생태적 가치	영역적 가치

주관식

11 다음 빈칸에 해당하는 자원을 쓰시오.

독도 주변 바다에는 미래의 에너지로 주목받는 (　　)이/가 매장되어 있다. (　　)은/는 천연가스와 물이 결합하여 형성된 자원으로, 주로 수심이 300m 이상인 깊은 바다에서 발견된다.

12 ㉠~㉢에 관한 옳은 설명을 〈보기〉에서 고른 것은?

"㉠ 우산(于山)과 무릉(武陵) 두 섬이 울진현의 ㉡ 정동쪽 바다에 있다. 두 섬은 거리가 멀지 않아 날씨가 맑으면 서로 바라볼 수 있다. 신라 때에는 (　㉢　)이라 칭하였으며, 울릉도라고도 하였다."
㉣ 세종실록지리지(1454)

보기
ㄱ. ㉠은 지금의 독도와 울릉도이다.
ㄴ. ㉡은 일본과 우리나라 사이의 대한 해협이다.
ㄷ. ㉢에 들어갈 나라 이름은 우산국이다.
ㄹ. ㉣은 일본인 학자가 만든 지리지이다.

① ㄱ, ㄴ　② ㄱ, ㄷ　③ ㄴ, ㄷ
④ ㄴ, ㄹ　⑤ ㄷ, ㄹ

2 우리나라의 여러 지역과 지역화 전략

🔎 시험에 꼭 나오는 개념 지역, 지역성, 지역화 전략, 지역 브랜드, 지리적 표시, 장소 마케팅, 지역 축제

❶ 우리나라의 각 지역은 어떤 특징을 지닐까?

1. 지역과 지역성

지역	지역성이 다른 곳과 구분되는 지표상의 범위
지역성	• 의미 : 다른 지역과 구별되는 특성 • 형성 : 지역의 자연환경과 그곳에서 거주해 온 주민이 오랜 시간에 걸쳐 상호 작용한 결과 • 세계화 시대에 그 지역만의 가치와 경쟁력 제공

└ 교통과 통신의 발달로 국가 간 교류가 증가하여 국가의 구분이 약해지고, 세계가 하나의 생활권이 되는 시대를 말해요.

2. 국제적 가치를 인정받은 우리나라 여러 지역 자료❶

❶유네스코 세계 유산	지역
세계 자연 유산	❷제주도의 한라산과 성산 일출봉, 거문오름 용암동굴계
세계 문화유산	서울의 종묘, 수원의 화성, 경주의 문화 유적 지구 등

└ 조선 시대의 역대 왕과 왕비의 위패를 모시고 있으며, 국가적인 제사를 지내요.

❷ 지역의 경쟁력을 높이는 방법은 어떤 것이 있을까?

1. 지역화 전략

(1) **의미** 지역의 경쟁력을 높이기 위해 경제적·문화적 측면에서 다른 지역과 차별화할 수 있는 계획을 마련하는 것

(2) **목적** 주민들의 정체성을 다지고 자긍심을 높이며, 기업을 유치하여 일자리를 늘리고 관광 산업으로 소득을 높일 수 있음
└ 자기가 속한 지역에 소속감을 느끼게 돼요.

(3) **종류** 지역 브랜드 구축, 지리적 표시 등록, 장소 마케팅 시행 등

2. 지역 브랜드 자료❷

의미	상표 개념을 지역에 적용한 것
개발 방법	• 지역이 지닌 고유한 특성과 매력이 잘 드러나도록 개발 • 로고나 슬로건, 캐릭터 등을 활용 ┌ 캐릭터는 지역의 특성을 잘 드러내면서도 친밀한 느낌을 주기 때문에 지역 브랜드로 이용해요. • 지역의 자연환경, 역사·문화·산업·인물 등을 활용 • 지역 자체 또는 지역에서 생산되는 농산품을 브랜드로 개발
사례	• 지역 브랜드 : 강원특별자치도 평창군의 '❸HAPPY 700' • 지역 캐릭터 : 울산광역시의 '해울이', 충청남도 보령의 '머돌이와 머순이' 등

3.❹지리적 표시

의미	특정 상품을 지역의 자연환경과 독특한 재배 방법으로 생산하고 품질이 우수할 때 그 원산지의 지명을 상표권으로 인정하는 제도
장점	• 지리적 특산물의 품질 향상과 지역 특화 산업으로 육성 도모 • 생산자에게 안정적인 생산 활동을 할 수 있게 하고, 소비자에게 믿을 수 있는 제품을 살 기회를 제공
사례	❺보성 녹차, 횡성 한우, 이천 쌀, 순창 고추장, 청송 사과, 영동 포도 등

❶ 유네스코(UNESCO) 세계 유산
국제연합 산하 기관인 유네스코는 인류의 보편적 가치를 지닌 자연 유산과 문화유산을 발굴하여 이를 보호 및 보존하고자 1972년 세계 문화 및 자연 유산 보호 협약을 채택하였다.

❷ 제주도
수많은 기생 화산(오름)과 세계적인 규모의 용암동굴, 다양한 희귀 생물 및 멸종 위기종이 분포하고 있어 지구의 화산 생성 과정 연구와 생태계 연구에 중요하다.

❸ HAPPY 700
해발 고도 700m에 자리 잡은 고장이라는 뜻을 담은 지역 브랜드이다. 해발 고도 700m는 인체에 가장 적합한 기압 상태가 나타나는 곳으로 저지대보다 피로 해소와 노화 방지에 유리하다고 한다.

❹ 지리적 표시 인증 마크

지리적표시 (PGI)
농림축산식품부

❺ 보성 녹차

우리나라는 2002년에 보성 녹차가 최초로 지리적 표시 상품으로 등록된 이후, 다양한 농산물과 임산물 등이 지리적 표시 상품으로 등록되었다.

4. 장소 마케팅

의미	장소성이나 장소 자산을 활용하여 지역을 홍보하고 판매하는 것
장점	장소를 효율적으로 알리고, 다른 지역과 차별화할 수 있는 지역 이미지 구축 가능 ┗ 지역 상징성을 이용한 축제도 장소 마케팅에 많이 활용되고 있어요.
전략	박물관, 미술관, 지역 축제 등을 활용
사례	경상북도 문경시의 석탄 박물관, 전북특별자치도 김제의 지평선 축제, 경상남도 진주의 남강 유등 축제, 강원특별자치도 화천의 산천어 축제 등

시험에 잘 나오는 자료

자료 ❶ 우리나라 여러 지역

▲ 서울의 종묘

▲ 경기도 수원 화성

▲ 제주특별자치도 한라산 백록담

▲ 경상북도 경주 불국사

자료 ❷ 지역 브랜드와 캐릭터

▲ 충청남도 보령의 캐릭터 '머돌이'와 '머순이'

▲ 강원특별자치도 평창군의 지역 브랜드와 캐릭터 '눈동이'

▲ 경상남도 남해군의 지역 브랜드

▲ 울산광역시의 캐릭터 '해울이'

1 빈칸에 들어갈 알맞은 말을 쓰시오.

(1) (　　　)은/는 지역의 자연환경과 그곳에서 거주해 온 주민이 상호 작용하여 형성된 것으로, 다른 지역과 구별되는 특성을 말한다.

(2) 유네스코는 제주도의 한라산과 성산 일출봉, 거문오름 용암동굴계를 (　　　)(으)로 등재하였다.

2 옳은 내용에 ○표를 하시오.

(1) 지역 브랜드는 지역이 지닌 (고유한 특성, 보편적 특성)이 잘 드러날 수 있도록 개발해야 한다.

(2) 지리적 표시는 소비자에게 (값싼, 믿을 수 있는) 제품을 살 기회를 제공한다.

(3) 장소 마케팅을 통해 장소를 알리고 다른 지역과 (동질화, 차별화)할 수 있는 매력적인 지역 이미지를 구축할 수 있다.

3 밑줄 친 부분을 바르게 고쳐 쓰시오.

(1) 지역 경쟁력을 높이기 위해 경제적·문화적 측면에서 다른 지역과 차별화할 수 있는 계획을 마련하는 것을 세계화 전략이라고 한다.

(　　　)

(2) 지역 브랜드를 개발할 때 지역에서 소비되는 농산품을 브랜드로 만들기도 한다.

(　　　)

4 내용이 옳으면 ○표, 틀리면 ✕표 하시오.

(1) 세계화 시대에 지역성은 지역의 경쟁력을 강화시킨다. (　　　)

(2) 지역화 전략은 지역의 일자리를 늘리고 소득을 높일 수 있다. (　　　)

(3) 우리나라 최초로 지리적 표시 상품으로 등록된 것은 순창 고추장이다. (　　　)

5 지역과 지역 캐릭터를 알맞게 연결하시오.

(1) 울산광역시　　·　　　·㉠ 눈동이

(2) 강원특별자치도　·　　　·㉡ 해울이
　　평창군

(3) 충청남도 보령시　·　　　·㉢ 머돌이와 머순이

시험 적중 예상 문제

01 지역과 지역성에 관련된 옳은 설명을 〈보기〉에서 고른 것은?

> [보기]
> ㄱ. 지역은 자연환경으로만 구성된다.
> ㄴ. 세계화 시대에 지역성이 강조되고 있다.
> ㄷ. 지역성은 다른 지역과의 공통점을 말한다.
> ㄹ. 지역은 지역성이 다른 곳과 구분되는 지표상 범위이다.

① ㄱ, ㄴ ② ㄱ, ㄷ ③ ㄴ, ㄷ
④ ㄴ, ㄹ ⑤ ㄷ, ㄹ

02 다음은 유네스코 세계 유산에 관한 글이다. ㉠~㉤ 중 옳지 <u>않은</u> 것은?

> 유네스코(UNESCO)는 ㉠교육·과학·문화의 보급 및 교류를 통하여 국가 간의 협력 증진을 목적으로 설립된 ㉡국제연합(UN)의 산하 기관이며, 인류가 보존·보호해야 할 자연 유산과 문화유산을 세계 유산으로 지정하여 보호한다. 우리나라 지역 중에도 ㉢독특한 지역성을 인정받아 유네스코 세계 유산으로 등재된 곳이 있다. 유네스코는 화산 지형의 보고인 ㉣독도를 세계 자연 유산으로 등재하였으며, ㉤수원의 화성, 경주의 문화 유적 지구 등은 세계 문화유산으로 등재하였다.

① ㉠ ② ㉡ ③ ㉢ ④ ㉣ ⑤ ㉤

03 다음 사진에 관한 설명으로 옳지 <u>않은</u> 것은?

① 유네스코에서 세계 자연 유산으로 지정하였다.
② 조선 시대 왕과 왕비의 위패를 모시는 곳이다.
③ 왕실의 상징성과 정통성을 보여주는 공간이다.
④ 세계적으로 가치를 인정받고 있는 문화재이다.
⑤ 서울의 독특한 역사·문화적 지역성을 잘 보여준다.

04 우리나라의 각 지역과 그 특징이 바르게 연결된 것은?

① 경기도 수원 화성 – 조선 시대의 성곽으로 세계 자연 유산이다.
② 충청남도 보령 갯벌 – 갯벌을 간척하여 농경지로 개발할 계획이다.
③ 경상북도 경주 불국사 – 고려 시대에 만들어진 불교 유적이다.
④ 충청북도 단양 고수동굴 – 유네스코 세계 자연 유산으로 지정되었다.
⑤ 제주특별자치도 한라산 백록담 – 화산 활동으로 형성된 독특한 지형이다.

05 ㉠~㉢에 들어갈 용어가 바르게 연결된 것은?

> 지역의 경쟁력을 높이기 위해 경제적·문화적 측면에서 다른 지역과 (㉠)할 수 있는 계획을 마련하는 것을 (㉡)이라고 한다. (㉢)는 (㉡)을 통해 주민들의 정체성을 다지고 자긍심을 높일 수 있다.

	㉠	㉡	㉢
①	차별화	지역화 전략	지방 자치 단체
②	차별화	지역화 전략	중앙 정부
③	차별화	세계화 전략	중앙 정부
④	동질화	지역화 전략	지방 자치 단체
⑤	동질화	세계화 전략	지방 자치 단체

06 다음 내용에 해당하는 지역화 전략을 쓰시오.

> 상표 개념을 지역에 적용한 것이다. 지역이 지닌 고유한 특성과 매력이 잘 드러나는 로고나 슬로건, 캐릭터 등을 활용한다. 대표적인 사례로 강원도 평창군의 'HAPPY 700', 울산광역시의 '해울이'가 있다.

07 지역화 전략이 강조되는 배경으로 적절하지 <u>않은</u> 것은?

① 경쟁보다는 삶의 질이 중요하기 때문에
② 세계화로 지역 간 경쟁이 치열해졌기 때문에
③ 기업을 유치하여 일자리를 늘릴 수 있기 때문에
④ 관광 산업으로 지역 소득을 높일 수 있기 때문에
⑤ 지역 주민들의 정체성을 다지고 자긍심을 높일 수 있기 때문에

08 다음 지역 브랜드와 캐릭터에 해당하는 지역을 지도에서 찾은 것은?

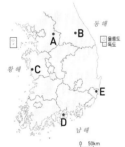

① A
② B
③ C
④ D
⑤ E

09 다음 사진들과 관계 깊은 지역화 전략은?

① 지역 축제
③ 지역 브랜드
⑤ 지리적 표시
② 지방 자치제
④ 장소 마케팅

10 다음 인증 마크와 관련된 옳은 설명을 〈보기〉에서 고른 것은?

보기

ㄱ. 2002년 순창 고추장이 최초로 등록되었다.
ㄴ. 원산지의 지명을 상표권으로 인정하는 제도이다.
ㄷ. 각 지역 특산물이 고유성을 잃는 문제가 발생한다.
ㄹ. 지리적 특산물을 지역 특화 산업으로 육성할 수 있다.

① ㄱ, ㄴ　　　② ㄱ, ㄷ　　　③ ㄴ, ㄷ
④ ㄴ, ㄹ　　　⑤ ㄷ, ㄹ

11 장소 마케팅에 관한 설명으로 옳지 <u>않은</u> 것은?

① 지역의 상징성을 이용한 축제가 많이 활용된다.
② 다른 지역과 비슷한 지역 이미지를 구축할 수 있다.
③ 일반적으로 각 지역은 박물관이나 미술관 등을 활용한다.
④ 장소 자산을 활용하여 지역을 홍보하고 판매하는 것이다.
⑤ 지역의 자연환경 및 문화유산을 결합하여 관광객을 불러 모은다.

주관식

12 (가), (나) 축제가 열리는 지역을 쓰시오.

(가) 곡창 지대를 배경으로 한 지평선 축제는 농촌 및 농업 체험을 할 수 있다.
(나) 남강 유등 축제는 임진왜란 당시 희생된 7만여 명의 넋을 기리는 뜻을 담고 있다.

3 통일 한국의 미래

🏃 시험에 꼭 나오는 개념 반도국, 동아시아 교통의 요지, 남북 문화 이질화, 이산가족, 분단 비용, 비무장 지대, 통일의 필요성

❶ 세계로 도약하는 통일 한국의 위상은 어떨까?

1. 동아시아 교통의 요지

(1) **우리나라의 위치** ❷반도국으로 북쪽으로는 유라시아 대륙에 진출할 수 있고, 남쪽으로는 태평양에 진출할 수 있음 → 동아시아 교통의 요지

(2) **위치적 한계** 국토가 분단되어 대륙으로 진출하는 통로 단절

(3) **통일 이후** 동아시아뿐 아니라 세계의 중심으로 도약 가능
└ 통일이 되면 대륙으로도 진출할 수 있어 동아시아 교통의 요지라는 장점을 살릴 수 있어요.

▲ 해양 진출에 유리한 위치

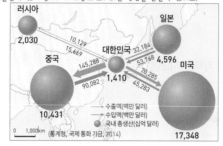

▲ 우리나라와 주변국의 국내 총생산

2. 국토 통일의 필요성

(1) **남북 분단의 문제점**

① 국제 사회에서 저평가된 국가 신용 → 경제 발전 걸림돌

② 국가적으로 군사비의 과도한 지출

③ 남북 문화의 이질화와 민족 동질성 약화 ┌ 남과 북은 분단으로 인해 언어, 생활 양식
└ 등에서 이질화 현상이 나타나고 있어요.

④ 이산가족과 실향민 발생 ┌ 통일 후 국토 면적, 인구, 국민 소득, 스포츠 분야 등
└ 각 영역에서의 경쟁력 상승이 예상돼요.

(2) **통일의 필요성** 남북통일 → 국가 경쟁력 강화, 우리나라의 위상 향상 자료❶

정치적 측면	동북아시아의 긴장감을 해소 → 세계 평화에 이바지
❸경제적 측면	남한의 기술과 북한의 지하자원 및 노동력을 결합할 수 있고, 분단에 따른 비용을 줄여 경제적으로 크게 도약할 수 있음
사회적 측면	❹이산가족과 새터민의 아픔을 치유하고, 북한의 기아와 인권 문제를 해결할 수 있음

❷ 통일 이후 우리의 생활은 어떻게 변할까?

1. 국토 공간의 변화

하나 되는 국토	삶의 터전이 확대되고, 균형 있는 국토 개발이 가능
매력적인 국토 공간 조성	제주도, 백두산, 금강산, ❺비무장 지대(DMZ) 등의 생태 지역과 서울, 개성 등에 있는 남북한의 역사 문화유산 결합 → 생태·환경·문화가 어우러진 국토 공간 조성
대륙과 해양으로 접근성 향상	• 동아시아의 정치·경제·교통·관광 중심지로 성장 • 유라시아 횡단 철도망 연결에 따른 물류 혁명 자료❷

---

❶ 동아시아

우리나라, 중국, 일본 등이 있는 지역으로 1980년대 이후 경제가 빠르게 성장하면서 세계 경제의 중심지로 떠오르고 있다.

❷ 반도국

삼면이 바다로 둘러싸인 국가를 말한다. 해양과 대륙 진출에 유리하지만, 다른 나라의 침입도 자주 받는다.

❸ 남북한의 광공업

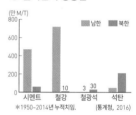

남한은 원료를 가공하는 시멘트, 철강 등의 생산량이 많고, 북한은 상대적으로 자원 매장량이 풍부하다. 이들이 상호 보완적으로 결합하면 경제적 도약을 기대할 수 있다.

❹ 이산가족 상봉

우리나라는 남과 북이 분단되어 이산가족과 실향민이 발생하였다. 남북이 분단된 지 32년 만에 남북한 적십자의 합의를 통해 1985년 최초로 이산가족 상봉이 이루어졌다. 첫 만남 이후 2015년 10월까지 20회에 걸쳐 이산가족 상봉이 진행되었다.

❺ 비무장 지대(DMZ)

남과 북의 경계에 군사 시설이나 인원을 배치하지 않은 지역으로, 충돌을 방지하는 구실을 한다.

2. 생활 모습의 변화

(1) 갈등 극복

① 분단 시대의 이념과 갈등에 따른 긴장 완화

② 자유 민주주의적 이념 확대로 개인의 다양한 생각과 가치가 존중받게 됨

(2) 삶의 질 향상

① 영토, 인구 증가에 따른 생활권 확대

> 통일로 젊은 북한 인구의 유입, 군대 축소에 따른 청년 인력의 활용이 가능해져요.

② 새로운 직업과 일자리 증가에 따른 경제 발전

(3) 통일 후 유망 직업

여행 사업가	남북한을 연계한 다양한 관광 프로그램을 기획하고 사업을 추진하는 직업
남북 문화 통합 전문가	통일 후 오랜 분단으로 달라진 남북한의 언어와 문화를 소개할 직업

(4) 삶의 자세 변화 세계 시민으로서 긍지와 자부심을 느낌

시험에 잘 나오는 자료

자료 ❶ 통일 후 예상 지표

▲ 2050년의 예상 인구 구조   ▲ 남북한의 국내 총생산 예상치

남북통일을 하면 인구의 평균 연령은 낮아지고, 국내 총생산은 상승할 것으로 예상된다.

자료 ❷ 유라시아 횡단 철도망

통일을 이루면 우리나라 철도가 중국 횡단 철도, 시베리아 횡단 철도 등과 연결되어 우리나라에서 유럽까지 가는 화물과 여객 수송에 필요한 시간과 비용을 절감할 수 있다.

---

1 빈칸에 들어갈 알맞은 말을 쓰시오.

(1) 우리나라는 유라시아 대륙 동쪽에 있는 (   )(으)로 대륙과 해양 진출에 유리하다.

(2) 분단으로 남북 문화의 (   )와/과 민족 동질성 약화 문제가 나타났다.

(3) (   )은/는 국가 경쟁력 강화는 물론 국제 사회에서 우리나라의 위상을 높일 수 있다.

2 옳은 내용에 ○표를 하시오.

(1) 우리나라와 중국, 일본을 비롯한 동아시아는 세계의 정치·경제·문화 등에 미치는 영향력이 더욱 (커지고, 작아지고) 있다.

(2) 통일을 이루면 남한의 (기술, 지하자원)과 북한의 노동력을 결합하여 경제 발전을 이룰 수 있다.

3 밑줄 친 부분을 바르게 고쳐 쓰시오.

(1) 우리나라는 남북이 분단되며 해양으로 진출하는 통로가 단절되었다.   (   )

(2) 우리나라의 국제 경쟁력을 강화하고 위상을 높이기 위해서는 남북 분단이 필요하다.
(   )

4 내용이 옳으면 ○표, 틀리면 ×표 하시오.

(1) 분단 비용에는 과도한 군사비 지출도 포함된다.   (   )

(2) 남북통일을 하면 인구의 평균 연령은 높아진다.   (   )

(3) 비무장 지대에는 군사 시설과 인원이 집중적으로 배치되어 있다.   (   )

5 통일의 필요성과 그 내용을 알맞게 연결하시오.

(1) 정치적 측면 •   • ㉠ 분단 비용 감소

(2) 경제적 측면 •   • ㉡ 이산가족 아픔 치유

(3) 사회적 측면 •   • ㉢ 동북아시아 긴장감 완화

시험 적중 예상 문제

01 ⑦~ⓒ에 들어갈 내용이 바르게 연결된 것은?

> 우리나라는 (⑦) 대륙 동쪽에 있는 (ⓒ)
> 으로 북쪽으로는 (⑦) 대륙에 진출할 수 있
> 고, 남쪽으로는 (ⓒ)에 진출할 수 있는 동아
> 시아 교통의 요지에 위치한다.

	⑦	ⓒ	ⓒ
①	유라시아	반도국	태평양
②	유라시아	내륙국	태평양
③	유라시아	반도국	인도양
④	아메리카	내륙국	인도양
⑤	아메리카	반도국	태평양

02 다음 제시된 지도의 제목으로 가장 적절한 것은?

(국토 교통부, 2008)

① 강대국들의 이념 갈등의 최전선
② 고유의 문화와 전통을 가진 국가
③ 반도국으로 대륙 진출에 불리한 위치
④ 해양 진출에 유리한 동아시아 교통의 요지
⑤ 주변국과 교류가 어려운 유라시아 대륙 동쪽 끝

03 동아시아에 관한 설명으로 옳지 않은 것은?

① 우리나라는 동아시아의 중심에 위치한다.
② 동아시아 국가 간에 교류가 줄어들고 있다.
③ 동아시아에는 한국, 중국, 일본이 포함된다.
④ 통일 한국은 동아시아에서 위치적 장점이 더욱 강화된다.
⑤ 세계 정치·경제·문화에 미치는 영향력이 향상되고 있다.

04 다음은 어떤 학생의 평가지이다. 이 학생이 받을 점수는?

> **〈진단 평가〉**
> 통일 이후 예상되는 변화로 옳으면 ○, 틀리면 ×표를 하시오.(각 1점)
>
> | 문제 | ○ / × | 점수 |
> |---|---|---|
> | 1. 남북한 국내 총생산은 증가할 것이다. | × | |
> | 2. 남북 문화의 이질화가 심화될 것이다. | ○ | |
> | 3. 북한의 기아와 인권 문제가 심각해질 것이다. | × | |
> | 4. 국제 사회에서 우리나라의 위상이 높아질 것이다. | ○ | |

① 0점 ② 1점 ③ 2점 ④ 3점 ⑤ 4점

05 다음 빈칸에 공통으로 들어갈 용어를 쓰시오.

> 우리나라는 남과 북이 분단되어 ( )이 발생하였다. 남북이 분단된 지 32년 만에 남북한 적십자의 합의를 통해 1985년 9월 20일 최초로 ( ) 상봉이 이루어졌다. 첫 만남 이후 2015년 10월까지 20회에 걸쳐 상봉이 진행되었다.

06 밑줄 친 '통일 비용'에 해당하는 것을 〈보기〉에서 고른 것은?

> '통일 비용'은 분단된 국가가 하나의 국가로 통일하여 사회 통합을 이루는 데 필요한 정치적·경제적·사회적·문화적 비용을 말한다.

> **보기**
> ㄱ. 북한 주민의 생계 보조 비용
> ㄴ. 남북 간 도로를 연결하는 비용
> ㄷ. 국토 분단으로 발생하는 물류비용
> ㄹ. 국군 포로 및 납북자 가족의 고통 비용

① ㄱ, ㄴ   ② ㄱ, ㄷ   ③ ㄴ, ㄷ
④ ㄴ, ㄹ   ⑤ ㄷ, ㄹ

07 다음 자료에 관한 옳은 설명을 〈보기〉에서 고른 것은?

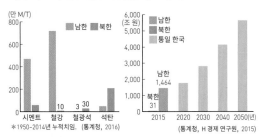

▲ 남북한의 광공업   ▲ 남북한의 국내 총생산 예상치

> **보기**
> ㄱ. 석탄의 생산량은 북한이 남한보다 많다.
> ㄴ. 남한의 철강은 국내에서 생산된 철광석을 가공한 것이다.
> ㄷ. 통일 한국의 국내 총생산은 통일 이전보다 감소할 것이다.
> ㄹ. 남한의 기술과 북한의 자원을 결합하면 경제적 도약을 기대할 수 있다.

① ㄱ, ㄴ   ② ㄱ, ㄹ   ③ ㄴ, ㄷ
④ ㄴ, ㄹ   ⑤ ㄷ, ㄹ

적중 100%

08 다음 2050년의 예상 인구 구조를 보고 설명한 내용으로 옳은 것은?

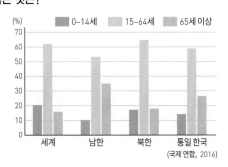

(국제 연합, 2016)

① 남한보다 북한의 평균 연령이 높다.
② 남한은 65세 이상 비중이 40%를 넘는다.
③ 북한은 0~14세 인구의 비중이 가장 높다.
④ 세계적으로 65세 이상 인구가 0~14세 인구보다 많다.
⑤ 통일 한국은 분단 상황의 남한보다 평균 연령이 낮아진다.

09 다음 내용에 해당하는 사례로 적절하지 <u>않은</u> 것은?

> 남북한이 통일되면 우리나라는 동아시아 정치·경제·교통·관광의 중심이 될 것이다.

① 대륙으로 진출하는 육로 교통 연결
② 남한의 기술로 북한의 지하자원 개발
③ 경제활동에 참여하는 청장년층 인구의 증가
④ 남북한 주민 간 경제적 격차 심화로 갈등 발생
⑤ 남북한의 역사 문화유산이 결합한 관광지 개발

10 다음 빈칸에 공통으로 해당하는 지역은?

> (   )은/는 군사 정전 위원회의 허가 없이는 출입할 수 없다. 사람의 출입과 활동이 제한된 (   )은/는 최근 생태적 가치를 인정받고 있다. (   )을/를 활용하면 통일 후 우리나라 국토는 생태가 살아 있는 매력적인 국토 공간이 될 수 있다.

① 독도   ② 금강산   ③ 판문점
④ 개성 공단   ⑤ 비무장 지대

11 통일 이후 우리의 생활 모습 변화로 옳은 설명을 〈보기〉에서 고른 것은?

> **보기**
> ㄱ. 세계 시민으로서의 긍지와 자부심을 느끼게 될 것이다.
> ㄴ. 분단 시대의 이념과 갈등에 따른 긴장이 강화될 것이다.
> ㄷ. 자유 민주주의적 이념이 확대되어 다양한 생각과 가치가 존중받게 될 것이다.
> ㄹ. 남북한의 언어와 문화를 소개하는 남북 문화 통합 전문가의 수요가 감소할 것이다.

① ㄱ, ㄴ   ② ㄱ, ㄷ   ③ ㄴ, ㄷ
④ ㄴ, ㄹ   ⑤ ㄷ, ㄹ

❶ 우리나라의 영역과 독도의 중요성

01 다음 A~D에 관한 설명으로 옳은 것은?

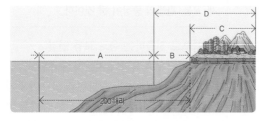

① A는 배타적 경제 수역으로 영해를 포함한다.
② B는 간척 사업으로 조금씩 넓어지고 있다.
③ C는 A, B, D를 설정하는 기준이 된다.
④ 섬은 B에 속하고, C에 포함되지 않는다.
⑤ 인공위성의 등장으로 D의 중요성이 작아졌다.

02 직선 기선이 영해를 설정하는 기준선이 되는 곳은?

① 독도   ② 동해안   ③ 울릉도
④ 제주도   ⑤ 대한 해협

03 우리나라 주변 바다의 배타적 어업 수역 지도를 보고 설명한 내용으로 옳지 않은 것은?

① A는 서해안에서 직선 기선이 기준선이 된다.
② A에서는 우리나라의 어선만 조업할 수 있다.
③ 한·일 어업 협정을 통해 B를 설정하였다.
④ B는 한국과 일본이 어족 자원을 공동으로 관리하는 곳이다.
⑤ C는 공해로 다른 나라의 어업 행위를 금지할 수 없다.

04 독도를 지킨 사람들과 그 내용이 잘못 연결된 것은?

① 신라 장군 이사부 – 우산국을 신라의 영토로 편입하였다.
② 조선의 어부 안용복 – 일본으로부터 독도가 우리 영토임을 확인받았다.
③ 조선의 실학자 정상기 – 삼국접양지도를 그려 독도가 우리 영토임을 표시하였다.
④ 울릉군수 심흥택 – 일본 관리들이 독도를 자국 영토로 편입하려는 것을 강원도 관찰사에게 보고하였다.
⑤ 독도 의용 수비대 – 한국령 표지석을 만들고 태극기를 달았다.

서술형

05 다음 사진 지역의 경제적 가치를 두 가지 서술하시오.

❷ 우리나라의 여러 지역과 지역화 전략

06 (가), (나) 사진을 볼 수 있는 지역을 지도에서 찾아 바르게 연결한 것은?

(가)

(나)

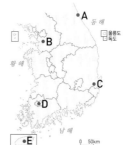

	(가)	(나)
①	A	D
②	B	E
③	C	A
④	D	B
⑤	E	C

07 (가)~(다)에 해당하는 지역화 전략을 바르게 연결한 것은?

> (가) 원산지의 지명을 상표권으로 인정하는 제도이다.
>
> (나) 상표 개념을 지역에 적용한 것으로 로고나 슬로건, 캐릭터 등을 활용한다.
>
> (다) 장소성이나 장소 자산을 활용하여 지역을 홍보하고 판매하는 것을 말한다.

	(가)	(나)	(다)
①	지역 브랜드	지리적 표시	장소 마케팅
②	지역 브랜드	장소 마케팅	지리적 표시
③	지리적 표시	지역 브랜드	장소 마케팅
④	지리적 표시	장소 마케팅	지역 브랜드
⑤	장소 마케팅	지리적 표시	장소 마케팅

08 다음 캐릭터를 사용하는 지역에 관한 설명으로 옳은 것은?

① 다양한 화산 지형이 잘 나타난다.
② 한옥 마을이 잘 보존되고 있는 지역이다.
③ 갯벌을 이용한 지역 축제가 활성화되었다.
④ 유네스코 세계 문화유산으로 지정된 지역이다.
⑤ 눈이 많이 오는 지역으로 동계 올림픽 개최지이다.

🖋서술형

09 다음 사진과 관계 깊은 지역화 전략을 쓰고, 이 전략의 장점을 서술하시오.

③ 통일 한국의 미래

10 통일이 필요한 까닭으로 옳은 설명을 〈보기〉에서 고른 것은?

> 보기
>
> ㄱ. 북한의 기아와 인권 문제를 해결할 수 있기 때문에
>
> ㄴ. 군사비 지출이 증가하여 강대국으로 도약할 수 있기 때문에
>
> ㄷ. 동북아시아의 긴장감을 해소하여 세계 평화에 이바지할 수 있기 때문에
>
> ㄹ. 남한의 지하자원과 북한의 기술을 결합하여 경제적으로 크게 도약할 수 있기 때문에

① ㄱ, ㄴ   ② ㄱ, ㄷ   ③ ㄴ, ㄷ
④ ㄴ, ㄹ   ⑤ ㄷ, ㄹ

11 통일 이후 우리 생활의 변화 모습으로 옳지 않은 것은?

① 인구가 늘어나서 노동력이 풍부해질 것이다.
② 중국을 거치지 않고 백두산에 갈 수 있을 것이다.
③ 민족 문화의 강조로 다문화 가정이 줄어들 것이다.
④ 여행 사업가, 남북 문화 통합 전문가 등의 직업이 주목받을 것이다.
⑤ 대륙과 해양으로 접근성이 높아지면서 동아시아 정치·경제·교통·관광의 중심이 될 것이다.

🖋서술형

12 다음과 같은 교통망이 통일 이후 연결되었을 때 나타날 변화를 서술하시오.

1 세계의 다양한 지리적 문제

🌀 시험에 꼭 나오는 개념 지리적 문제, 종교 및 민족 대립, 영토 및 자원 분쟁, 환경 문제, 기아 문제, 영역 분쟁, 생물 다양성 감소, 생물 다양성 협약

❶ 지구상에는 어떤 지리적 문제가 발생하고 있을까?

1. 지구상의 지리적 문제

(1) 지구상의 다양한 가치관과 생활 양식 → 지리적 문제 발생

(2) 지리적 문제의 원인 국가 및 지역 간 경제 격차의 심화, 서로 다른 종교 또는 민족 간의 대립, 영토 및 자원을 둘러싼 국가 간의 이해관계 대립, 환경 오염 물질의 장거리 이동, 대규모 자연재해의 증가 등

2. 세계의 주요 지리적 문제

팔레스타인 분쟁	• 팔레스타인과 이스라엘 간의 분쟁 • 유대인들(유대교)이 팔레스타인(이슬람교) 지역에 이스라엘을 건국하여 발생
아이티 재난	• 경제적 빈곤과 반복되는 자연재해 • 대지진과 허리케인 발생 ┐ 대서양 서부에서 발생하는 열대 저기압을 말해요.
산성비 피해	• 유럽에서는 공업 지역에서 발생한 오염 물질이 섞인 산성비 발생 • 대기 오염 물질이 바람을 타고 이동하여 다른 국가나 지역에 피해 유발

강한 산성을 띤 대기 오염 물질이 비에 흡수되어 내리는 것을 말해요.

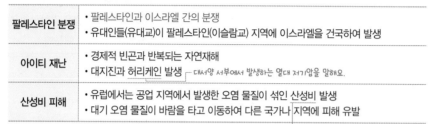

▲ 세계의 주요 지리적 문제 발생 지역

❷ 다양한 지리적 문제는 왜 발생할까?

1. 기아 문제 자료❶ ┐ 먹을 것이 없어 굶주리는 것을 말해요.

(1) 발생 식량 부족으로 충분한 영향을 섭취하지 못해 발생

(2) 발생 원인

① 자연적 요인 : 가뭄, 홍수, 병충해 등

② 인위적 요인 : 급격한 인구 증가, 식량 분배의 국제적인 불균형, 잦은 분쟁과 식량 공급의 어려움 등

2. 영역을 둘러싼 분쟁

강대국의 이해관계에 따라 설정된 국가 경계와 전통적인 부족 경계가 달라서 분쟁이 발생해요.

(1) 영역 분쟁 영토 또는 영해의 주권을 두고 벌어지는 국가 간의 분쟁

(2) 원인 모호한 국경선 설정, 자원 확보 경쟁, 문화적 갈등 등

인도와 파키스탄의 경계에 위치한 산악 지대로 인도(힌두교)와 파키스탄(이슬람교) 간의 영역 분쟁이 발생해요.

(3) 대표적인 영역 분쟁 지역 ❶아프리카, 카슈미르 지역, ❷크림반도 등

---

❶ 아프리카의 영역 분쟁

아프리카는 과거 유럽 강대국의 이해관계에 따라 국경선이 설정되었는데 독립 이후 국경과 부족 경계가 달라서 분쟁과 내전, 그리고 난민 발생이 끊이지 않고 있다.

❷ 크림반도

크림반도는 우크라이나에 속해 있었지만 2014년 주민 투표에 의해 러시아로 병합이 결정되었다. 이 과정에 러시아가 개입하면서 우크라이나와 러시아 간 갈등이 고조되었다.

❸ 센카쿠 열도(댜오위다오)

일본, 중국, 타이완 간 영유권 분쟁이 발생하고 있는 곳이다. 1895년 청일 전쟁 이후 일본이 실효 점유하고 있고, 이에 대해 중국과 타이완이 강력하게 항의하고 있다. 인근 바다에 석유와 천연가스가 매장된 사실이 알려지면서 국가 간 갈등이 심해졌다.

❹ 난사 군도(스프래틀리 군도)

남중국해 남부의 난사 군도 주변 바다에는 원유와 천연가스가 매장되어 있어 중국과 필리핀, 브루나이, 말레이시아, 베트남 등이 이 지역의 영유권을 주장하고 있다.

❺ 생물 다양성 협약

생물 다양성 협약은 생물 다양성 보전과 생물 자원의 지속 가능한 이용, 이를 이용하여 얻는 이익을 공정하고 공평하게 분배할 것을 목적으로 국제 연합 환경 계획(UNEP) 회의에서 채택되었다.

(4) 섬과 섬 주변 바다를 둘러싼 분쟁 지역 **❸**센카쿠 열도(댜오위다오), **❹**난사 군도(스프래틀리 군도), 카스피해를 둘러싼 연안국 간의 분쟁 등 (자료❷)

3. 생물 다양성 감소

(1) **생물 다양성** 생태계가 변화에 적응하고 스스로 회복할 수 있는 기본 조건

(2) **생물 다양성 감소**

원산지로부터 사람 등이 원인이 되어 의도적으로 또는 우연히 운반되어 새로운 장소에 정착한 생물을 말해요.

① 원인 : 산업화와 도시화, 환경 오염, 외래종 침입 등으로 생태계 파괴 → 멸종 위기 동식물 증가

② 노력 : 1992년 국제 연합은 **❺**생물 다양성 협약 채택

열대 우림과 산호초 해안, 맹그로브 해안 등지의 개발로 환경 오염이 발생해요.

시험에 잘 나오는 자료

자료❶ 각국의 인구 대비 기아 현황

(세계 식량 계획, 2016)

유럽, 북아메리카 등은 기아 비율이 낮은 반면, 사하라 이남 아프리카와 남아시아 등에서 기아 비율이 높게 나타난다.

자료❷ 카스피해 분할 문제

카스피해에 석유와 천연자원 매장량이 많다는 것이 알려지면서 카스피해가 바다인지 호수인지가 중요해졌다. 카스피해를 바다로 보면 긴 해안선을 가진 러시아와 카자흐스탄이 유리하지만, 카스피해를 호수로 보면 연안국들이 20%씩 나누어 가져야 하므로 이란이 유리해진다.

---

1 빈칸에 들어갈 알맞은 말을 쓰시오.

(1) 지구상의 (   )은/는 경제, 종교, 자원 등 다양한 원인으로 발생한다.

(2) (   )은/는 식량 부족으로 충분한 영향을 섭취하지 못해 발생한다.

(3) (   ) 협약은 국제 연합이 생물 종을 보호하고 생물 다양성 유지를 위해 채택하였다.

2 옳은 내용에 ○표를 하시오.

(1) 가뭄, 홍수, 병충해 등은 식량 부족 문제 발생의 (자연적, 인위적) 요인이다.

(2) 영토 또는 영해의 주권을 두고 벌어지는 국가 간의 분쟁을 (영역, 종교) 분쟁이라고 한다.

(3) 산업화와 도시화, 환경 오염, 외래종 침입으로 생태계가 파괴되면서 생물 다양성이 (감소, 증가)한다.

3 밑줄 친 부분을 바르게 고쳐 쓰시오.

(1) 지리적 문제는 국가 및 지역 간 경제 격차의 완화로 발생한다. (   )

(2) 팔레스타인 분쟁은 팔레스타인과 사우디아라비아 간의 종교·민족 갈등으로 발생하였다. (   )

4 내용이 옳으면 ○표, 틀리면 ×표 하시오.

(1) 산성비의 피해는 대기 오염 물질이 발생한 지역에서만 나타난다. (   )

(2) 아프리카는 과거 유럽 강대국들이 일방적으로 국경선을 정하여 국경과 부족 경계가 일치하지 않아 갈등이 지속되고 있다. (   )

5 지리적 문제의 발생 원인을 알맞게 연결하시오.

(1) 산성비 피해 · · ㉠ 자연재해

(2) 아이티 재난 · · ㉡ 종교 갈등

(3) 이스라엘과 팔레스타인의 분쟁 · · ㉢ 오염 물질의 이동

시험 적중 예상 문제

적중 100%

01 지리적 문제의 발생 원인으로 적절하지 <u>않은</u> 것은?

① 대규모 자연재해의 증가
② 환경 오염 물질의 장거리 이동
③ 국가 및 지역 간 경제 격차 완화
④ 서로 다른 종교 및 민족 간의 대립
⑤ 영토 및 자원을 둘러싼 국가 간의 이해관계 대립

02 종교를 둘러싼 지리적 문제가 발생한 지역을 고른 것은?

① 벨기에, 아이티
② 벨기에, 카슈미르
③ 카슈미르, 아이티
④ 북아일랜드, 벨기에
⑤ 북아일랜드, 카슈미르

적중 100%

03 다음 글의 ㉠과 ㉡이 주로 믿는 종교를 바르게 연결한 것은?

> 1948년 팔레스타인에 이스라엘이 세워지면서 원래 거주하던 팔레스타인 사람들은 삶의 터전을 잃게 되었다. ㉠팔레스타인과 ㉡이스라엘의 전쟁이 시작되었고 이 전쟁은 아직도 진행 중이다.

	㉠	㉡
①	유대교	이슬람교
②	유대교	크리스트교
③	이슬람교	유대교
④	이슬람교	크리스트교
⑤	크리스트교	유대교

04 다음 설명에 해당하는 국가는?

> 세계의 가난한 나라 중 하나로 2010년 대지진으로 약 23만 명이 목숨을 잃었다. 지진 피해 복구도 미진한 상황에서 2016년 허리케인으로 수많은 이재민이 발생하여 이 국가의 상황은 더욱 악화되었다.

① 일본 　　② 아이티 　　③ 투발루
④ 소말리아 　　⑤ 나이지리아

05 다음 지리적 문제의 발생 원인으로 가장 적절한 것은?

> 대기 오염 물질은 바람을 따라 이동하는 특성이 있어 다른 국가나 지역에 피해를 유발한다. 유럽에서는 공업 지역에서 내뿜은 오염 물질이 섞인 산성비가 내려 삼림이 말라 죽기도 한다.

① 자연재해 　　② 민족 대립 　　③ 영토 분쟁
④ 종교 갈등 　　⑤ 오염 물질의 이동

06 다음은 지호가 정리한 노트의 일부이다. ㉠~㉣에 대한 설명으로 옳은 것을 〈보기〉에서 고른 것은?

> **〈다양한 지리적 문제〉**
> 1. ㉠기아 : 식량 부족으로 주민들이 충분한 영양을 섭취하지 못해 발생
> 2. ㉡영역 분쟁 : 영토 또는 영해의 주권을 두고 벌어지는 국가 간의 분쟁
> 3. ㉢생물 다양성 감소 : 생태계가 파괴되면서 ㉣멸종 위기 동물이 많아짐

보기

ㄱ. ㉠은 아프리카보다 유럽에서 주로 발생한다.
ㄴ. ㉡의 대표적인 지역으로는 카슈미르, 센카쿠 열도(댜오위다오) 등이 있다.
ㄷ. ㉢은 대규모 농경지 개간을 통해 보전할 수 있다.
ㄹ. ㉣에는 판다, 바다거북, 바오바브나무 등이 있다.

① ㄱ, ㄴ 　　② ㄱ, ㄷ 　　③ ㄴ, ㄷ
④ ㄴ, ㄹ 　　⑤ ㄷ, ㄹ

📗 바른답·알찬풀이 38쪽

07 기아가 발생하는 원인으로 보기 <u>어려운</u> 것은?

① 급격한 인구 증가
② 가뭄과 홍수 등의 자연재해
③ 식량 분배의 국제적인 불균형
④ 잦은 분쟁으로 인한 식량 공급의 어려움
⑤ 서로 다른 종교로 인한 생활 양식의 차이

08 다음 설명에 해당하는 분쟁 지역을 지도에서 찾은 것은?

> 원유와 천연가스가 매장되어 있어 중국과 필리핀, 브루나이, 말레이시아, 베트남 등이 이 지역의 영유권을 주장하고 있다.

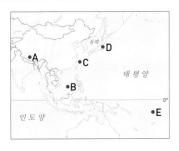

① A　　② B　　③ C　　④ D　　⑤ E

주관식 적중 100%

09 다음 빈칸에 들어갈 호수(바다)의 명칭을 쓰시오.

10 다음 지역에서 분쟁이 끊이지 않는 이유로 가장 적절한 것은?

'아프리카의 뿔'로 불리는 아프리카의 북동부에는 에티오피아와 소말리아, 에리트레아, 지부티가 있다. 이 지역은 과거 유럽 강대국의 영향으로 독립 이후에도 분쟁과 내전, 그리고 난민 발생이 끊이지 않고 있다.

① 지하자원이 풍부하게 매장되어 있다.
② 배타적 경제 수역의 확보 경쟁이 치열하다.
③ 이슬람교의 전파로 인한 종교 갈등이 발생한다.
④ 군사적 해상 거점 확보를 둘러싼 갈등이 발생한다.
⑤ 강대국의 이해관계에 따라 설정된 국가 경계와 부족 경계가 일치하지 않는다.

11 생물 다양성이 감소하는 원인을 〈보기〉에서 고른 것은?

> **보기**
> ㄱ. 외래종의 침입　　ㄴ. 열대 우림 보전
> ㄷ. 산업화와 도시화　ㄹ. 맹그로브의 발달

① ㄱ, ㄴ　　② ㄱ, ㄷ　　③ ㄴ, ㄷ
④ ㄴ, ㄹ　　⑤ ㄷ, ㄹ

주관식

12 다음 글이 설명하는 '이 협약'의 명칭을 쓰시오.

> '이 협약'은 생물 다양성 보전과 생물 자원의 지속 가능한 이용, 이를 이용하여 얻는 이익을 공정하고 공평하게 분배할 것을 목적으로 1992년 국제 연합 환경 계획(UNEP) 회의에서 채택되었다.

2 지역 격차와 빈곤 문제

✗ 시험에 꼭 나오는 개념 1인당 국내 총생산(GDP), 인간 개발 지수(HDI), 영아 사망률, 행복 지수, 빈곤 문제, 지속 가능한 발전 목표(SDGs), 저개발 지역의 빈곤 문제 해결 노력

❶ 지역별 발전 수준은 어떻게 다를까?

1. 지역별 경제 발전의 수준 차이 경제가 지속적으로 성장하면서 대부분 국가는 발전하고 있지만 일부 국가는 여전히 극도로 빈곤함

2. 지역별 발전 수준을 보여 주는 다양한 지표 ┌─ 성인 문자 해독률은 선진국에서 높게 나타나는 반면, 교사 1인당 학생 수는 개발 도상국이 높게 나타나요.

(1) **❶1인당 국내 총생산(GDP)** 50,000달러가 넘는 고소득 국가가 있는 반면, 1,000달러 미만의 저소득 국가도 많음 자료❶

(2) **인간 개발 지수(HDI)** ❷국제 연합 개발 계획에서 매년 각국의 1인당 국내 총생산, 건강, 교육 수준 등을 기준으로 국가별 삶의 질을 평가함 → 선진국에서 높게 나타남
└─ 유럽과 앵글로아메리카 등을 말해요.

(3) **영아 사망률** 아프리카 및 남부 아시아 등 개발 도상국에서 높게 나타남

(4) **행복 지수** 국내 총생산, 기대 수명, 사회적 자본, ❸부패 지수, 관용 총 다섯 개의 지표를 종합한 결과 → 주로 선진국에서 높게 나타남
└─ 사람들 사이의 협력을 가능하게 하는 구성원들의 공유된 제도, 규범, 네트워크, 신뢰 등 일체의 사회적 자산을 포괄하여 지칭하는 말이에요.

❷ 저개발 지역에서는 빈곤 문제를 어떻게 해결할까?

1. ❹빈곤 문제 해결을 위한 노력

(1) **국제적 노력** 국제 연합은 2016년부터 17가지의 지속 가능 발전 목표(SDGs)를 정하여 국제적인 지원과 협력을 확대하고 있음

(2) 저개발 지역의 노력

① 경제 개혁 시행 : 경제 개발을 통한 빈곤 퇴치 노력

② 국가의 공공 지출 확대 : 농업과 교육 부문, 도로·항만·전력망 구축 등

③ 식량 생산 증대 노력 : ❺관개 시설 확충 및 수확량이 많은 품종 개발

2. 빈곤 문제 해결을 위한 다양한 노력 사례

(1) **새천년 마을 발전 프로젝트** 개발 원조 자금으로 씨앗·비료 확보, 각종 기관 건설 등

(2) **라보스 협동조합** 소규모 생산자의 커피를 세계 시장에 판매하는 역할을 함

(3) **빈곤에 맞서는 자전거** 자전거를 대여해 주어 제품을 시장에 판매할 수 있도록 도와줌
└─ 조합에 가입한 생산자에게 도움이 되는 정보를 제공하며 높은 이윤을 보장해 줘요.

시험에 잘 나오는 자료

자료❶ **국가별 1인당 국내 총생산**

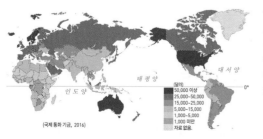

(국제 통화 기금, 2016)

1인당 국내 총생산(GDP)이 50,000달러가 넘는 고소득 국가도 있지만, 1,000달러 미만의 저소득 국가도 많다. 저소득 국가의 인구는 약 10억 명에 달하며, 이들 국가는 대부분 사하라 이남 아프리카와 남아시아 등지에 분포하고 있다.

---

❶ **1인당 국내 총생산 상·하위 3개 국가**

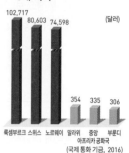

102,717	80,603	74,598	354	335	306
룩셈부르크	스위스	노르웨이	말라위	중앙아프리카 공화국	부룬디

(달러)
(국제 통화 기금, 2016)

국내 총생산을 한 나라의 인구로 나눈 수치로, 국민 개개인의 평균적인 생활 수준을 보여 준다.

❷ **국제 연합 개발 계획(UNDP)**
국제 연합 헌장 정신에 입각하여 개발 도상국의 국가 개발 목표와 일치하는 원조를 체계적이고 지속적으로 제공하여 개발 도상국의 경제 및 사회 개발을 촉진하기 위해 설립된 기구이다.

❸ **부패 지수**
국제 투명성 기구에서 1995년 이후 매년 발표하는 국가별 청렴도 인식 순위이다. 공무원과 정치인이 얼마나 부패해 있다고 느끼는지의 정도를 국제적으로 비교하고 국가별로 순위를 정한 것이다.

❹ **빈곤**
인간으로서 기본적인 욕구를 해소할 수 없을 정도로 물질적인 부족함이 장기간 지속되는 상태를 말한다.

❺ **관개 시설**
농작물을 경작하기 위해 논이나 밭 등에 필요한 물을 인근의 하천이나 저수지 등의 용수원으로부터 끌어오는 인공적인 시설을 말한다.

기초 탄탄 개념 문제

1 빈칸에 들어갈 알맞은 말을 쓰시오.

(1) 국제 연합 개발 계획에서 매년 각국의 1인당 국내 총생산, 건강, 교육 수준 등을 기준으로 국가별 삶의 질을 평가하는 지표를 (　　　) (이)라고 한다.

(2) (　　　)은/는 국내 총생산, 기대 수명, 사회적 자본, 부패 지수, 관용 총 다섯 개의 지표를 종합한 결과이다.

2 옳은 내용에 ○표를 하시오.

(1) 사하라 이남 아프리카와 남아시아 등지에는 주로 (고소득, 저소득) 국가가 집중된다.

(2) 영아 사망률은 아프리카 및 남부 아시아 등 개발 도상국에서 (높게, 낮게) 나타난다.

3 밑줄 친 부분을 바르게 고쳐 쓰시오.

(1) 1인당 국내 총생산(GDP)은 경제 발전 수준이 높은 유럽과 앵글로아메리카 등 <u>개발 도상국</u>에서 높게 나타난다. (　　　)

(2) 성인 문자 해독률, 기대 수명 등은 선진국보다 개발 도상국에서 <u>높게</u> 나타난다. (　　　)

4 내용이 옳으면 ○표, 틀리면 ×표 하시오.

(1) 인간 개발 지수는 경제 발전 수준이 높은 선진국에서 높게 나타난다. (　　　)

(2) 교사 1인당 학생 수는 선진국보다 개발 도상국에서 낮게 나타난다. (　　　)

(3) 국제 연합은 세계 빈곤 문제를 해결하기 위해 2016년부터 17가지의 지속 가능 발전 목표(SDGs)를 정하였다. (　　　)

5 저개발 지역의 빈곤 문제 해결을 위한 노력을 알맞게 연결하시오.

(1) 경제 개혁 시행 · ・㉠ 수확량이 많은 품종 개발

(2) 공공 지출 확대 · ・㉡ 도로·항만·전력망 구축

(3) 식량 생산 증대 · ・㉢ 경제 개발을 통한 빈곤 퇴치

시험 적중 예상 문제

적중 100%

01 지도는 국가별 1인당 국내 총생산을 나타낸 것이다. 이에 대한 설명으로 옳은 것은?

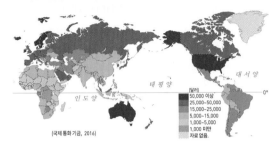

태평양　대서양　인도양

[달러]
50,000 이상
25,000~50,000
15,000~25,000
5,000~15,000
1,000~5,000
1,000 미만
자료 없음.

(국제 통화 기금, 2016)

① 고소득 국가는 대부분 아시아에 분포한다.

② 캐나다는 미국보다 1인당 국내 총생산이 많다.

③ 중국은 오스트레일리아보다 1인당 국내 총생산이 많다.

④ 저소득 국가는 대부분 사하라 이남 아프리카에 분포한다.

⑤ 라틴 아메리카는 앵글로아메리카보다 고소득 국가가 많다.

적중 100%

02 다음 글의 ㉠, ㉡에 들어갈 지표를 바르게 연결한 것은?

> 1인당 국내 총생산 외에도 다양한 지표가 지역별 발전 수준을 보여 준다. 그중 (　㉠　)은/는 경제 발전 수준이 높은 선진국에서 높게 나타난다. 반면에 (　㉡　)은/는 경제 발전 수준이 낮은 개발 도상국이 상대적으로 높게 나타난다.

	㉠	㉡
①	영아 사망률	성인 문자 해독률
②	영아 사망률	교사 1인당 학생 수
③	성인 문자 해독률	영아 사망률
④	교사 1인당 학생 수	영아 사망률
⑤	교사 1인당 학생 수	성인 문자 해독률

주관식

03 다음 설명에 해당하는 지표를 쓰시오.

> 국제 연합 개발 계획(UNDP)은 매년 각국의 1인 당 국내 총생산, 건강, 교육 수준 등을 기준으로 하여 국가별로 국민의 삶의 질을 평가하는 지표를 발표한다.

적중 100%

04 지도가 나타내는 지표에 해당하는 것은?

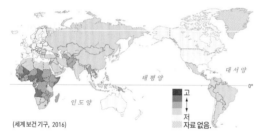

(세계보건기구, 2016)

① 기대 수명　　　　② 행복 지수

③ 영아 사망률　　　④ 인간 개발 지수

⑤ 1인당 국내 총생산

05 다음 글을 통해 알 수 있는 내용으로 옳지 <u>않은</u> 것은?

> 행복 지수는 국내 총생산, 기대 수명, 사회적 자본, 부패 지수, 관용의 총 다섯 개 지표를 종합한 결과로 주로 선진국에서 높게 나타난다.

① 기대 수명이 낮을수록 행복 지수가 높다.

② 정부와 사회가 부패할수록 행복 지수는 낮다.

③ 서로를 이해하는 마음이 클수록 행복 지수가 높다.

④ 선진국이 개발 도상국보다 사회적 자본이 풍부할 것이다.

⑤ 국민의 행복한 정도에는 다양한 요소들이 복합적으로 영향을 준다.

적중 100%

06 저개발 지역의 빈곤 문제 해결을 위한 노력으로 보기 어려운 것은?

① 위생 및 보건 환경을 개선한다.

② 수확량이 많은 품종을 개발한다.

③ 도로와 항만, 전력망을 구축한다.

④ 교육 부문의 공공 지출을 줄인다.

⑤ 식량 생산을 위한 관개 시설을 확충한다.

07 다음 자료를 통해 공통으로 학습할 수 있는 주제로 가장 적절한 것은?

> • 에티오피아 정부는 우리나라의 사례를 모델로 5개의 새마을 시범 마을을 운영하고 있다. 우물을 파고 관개 수로를 개설하는 등 물 부족 문제를 해결하기 위해 노력하고 있다.
> • 국제 연합은 아프리카 10개국에서 새천년 마을 발전 프로젝트를 진행하였다. 프로젝트를 통해 씨앗과 비료를 확보하고 학교와 병원, 급수장, 도로, 전력망 등을 건설하였다.

① 영역을 둘러싼 분쟁 사례

② 지역별 경제 발전의 수준 차이

③ 생물 다양성 감소의 해결 방안

④ 아프리카의 빈곤 퇴치를 위한 다양한 노력

⑤ 지역별 발전 수준을 보여 주는 다양한 지표

08 다음은 미래가 작성한 보고서의 일부이다. ㉠~㉤의 내용이 옳지 <u>않은</u> 것은?

주제 : 아프리카 빈곤 국가에서 학교 건설의 효과	
긍정적 변화	㉠ 아동의 노동 참여도가 높아진다. ㉡ 아동이 점심을 굶는 일이 줄어든다.
시행 착오	㉢ 교내 시설 부족 문제가 발생한다.
흥미로운 기대 결과	㉣ 국가의 문맹률이 줄어든다. ㉤ 상급 학교로의 진학률이 높아진다.

① ㉠　　② ㉡　　③ ㉢　　④ ㉣　　⑤ ㉤

3 지역 간 불평등 해결을 위한 국제적 협력

🎯 **시험에 꼭 나오는 개념** 정부 간 국제기구, 국제 비정부 기구(NGO), 개발 원조, 한국 국제 협력단(KOICA), 공정 무역

❶ 세계의 불평등 문제를 어떻게 해결할 수 있을까?

1. 세계의 지역 간 불평등 문제 선진국은 부유하지만 저개발 국가의 일부 주민들은 식량 부족과 빈곤 등으로 어려움을 겪고 있음

2. 국제기구
┌ 세계의 국제 협력을 도모하는 대표적인 국제기구로, 국제 평화와 안전의 유지, 인권 및 자유 확보를 위해 노력하고 있어요.

  (1) **역할** 지역 간 불평등 문제 해결과 국가 간 협력을 유도
  (2) **정부 간 국제기구** ❶국제 연합(UN)과 그 산하 기구, 경제 협력 개발 기구(OECD) 등
  (3) **국제 비정부 기구(NGO)** 옥스팜, ❷그린피스, ❸국경 없는 의사회, 세이브 더 칠드런 등
  └ 지역, 국가, 국제적으로 조직된 자발적인 비영리 시민 단체로 '비정부 성격'이 강조된 기구를 말해요.
  └ 신생아 털실 모자 뜨기 캠페인 등 아동 긴급 구호 사업 등을 펼쳐요.

❷ 공정한 세상을 만드는 방법은 무엇일까?

1. 개발 원조
┌ 정부나 국제기구가 공식적으로 지원하는 공적 개발 원조와 비정부 기구와 민간 재단이 지원하는 민간 개발 원조가 있어요.

  (1) **의미** 저개발 국가의 빈곤 문제를 해결하기 위해 국제 사회가 재정 및 기술, 물자 등을 지원하는 것
  (2) **❹한국 국제 협력단(KOICA)** 우리나라는 원조를 받던 나라에서 원조를 하게 된 국가가 됨

2. ❺공정 무역(fair trade) 【자료❶】 최근 공정 무역이 세계 무역에서 차지하는 비중이 지속적으로 증가하고 있어요.

  (1) **의미** 선진국과 저개발 국가 사이의 불공정한 무역을 개선하여 저개발 국가의 생산자에게 정당한 가격을 지급하는 무역 방식
  └ 생산 지역의 빈곤 완화에 도움을 주고 있어요.
  (2) **효과** 생산자의 건강한 노동 환경, 경제적 독립, 환경 보전 등을 중시 → 생산자, 소비자는 물론 환경에도 이로운 지속 가능한 발전 추구

3. 적정 기술 인간의 삶의 질을 궁극적으로 향상시킬 수 있는 기술 → 큐 드럼, 생명 빨대, 팟 인 팟 쿨러(pot in pot cooler) 등

시험에 잘 나오는 자료

자료❶ 공정 무역의 효과

판매업자 93.8% (일반 커피)
농민 1%
기타 5.2%

판매업자 50% (공정무역 커피)
농민 6%
기타 44%

> 커피콩을 더 좋은 가격에 팔아 이익이 늘었어요. 경제적으로 안정되어 아이들을 학교에도 보내고 있습니다. — 생산자

> 생산자에게 정당한 가격을 지급한 커피를 마시니까 뿌듯해요. 친환경 생산 방식으로 생산한 커피니까 안심하고 마셔요. — 소비자

• 생산자 입장 : 커피콩 가격을 좋게 받을 수 있고, 안정적인 수입을 보장받는다.
• 소비자 입장 : 정당한 가격을 지급할 수 있고, 친환경 방식으로 생산한 커피를 구매할 수 있다.

---

❶ 국제 연합 산하 기구

국제 연합 산하에는 어린이를 돕는 국제 연합 아동 기금(UNICEF), 난민을 지원하는 국제 연합 난민 기구(UNHCR), 세계의 질병을 책임지는 세계 보건 기구(WHO) 등이 있다.

❷ 그린피스

지구를 향한 관심과 핵 실험 반대의 뜻을 담아 녹색의 지구와 평화를 결합해 만든 것이다. 초기에는 핵 실험 반대 운동 위주였으나 현재에는 생물 다양성과 환경 오염의 위협에 대처하는 활동에 초점을 맞추고 있다.

❸ 국경 없는 의사회

재난과 전염병, 분쟁 발생 지역에 의료 서비스를 제공하여 1999년 노벨 평화상을 받은 기구이다. 2014년에는 아프리카에서 발생한 에볼라를 치료하는 등 전쟁과 자연재해의 최전선에서 활동하고 있다.

❹ 한국 국제 협력단(KOICA)

1991년 우리나라에서 설립한 대외 무상 원조 전담 기관이다. 우리나라와 저개발 국가 간에 우호적인 협력 관계를 증진하는 것을 목적으로 한다.

❺ 공적 무역 인증 표시와 제품

대표적인 공정 무역 제품으로는 커피와 코코아, 바나나, 목화 등이 있다.

1 빈칸에 들어갈 알맞은 말을 쓰시오.

(1) (　　　)은/는 세계의 국제 협력을 도모하는 대표적인 국제기구로, 국제 평화와 안전의 유지, 인권 및 자유 확보를 위해 노력하고 있다.

(2) (　　　)(이)란 저개발 국가의 빈곤 문제를 해결하기 위해 국제 사회가 재정 및 기술, 물자 등을 지원하는 것을 일컫는다.

2 옳은 내용에 ○표를 하시오.

(1) 정부 간 국제기구에는 (그린피스, 세계 보건 기구)가 있다.

(2) 세이브 더 칠드런에서는 주로 (환경 보호 운동, 아동 긴급 구호 사업)을 실시한다.

(3) 원조를 받는 국가는 주로 (유럽과 앵글로아메리카, 아프리카와 남아시아)에 분포한다.

3 밑줄 친 부분을 바르게 고쳐 쓰시오.

(1) 비정부 기구와 민간 재단에서 저개발 국가를 지원하는 것을 <u>공적 개발 원조</u>라고 한다.
(　　　　)

(2) 공정 무역은 저개발 국가의 생산자에게 <u>저렴한</u> 가격을 지급하는 무역 방식이다. (　　)

4 내용이 옳으면 ○표, 틀리면 ×표 하시오.

(1) 분쟁 지역에 의료 지원을 하는 국제 비정부 기구는 국제 연합 난민 기구이다. (　　)

(2) 우리나라는 원조를 받던 나라에서 원조를 하게 된 국가가 되었다. (　　)

(3) 공정 무역은 생산자의 건강한 노동 환경, 경제적 독립, 환경 보전 등을 중시한다. (　　)

5 국제기구와 관련 단체를 알맞게 연결하시오.

(1) 정부 간 국제 · 　 · ㉠ 그린피스
　　기구 　　　　· ㉡ 국제 연합

(2) 국제 비정부 · 　 · ㉢ 국경 없는 의사회
　　기구 　　　　· ㉣ 경제 협력 개발 기구

적중 100%

01 국제기구와 그 역할이 옳지 <u>않은</u> 것은?

	국제기구	역할
①	국제 연합 아동 기금	빈곤 국가의 어린이들을 돕는 활동
②	국제 연합 난민 기구	난민을 지원하는 활동
③	국제 부흥 개발 은행	국가 및 지역 간의 경제적 격차 해소
④	그린피스	분쟁 지역에 의료 지원
⑤	세이브 더 칠드런	아동 긴급 구호 사업

02 국제 비정부 기구(NGO)를 〈보기〉에서 고른 것은?

보기

ㄱ. 옥스팜　　　　　ㄴ. 세계 보건 기구
ㄷ. 세이브 더 칠드런　ㄹ. 경제 협력 개발 기구

① ㄱ, ㄴ　　② ㄱ, ㄷ　　③ ㄴ, ㄷ
④ ㄴ, ㄹ　　⑤ ㄷ, ㄹ

주관식

03 다음 빈칸에 들어갈 정부 간 국제기구의 명칭을 쓰시오.

(　　　)은/는 제3세계 어린이들의 생활과 교육, 보건 위생 상태의 개선을 목표로 다양한 원조 활동과 기술 지도, 자금 원조 등 어린이의 권리 신장을 위해 노력하고 있다.

04 다음 설명에 해당하는 국제기구는?

> 재난과 전염병, 분쟁 발생 지역에 의료 서비스
> 를 제공하여 1999년 노벨 평화상을 받은 기구이
> 다. 2014년에는 아프리카에서 발생한 에볼라를
> 치료하는 등 전쟁과 자연재해의 최전선에서 활동
> 하고 있다.

① 그린피스   ② 국경 없는 의사회
③ 세이브 더 칠드런   ④ 경제 협력 개발 기구
⑤ 국제 부흥 개발 은행

주관식

05 다음 글의 빈칸에 공통으로 들어갈 용어를 쓰시오.

> ( )(이)란 저개발 국가의 빈곤 문제를 해결
> 하기 위해 국제 사회가 지원하는 것을 말한다.
> ( )은/는 정부나 국제기구가 공식적으로 지
> 원하는 형태와 비정부 기구나 민간 재단이 지원하
> 는 형태가 있다. 지원을 하는 국가는 미국과 독일
> 등의 선진국이 주를 이루며, 아프리카와 남아시아
> 의 여러 국가가 지원을 받고 있다.

적중 100%

06 다음 글의 빈칸에 공통으로 들어갈 국가는?

> 1991년 ( )은/는 대외 무상 원조 전담 기
> 관인 KOICA를 설립하였다. 이 기관은 ( )
> 와/과 저개발 국가 간에 우호적인 협력 관계를 증
> 진하는 것을 목적으로 하고 있다. ( )은/는
> 국가 기반 시설 재건을 위한 국제 원조를 받던 수
> 혜국이었지만, 지속적인 경제 성장을 이룩하여 다
> 른 국가에 원조하는 수여국으로 바뀐 국가가 되
> 었다.

① 독일   ② 미국   ③ 케냐
④ 아이티   ⑤ 대한민국

07 다음 인증 표시가 나타내는 무역 방식이 추구하는 목표
가 <u>아닌</u> 것은?

① 생산자의 경제적 독립 추구
② 생산자에게 정당한 가격 지급
③ 거대 유통 기업의 이윤 극대화
④ 환경에 이로운 지속 가능한 발전
⑤ 생산자의 건강한 노동 환경 조성

적중 100%

08 그림은 일반 커피와 공정 무역 커피의 이익 배분 구조를
나타낸 것이다. 공정 무역 커피의 이용이 늘어나면 나타
나게 될 변화로 옳은 것은?

① 환경 문제가 심화된다.
② 유통 단계가 복잡해진다.
③ 생산 지역의 빈곤 완화에 도움이 된다.
④ 상품에 대한 소비자의 신뢰가 무너진다.
⑤ 총수입에서 판매업자가 얻는 비중이 증가한다.

09 마실 물이 부족한 저개발 국가에서 유용한 적정 기술을
〈보기〉에서 고른 것은?

> **보기**
> ㄱ. 물을 정수해 주는 생명 빨대
> ㄴ. 물을 쉽게 나를 수 있도록 돕는 큐 드럼
> ㄷ. 전기가 필요 없는 냉장고, 팟 인 팟 쿨러
> ㄹ. 페트병에 물을 담아 불을 밝히는 페트병 태
> 양 전구

① ㄱ, ㄴ   ② ㄱ, ㄷ   ③ ㄴ, ㄷ
④ ㄴ, ㄹ   ⑤ ㄷ, ㄹ

학교 시험 만점 문제

❶ 세계의 다양한 지리적 문제

01 지리적 문제의 발생 원인과 그 사례로 옳지 **않은** 것은?

① 자원을 둘러싼 이해관계 – 벨기에 갈등
② 민족 간 대립 – 티베트의 분리 독립운동
③ 오염 물질의 이동 – 유럽의 산성비 피해
④ 종교 간 갈등 – 팔레스타인·이스라엘 분쟁
⑤ 자연재해 – 아이티 대지진으로 인한 인명 피해

02 다음 설명에 해당하는 지역을 지도에서 찾은 것은?

> 분리 독립할 당시, 영국이 직접 통치하던 이 지역에서 문제가 발생하였다. 종교적으로는 주민 다수가 이슬람교도이다. 그러나 이 지역의 영주는 힌두교도로서 이 지역이 어느 국가에 속하는지에 대한 영역 분쟁이 발생하였다.

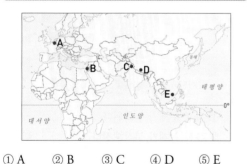

① A　　② B　　③ C　　④ D　　⑤ E

03 다음은 지유가 정리한 노트의 일부이다. ㉠~㉤ 중 옳지 **않은** 것은?

> 1. 세계의 기아 문제
> (1) 원인 : ㉠가뭄, 홍수, 병충해
> 　　　　　㉡급격한 인구 증가와 잦은 분쟁
> (2) 결과 : ㉢남아프리카에서 기아 비율이 높음
> (3) 대책 : ㉣수확량이 많은 품종 개발
> 　　　　　㉤선진국의 개발 원조 규모 축소

① ㉠　　② ㉡　　③ ㉢　　④ ㉣　　⑤ ㉤

04 다음 글의 밑줄 친 '이 지역'은?

> 석유와 천연자원 매장량이 많다는 것이 알려진 이 지역이 바다인지 호수인지가 매우 중요해졌다. 이 지역을 바다로 보느냐 호수로 보느냐에 따라 어떻게 배분할지가 결정되기 때문이다.

① 카스피해
② 크림반도
③ 카슈미르 지역
④ 센카쿠 열도(댜오위다오)
⑤ 난사 군도(스프래틀리 군도)

🖊서술형

05 아프리카의 에티오피아에서 분쟁과 내전이 끊이지 않는 이유를 다음 지도를 참고하여 서술하시오.

06 (가)에 들어갈 지리적 문제로 가장 적절한 것은?

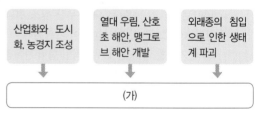

① 기아 문제
② 민족 간의 대립
③ 생물 다양성 감소
④ 영역을 둘러싼 분쟁
⑤ 국가 간 경제 격차 심화

❷ 지역 격차와 빈곤 문제

07 선진국보다 개발 도상국에서 높게 나타나는 지표는?

① 기대 수명
② 성인 문자 해독률
③ 1인당 국내 총생산
④ 교사 1인당 학생 수
⑤ 인간 개발 지수(HDI)

08 지도는 국가별 행복 지수를 나타낸 것이다. A 국가군과 비교한 B 국가군의 상대적 특징으로 옳은 것은?

(국제 연합, 2016)

① 기대 수명이 높다.
② 사회적 자본이 풍부하다.
③ 1인당 국내 총생산이 많다.
④ 사회가 부패한 정도가 심하다.
⑤ 서로에 대한 관용의 정도가 높다.

🖉서술형

09 밑줄 친 국가들이 빈곤 문제를 스스로 해결하기 위한 방안을 두 가지 서술하시오.

> 경제가 지속적으로 성장하면서 대부분 국가는 발전하고 있지만 일부 국가 및 지역은 여전히 극도로 빈곤하다. 1인당 국내 총생산(GDP)이 1,000달러 미만의 저소득 국가가 많으며, 이들 저소득 국가의 인구는 약 10억 명에 달한다.

❸ 지역 간 불평등 해결을 위한 국제적 협력

10 다음 설명에 해당하는 국제기구는?

> 지구를 향한 관심과 핵 실험 반대의 뜻을 담아 녹색의 지구와 평화를 결합해 만든 것이다. 초기에는 핵 실험 반대 운동 위주였으나 현재에는 생물 다양성과 환경 오염의 위협에 대처하는 활동에 초점을 맞추고 있다.

① 옥스팜
② 그린피스
③ 국경 없는 의사회
④ 세이브 더 칠드런
⑤ 국제 연합 아동 기금

11 개발 원조에 대한 설명으로 옳은 것을 〈보기〉에서 고른 것은?

> 〈보기〉
> ㄱ. 정부나 국제기구에 의해 공식적으로만 지원이 가능하다.
> ㄴ. 원조를 주는 나라는 미국과 독일 등 선진국이 주를 이룬다.
> ㄷ. 국제 사회가 저개발 국가에게 재정 및 기술, 물자를 지원하는 것을 말한다.
> ㄹ. 우리나라는 1945년 광복 이후 지속적으로 다른 국가에 원조를 해 주고 있다.

① ㄱ, ㄴ
② ㄱ, ㄷ
③ ㄴ, ㄷ
④ ㄴ, ㄹ
⑤ ㄷ, ㄹ

🖉서술형

12 다음은 어떤 무역의 인증 표시를 나타낸 것이다. 이러한 무역 형태의 이름을 쓰고, 이를 통해 저개발 국가 생산자들에게 돌아가는 이익을 한 가지 서술하시오.

memo

수능까지 이어지는 영어 실력을 기르자!
중학교 영어 실력이 수능을 좌우한다!

핵심 문법 학습으로 영어 실력의 기초를 다지고,
직독직해 연습으로 실전에서 통하는 리딩 스킬을 익히자!

GRAMMAR BITE,
READING BITE

『BITE』가 만드는 근거 있는 영어 자신감!

BITE

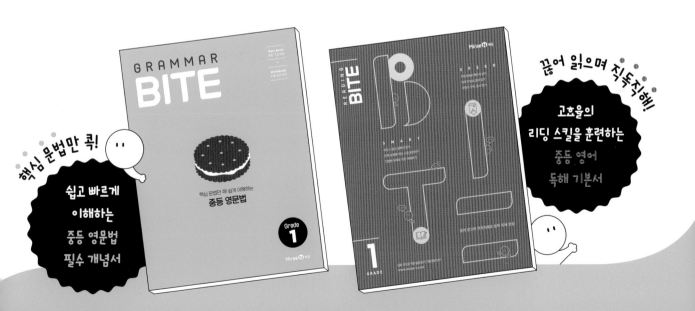

핵심 문법만 콕!

쉽고 빠르게
이해하는
중등 영문법
필수 개념서

GRAMMAR
BITE

핵심 문법만 콕! 쉽게 이해하는
중등 영문법

Grade 1

READING BITE

SMART

SPEED

끊어 읽으며 직독직해!

고효율의
리딩 스킬을 훈련하는
중등 영어
독해 기본서

1 GRADE

PREP	기초 다지기	
Grade 1/2/3	학년별 단계적 문법 익히기	
SUM	예비고 수능 준비하기	

PREP	독해 시작하기
Grade 1/2/3	지문을 이해하는 독해 기법 훈련하기
Plus	예비고 수능 형태 지문 훈련하기

중등 도서 안내

국어 독해·문법·어휘 훈련서

수능 국어의 자신감을 깨우는 단계별 실력 완성 훈련서

독해	0_준비편, 1_기본편, 2_실력편, 3_수능편
어휘	1_종합편, 2_수능편
문법	1_기본편, 2_수능편

영어 문법·독해 훈련서

중학교 영어의 핵심 문법과 독해 스킬 공략으로
내신·서술형·수능까지 단계별 완성 훈련서

GRAMMAR
BITE

문법	PREP
문법	Grade 1, Grade 2, Grade 3
문법	PLUS(중등)

READING
BITE

독해	PREP
독해	Grade 1, Grade 2, Grade 3
독해	SUM

내신 필수 기본서

자세하고 쉬운 설명으로 개념을 이해하고, 특별한 비법으로 자신 있게
시험을 대비하는 필수 기본서

[2022 개정]

사회	①-1, ①-2*
역사	①-1, ①-2*
과학	1-1, 1-2*

*2025년 상반기 출간 예정

올리드

[2022 개정]

국어	(신유식) 1-1, 1-2*
	(민병곤) 1-1, 1-2*
영어	1-1, 1-2*

*2025년 상반기 출간 예정

[2015 개정]

국어	2-1, 2-2, 3-1, 3-2
영어	2-1, 2-2, 3-1, 3-2
수학	2(상), 2(하), 3(상), 3(하)
사회	①-1, ①-2, ②-1, ②-2
역사	①-1, ①-2, ②-1, ②-2
과학	2-1, 2-2, 3-1, 3-2

*국어, 영어는 미래엔 교과서 연계 도서입니다.

수학 개념·유형 훈련서

빠르게 반복하며 수학 실력을 제대로 완성하는
단계별 내신 완성 훈련서

[2022 개정]

수학	1(상), 1(하), 2(상), 2(하), 3(상)*, 3(하)

*2025년 상반기 출간 예정

[2015 개정]

수학	2(상), 2(하), 3(상), 3(하)

[2015 개정]

수학	2(상), 2(하), 3(상), 3(하)

평가
문제집

중학교 **사회 ②**

바른답
알찬풀이

바른답 · 알찬풀이

빠른 정답 체크	2
Ⅰ. 인권과 헌법	6
Ⅱ. 헌법과 국가 기관	9
Ⅲ. 경제생활과 선택	12
Ⅳ. 시장 경제와 가격	15
Ⅴ. 국민 경제와 국제 거래	18
Ⅵ. 국제 사회와 국제 정치	21
Ⅶ. 인구 변화와 인구 문제	23
Ⅷ. 사람이 만든 삶터, 도시	26
Ⅸ. 글로벌 경제 활동과 지역 변화	29
Ⅹ. 환경 문제와 지속 가능한 환경	32
Ⅺ. 세계 속의 우리나라	35
Ⅻ. 더불어 사는 세계	38

빠른 정답 체크

I. 인권과 헌법

❶ 인권 보장과 기본권

기초 탄탄 개념 문제   9쪽

1 (1) 인권 (2) 시민 혁명 (3) 세계 인권 선언   **2** (1) 태어나면서부터 (2) 헌법 (3) 법률   **3** (1) 시민 혁명 (2) 기본권   **4** (1) × (2) ○ (3) ×   **5** (1) ㉣ (2) ㉠ (3) ㉢ (4) ㉡

시험 적중 예상 문제   10~11쪽

01 ①   **02** ④   **03** ②   **04** ③   **05** ④   **06** 세계 인권 선언   **07** ②   **08** ②   **09** ④   **10** ②   **11** (가) 참정권 (나) 청구권   **12** ③

❷ 인권 침해와 구제

기초 탄탄 개념 문제   13쪽

1 (1) 편견 (2) 법원 (3) 헌법 소원 심판   **2** (1) 높다 (2) 재판 (3) 관습   **3** (1) 행정 재판 (2) 헌법 재판소   **4** (1) × (2) ○   **5** (1) ㉠ (2) ㉢ (3) ㉡

시험 적중 예상 문제   14~15쪽

01 ①   **02** ②   **03** ④   **04** ③   **05** ①   **06** 인권 감수성   **07** ⑤   **08** ②   **09** ④   **10** ④   **11** ⑤   **12** 행정 재판

❸ 근로자의 권리와 보호

기초 탄탄 개념 문제   17쪽

1 (1) 근로자 (2) 근로 조건   **2** (1) 법률 (2) 50 (3) 유급 (4) 노동 위원회   **3** (1) 하루 7시간 (2) 문서로   **4** (1) × (2) ○   **5** (1) ㉡ (2) ㉢ (3) ㉠

시험 적중 예상 문제   18~19쪽

01 ④   **02** ③   **03** ①   **04** ②   **05** ④   **06** 단체 교섭권   **07** ④   **08** ①   **09** ⑤   **10** ④   **11** ②   **12** (가) 부당 노동 행위 (나) 노동 위원회 (다) 법원

학교 시험 만점 문제   20~21쪽

01 ①   **02** ④   **03** ③   **04** 해설 참조   **05** ⑤   **06** ②   **07** ⑤   **08** ①   **09** 해설 참조   **10** ④   **11** ④   **12** ⑤   **13** 해설 참조

II. 헌법과 국가 기관

❶ 국회

기초 탄탄 개념 문제   23쪽

1 (1) 국회 (2) 지역구 (3) 상임 위원회   **2** (1) 간접 민주제 (2) 본회의 (3) 대통령   **3** (1) ○ (2) × (3) ×   **4** (가), (다), (라), (나)

시험 적중 예상 문제   24~25쪽

01 ③   **02** ②   **03** 국민   **04** ⑤   **05** ⑤   **06** ⑤   **07** ②   **08** ②   **09** ④   **10** ④   **11** ①   **12** 대통령

❷ 대통령과 행정부

기초 탄탄 개념 문제   27쪽

1 (1) 대통령 (2) 행정 (3) 국무 회의   **2** (1) 직접 (2) 대통령   **3** (1) 5년 (2) 국무 회의   **4** (1) ○ (2) × (3) ×   **5** (1) ㉡ (2) ㉣ (3) ㉢ (4) ㉤ (5) ㉠

시험 적중 예상 문제   28~29쪽

01 ④   **02** ②   **03** 국회   **04** ④   **05** ②   **06** (1) (다), (라), (마) (2) (가), (나), (바)   **07** (가) 행정 (나) 법률   **08** ⑤   **09** ②   **10** 감사원   **11** ②   **12** ③

❸ 법원과 헌법 재판소

기초 탄탄 개념 문제   31쪽

1 (1) 사법 (2) 사법권의 독립 (3) 헌법 (4) 헌법 재판소   **2** (1) 대법원 (2) 지방 (3) 위헌 법률   **3** (1) 2심 (2) 헌법 재판소   **4** (1) × (2) ○ (3) ○

시험 적중 예상 문제   32~33쪽

01 ③   **02** ⑤   **03** ①   **04** (가) 대법원 (나) 고등 법원   **05** ①   **06** ②   **07** ④   **08** ①   **09** 헌법   **10** ⑤   **11** ③   **12** 국민

학교 시험 만점 문제   34~35쪽

01 ③   **02** ①   **03** 해설 참조   **04** ④   **05** ⑤   **06** ④   **07** ④   **08** 해설 참조   **09** ①   **10** 해설 참조   **11** ⑤   **12** ④   **13** ②

III. 경제생활과 선택

❶ 경제 활동과 경제 체제

기초 탄탄 개념 문제   37쪽

1 (1) 경제 활동 (2) 희소성 (3) 혼합 경제 체제   **2** (1) ㉠ (2) ㉡   **3** (1) 생산 (2) 적은, 큰   **4** (1) 희소성 (2) 효율성   **5** (1) ○ (2) × (3) ×

시험 적중 예상 문제   37~38쪽

01 ⑤   **02** ③   **03** ②   **04** ④   **05** 희소성   **06** ③   **07** ⑤   **08** ②   **09** ①   **10** ②

❷ 기업의 역할과 사회적 책임

기초 탄탄 개념 문제   40쪽

1 (1) 이윤 (2) 세금 (3) 기업가 정신   **2** (1) 소득 (2) 기업의 사회적 책임 (3) 혁신   **3** (1) 가계 (2) 싼   **4** (1) × (2) ○ (3) ×   **5** (1) ㉡ (2) ㉢ (3) ㉠

시험 적중 예상 문제   40~41쪽

01 ①   **02** ②   **03** ①   **04** ②   **05** ⑤   **06** ⑤   **07** 이윤   **08** ④   **09** 기업가 정신   **10** ④

❸ 지속 가능한 경제생활

기초 탄탄 개념 문제   43쪽

1 (1) 저축 (2) 자산 (3) 신용   **2** (1) 소비 (2) 노년기 (3) 예금 (4) 수익성   **3** (1) 청년기 (2) 채권   **4** (1) ○ (2) ×   **5** (1) ㉡ (2) ㉠ (3) ㉢

시험 적중 예상 문제   44~45쪽

01 ②   **02** ⑤   **03** ②   **04** ⑤   **05** ④   **06** ④   **07** ③   **08** 예금   **09** ③   **10** 수익성   **11** ②   **12** ③

학교 시험 만점 문제   46~47쪽

01 ②   **02** ③   **03** 해설 참조   **04** ⑤   **05** ③   **06** ④   **07** ①   **08** ①   **09** ④   **10** ⑤   **11** 해설 참조   **12** ①

IV. 시장 경제와 가격

❶ 시장의 의미와 종류

기초 탄탄 개념 문제

1 (1) 사회적 분업 (2) 거래 비용 (3) 판매 대상　2 (1) 이익 (2) 증가 (3) 보이지 않는 (4) 상설　3 (1) ○ (2) × (3) ×　4 (1) ⓒ (2) ⓒ (3) ⊙

시험 적중 예상 문제　50~51쪽

01 ③　02 ③　03 ④　04 사회적 분업　05 ④　06 ③　07 ⑤
08 ④　09 ⑤　10 생산 요소 시장　11 ⑤　12 ①　13 ①

❷ 시장 가격의 결정

기초 탄탄 개념 문제　53쪽

1 (1) 수요 (2) 공급량 (3) 균형 가격, 균형 거래량　2 (1) 줄인다 (2) 증가, 우상향 (3) 초과 공급, 하락　3 (1) 공급 (2) 초과 공급이　4 (1) × (2) × (3) ○　5 (1) ⓒ (2) ⊙ (3) ⓔ (4) ⓒ

시험 적중 예상 문제　54~55쪽

01 ①　02 ④　03 ②　04 ⑤　05 ①　06 ⊙ 공급자 ⓒ 수요자　07 ④
08 균형 가격 : 1,500원, 균형 거래량 : 6만 개　09 ①　10 ④　11 ⑤

❸ 시장 가격의 변동

기초 탄탄 개념 문제　57쪽

1 (1) 대체재 (2) 상승 (3) 감소　2 (1) 감소한다 (2) 하락 (3) 오른쪽　3 (1) 증가 (2) 오른쪽 (3) 증가　4 (1) × (2) ×　5 (1) ⊙ (2) ⓔ (3) ⓒ (4) ⓒ

시험 적중 예상 문제　58~59쪽

01 ④　02 대체재　03 ⑤　04 ③　05 ⑤　06 ④　07 ③　08 ②
09 ③　10 균형 가격 : 상승, 균형 거래량 : 증가　11 ⑤

학교 시험 만점 문제　60~61쪽

01 ①　02 ③　03 ⑤　04 ②　05 ①　06 ④　07 ③
08 해설 참조　09 ④　10 해설 참조　11 ③　12 ②　13 ①

V. 국민 경제와 국제 거래

❶ 국내 총생산의 이해

기초 탄탄 개념 문제　63쪽

1 (1) 부가 가치 (2) 경제 성장　2 (1) 고려하지 않는다 (2) 포함되지 않는다 (3) 상승　3 (1) 최종 생산물 (2) 1인당 국내 총생산　4 (1) ○ (2) × (3) ×　5 (1) ⊙, ⓔ (2) ⓒ, ⓒ

시험 적중 예상 문제　64~65쪽

01 ①　02 ①　03 ②　04 ④　05 부가 가치　06 ④　07 ③
08 ②　09 ⑤　10 경제 성장　11 ⑤　12 ②

❷ 물가와 실업

기초 탄탄 개념 문제　67쪽

1 (1) 인플레이션 (2) 실업 (3) 구조적　2 (1) 하락 (2) 수입 (3) 경기적　3 (1) 종합하여 평균한 (2) 불리 (3) 소비자　4 (1) × (2) ○　5 (1) ⓒ (2) ⓒ (3) ⊙

시험 적중 예상 문제　68~69쪽

01 ②　02 ②　03 ④　04 인플레이션　05 ③　06 ③
07 ②　08 ⑤　09 20%　10 ④　11 ②　12 ④　13 ④

❸ 국제 거래와 환율

기초 탄탄 개념 문제　71쪽

1 (1) 국제 거래 (2) 수요, 공급　2 (1) 자원 (2) 하락, 상승 (3) 하락　3 (1) 다르기 (2) 공급이 (3) 하락　4 (1) ○ (2) ○ (3) ×　5 (1) ⊙ (2) ⓒ

시험 적중 예상 문제　72~73쪽

01 ②　02 ①　03 자유 무역 협정(FTA)　04 ⑤　05 ②　06 ①
07 ③　08 44,000원　09 ⑤　10 ⑤　11 ②　12 ①

학교 시험 만점 문제　74~75쪽

01 ⑤　02 ④　03 ④　04 ④　05 해설 참조　06 ②
07 ③　08 ⑤　09 해설 참조　10 ③　11 ③　12 ⑤

VI. 국제 사회와 국제 정치

❶ 국제 사회의 특성과 행위 주체

기초 탄탄 개념 문제　77쪽

1 (1) 국제 사회 (2) 정부 간 국제기구 (3) 국가　2 (1) 국가를 (2) 존재하지 않는다. (3) 자국의 이익　3 (1) ○ (2) × (3) ×　4 (1) ⓒ (2) ⓒ (3) ⓒ

시험 적중 예상 문제　78~79쪽

01 ③　02 ⑤　03 ④　04 ③　05 주권　06 ①
07 ②　08 ④　09 ③　10 ③　11 다국적 기업

❷ 국제 사회의 다양한 모습

기초 탄탄 개념 문제　81쪽

1 (1) 경쟁 (2) 외교 (3) 외교 정책　2 (1) 증가 (2) 협력 (3) 외교(외교 활동)를　3 (1) ○ (2) × (3) ○　4 (1) ⓒ (2) ⊙

시험 적중 예상 문제　81~82쪽

01 ④　02 ②　03 ①　04 ⑤　05 국제 사회의 협력　06 ①
07 ②　08 대사의 교환, 정상 회담, 정부 간 협상 등

❸ 우리나라의 국제 관계

기초 탄탄 개념 문제　84쪽

1 (1) 독도 (2) 일본 (3) 중국　2 (1) 국제 사법 재판소 (2) 중국 (3) 논리적인　3 (1) × (2) ○ (3) × (4) × (5) ○

시험 적중 예상 문제　84~85쪽

01 ①　02 ③　03 ⑤　04 ④　5 야스쿠니 신사　06 ⑤
07 ③　08 ①　09 ③

학교 시험 만점 문제　86~87쪽

01 ②　02 ④　03 ③　04 해설 참조　05 ②　06 ⑤　07 ①
08 ④　09 ②　10 ②　11 해설 참조

VII. 인구 변화와 인구 문제

❶ 인구 분포

기초 탄탄 개념 문제　89쪽

1 (1) 북반구 (2) 극 (3) 이촌 향도　2 (1) 아시아 (2) 자연적 (3) 낮다　3 (1) 계절풍 (2) 남서부　4 (1) ○ (2) ○ (3) ○　5 (1) ⓒ (2) ⊙

시험 적중 예상 문제 ─── 90~91쪽

01 ④ 02 ⑤ 03 ③ 04 ① 05 ③ 06 인구 밀도 07 ③
08 ② 09 수도권 10 ① 11 ①

❷ 인구 이동

기초 탄탄 개념 문제 ─── 93쪽

1 (1) 종교 (2) 정치적 (3) 경제적   2 (1) 배출 (2) 이촌 향도 (3) 강제적
(4) 경제적 3 (1) ○ (2) ○ 4 (1) ㉡ (2) ㉠

시험 적중 예상 문제 ─── 94~95쪽

01 ② 02 ① 03 자발적 이동, 경제적 이동 04 ④ 05 ④
06 ② 07 ① 08 종교적 갈등 09 ⑤ 10 ③ 11 ④

❸ 인구 문제

기초 탄탄 개념 문제 ─── 97쪽

1 (1) 산업 혁명 (2) 합계 출산율 (3) 인구 부양력   2 (1) 개발 도상국
(2) 저출산 (3) 출산 장려 3 (1) 노인 부양 비용 (2) 증가 4 (1) ×
(2) × 5 (1) ㉡ (2) ㉠

시험 적중 예상 문제 ─── 98~99쪽

01 ⑤ 02 산업 혁명 03 ③ 04 ② 05 ⑤ 06 성비
07 ③ 08 ④ 09 저출산 10 ① 11 ①

학교 시험 만점 문제 ─── 100~101쪽

01 ② 02 ④ 03 해설 참조 04 ⑤ 05 ④ 06 해설 참조
07 ④ 08 ⑤ 09 해설 참조 10 ② 11 ④

Ⅷ. 사람이 만든 삶터, 도시

❶ 세계의 다양한 도시

기초 탄탄 개념 문제 ─── 103쪽

1 (1) 취락 (2) 인문 경관 (3) 시드니   2 (1) 높다 (2) 2·3차   3 (1) 도시
(2) 오로라 4 (1) ○ (2) × 5 (1) ㉠ (2) ㉢ (3) ㉣ (4) ㉡

시험 적중 예상 문제 ─── 103~104쪽

01 ② 02 ⑤ 03 ③ 04 ③ 05 ③ 06 세계 도시
07 ① 08 ⑤ 09 ③

❷ 도시의 경관

기초 탄탄 개념 문제 ─── 106쪽

1 (1) 지역 분화 (2) 접근성, 땅값(지가) (3) 인구 공동화 2 (1) 낮아 (2) 도심
3 (1) 접근성 (2) 부도심 4 (1) ○ (2) × (3) ○ 5 (1) ㉡ (2) ㉢ (3) ㉠

시험 적중 예상 문제 ─── 107~108쪽

01 ① 02 ② 03 ⑤ 04 ⑤ 05 ㉠ 접근성 ㉡ 지가(땅값) 06 ⑤
07 ① 08 ④ 09 ③ 10 ③ 11 인구 공동화 현상 12 ④

❸ 선진국과 개발 도상국의 도시화

기초 탄탄 개념 문제 ─── 110쪽

1 (1) 도시화 (2) 역도시화 (3) 슬럼   2 (1) 낮은 (2) 이촌 향도 (3) 수도권
3 (1) 산업 혁명 (2) 가속화 단계 4 (1) ○ (2) × 5 (1) ㉡ (2) ㉠

시험 적중 예상 문제 ─── 111~112쪽

01 ② 02 ② 03 ② 04 ③ 05 ④ 06 ③ 07 A 선진국
B 개발 도상국 08 ② 09 ③ 10 ③ 11 ④ 12 (가) 제조업 쇠
퇴에 따른 경기 침체, 빈집 증가 등 (나) 주택 부족, 일자리 부족 등

❹ 살기 좋은 도시

기초 탄탄 개념 문제 ─── 114쪽

1 (1) 도시 문제 (2) 교통 (3) 도시 기반 시설   2 (1) 쓰레기 분리수거 (2)
지역 균형 발전 3 (1) 일자리 부족, 빈곤 (2) 그라츠 4 (1) ○ (2) ×
5 (1) ㉢ (2) ㉠ (3) ㉡ (4) ㉢

시험 적중 예상 문제 ─── 114~115쪽

01 ④ 02 ① 03 ③ 04 삶의 질 05 ② 06 ②
07 ④ 08 ① 09 ④

학교 시험 만점 문제 ─── 116~117쪽

01 ⑤ 02 ⑤ 03 해설 참조 04 ④ 05 ② 06 ④
07 ④ 08 ④ 09 해설 참조 10 ⑤ 11 ③ 12 ④

Ⅸ. 글로벌 경제 활동과 지역 변화

❶ 농업의 기업화와 세계화에 따른 변화

기초 탄탄 개념 문제 ─── 119쪽

1 (1) 기업화 (2) 플랜테이션   2 (1) 상업적 (2) 하락   3 (1) 농기계
(2) 증가 4 (1) ○ (2) ○ 5 (1) ㉡ (2) ㉠

시험 적중 예상 문제 ─── 120~121쪽

01 ② 02 ③ 03 플랜테이션 04 ② 05 ③ 06 ④
07 ④ 08 ④ 09 ③ 10 ② 11 ①

❷ 다국적 기업의 발달과 지역 변화

기초 탄탄 개념 문제 ─── 123쪽

1 (1) 다국적 기업 (2) 세계 무역 기구 (3) 공간 분업   2 (1) 실업자 증가
(2) ㉠ 유입 ㉡ 활성화   3 (1) ○ (2) ×   4 (1) ㉢ (2) ㉡ (3) ㉠

시험 적중 예상 문제 ─── 123~124쪽

01 ⑤ 02 ① 03 ② 04 무역 장벽 05 ④ 06 ①
07 ④ 08 ② 09 ⑤

❸ 세계화 시대의 서비스 산업 변화

기초 탄탄 개념 문제 ─── 126쪽

1 (1) 생산자 (2) 공정 여행 (3) 전자 상거래   2 (1) 높다 (2) 서비스 산업
(3) 확대 3 (1) 증가 (2) 증가 4 (1) ○ (2) × 5 (1) ㉠ (2) ㉡

시험 적중 예상 문제 ─── 126~127쪽

01 ② 02 ② 03 탈공업화 현상 04 ④ 05 ④ 06 ②
07 공정 여행 08 ⑤ 09 ②

학교 시험 만점 문제 ─── 128~129쪽

01 ④ 02 ③ 03 해설 참조 04 ④ 05 ③ 06 해설 참조
07 ④ 08 해설 참조 09 ③ 10 ②

Ⅹ. 환경 문제와 지속 가능한 환경

❶ 기후 변화

131쪽

기초 탄탄 개념 문제

1 (1) 이산화 탄소 (2) 화석 연료   2 (1) 상승 (2) 지구 온난화   3 (1) 상승 (2) 투발루   4 (1) × (2) ○   5 (1) ㉠ (2) ㉡

시험 적중 예상 문제

132~133쪽

01 ②   02 ⑤   03 온실가스   04 지구 온난화   05 ②   06 ③
07 ④   08 ⑤   09 ⑤   10 ⑤   11 ③   12 ⑤

❷ 산업 이전에 따른 환경 문제

기초 탄탄 개념 문제

135쪽

1 (1) 석면 (2) 전자 쓰레기   2 (1) 선진국, 개발 도상국 (2) 개발 도상국
3 (1) 느슨한 (2) 개발 도상국   4 (1) ○ (2) ○ (3) ×   5 (1) ㉠ (2) ㉡

시험 적중 예상 문제

135~136쪽

01 ①   02 ②   03 ④   04 ③   05 전자 쓰레기   06 ⑤
07 플랜테이션   08 ②   09 ④

❸ 생활 속 환경 이슈

기초 탄탄 개념 문제

138쪽

1 (1) 환경 이슈 (2) 미세 먼지   2 (1) 미세 먼지 (2) 유전자 재조합 식품
3 (1) 쓰레기 (2) 미세 먼지   4 (1) ○ (2) × (3) ○   5 (1) ㉠, ㉣ (2) ㉡, ㉢

시험 적중 예상 문제

138~139쪽

01 환경 이슈   02 ②   03 ⑤   04 유전자 재조합 식품(GMO)
05 ①   06 ⑤   07 ④   08 ③   09 ③

학교 시험 만점 문제

140~141쪽

01 ③   02 ④   03 해설 참조   04 ③   05 ⑤   06 해설 참조
07 ③   08 ⑤   09 ⑤   10 ④   11 ②

Ⅺ. 세계 속의 우리나라

❶ 우리나라의 영역과 독도의 중요성

기초 탄탄 개념 문제

143쪽

1 (1) 한반도 (2) 12 (3) 대기권   2 (1) 직선 기선 (2) 독도   3 (1) 제외
한 (2) 천연 보호 구역   4 (1) ○ (2) × (3) ○   5 (1) ㉠ (2) ㉢ (3) ㉡

시험 적중 예상 문제

144~145쪽

01 ①   02 ⑤   03 ②   04 ③   05 ②   06 ①   07 ④
08 ②   09 ②   10 ②   11 메탄하이드레이트   12 ②

❷ 우리나라의 여러 지역과 지역화 전략

기초 탄탄 개념 문제

147쪽

1 (1) 지역성 (2) 세계 자연 유산   2 (1) 고유한 특성 (2) 믿을 수 있는
(3) 차별화   3 (1) 지역화 전략 (2) 생산되는   4 (1) ○ (2) ○ (3) ×
5 (1) ㉡ (2) ㉠ (3) ㉢

시험 적중 예상 문제

148~149쪽

01 ④   02 ④   03 ①   04 ⑤   05 ①   06 지역 브랜드
07 ①   08 ②   09 ⑤   10 ④   11 ②   12 (가) 김제 (나) 진주

❸ 통일 한국의 미래

기초 탄탄 개념 문제

151쪽

1 (1) 반도국 (2) 이질화 (3) 남북통일   2 (1) 커지고 (2) 기술   3 (1) 대륙
으로 (2) 통일   4 (1) ○ (2) × (3) ×   5 (1) ㉢ (2) ㉠ (3) ㉡

시험 적중 예상 문제

152~153쪽

01 ①   02 ④   03 ②   04 ③   05 이산가족   06 ①
07 ②   08 ⑤   09 ④   10 ⑤   11 ②

학교 시험 만점 문제

154~155쪽

01 ③   02 ⑤   03 ④   04 ③   05 해설 참조   06 ②
07 ③   08 ③   09 해설 참조   10 ②   11 ③   12 해설 참조

Ⅻ. 더불어 사는 세계

❶ 세계의 다양한 지리적 문제

기초 탄탄 개념 문제

157쪽

1 (1) 지리적 문제 (2) 기아 (3) 생물 다양성   2 (1) 자연적 (2) 영역 (3) 감소
3 (1) 심화 (2) 이스라엘   4 (1) × (2) ○   5 (1) ㉢ (2) ㉠ (3) ㉡

시험 적중 예상 문제

158~159쪽

01 ③   02 ⑤   03 ③   04 ②   05 ⑤   06 ④   07 ⑤
08 ②   09 카스피해   10 ⑤   11 ②   12 생물 다양성 협약

❷ 지역 격차와 빈곤 문제

기초 탄탄 개념 문제

161쪽

1 (1) 인간 개발 지수(HDI) (2) 행복 지수   2 (1) 저소득 (2) 높게
3 (1) 선진국 (2) 낮게   4 (1) ○ (2) × (3) ○   5 (1) ㉢ (2) ㉡ (3) ㉠

시험 적중 예상 문제

161~162쪽

01 ④   02 ③   03 인간 개발 지수(HDI)   04 ③   05 ①
06 ④   07 ④   08 ①

❸ 지역 간 불평등 해결을 위한 국제적 협력

기초 탄탄 개념 문제

164쪽

1 (1) 국제 연합(UN) (2) 개발 원조   2 (1) 세계 보건 기구 (2) 아동 긴급
구호 사업 (3) 아프리카와 남아시아   3 (1) 민간 개발 원조 (2) 정당한
4 (1) × (2) ○ (3) ○   5 (1) ㉡, ㉣ (2) ㉠, ㉢, ㉢

시험 적중 예상 문제

164~165쪽

01 ④   02 ②   03 국제 연합 아동 기금(UNICEF)   04 ②
05 개발 원조   06 ⑤   07 ③   08 ③   09 ①

학교 시험 만점 문제

166~167쪽

01 ①   02 ③   03 ⑤   04 ①   05 해설 참조   06 ③
07 ④   08 ④   09 해설 참조   10 ②   11 ③   12 해설 참조

＊바른답·알찬풀이에서 전체 내용을 확인해 보세요.

I. 인권과 헌법

❶ 인권 보장과 기본권

기초 탄탄 개념 문제
9쪽

1 (1) 인권 (2) 시민 혁명 (3) 세계 인권 선언   2 (1) 태어나면서부터 (2) 헌법 (3) 법률   3 (1) 시민 혁명 (2) 기본권   4 (1) ×
(2) ○ (3) ×   5 (1) ⓔ (2) ⓖ (3) ⓒ (4) ⓛ

시험 적중 예상 문제
10~11쪽

01 ①   02 ④   03 ②   04 ③   05 ④   06 세계 인권 선언   07 ③   08 ②   09 ④   10 ②   11 (가) 참정권 (나) 청구권   12 ③

01 인권은 누구나 보장받아야 할 보편적인 권리로 남에게 양도할 수 없으며 평생 누리는 권리이다.

02 세계 인권 선언은 1948년 국제 연합(UN) 총회에서 채택한 것으로 인권의 보편적 기준을 제시한 것이다.
바로잡기 ④ 정부에 대한 저항권은 17세기 사회 계약론자 로크에 의해 처음으로 주장되어 이후 미국 독립 선언에 영향을 주었다.

03 고대의 노예와 중세의 농노는 인간으로서 누려야 할 자유가 없었으며 인격적인 대우를 받지 못했다. 즉, 인간 존엄성을 침해받는 지위에 있었다.

04 계몽사상의 영향을 받아 절대 군주의 억압에 맞서 인간의 존엄성, 자유와 평등을 주장한 사건은 시민 혁명이다. 영국의 명예혁명, 미국 독립 혁명, 프랑스 혁명 등이 대표적이다.
바로잡기 ㄱ. 세계 인권 선언은 1948년 국제 연합 총회에서 발표되었다. ㄹ. 모든 사람이 선거권을 행사할 수 있게 된 것은 20세기 이후이다.

05 프랑스 혁명의 결과 발표된 프랑스 인권 선언에는 자유와 평등이라는 기본적인 인권을 명시하였고, 여성의 정치 참여는 여성에 대한 차별을 철폐함으로써 양성평등, 국민 주권이라는 권리를 얻었다. 즉 오늘날 우리가 누리는 인권은 수많은 사람의 노력을 통해 얻어진 것이다.

06 세계 인권 선언은 제2차 세계 대전에서 벌어진 인권 침해에 대한 반성과 인간의 기본적인 권리 존중을 위해 1948년 12월 제3회 국제 연합(UN) 총회에서 채택되었다.

07 헌법은 그 나라의 최고법이기 때문에 헌법에 인권을 기본

권이라는 이름으로 규정해 놓아야 이를 지키기 위한 다양한 제도와 정책이 수립되어 인권 보장이 더욱 확실해진다.

08 평등권은 불합리한 차별 대우를 받지 않고 누구나 동등한 대우를 받을 권리이다.

09 헌법 제10조의 인간 존엄과 가치에 관한 규정은 모든 기본권의 이념적 토대가 된다.
바로잡기 ㄱ. 모든 기본권 보장의 이념적 토대가 되는 규정이다. ㄷ. 외국인에게도 적용된다.

10 갑이 남자 후배들보다 승진이 뒤처진 것은 업무 능력이 아닌 성별에 의한 차별을 받기 때문이다. 갑은 평등권을 침해받고 있다.

11 (가)는 투표를 통해 국민이 정치에 참여할 수 있는 참정권을, (나)는 국민이 원하는 것을 청원할 권리인 청구권을 의미한다.

12 거주 이전의 자유나 교육을 받을 권리와 같은 기본권도 필요한 경우에는 제한될 수 있음을 보여 주는 사례이다.

❷ 인권 침해와 구제

기초 탄탄 개념 문제
13쪽

1 (1) 편견 (2) 법원 (3) 헌법 소원 심판   2 (1) 높다 (2) 재판 (3) 관습   3 (1) 행정 재판 (2) 헌법 재판소   4 (1) × (2) ○
5 (1) ⓖ (2) ⓒ (3) ⓛ

시험 적중 예상 문제
14~15쪽

01 ①   02 ②   03 ④   04 ③   05 ①   06 인권 감수성   07 ⑤   08 ②   09 ④   10 ④   11 ⑤
12 행정 재판

01 우리나라는 1948년 제헌 헌법에서부터 남녀 구분 없이 일정한 연령 이상이면 선거권을 부여해 왔기 때문에 여성 참정권 배제 문제는 해당하지 않는다.

02 ① 종교, ③ 장애 유무, ④ 사회적 소수자, ⑤ 피부색에 따른 인권 침해에 해당한다.
바로잡기 ② 학업 성적이 나빠 입학을 거절당한 것은 정당한 이유이므로 인권 침해라고 볼 수 없다.

03 다문화 가정의 자녀를 따돌리는 것은 외국인에 대한 편견 때문이다.

04 용모 단정한 여성을 채용 조건으로 하는 것은 업무 능력보다는 용모라는 불합리한 기준으로 여성을 차별하는 것이다.

05 장애인의 상대어로 일반인 혹은 정상인이라고 쓴다면 장

애인을 특별한 사람 혹은 비정상적인 사람으로 인식하도록 하므로 인권 침해로 볼 수 있다. 그러나 비장애인이라고 쓴다면 단순히 장애인이 아닌 사람이라는 의미이므로 인권 침해로 보기 어렵다.

06 인권 감수성이란 일상생활에서 인권에 대해 느끼는 정도를 말한다. 인권 감수성이 높은 사람이 많을수록 인권 침해 문제를 서로 감시하므로 인권 침해가 발생하기 어렵다.

07 갑은 인터넷 실명제라는 정책 때문에 기본권인 표현의 자유를 침해받는다고 생각하므로 헌법 재판소에 헌법 소원 심판을 청구하여 구제받는 것이 바람직하다.

08 법원은 권리 구제의 가장 보편적인 수단이라고 할 수 있는 재판을 통해 침해된 권리를 구제한다.

09 A는 국가 인권 위원회이다. 국가 인권 위원회는 어떤 국가 기관에도 소속되지 않는 독립 기구로, 인권을 침해할 우려가 있는 법이나 제도의 문제점을 찾아 개선을 권고하고, 인권 침해나 차별 행위를 조사하여 구제하는 역할을 한다.

10 사업자와 소비자 간의 분쟁 사건이므로 한국 소비자원에 피해 구제를 신청하여 해결하는 것이 가장 바람직하다.

11 제시된 사례는 공권력의 행사가 기본권을 침해하는 문제이므로 헌법 소원 심판에 해당한다. 헌법 재판소의 결정에 따라 국가는 이들에게 재소자용 옷을 입혀서는 안 된다.

12 갑은 행정 기관이 내린 영업 정지 처분이 잘못되었다고 생각하고 있으므로 행정 재판을 통해 이 처분의 무효를 주장할 수 있다.

❸ 근로자의 권리와 보호

기초 탄탄 개념 문제
17쪽

1 (1) 근로자 (2) 근로 조건　　2 (1) 법률 (2) 50 (3) 유급 (4) 노동 위원회　　3 (1) 하루 7시간 (2) 문서로　　4 (1) × (2) ○
5 (1) ㉡ (2) ㉢ (3) ㉠

시험 적중 예상 문제
18~19쪽

01 ④　　02 ③　　03 ①　　04 ②　　05 ④　　06 단체 교섭권
07 ④　　08 ①　　09 ⑤　　10 ④　　11 ②　　12 (가) 부당 노동 행위 (나) 노동 위원회 (다) 법원

01 정육점 주인은 자신이 스스로 사업을 하는 사람이므로 근로자가 아니라 사업자이다.

02 근로 조건이란 근로자가 노동력을 제공하는 조건으로 임금, 근로 시간, 휴가 등이 포함된다.

바로잡기 ① 근로 조건의 최저 기준은 법률로 정해져 있다. ② 청소년 근로자도 최저 임금을 적용받는다. ④ 최저 임금은 고용 노동부 장관이 매년 고시한다. ⑤ 근로 조건은 법률이 정한 기준보다 낮아서는 안 된다.

03 단결권, 단체 교섭권, 단체 행동권을 노동 3권이라고 한다.

04 갑은 16세이므로 근로 기준법상 연소 근로자에 해당한다. 연소 근로자는 부모의 동의를 얻어 근로 계약을 체결해야 하며, 1일 7시간의 근로를 할 수 있다.
바로잡기 ㄹ. 근로 계약은 본인이 직접 해야 한다. 부모가 대리하여 근로 계약을 맺어서는 안 된다.

05 법률이 정하는 바에 따라 최저 임금제를 시행해야 한다.

06 그림은 근로 조건의 하나인 임금을 교섭하는 모습으로 단체 교섭권이 행사되는 사례이다.

07 밑줄 친 '이 기관'은 노동 위원회이다. 노동 위원회는 노사 분쟁을 평화적으로 해결하도록 조정·중재하는 기관이다. 또 근로자가 부당 해고 등을 당했을 때 이를 구제해 주는 역할을 한다.

08 부당 노동 행위는 사용자가 노동조합의 활동을 방해하는 행위이다.

09 노동조합이 적법한 절차에 따라 파업을 했을 경우에는 민·형사상 책임을 면제받는다.

10 불가피한 사유로 근로자를 해고하려면 30일 전에 해고 예고를 하고 이를 문서로 통보해야 한다. 제시된 사례에서는 이러한 절차가 없었으므로 부당 해고이다.

11 ㄱ. 업무 능력이 아닌 연령을 기준으로 해고 대상자를 정한 것은 불합리하므로 부당 해고이다. ㄹ. 매출액 감소가 우려되는 것만으로는 해고의 불가피한 사유로 볼 수 없으므로 부당 해고이다.
바로잡기 ㄴ. 30일 전에 해고를 예고하였고, ㄷ. 문서로 해고 대상자에게 해고를 통보하였으므로 적법한 절차에 따른 해고이다.

12 근로자의 노동조합 활동을 사용자가 방해하는 것을 부당 노동 행위라고 한다. 근로자는 노동 위원회에 구제 신청을 하거나 법원의 도움을 받아 노동 3권을 보장받을 수 있다.

학교 시험 만점 문제
20~21쪽

01 ①　　02 ④　　03 ③　　04 해설 참조　　05 ⑤　　06 ②
07 ⑤　　08 ①　　09 해설 참조　　10 ④　　11 ④　　12 ⑤
13 해설 참조

01 인권은 인간이라면 성별, 나이, 지위, 국적, 장애 유무 등에 관계없이 누구나 갖는 보편적인 권리이다.

02 제시된 문서는 세계 인권 선언이다. 사람은 태어나면서부터 자유롭고 존엄하며 평등한 인권을 가진다는 점에서 천부 인권 사상을 엿볼 수 있다.

03 군주 주권설은 군주에게 주권이 있다는 것으로 절대 군주의 권한을 강화하는 역할을 한다.

04 예시 답안 ▶ 재판 청구권과 국가 배상 청구권은 모두 청구권에 속한다. 청구권은 다른 기본권이 침해되었을 때 이를 구제해 주는 수단적인 성격을 가진 권리이다.

📖 채점 기준	
상	청구권을 쓰고 다른 기본권이 침해되었을 때 이를 구제해 주는 수단적인 성격을 가졌다고 서술한 경우
중	기본권을 구제해 주는 권리라고 서술한 경우
하	청구권이라고만 쓴 경우

이렇게 쓰면 Good! 청구권, 기본권 침해를 구제하는 수단적 성격을 모두 포함하여 서술하세요.

05 군사 시설 지역에 일반인의 출입을 금지하는 것은 국가 안전 보장을 위해서이다.

06 ㈎는 이사하는 모습으로 거주 이전의 자유, ㈏는 학교에서 수업 받는 장면으로 교육을 받을 권리에 해당한다.

07 정규직 근로자가 아니라는 이유로 통근 버스 탑승을 거부당한 것은 차별이며 인권 침해에 해당한다.

08 청각 장애인인 갑의 친구들이 수화를 배워 갑과 의사소통을 하려는 모습은 장애인에 대한 편견을 없애고 동등한 인격체로 대우하려는 노력으로 볼 수 있다.

09 예시 답안 ▶ 갑은 국가 인권 위원회에 진정하여 교통 도우미의 연령 제한이 차별 행위인지를 판단해 달라고 요구할 수 있다. 국가 인권 위원회는 인권 침해나 차별 행위에 대한 진정을 받아 이를 판단하고 해당 기관에 시정을 권고한다.

📖 채점 기준	
상	국가 인권 위원회에 진정한다는 것과 국가 인권 위원회의 역할을 모두 정확히 서술한 경우
중	국가 인권 위원회의 역할만 서술한 경우
하	국가 인권 위원회에 진정한다고만 쓴 경우

이렇게 쓰면 Good! 국가 인권 위원회에 진정, 국가 인권 위원회의 역할에서 개선 권고를 모두 포함하여 서술하세요.

10 근로의 권리는 근로의 능력을 가지고 근로를 원하는 사람이 일할 수 있는 권리이다. 취업을 원하지 않는 사람까지 근로의 권리 때문에 취업을 해야 하는 것은 아니다.

11 을은 16세이므로 연소 근로자이다. 연소 근로자라도 임금은 최저 임금 이상을 받아야 한다.

12 매출액 감소가 우려된다는 것만으로는 불가피한 사유로 볼 수 없다. 또 연령을 기준으로 해고하는 것은 불합리하므로 부당 해고에 해당한다.

13 예시 답안 ▶ ○○ 회사의 사용자는 노동조합 활동을 방해하고 있으므로 부당 노동 행위를 한 것이다. 이 경우 노동 위원회에 구제 신청을 하거나 법원의 재판을 통해 노동 3권을 보장받을 수 있다.

📖 채점 기준	
상	부당 노동 행위를 쓰고, 노동 위원회와 법원을 통한 구제 수단을 정확히 서술한 경우
중	노동 위원회와 법원을 통해 구제받는다고 서술한 경우
하	부당 노동 행위라고만 쓴 경우

이렇게 쓰면 Good! 부당 노동 행위, 노동 위원회와 법원을 통한 구제를 모두 포함하여 서술하세요.

Ⅱ. 헌법과 국가 기관

❶ 국회

23쪽
기초 탄탄 개념 문제

1 (1) 국회 (2) 지역구 (3) 상임 위원회   2 (1) 간접 민주제 (2) 본
회의 (3) 대통령   3 (1) ○ (2) × (3) ×   4 (가), (다), (라), (나)

24~25쪽
시험 적중 예상 문제

01 ③   02 ②   03 국민   04 ⑤   05 ⑤   06 ⑤
07 ②   08 ②   09 ④   10 ⑤   11 ①   12 대통령

01 오늘날 대의 정치를 실시하는 까닭은 많은 인구와 넓은 영토, 현대 사회의 복잡성 때문이다. 그로 인해 직접 민주 정치를 실시하기 어려워졌다.

02 법률을 제정하는 기관은 국회이다. 우리나라는 국회라고 부르며 선거에 의해 선출된 국민의 대표인 국회의원을 통해 이루어지기 때문에 간접 민주제의 상징이다.
바로잡기 ③ 행정부를 견제하는 역할이 중요해지고 있다. ⑤ 현대 복지 국가에서는 복지와 관련한 국민의 요구가 많아지면서 행정부의 역할이 점차 커지는 행정 국가화 현상이 나타나고 있다.

03 국회의원은 국민의 선거에 의해 선출된다.

04 우리나라 국회의원은 지역구 국회의원과 비례 대표 국회의원으로 구성된다. 법률안과 예산안 등 중요한 의사 결정은 본회의에서 최종적으로 이루어진다.
바로잡기 ㄱ. 국회의원의 임기는 4년이다. ㄴ. 국회가 구성되면 의장 1명, 부의장 2명을 선출한다.

05 본회의에서 일반적인 의사 결정은 재적 의원 과반수의 출석과 출석 의원 과반수의 찬성으로 이루어진다.

06 국회는 효율적인 의사 진행을 위해 본회의에서 결정할 안건을 미리 조사하고 심의하는 위원회를 둔다. 법률안 등의 각종 안건을 전문적으로 심의하는 상임 위원회와 특별히 필요한 심의 안건이 있는 경우 구성되는 특별 위원회가 있다.

07 법을 만드는 국가 작용을 입법이라고 하며 국회의 가장 대표적인 역할은 법률을 제정하고 개정하는 일이다. 입법권은 국회에 속한다.

08 국회의 일반 국정에 관한 권한은 국정 감사·조사권, 헌법 기관 구성권 등이 있다.
바로잡기 © 입법에 관한 권한, ⓒ 재정에 관한 권한이다.

09 ©은 입법에 관한 권한이다. 입법 기관으로서 국회는 헌법의 개정안을 제안하고 의결할 권한을 가진다.

10 국회에서 대통령이 외국과 체결한 조약에 대한 동의권을 행사하는 것은 조약이 우리나라 법과 같이 국민의 권리 및 국가 기능에 미치는 영향이 크기 때문이다.

11 법률안 제안은 국회와 정부가 할 수 있으며 상임 위원회에서 심의를 한 후 본회의에서 의결한다.
바로잡기 ㄷ. 법률안의 심의·의결은 해당 상임 위원회와 본회의에서 이루어진다. ㄹ. 법률안은 재적 의원 과반수의 출석과 출석 의원 과반수가 찬성하면 통과된다.

12 대통령은 국회를 통과한 법률안을 공포하고 거부권을 행사할 수 있다. 법률안 거부권은 국회를 견제하는 권한이다.

❷ 대통령과 행정부

27쪽
기초 탄탄 개념 문제

1 (1) 대통령 (2) 행정 (3) 국무 회의   2 (1) 직접 (2) 대통령
3 (1) 5년 (2) 국무 회의   4 (1) ○ (2) × (3) ×   5 (1) ©
(2) ⑦ (3) ⑩ (4) ⓔ (5) ©

28~29쪽
시험 적중 예상 문제

01 ④   02 ②   03 국회   04 ④   05 ②   06 (1) (다),
(라), (마) (2) (가), (나), (바)   07 (가) 행정 (나) 법률   08 ⑤
09 ②   10 감사원   11 ②   12 ③

01 우리나라 대통령은 국가를 대표하는 국가 원수이고 행정부 수반으로서의 지위를 갖는다. 국민의 직접 선거로 선출되며 임기는 5년이고 중임할 수 없다.

02 대통령은 행정부의 수반으로서 국무 회의의 의장이 되며, 행정부의 고위 공무원을 임면하고, 행정부를 지휘·감독한다.
바로잡기 ㄴ. 긴급 명령권과 ㄷ. 조약 체결, 외교 시절 맞이는 국가 원수로서의 권한에 해당한다.

03 대통령은 국회의 동의를 얻어 국무총리, 대법원장, 헌법 재판소장, 감사원장 등을 임명하여 헌법 기관을 구성한다.

04 대통령이 법률안 거부권을 행사하는 것은 행정부 수반으로서 국회를 견제하는 권한이다.

05 계엄 선포와 긴급 명령권 행사는 대통령의 국가 원수로서의 권한에 해당한다.

06 대통령은 국가 원수로서 국가의 최고 지도자이며 행정부 수반으로서 행정부를 지휘, 감독한다.

07 국회에서 법률이 만들어지면 이 법률을 실제 집행하는 활동을 행정이라고 한다.

08 현대 사회에서는 행정부의 역할이 광범위해지면서 그 비중이 늘어나고 있다.

09 국무 회의는 행정부의 최고 심의 기관으로 의장인 대통령, 부의장인 국무총리, 국무 의원으로 구성된다.

10 대통령 직속 기관이지만 업무상 독립적인 지위를 가지고 있는 기관은 감사원이다.

11 감사원은 행정 기관 및 공무원의 직무를 감찰하고 국가의 세입과 세출의 결산을 매년 검사한다.
바로잡기 ◎ ① 감사원장은 국회의 동의를 얻어 대통령이 임명한다. ③ 법률안 거부권은 대통령의 권한이다. ④ 구체적인 행정 사무를 처리하며 국무 회의에 참석하는 것은 행정 각부의 장이다. ⑤ 감사원은 행정 기관과 공무원의 직무를 감찰하는 곳이고 재판은 법원이 담당한다.

12 행정부는 국회에서 제정한 법률을 집행하고 정책을 수립하고 시행하는 국가 기관이다.
바로잡기 ◎ ① 국회의 역할이다. ②와 ④ 법원, ⑤ 헌법 재판소의 역할이다.

❸ 법원과 헌법 재판소

기초 탄탄 개념 문제   31쪽

1 (1) 사법 (2) 사법권의 독립 (3) 헌법 (4) 헌법 재판소   2 (1) 대법원 (2) 지방 (3) 위헌 법률   3 (1) 2심 (2) 헌법 재판소   4 (1) × (2) ○ (3) ○

시험 적중 예상 문제   32~33쪽

01 ③   02 ⑤   03 ①   04 (가) 대법원 (나) 고등 법원
05 ①   06 ②   07 ④   08 ①   09 헌법   10 ⑤
11 ③   12 국민

01 법을 적용하여 판단하는 국가 활동이 사법이며, 법원에서 재판을 통해 이루어진다.

02 사법권의 독립을 보장하는 조항이다. 사법권의 독립이 이루어져야 공정한 재판이 이루어지며 국민의 기본권이 보장된다.
바로잡기 ◎ ⑤ 우리 헌법에서는 법관의 지위를 법률로 보장하고 있다. 하지만 법관을 국민의 직접 선거로 선출하지는 않는다.

03 우리나라 법관의 자격은 법률로 정한다.

바로잡기 ◎ ㄷ. 대법관이 아닌 법관은 대법관 회의의 동의를 얻어 대법원장이 임명한다. ㄹ. 대법원장은 국회의 동의를 얻어 대통령이 임명한다.

04 (가)는 사법부의 최고 기관인 대법원, (나)는 고등 법원이다.

05 우리나라 법원은 최고 법원인 대법원과 각급 법원으로 구성된다.
바로잡기 ◎ ② 대법원은 3심 재판을 담당한다. ③ 고등 법원은 2심 재판을 담당한다. 1심 재판은 지방 법원에서 주로 이루어진다. ④ 특허 관련 재판은 특허 법원에서 맡는다.

06 (가) 개인 간의 관계에서 발생한 분쟁 해결은 민사 재판, (나) 범죄 행위에 대한 재판으로 범죄 유무와 형벌의 양을 결정하는 것은 형사 재판이다.

07 헌법 재판소 재판관 9명 중 3명은 국회에서 선출하고, 3명은 대법원장이 지명하고, 3명은 대통령이 임명한다.

08 헌법 재판소에서 해당 법률이 헌법에 위반된다고 결정하면 그 법률은 바로 효력을 상실하게 된다.

09 우리나라에서 모든 국가 작용은 최고법인 헌법에 따라 이루어져야 하며 어떤 법률도 헌법에 어긋나서는 안 된다.

10 헌법 재판소는 위헌 법률 심판, 헌법 소원 심판, 탄핵 심판, 정당 해산 심판, 권한 쟁의 심판을 담당한다.

11 국회에서 대통령을 포함한 고위직 공무원의 탄핵 소추를 의결했을 때 파면 여부를 결정하는 심판을 탄핵 심판이라고 한다.

12 헌법 소원 심판은 법률이나 국가 권력이 국민의 기본권을 침해하고 있는지를 심판하는 제도로 기본권이 침해된 국민이 직접 헌법 재판소에 요청한다.

학교 시험 만점 문제   34~35쪽

01 ③   02 ①   03 해설 참조   04 ④   05 ⑤   06 ④
07 ④   08 해설 참조   09 ②   10 해설 참조   11 ⑤
12 ④   13 ②

01 오늘날 대부분의 민주 국가에서 간접 민주제를 채택하는 까닭은 인구가 많고 영토가 넓어 모든 국민이 한곳에 모여 국가의 일을 결정하기 어렵기 때문이다. 또 현대 사회에는 다양한 가치와 이해관계를 가진 사람들이 모여 복잡하기 때문이다.

02 국회에 관한 설명이다. 국회는 법률을 제정·개정하고 예산

안을 심의·확정하는 역할을 한다.

바로잡기 ➤ ㄷ. 법률을 집행하고 정책을 수립하는 것은 행정부의 역할이다. ㄹ. 능률적인 의사 진행을 위해 국회는 교섭 단체를 두고 있다. 교섭 단체는 국회의 의사 진행, 일정 등을 협의하기 위해 구성된 단체이다.

03 예시 답안 ➤ 법을 제정하고 개정하는 일이다.

04 국회가 국정을 감시하고 견제하는 권한에는 국정 감사·조사권이 있다. 헌법 기관 구성권에는 국무총리, 대법원장, 헌법 재판소장, 감사원장 등을 임명할 때 동의권을 행사한다.

05 우리나라 법률은 국회 본회의의 의결을 거쳐 만들어지거나 개정된다. 이때 국회 재적 의원 과반수 출석과 출석 의원 과반수의 찬성이면 통과된다.

06 대통령은 국가 원수이자 행정부의 수반으로서의 권한을 갖는다.

바로잡기 ➤ ④ 우리나라 대통령은 국민의 직접 선거로 선출되며 임기는 5년이다.

07 대통령은 행정부 수반으로서 모든 행정 작용에 최종적인 권한을 가지고 이에 책임을 진다.

08 예시 답안 ➤ 감사원은 대통령 직속 기관이며 독립적인 지위를 갖는다.

09 우리나라 행정부에는 대통령을 보좌하며 행정 각부를 총괄하는 국무총리가 있다.

바로잡기 ➤ ㄴ. 대통령이 국무 회의의 의장, 국무총리는 부의장이 된다. ㄷ. 국무총리는 국회의 동의를 얻어 대통령이 임명한다.

10 예시 답안 ➤ 공정한 재판을 통해 국민의 기본권을 보장하기 위해서이다.

11 우리나라 법원은 최고 법원인 대법원과 각급 법원으로 조직된다.

바로잡기 ➤ ㄱ. 법관은 국민의 선거가 아닌 대법관 회의의 동의를 얻어 대법원장이 임명한다. ㄴ. 사법부의 최고 기관은 대법원이다.

12 헌법 재판소 재판관은 3명은 국회에서 선출하고, 3명은 대법원장이 지명하며, 3명은 대통령이 지명하여 임명한다. 이는 특정 기관의 영향력이 작용하는 것을 막아 독립적으로 운영되도록 하기 위해서이다.

13 헌법 재판소는 헌법의 해석과 관련된 분쟁을 재판하는 기관이다.

Ⅲ. 경제생활과 선택

① 경제 활동과 경제 체제

37쪽

기초 탄탄 개념 문제

1 (1) 경제 활동 (2) 희소성 (3) 혼합 경제 체제   2 (1) ㉠ (2) ㉡
3 (1) 생산 (2) 적은, 큰   4 (1) 희소성 (2) 효율성   5 (1) ○ (2) ×
(3) ×

37~38쪽

시험 적중 예상 문제

01 ⑤   02 ③   03 ②   04 ④   05 희소성   06 ③
07 ⑤   08 ②   09 ①   10 ②

01 제시문은 재화에 관한 설명이다. 재화는 교복, 자동차 등 구체적인 형태가 있는 물건을 말한다.
바로잡기 ➋ ①, ②, ③, ④는 인간의 욕구를 충족해 주는 서비스에 해당한다.

02 밑줄 친 부분은 무상재를 의미한다. 무상재는 존재량이 무한하여 희소성이 없으므로 대가 없이 얻을 수 있다.

03 생산 활동은 재화나 서비스를 만들어 내거나 이미 만들어진 재화의 가치를 증대시키는 활동이다.
바로잡기 ➋ ㄴ. 소비 활동, ㄹ. 분배 활동에 해당하는 사례이다.

04 희소성은 자원의 양보다는 인간의 필요와 욕구에 의해 결정된다.

05 희소성이란 인간의 욕구는 무한한 데 비하여 이를 충족해 줄 자원이 한정되어 있는 상태를 말한다. 이러한 희소성 때문에 우리는 일상생활에서 끊임없이 선택을 해야 하는 상황에 놓이게 된다.

06 기회비용이란 하나를 선택함으로써 포기하는 대안 중에 가장 가치가 큰 것이다. 갑은 김밥을 선택하였고 이때 포기한 것 중 가장 가치가 큰 것은 떡볶이이다.

07 합리적 소비를 위해서는 소비의 목적을 분명히 하고 소득의 범위 안에서 구매의 우선순위를 정하여 계획적으로 소비해야 한다. 또한 상품의 가격, 품질, 실용성 등 여러 가지 정보를 수집하여 비교하고 소비에 따른 기회비용과 편익을 따져 보아야 한다.

08 합리적 선택은 비용을 최소화하고 편익을 최대화한 선택이다. 즉, 최소의 비용으로 최대의 만족을 얻고자 하는 선택으로 기본적으로 효율적인 선택을 의미한다.
바로잡기 ➋ ① 기회비용을 최소화한다. ③ 편익이 같다면 비용이 적은 것을 선택한다. ④, ⑤ 비용은 적고 만족감은 큰 선택을 한다.

09 자원의 희소성으로 경제 문제가 발생한다. 제시된 사례는 기본적인 경제 문제 중 '어떻게 생산할 것인가'라는 생산 방법의 결정과 관련된 문제이다.

10 시장 경제 체제는 사유 재산을 인정하고 자유로운 경제 활동을 보장하는 경제 체제로 기본적인 경제 문제를 시장 가격에 의해 해결한다.

② 기업의 역할과 사회적 책임

40쪽

기초 탄탄 개념 문제

1 (1) 이윤 (2) 세금 (3) 기업가 정신   2 (1) 소득 (2) 기업의 사회적 책임 (3) 혁신   3 (1) 가계 (2) 싼   4 (1) × (2) ○ (3) ×
5 (1) ㉠ (2) ㉢ (3) ㉡

40~41쪽

시험 적중 예상 문제

01 ①   02 ②   03 ①   04 ②   05 ⑤   06 ⑤
07 이윤   08 ④   09 기업가 정신   10 ④

01 경제 활동에 참여하는 개인 또는 집단을 경제 주체라고 한다. 경제 주체에는 가계, 기업, 정부 등이 있다.

02 가계는 소비 활동의 주체, 기업은 생산 활동의 주체, 정부는 생산과 소비 활동의 주체이다.

03 ㉠ 가계는 소비의 주체로 기업에 생산 요소를 제공한 대가를 받아 재화와 서비스를 소비한다.
바로잡기 ➋ ㄷ. 경제 활동에 필요한 규칙을 제정하는 경제 주체는 정부이다. ㄹ. 가계와 기업으로부터 받은 세금으로 공공재를 공급하는 경제 주체는 정부이다.

04 기업은 생산 활동의 주체로 이윤 획득을 목적으로 가계로부터 생산 요소를 제공받아 재화와 서비스를 생산하고, 가계에 일자리와 소득을 제공한다.
바로잡기 ➋ ㄴ. 최소 비용으로 최대 편익을 얻는 것을 목적으로 하는 경제 주체는 가계이며, 기업은 최소 비용으로 최대 이윤을 추구한다. ㄹ. 가계에 관한 설명이다.

05 정부는 시장의 경제 질서를 유지하고 경제 활동에 필요한 각종 제도와 정책을 실행한다. 또한 공공재와 사회 간접 자본을 공급하고 이 과정에서 재화와 서비스를 소비하기도 한다.
바로잡기 ➋ ⑤ 세계화 시대에 중요성이 커지고 있는 무역의 주체는 외국이다.

06 오늘날에는 기업의 사회적 책임이 강조되고 있다. 사례는 기부 활동을 통해 기업이 사회적 책임을 실천한 사례이다.

07 기업의 활동 목적은 이윤을 얻기 위해서이다.

08 오늘날에는 기업의 사회적 책임이 강조되고 있다. 사회적 책임을 하기 위한 방법에는 기업 경영의 투명성 유지, 법령과 윤리 준수, 환경 보호, 장애인 및 여성 고용 확대, 기부 활동 등이 있다.

바로잡기 ◎ ㄱ. 이윤 극대화는 기업의 사회적 책임과는 거리가 있다. ㄷ. 사회적 약자인 장애인과 여성의 고용 확대에 힘써야 한다.

09 기업가 정신은 새로운 제품을 개발하려고 할 때 그 제품이 시장에서 성공을 거둘지 알 수 없는 상황에서 위험을 감수하고 자금을 투자해서 이윤을 내려는 도전 정신이다.

10 혁신은 새로운 제품을 개발하고, 생산 비용을 줄이기 위해 새로운 생산 기술이나 방법을 도입하고, 새로운 시장을 개척하고, 새로운 경영 조직을 만드는 것 등이다.

바로잡기 ◎ ④ 현재 잘 팔리고 있는 제품의 생산량을 늘리는 것은 혁신이라고 보기 어렵다.

❸ 지속 가능한 경제생활

기초 탄탄 개념 문제
43쪽

1 (1) 저축 (2) 자산 (3) 신용　**2** (1) 소비 (2) 노년기 (3) 예금
(4) 수익성　**3** (1) 청년기 (2) 채권　**4** (1) ○ (2) ×　**5** (1) ㉡
(2) ㉠ (3) ㉢

시험 적중 예상 문제
44~45쪽

01 ②　**02** ⑤　**03** ②　**04** ⑤　**05** ④　**06** ④　**07** ③
08 예금　**09** ③　**10** 수익성　**11** ②　**12** ③

01 (개)는 수입이 지출보다 많은 시기로 저축이 늘어나는 경우가 많다. 소득이 많은 장년기에 저축을 많이 해서 소득이 없는 노년기를 대비해야 한다.

02 생애 주기에 따라 경제생활의 특징이 달라진다.

바로잡기 ◎ ㄱ. 유소년기에는 부모의 소득에 의존하여 소비 생활을 한다. ㄴ. 청년기에는 취업을 하여 소득이 생기지만 그 크기가 크지 않아 소득보다 소비가 많은 경우도 발생한다.

03 제시문은 청년기에 대한 설명이다. 청년기는 소득과 지출이 모두 적은 편이지만 저축을 하여 결혼과 자녀 출산 등에 대비해야 하는 시기이다.

04 제시문은 노년기에 대한 설명이다. 최근에는 평균 수명의 연장으로 은퇴 이후 안정된 노후를 보내기 위해 자산 관리의 중요성이 더욱 강조되고 있다.

05 (개)에 가까울수록 안전성은 낮고 수익성은 높고 (내)에 가까울수록 안전성은 높고 수익성은 낮다. (개)에 해당하는 대표적인 자산은 주식이며 (내)에 해당하는 대표적인 자산은 예금과 적금이다.

바로잡기 ◎ ② (가)에는 고수익·고위험의 자산이 속한다. ③ (나)에는 예금, 적금 등이 해당한다. ⑤ 안전성이 높을수록 수익성과 위험성은 낮다.

06 일반적으로 예금과 적금은 안전성이 높은 데 비해 수익성은 낮고, 주식은 수익성은 높은 데 비해 안전성이 낮다. 부동산은 거래하는 데 시간이 많이 걸리고, 가격이 높아 현금화가 쉽지 않기 때문에 유동성이 가장 낮다.

바로잡기 ◎ ㄱ. 주식은 수익성은 높지만 안전성은 낮다. ㄷ. 예금은 채권에 비해 위험성이 낮다.

07 채권은 정부, 기업 등이 자금을 마련하기 위해 일정한 이자 지급을 약속하고 발행한 증서이다. 일반적으로 예금보다는 수익성 높고, 주식보다는 안전성이 높은 편이다.

08 예금은 약속한 이자를 받으려고 금융 기관에 돈을 맡기는 것으로 가장 안전한 자산이다.

09 자신이 원하는 만큼의 생활 수준을 유지하고 노후와 위험 등을 대비하여 안정적이고 지속적인 경제생활을 하기 위해서 자산 관리가 필요하다.

바로잡기 ◎ ③ 개인이 생산 활동을 통해 소득을 얻을 수 있는 기간은 한정되어 있다.

10 수익성이란 투자를 통해 이익을 얻을 가능성이 큰 정도를 말한다.

11 사진은 신용 카드로 물건을 구입하는 신용 거래를 나타낸다. 신용을 활용한 거래는 현재의 소득보다 더 많이 소비할 수 있고 현금이 없어도 거래할 수 있어 경제생활이 더욱 편리해진다는 장점이 있다. 그러나 현금으로 직접 지불하지 않기 때문에 물건을 충동구매하거나 과소비할 우려가 있다.

12 신용 거래란 나중에 갚기로 하고 재화나 서비스, 또는 현금을 제공받는 형태의 거래이다.

바로잡기 ◎ ㄱ. 신용 카드를 사용하면 가지고 있는 현금이 부족할 때도 소비할 수 있기 때문에 충동구매나 과소비의 가능성이 크다. ㄹ. 신용 거래는 상품을 먼저 받고 비용을 나중에 지불하는 방식의 거래이다.

01 ②　**02** ③　**03** 해설 참조　**04** ⑤　**05** ③　**06** ④
07 ①　**08** ①　**09** ④　**10** ⑤　**11** 해설 참조　**12** ①

01 경제 활동의 대상에는 재화와 서비스가 있다. 재화는 인간의 욕구와 필요를 충족해 주는 물건으로, 옷, 음식, 집 등을 들 수 있다. 서비스는 인간의 욕구와 필요를 충족해 주는 인간의 활동으로, 의사의 진료, 교사의 수업, 음악가의 연주 등을 들 수 있다.

02 소비는 생활에 필요한 재화와 서비스를 대가를 지불하고 사용하는 활동을 말한다.

　바로잡기 ❷ ㄱ. 경제 활동에 참여한 대가를 받는 것이므로 분배 활동에 해당한다. ㄹ. 재화를 만드는 것이므로 생산 활동에 해당한다.

03 예시 답안 ▶ 고흐의 작품이 비싼 가격에 팔리는 까닭은 고흐의 사망으로 그의 작품 제작이 더 이상 이루어지지 않는 상황에서 고흐의 작품을 원하는 사람이 많아 희소성이 커졌기 때문이다.

🔖 채점 기준	
상	희소성을 포함하여 고흐 작품의 희소성이 커진 원인을 서술한 경우
중	희소성이란 용어를 사용하지 않고 고흐 작품의 희소성이 커진 이유만 서술한 경우
하	희소성이라고만 쓴 경우

이렇게 쓰면 Good!　희소성, 한정된 고흐의 작품, 고흐의 작품을 원하는 사람이 많음 등의 내용을 서술하세요.

04 하나를 선택하게 됨으로써 포기하게 된 대안 중 가장 가치가 큰 것을 기회비용이라고 한다. 기회비용은 주관적이고 상대적인 것으로 사람마다 다르게 나타날 수 있다.

05 계획 경제 체제는 국가에 의해 경제 문제가 해결되기 때문에 국가가 정한 목적 달성과 소득 분배가 공평하게 이루어질 수 있다는 장점이 있다. 하지만 경제적 효율성과 창의성이 떨어지고 사람들의 생산 의욕도 낮다는 단점이 있다.

06 가계는 기업에 생산 요소(노동, 토지, 자본)를 제공하고 이에 대한 대가로 임금, 지대, 이자를 받아 소득을 형성한다. 기업은 제공받은 생산 요소를 이용하여 재화와 서비스를 생산하여 가계에 공급하고 상품 대금을 받는다.

07 경제 주체인 가계, 기업, 정부는 서로 밀접한 관련을 가지고 경제 활동을 한다.

　바로잡기 ❷ ㄷ. 가계는 기업에 노동, 토지, 자본과 같은 생산 요소를 제공한다. ㄹ. 재화와 서비스를 생산하여 공급하는 경제 주체는 기업이다.

08 최근에는 기업의 사회적 책임이 강조되고 있으며, 기업이 내는 세금은 국가 수입의 큰 비중을 차지한다. 기업은 혁신을 통해 위험을 감수하고 새로운 도전을 한다. 이를 통해 소비자는 우수한 제품을 보다 싼 가격으로 구입할 수 있다.

09 노년기는 직장에서 은퇴하고 모아 둔 돈으로 여생을 보내는 시기로 고령화 시대로 접어들면서 노년기가 길어지고 있다. 따라서 소득이 지출보다 많은 기간에 저축을 하여 노년기를 대비해야 한다.

10 소비는 평생 이루어지지만 소득을 얻을 수 있는 기간은 한정되어 있기 때문에 소득이 많은 장년기에 저축을 많이 해서 소득이 없는 노년기를 대비해야 한다.

11 예시 답안 ▶ 자산은 종류에 따라 안전성, 수익성, 유동성 등 특성이 다르다. 안전성은 투자한 원금이 손실되지 않는 정도, 수익성은 투자를 통해 이익을 얻을 가능성이 큰 정도, 유동성은 돈이 필요할 때 바로 현금으로 바꿀 수 있는 정도를 의미한다.

🔖 채점 기준	
상	안전성, 수익성, 유동성을 모두 쓰고 그 의미를 정확히 서술한 경우
중	안전성, 수익성, 유동성 중 두 가지를 제시하고 그 의미를 서술한 경우
하	안전성, 수익성, 유동성만 쓴 경우 또는 한 가지만 제시하고 그 의미를 서술한 경우

이렇게 쓰면 Good!　안전성, 수익성, 유동성과 그 의미를 서술하세요.

12 신용은 사람의 경제적 지불 능력 또는 지불 능력에 관한 사회적 평가이다. 미래의 소득이나 지불 능력을 고려하지 않고 비합리적으로 소비하면 신용을 잃게 되어 경제생활이 어려울 수 있다. 신용을 바탕으로 한 신용 거래는 필요한 경우 목돈을 마련할 수 있고, 당장 현금이 없어도 구매할 수 있다는 장점이 있다.

Ⅳ. 시장 경제와 가격

❶ 시장의 의미와 종류

49쪽

기초 탄탄 개념 문제

1 (1) 사회적 분업 (2) 거래 비용 (3) 판매 대상   2 (1) 이익 (2) 증가 (3) 보이지 않은 (4) 상설   3 (1) ○ (2) × (3) ×   4 (1) ㉡ (2) ㉢ (3) ㉠

시험 적중 예상 문제

50~51쪽

01 ③   02 ③   03 ④   04 사회적 분업   05 ④   06 ③
07 ⑤   08 ④   09 ⑤   10 생산 요소 시장   11 ⑤   12 ①
13 ①

01 처음 사람들은 필요한 모든 물건을 스스로 만드는 자급자족의 생활을 했으나 교환의 장점을 깨닫고 사회적 분업을 시작하고, 물건을 효율적으로 교환하기 위해 시장을 만들게 되었다.

02 시장은 팔고자 하는 사람과 사고자 하는 사람이 자발적으로 만나 교환이 이루어지는 장소로, 주로 교통이 편리한 곳에 위치한다.
바로잡기 ➋ ③ 시장은 자급자족 생활에서 벗어나 물건을 서로 바꾸어 쓰면서 발생하였다.

03 두 부족은 사이가 좋지 않음에도 불구하고 자기에게 있지만 남는 물건과 자신에게 없지만 필요한 물건을 서로 교환하고 있다.

04 혼자서 필요한 물건을 모두 생산하는 것이 아니라, 하나의 생산 부문을 집중해서 생산하는 것을 사회적 분업이라고 한다. 분업을 통해 사람들은 더 많은 생산을 할 수 있게 되었고 이를 필요한 것과 교환할 수 있게 되었다.

05 시장은 시간과 비용 등의 거래 비용을 줄여주고, 상품에 대한 많은 정보를 제공하며, 사회적 분업을 활발하게 만든다.
바로잡기 ➋ ④ 시장이 발달하면 필요한 다양한 물건을 스스로 만들어 사용하는 자급자족보다 하나의 생산 부문을 집중하여 생산하는 사회적 분업이 더욱 활발해진다.

06 갑~병은 시장에서 다양한 텔레비전을 살펴보고 각 텔레비전에 대한 정보를 얻고 있다. 이처럼 시장에서는 다양한 상품에 대한 정보를 얻고 비교할 수 있다.

07 재래시장이나 백화점, 대형 할인점 등은 거래하는 모습이 구체적으로 드러나므로 보이는 시장이며, 주식 시장이나 외환 시장, 전자 상거래는 거래하는 모습이 구체적으로 드러나지 않으므로 보이지 않는 시장이다.

08 제시된 사진에서 일자리를 찾는 사람과 기업이 만나 생산 요소인 노동의 거래가 이루어지고 있다. 노동 시장은 생산 요소 시장, 보이지 않는 시장에 해당한다.

09 인터넷을 통해 상품을 거래하는 전자 상거래의 모습이 나타나 있는데, 이는 보이지 않는 시장에 해당한다. 또한 프린터를 사고 있으므로 일반 소비자가 사용하는 상품이 판매되는 생산물 시장에 해당한다.
바로잡기 ➋ 전자 상거래는 물건을 살 때 필요한 시간과 비용을 줄여주며, 이용이 간편해서 점점 증가하고 있다.

10 토지, 노동, 자본 등 생산물을 만들기 위한 요소를 생산 요소라고 하며, 이러한 생산 요소가 거래되는 시장을 생산 요소 시장이라고 한다.

11 ㉠에 들어갈 기준은 판매 대상이며, ㉡에 들어갈 기준은 개설 시기이다. 판매 대상에 따라 상인을 대상으로 하는 도매 시장, 소비자를 대상으로 하는 소매 시장으로 구분할 수 있으며, 개설 시기에 따라 매일 열리는 상설 시장, 특정 시기에 열리는 정기 시장으로 구분할 수 있다.

12 그림은 마트에서 물건을 사는 모습이다. 이는 생산물 시장, 보이는 시장, 소매 시장에 해당한다.
바로잡기 ➋ ①에서 말하는 시장은 생산 요소 시장으로, 그림은 우유, 식빵 등의 생산물을 구매하고 있으므로 생산물 시장에 해당한다.

13 외환 시장은 외국 돈인 외환을 거래하는 시장으로 보이지 않는 시장이다. 제시된 글에서 눈에 보이지 않지만 외환 시장에서 거래가 일어남을 설명하고 있다.
바로잡기 ➋ ① 재래시장은 보이는 시장의 사례이다.

❷ 시장 가격의 결정

기초 탄탄 개념 문제

53쪽

1 (1) 수요 (2) 공급량 (3) 균형 가격, 균형 거래량   2 (1) 줄인다 (2) 증가, 우상향 (3) 초과 공급, 하락   3 (1) 공급 (2) 초과 공급이   4 (1) × (2) × (3) ○   5 (1) ㉢ (2) ㉠ (3) ㉣ (4) ㉡

시험 적중 예상 문제

54~55쪽

01 ①   02 ④   03 ②   04 ⑤   05 ①   06 ㉠ 공급자 ㉡ 수요자   07 ④   08 균형 가격 : 1,500원, 균형 거래량 : 6만 개   09 ①   10 ④   11 ⑤

01 남자는 사과를 사고 싶은 욕구, 즉 사과에 대한 수요를 가지고 있으므로 수요자라고 할 수 있다.

02 수요는 일정 기간 상품을 구입하고자 하는 욕구로, 상품을 구입하고자 하는 사람을 수요자, 각 가격 수준에서 구체적으로 구입하고자 하는 양을 수요량이라고 한다.

바로잡기 ④ 수요량은 구입하고자 하는 구체적인 양이지, 실제로 구입한 양이 아니다.

03 떡볶이의 가격이 오를수록 수요량은 줄어들고, 가격이 내려갈수록 수요량은 늘어나고 있다. 이처럼 가격이 하락하면 수요량이 늘어나고, 가격이 상승하면 수요량이 줄어드는 것이 수요 법칙이다.

04 공급은 일정 기간 상품을 판매하고자 하는 욕구로, 상품을 판매하고자 하는 사람을 공급자, 각 가격 수준에서 구체적으로 판매하고자 하는 양을 공급량이라고 한다.

바로잡기 ㄱ. 상품을 팔고자 하는 사람이 공급자이다. ㄴ. 시장 가격이 변화하면 공급량도 변동한다.

05 공급 곡선이 우상향하는 것으로 보아, 공급 법칙은 가격이 상승하면 공급량이 늘어나고, 가격이 하락하면 공급량이 줄어드는 가격과 공급량의 비례 관계를 의미한다.

06 영희는 참치를 시장에 팔려고 하는 공급자이고, 철수는 참치를 사려고 하는 수요자이다.

07 치킨의 수요량과 공급량이 일치하는 지점인 8,000원에서 균형 가격이 결정될 것이다.

바로잡기 ④ 가격이 12,000원일 때 수요량은 12만 마리, 공급량은 20만 마리로 공급량이 더 많다.

08 수요량과 공급량이 6만 개로 일치하는 지점인 1,500원에서 균형 가격과 균형 거래량이 결정된다.

09 수요 곡선과 공급 곡선이 만나는 지점에서 균형 가격과 균형 거래량이 결정된다. 그림에서 나타난 균형 가격은 8,000원, 균형 거래량은 16만 마리이다.

바로잡기 ① 균형 가격보다 높은 12,000원에서는 공급량이 수요량보다 많으므로 초과 공급이 발생하고 있다.

10 균형 가격은 수요량과 공급량이 일치하는 지점에서 결정된다. 초과 수요가 발생하면 초과하는 수요량이 사라질 때까지 가격은 상승하며, 초과 공급이 발생하면 초과하는 공급량이 사라질 때까지 가격은 하락한다.

바로잡기 ④ 수요 법칙에 따라 만두의 가격이 상승하자 수요량이 줄어든 것이다.

11 쇠고기의 가격이 높아지자 대체재인 돼지고기를 사고, 쇠고기의 공급량을 늘리려고 한다. 이처럼 가격은 경제 주체에 어떻게 행동해야 하는지 안내하는 신호등의 역할을 한다.

③ 시장 가격의 변동

기초 탄탄 개념 문제 57쪽

1 (1) 대체재 (2) 상승 (3) 감소 2 (1) 감소한다 (2) 하락 (3) 오른쪽 3 (1) 증가 (2) 오른쪽 (3) 증가 4 (1) × (2) × 5 (1) ㉠ (2) ㉢ (3) ㉡ (4) ㉢

시험 적중 예상 문제 58~59쪽

01 ④ 02 대체재 03 ⑤ 04 ③ 05 ⑤ 06 ④
07 ③ 08 ② 09 ③ 10 균형 가격 : 상승, 균형 거래량 : 증가 11 ⑤

01 수요의 변동에 영향을 미치는 요인은 가계의 소득, 대체재와 보완재의 가격, 선호도, 인구수, 상품의 미래 가격에 대한 예상 등이 있다.

바로잡기 생산 요소의 가격 변화는 공급 변동에 영향을 준다.

02 쓰임이 비슷하여 서로 바꾸어 쓸 수 있는 재화를 대체재라고 하며, 커피와 차, 콜라와 사이다 등이 이에 해당한다.

03 함께 소비할 때 더 큰 만족감을 얻을 수 있는 관계에 있는 재화는 보완재로, 프린터와 프린터 잉크, 빵과 우유 등이 해당한다.

04 수요는 소득, 대체재와 보완재의 가격, 선호도, 인구수 등에 의해 영향을 받는다.

바로잡기 상품의 가격이 상승할 경우 수요의 변화가 아닌 수요량의 변화가 나타나며, 생산 기술의 혁신은 공급에 영향을 미치는 요인이다.

05 자가용 승용차 시장의 공급 증가는 승용차를 만들기 위한 생산 요소의 가격이 하락하거나, 공급자가 증가하는 경우(외국 자동차 기업의 국내 진출)에 발생한다.

바로잡기 가계 소득의 증가는 승용차 수요를 증가시키고, 승용차의 대체재인 지하철 승차 요금 하락은 승용차의 수요를 감소시킨다.

06 커피 재배 지역에서 원재료인 커피콩 생산이 줄어들면 커피의 가격은 상승할 것이다.

바로잡기 커피콩 가격이 미래에 더 상승할 것이 예상되므로 지금 당장 사는 것이 더 나을 것이다.

07 ㄱ은 수요를 증가시켜 균형 가격이 상승하며, ㄴ은 수요를 감소시켜 균형 가격이 하락한다. ㄷ은 공급을 증가시켜 가격이 하락하고, ㄹ은 공급을 감소시켜 가격이 상승한다.

08 ㄱ은 공급이 증가하고 ㄷ은 수요가 증가하여 균형 거래량이 상승한다. ㄴ은 수요가 감소하고 ㄹ은 공급이 감소하여

균형 거래량이 감소한다.

09 공급 곡선의 우측 이동은 공급이 증가하는 경우이다. 공급의 증가는 생산 요소의 가격 하락, 기술 혁신, 공급자 수의 증가, 미래 가격 하락 예상 등의 경우에 발생한다.
바로잡기 ③ 상품 가격이 변동하면 공급 곡선 자체가 이동하는 것이 아니라 공급 곡선상의 점이 이동한다.

10 황사가 오면 황사용 마스크에 대한 수요는 증가할 것이다. 따라서 수요 곡선의 우측 이동으로 인해 균형 가격은 상승하고 균형 거래량은 증가할 것이다.

11 (가)는 생산 요소 가격의 하락으로 공급 곡선이 우측으로 이동하고, (나)는 선호도가 감소하여 수요 곡선이 좌측으로 이동한다. 이때 균형 가격은 하락하지만, 두 곡선이 이동한 정도에 따라 균형 거래량은 증가, 감소, 불변할 수 있다. 따라서 균형 가격은 하락, 균형 거래량은 모름이 답이다.

학교 시험 만점 문제 ▶ 60∼61쪽

01 ①	02 ③	03 ⑤	04 ②	05 ①	06 ④	07 ④
08 해설 참조		09 ④	10 해설 참조		11 ③	12 ②
13 ①						

01 사회적 분업이 발달하고, 효과적인 교환으로 거래 비용을 줄이기 위해 사려고 하는 사람과 파려고 하는 사람들이 자발적으로 장소를 정해 만나는 곳을 시장이라고 한다.

02 시장은 교환에 드는 시간과 비용 등의 거래 비용을 줄여주고 상품의 다양한 정보를 제공하며, 사회 전체의 생산성을 증대시키는 기능을 한다.

03 노동, 자본, 토지 등 생산 요소가 거래되는 시장을 생산 요소 시장이라고 하며, 이는 보이지 않는 시장에 속한다.

04 시장은 여러 기준으로 구분할 수 있는데 재래시장과 가구 시장은 일반 소비자가 사용하는 물건이 거래되는 생산물 시장이라고 할 수 있다.

05 상품을 구입하고자 하는 사람은 수요자이며, 각 가격 수준에서 수요자가 사려는 구체적인 양은 수요량이라고 한다.

06 갑은 샤프의 가격이 하락하면 생산을 줄이고, 샤프의 가격이 상승하면 생산을 늘리려고 한다. 이처럼 가격과 공급량이 비례하며 같은 방향으로 변화하는 것이 공급 법칙이다.

07 햄버거 가격이 5,000원일 때 수요량은 24만 개, 공급량은 28만 개로, 4만 개의 초과 공급이 발생한다. 따라서 공급자 간의 경쟁이 벌어지고 초과 공급이 사라질 때까지 가격이 하락할 것이다. 공급량을 늘리면 공급자 간 경쟁이 심해지므로 공급량을 오히려 줄여야 한다.

08 **예시 답안 ▶** 햄버거의 균형 가격은 4,000원, 균형 거래량은 26만 개이다. 균형 가격과 균형 거래량은 수요량과 공급량이 일치하는 지점에서 결정된다.

📖 채점 기준	
상	균형 가격과 균형 거래량을 옳게 적고, 균형 가격이 결정되는 과정을 정확하게 서술한 경우
중	균형 가격과 균형 거래량은 옳게 적었으나 균형 가격의 결정 과정을 미흡하게 서술한 경우
하	균형 가격과 균형 거래량만 옳게 적은 경우

이렇게 쓰면 Good! 균형 가격과 균형 거래량을 적고, '수요량과 공급량이 일치하는 지점에서 결정된다.' 또는 '수요 곡선과 공급 곡선이 일치하는 지점에서 결정된다.'는 말을 포함하여 서술하세요.

09 수요의 변동에 영향을 주는 요인은 인구수, 대체재나 보완재의 가격, 선호도, 상품의 미래 가격에 대한 예상 등이 있다.

10 **예시 답안 ▶** ㉠은 대체재로 돼지고기와 쇠고기, 지하철과 버스의 관계가 대체재이다.

📖 채점 기준	
상	대체재임을 적고 사례를 두 가지 이상 서술한 경우
중	대체재임을 적고 사례를 한 가지만 서술한 경우
하	대체재라고만 적은 경우

이렇게 쓰면 Good! 대체재임을 쓰고, 쇠고기와 돼지고기, 지하철과 버스, 샌드위치와 햄버거 등 대체재의 사례를 하나 들어 서술하세요.

11 공급 곡선을 우측으로 이동시키는 요인은 생산 요소 가격의 하락, 기술 혁신, 공급자 수의 증가, 미래 가격 하락 예상 등이 있다. 2는 수요 곡선을 좌측으로 이동시키는 요인이다. 1번과 4번만 옳게 답했으므로 2점이다.

12 그래프에서 아이스크림의 수요 곡선은 우측으로 이동하고 있다. 평균 기온이 상승하여 사람들이 아이스크림을 많이 찾으면 수요가 증가하여 수요 곡선이 우측으로 이동한다.

13 ㄱ은 수요를 증가시켜서, ㄴ은 공급을 증가시켜서 균형 거래량을 증가시킨다. ㄷ은 공급을 감소시켜서, ㄹ은 수요를 감소시켜서 균형 거래량을 감소시킨다.

V. 국민 경제와 국제 거래

❶ 국내 총생산의 이해

63쪽

기초 탄탄 개념 문제

1 (1) 부가 가치 (2) 경제 성장   2 (1) 고려하지 않는다 (2) 포함
되지 않는다 (3) 상승   3 (1) 최종 생산물 (2) 1인당 국내 총생산
4 (1) ○ (2) × (3) ×   5 (1) ㉠, ㉣ (2) ㉢, ㉤

시험 적중 예상 문제

64~65쪽

01 ①	02 ①	03 ②	04 ④	05 부가 가치	06 ④
07 ③	08 ②	09 ⑤	10 경제 성장	11 ⑤	12 ②

01 국내 총생산은 일정 기간 한 나라 안에서 새롭게 생산한 모든 최종 생산물의 가치를 합한 것이기 때문에 나라 전체의 경제 규모를 파악할 수 있어 국가 간 경제 규모를 비교할 수 있다.

02 ㄷ. 한국인이지만 독일에서 축구공을 만들었으므로, 독일의 국내 총생산에 포함될 것이다. ㄹ. 우리나라에서 생산했지만, 직접 먹기 위해 생산하였으므로 국내 총생산에 포함되지 않는다.

03 국내 총생산은 생산자의 국적을 고려하지 않으며, 한 나라 안에서 생산된 모든 최종 생산물의 가치를 포함한다.

04 최종 생산물인 칼국수의 가치가 4,000원이므로 국내 총생산은 4,000원이다.

05 부가 가치는 재화나 서비스의 생산 과정에서 추가된 가치를 의미한다.

06 봉사 활동은 사회적으로 가치 있는 행동이지만 그 가치를 시장 가격으로 표현하기 어려우며, 시장에서 거래되는 행위도 아니다. 따라서 봉사 활동은 국내 총생산에 포함되지 않는다.

07 사진에서 나타난 것과 같은 부모의 육아나 가사 노동, 봉사 활동 등은 시장에서 거래되는 것이 아니므로 국내 총생산에 포함되지 않는다.
바로잡기 ◈ ③ 공동 텃밭에서 토마토를 재배하여 판매한 것이기 때문에 시장 가치로 측정할 수 있는 생산 활동이며, 국내 총생산에 포함된다. 따라서 사진과 다른 사례라고 할 수 있다.

08 사진과 같이 쓰레기가 증가하면 환경이 오염되며 삶의 질은 낮아진다. 국내 총생산이 높아져 경제 규모가 커질수록 환경 오염은 더욱 심각해질 수 있으며, 따라서 국내 총생산이 높아질수록 삶의 질이 반드시 좋아지지는 않는다.

09 경제 성장은 물질적인 풍요를 가져오고 문화와 여가 생활을 높일 수 있다. 그러나 경제 활동 시간이 늘어나 여가가 부족해지고, 오히려 일과 삶의 균형이 깨질 수 있다.

10 국내 총생산이 증가하여 나라의 생산 능력과 경제 규모가 커진 것을 경제 성장이라고 한다.

11 인구 천 명당 의사 수가 증가한 것은 질 좋은 의료 서비스를 받을 수 있다는 장점이 있지만, 이것이 출산율을 높여주지는 않는다.

12 기사는 우리나라가 눈부신 경제 성장으로 경제 대국이 됐지만 환경 오염과 같은 문제도 발생했음을 보여주고 있다.

❷ 물가와 실업

67쪽

기초 탄탄 개념 문제

1 (1) 인플레이션 (2) 실업 (3) 구조적   2 (1) 하락 (2) 수입 (3)
경기적   3 (1) 종합하여 평균한 (2) 불리 (3) 소비자   4 (1) ×
(2) ○   5 (1) ㉢ (2) ㉡ (3) ㉠

시험 적중 예상 문제

68~69쪽

01 ②	02 ②	03 ④	04 인플레이션	05 ③	06 ③
07 ②	08 ⑤	09 20%	10 ④	11 ②	12 ④	13 ④

01 물가가 상승하면 같은 금액의 화폐로 살 수 있는 물건의 종류와 양이 줄어들기 때문에 화폐의 가치는 하락한다.
바로잡기 ◈ 물가는 시장에서 거래되는 상품들의 가격을 종합하여 평균한 값이다. 나라마다 물가 수준은 다르게 나타난다.

02 물가가 상승하면 화폐의 가치가 떨어지므로, 화폐를 보유한 사람이 상대적으로 불리해진다. 따라서 채권자, 저축을 한 사람이나 임금을 돈으로 받는 월급 노동자들은 불리해지게 된다.

03 사진에서 아이들은 장난감 대신 돈뭉치를 가지고 놀고 있다. 이처럼 물가가 지속해서 오르는 현상을 인플레이션이라고 하며, 극심한 인플레이션을 초인플레이션이라고 한다.
바로잡기 ◈ ④ 인플레이션이 발생하면 화폐의 가치는 떨어지며 재화와 서비스의 가치는 상승한다.

04 물가가 지속적으로 상승하는 현상은 인플레이션이다.

05 채권자인 갑은 물가가 상승하면 불리해진다. ①, ②, ④, ⑤는 물가가 상승하면 불리한 사람이지만, ③은 상대적으로 가치가 낮아진 현금으로 월급을 주므로 유리해진다.

06 물가가 상승하면 화폐의 가치는 떨어지기 때문에 친구에게

빌려준 돈은 최대한 빨리 받는 것이 유리하다.

07 정부는 재정 지출을 줄이고 공공요금 인상을 억제함으로써 물가를 안정시킬 수 있다.
바로잡기 ▶ 기업과 근로자는 생산 비용을 절감하고, 소비자는 합리적인 소비 생활을 하는 것이 물가 안정을 위한 방안이다.

08 실업은 일할 수 있는 능력이 있고, 일하고자 하는 마음도 있지만 일자리가 없어서 일을 못하는 상태를 의미한다.

09 실업률은 경제 활동 인구 중 실업자의 비율로 구할 수 있다. 노동 가능 인구 80만 명 중 일할 의지나 능력이 없는 비경제 활동 인구를 제외한 50만 명이 경제 활동 인구가 되며, 50만 명 중 취업자 40만 명을 뺀 10만 명이 실업자가 된다. 따라서 실업률은 (10만 명 / 50만 명) × 100을 통해 구할 수 있고, 실업률은 20%가 된다.

10 실업이 발생하면 정부가 세금으로 얻게 되는 수입인 세수도 줄어들게 된다.

11 (가)는 구조적 실업, (다)는 계절적 실업이다. 구조적 실업은 새로운 기술의 도입으로 산업 구조가 변화하면서 발생한 실업이다. 계절적 실업은 건설업, 농업, 관광업 등 계절의 영향을 많이 받는 분야에서 계절에 따라 발생하는 실업이다.

12 (나)에 나타난 실업은 경기적 실업이다.
바로잡기 ▶ ㄱ, ㄷ. 구조적 실업의 해결책이다.

13 연봉이 더 높은 회사로 옮기는 것은 마찰적 실업에 해당한다. 마찰적 실업은 더 나은 조건의 일자리를 구하기 위해 일시적으로 실업 상태가 된 것을 의미하며, 적절한 구직 정보를 제공하여 탐색 시간과 비용을 줄일 수 있다.
바로잡기 ▶ ④ 정부의 노력으로 새로운 직업을 탐색하는 시간과 비용을 줄일 수는 있지만, 완전히 없앨 수는 없다.

❸ 국제 거래와 환율

71쪽
기초 탄탄 개념 문제

1 (1) 국제 거래 (2) 수요, 공급　2 (1) 자원 (2) 하락, 상승 (3) 하락　3 (1) 다르기 (2) 공급이 (3) 하락　4 (1) ○ (2) ○ (3) ×
5 (1) ㉠ (2) ㉡

72~73쪽
시험 적중 예상 문제

01 ②　02 ①　03 자유 무역 협정(FTA)　04 ⑤　05 ②
06 ①　07 ③　08 44,000원　09 ⑤　10 ⑤　11 ②
12 ①

01 국제 거래는 생산물이나 생산 요소가 국경을 넘어 거래되는 것을 의미한다.

02 그림과 같이 자연환경이 달라 서로 가진 것이 다를 때 국제 거래가 발생한다.

03 자유 무역 협정(FTA)은 국가 사이의 무역을 더 자유롭게 하기 위해 국가 간 맺는 협정으로, 관세를 낮추는 등 무역 장벽을 없애는 방법을 통해 국제 거래가 확대될 수 있도록 도와준다.

04 오늘날 세계화와 함께 자원, 상품 등의 국제 거래가 더욱 활발해졌으며, 과거에 비해 자본과 노동, 문화 창작물 및 특허권, 기술 등의 거래도 늘어나고 있으며, 국가끼리 경제 협력체를 구성하기도 한다.

05 두 나라의 화폐 교환 비율을 환율이라고 한다. 환율은 외화의 수요와 공급에 따라 변동하는 것으로, 국내외 경제 상황에 따라 달라질 수 있다.

06 외화의 수요 곡선이 오른쪽으로 움직인 것은 외화의 수요가 증가했다는 의미이다. 외화의 수요를 증가시키는 요인으로는 외채의 상환, 해외여행이나 해외 투자 증가, 외국으로부터의 수입 증가 등이 있다.
바로잡기 ▶ ②, ③, ⑤는 외화 수요를 감소시키는 요인이기 때문에 외화 수요 곡선이 왼쪽으로 움직인다. ④는 외화 공급을 증가시키는 요인이기 때문에 외화 공급 곡선이 오른쪽으로 움직인다.

07 ㄱ. 해외 투자가 늘어나면 외화의 수요가 증가하므로 환율이 상승한다. ㄹ. 외국인 관광객이 증가하면 외화의 공급이 증가하므로 환율이 하락한다.

08 현재 환율은 1,100원/달러이다. 1달러를 얻기 위해 우리나라 화폐로 1,100원이 필요하다는 의미이므로, 가격이 40달러인 게임기를 사기 위해서는 총 44,000원이 필요하다.

09 원화의 가치가 상승한다는 것은 환율이 하락한다는 의미이다. 1, 2는 환율 상승 요인이므로 원화의 가치를 하락시키고, 3, 4는 환율 하락 요인이므로 원화의 가치를 상승시킨다.

10 환율이 상승하면 외화를 가진 외국인은 우리나라 재화와 서비스의 가격을 상대적으로 저렴하게 느끼므로 외국인 관광객이 증가할 것이다.

11 밑줄 친 내용처럼 국내 기업의 수출이 증가하면 외화의 공급이 증가하므로 외화 공급 곡선이 우측으로 이동한다. 이에 따라 환율은 하락하고, 외환 거래량은 증가한다.

12 환율이 상승하면 수입과 해외여행, 외채 상환 등의 부담이 증가하며, 우리나라 상품 수출과 외국인 관광객이 증가하게 된다.

바로잡기 ➋ ① 환율이 상승하면 같은 양의 외화를 구하기 위해 더 많은 원화가 필요하므로 외채를 갚을 때 부담이 커진다.

74~75쪽

학교 시험 만점 문제					
01 ⑤	02 ④	03 ④	04 ④	05 해설 참조	06 ②
07 ③	08 ⑤	09 해설 참조	10 ③	11 ③	12 ⑤

01 우리나라의 국내 총생산은 일정 기간 우리나라 안에서 새롭게 생산한 모든 최종 생산물의 가치를 합한 것이다. 따라서 외국인이 생산했어도 우리나라 안에서 생산한 것은 국내 총생산에 포함된다. ①은 대가를 받지 않아서, ②는 작년에 생산한 것이어서, ③은 외국에서 생산되었기 때문에 ④는 최종 생산물이 아니므로 우리나라의 올해 국내 총생산에 포함되지 않는다.

02 국내 총생산은 최종 생산물의 가치로 구할 수 있다. 최종 생산물인 의자의 가치가 10,000원이므로 이 과정에서 측정되는 국내 총생산은 10,000원이다.

03 기사에서 한국은 경제 성장을 이뤄 국내 총생산이 많이 증가했지만, 그 과정에서 빈익빈 부익부 현상이 더욱 심화하였다. 이처럼 국내 총생산은 경제 규모만 알 수 있을 뿐 생산의 결과가 공정하게 분배되었는지는 알 수 없다.

04 경제 성장을 통해 경제적으로 전반적인 소득 수준이 높아졌지만, 빈부 격차나 계층 갈등의 문제는 여전히 남아있다. 국내 총생산으로는 생산의 결과가 공정하게 분배되었는지와 빈부 격차의 정도를 알 수 없다.

05 예시 답안 ➤ 물가가 지속적으로 오르는 인플레이션이 나타나고 있다. 정부는 물가를 안정시키기 위해 재정 지출을 줄이고 공공요금의 인상을 억제할 수 있다.

📖 채점 기준	
상	인플레이션임을 적고, 물가 안정을 위한 정부의 대책을 옳게 서술한 경우
중	인플레이션임을 적었으나, 물가 안정을 위한 정부의 대책이 미흡한 경우
하	인플레이션이라는 것만 적은 경우

이렇게 쓰면 Good! 인플레이션임을 쓰고, 재정 지출을 줄이는 방안이나 공공요금 인상을 억제하는 방안 중에 하나를 서술하세요.

06 인플레이션이 발생하면 재화와 서비스의 가치는 상승하는 반면 화폐의 가치가 하락하게 된다. 따라서 돈을 빌린 사람(채무자), 저장 가능한 물건이나 부동산을 가지고 있는 사람이 유리해지게 된다.

07 소비자는 과소비를 자제하고 합리적인 소비 활동을 통해 물가 안정에 이바지할 수 있다.

08 실업자는 일할 의지와 능력이 있지만 일자리를 구하지 못한 사람을 의미한다. ㄱ과 ㄴ은 일할 능력이 있지만 일을 구할 의지가 없으므로 실업자에 포함되지 않는다.

09 예시 답안 ➤ (가)는 구조적 실업이며, 미래의 유망한 직업이나 기술을 예측하여 그에 필요한 인력을 개발하거나 직업 훈련을 시행할 수 있다. (나)는 마찰적 실업이며, 적절한 구직 정보를 제공하여 일자리를 탐색할 시간과 비용을 줄이도록 도울 수 있다.

📖 채점 기준	
상	실업의 유형을 쓰고, 적절한 해결 방안을 제시하였다.
중	실업의 유형을 썼으나, 적절한 해결 방안을 한 가지만 제시하였다.
하	실업의 유형을 썼으나, 적절한 해결 방안을 제시하지 못하였다.

이렇게 쓰면 Good! (가)는 구조적 실업으로 인력 개발이나 직업 훈련을 시행해야 하고, (나)는 마찰적 실업으로 적절한 구직 정보를 제공하여 해결할 수 있다고 서술하세요.

10 오늘날에는 교통과 정보 통신 기술의 발달로 전 세계가 하나의 공동체인 것처럼 연결되면서 국제 거래가 활발해졌다. 또한 경제 협력체를 구성하거나 자유 무역 협정(FTA)을 체결하여 국제 거래를 확대하고 있다.

바로잡기 ➋ ㄱ. 환율이 변동하여 국제 거래가 증가하는 것은 아니다. ㄹ. 국가 간 자연환경의 차이는 국제 거래의 필요성 중 하나이지만 오늘날 국제 거래를 증가시킨 요인은 아니다.

11 외채를 빌려오거나 외국인의 국내 투자가 증가하면 외화에 대한 공급이 증가하여 환율이 하락한다. 반면에 해외여행이 증가하거나 수입이 증가할 때 외화에 대한 수요가 증가하여 환율이 상승한다.

12 외채를 도입하거나 외국인 관광객이 늘어나거나 재화와 서비스를 수출하면 외화의 공급이 증가하여 외화 공급 곡선이 우측으로 이동한다. 반면에 외채를 상환하거나 해외 투자가 늘어나면 외화의 수요가 증가하여 외화 수요 곡선이 우측으로 이동한다.

VI. 국제 사회와 국제 정치

① 국제 사회의 특성과 행위 주체

77쪽

기초 탄탄 개념 문제

1 (1) 국제 사회 (2) 정부 간 국제기구 (3) 국가　2 (1) 국가를 (2) 존재하지 않는다. (3) 자국의 이익　3 (1) ○ (2) × (3) ×
4 (1) ㉠ (2) ㉢ (3) ㉤

시험 적중 예상 문제 78~79쪽

01 ③　02 ⑤　03 ④　04 ③　05 주권　06 ①
07 ②　08 ②　09 ③　10 ③　11 다국적 기업

01 여러 국가가 서로 영향을 주고받으며, 공존하는 사회를 국제 사회라고 한다.

02 ㈎는 국제 사회를 힘의 논리가 작용하는 공간으로 본다. ㈏는 국제 사회는 도덕과 규범, 여론이 작동하며, 국제 사회 구성원이 협력하여 평화를 이룩할 수 있다고 본다.
바로잡기 ▶ ⑤ 주권은 국가가 가진다.

03 국제 사회는 국가가 기본 단위이며, 강제성을 지닌 중앙 정부가 존재하지 않는다. 힘의 논리가 작용하는 동시에 국제법 등이 존재하고 이러한 규범을 준수하고자 노력한다.
바로잡기 ▶ ④ 국제 사회에서 국가들은 자국의 이익을 최우선으로 생각한다.

04 제시된 자료에는 남중국해를 둘러싼 국가 간의 갈등이 나타나 있다. 중국이 판결을 따르지 않아도 이를 강제할 수 있는 중앙 정부가 존재하지 않다는 점을 알 수 있다.

05 ㉠은 주권을 의미한다. 주권은 국가 안에서는 최고의 힘을 가지며, 국가 밖에서는 독립성을 가진다.

06 국제 사회에서 가장 기본적이고 전통적인 행위 주체는 국가이다. 국가는 자국의 안전 보장과 국력의 확장을 추구하며, 이를 위해 여러 국제기구에 참여하기도 한다.

07 국제 사회의 행위 주체에는 국가, 국제기구, 다국적 기업 등이 있다. 제시된 지문은 국제기구를 의미한다.

08 제시된 자료는 국제 연합(UN)을 의미한다.

09 국제 사회의 행위 주체 중 정부 간 국제기구에는 각국 정부를 회원으로 한 국제 연합, 경제 협력 개발 기구, 국제 통화 기금 등이 있다. 국제 비정부 기구는 개인이나 민간단체가 중심이 되어 만들어진 국제기구로 그린피스, 국제 사면 위원회, 국경 없는 의사회 등이 있다.

10 국제 관계가 다양해지고 경제적 상호 의존성이 강화되면서 많은 국제기구가 등장하였으며, 그 역할이 확대되고 있다.

11 ㉠은 다국적 기업이다. 다국적 기업은 국제 사회의 중요한 행위 주체로서 오늘날 그 영향력이 점점 확대되고 있다.

② 국제 사회의 다양한 모습

기초 탄탄 개념 문제 81쪽

1 (1) 경쟁 (2) 외교 (3) 외교 정책　2 (1) 증가 (2) 협력 (3) 외교(외교 활동)를　3 (1) ○ (2) × (3) ○　4 (1) ㉡ (2) ㉠

시험 적중 예상 문제 81~82쪽

01 ④　02 ②　03 ①　04 ⑤　05 국제 사회의 협력
06 ①　07 ②　08 대사의 교환, 정상 회담, 정부 간 협상 등

01 오늘날 국제 사회는 다양한 행위 주체가 활약하고 있으며, 민간단체를 통한 협력도 활발히 진행되고 있다. 공동의 관심사나 문제에 대하여 협력하기도 하며, 국제법 준수나 국제기구 참여 등을 통해 공존을 위해 노력하고 있다.
바로잡기 ▶ ④ 오늘날 국제 사회에서는 경제적 이익을 둘러싼 갈등 뿐만 아니라 종교의 차이로 발생하는 갈등도 증가하고 있다.

02 스마트폰 제조사 간의 특허 소송이나 여러 나라 간의 각종 무역 분쟁 등은 갈등에 해당하는 사례이다.

03 이스라엘과 팔레스타인 간의 갈등, 페르시아만 연안 국가 간의 충돌은 국제 사회의 갈등 사례에 해당한다.
바로잡기 ▶ ㄴ, ㄹ. 자국 기업 지원이나 다국적 기업의 투자 유치는 국제 사회에서 자국의 경쟁력을 높이려는 경쟁의 사례이다.

04 제시된 지문은 미국과 쿠바가 적대적 관계에서 우호적 관계로 변화한 내용이다. 이는 국제 사회에 다양한 상호 관계가 존재하며, 계속 변화한다는 것을 보여준다.

05 제시된 지문은 지구 온난화 방지와 관련된 파리 협정 내용으로 국제 사회의 협력을 보여준다.

06 제시된 자료에서 국제 연합은 지속 가능 발전 목표를 세우고 국제 사회의 협력과 공존을 위해 노력하고 있다.

07 최근에는 민간 외교가 활발하게 이루어지고 있으며, 외교적인 노력을 통해 국제 사회의 공존을 추구하고 있다. 또한 이념과 명분보다 자국의 실리를 추구하고 있다.

08 정부 간 외교 활동에는 대사의 교환, 정상 회담, 정부 간 협상 등이 있고, 민간 차원의 외교 활동에는 스포츠나 문화 교류 등이 있다.

❸ 우리나라의 국제 관계

84쪽

기초 탄탄 개념 문제

1 (1) 독도 (2) 일본 (3) 중국　2 (1) 국제 사법 재판소 (2) 중국
(3) 논리적인　3 (1) × (2) ○ (3) × (4) × (5) ○

시험 적중 예상 문제

84~85쪽

01 ①　02 ③　03 ⑤　04 ④　5 야스쿠니 신사　06 ⑤
07 ③　08 ①　09 ③

01 제시된 지문은 세종실록, 숙종실록을 비롯한 많은 기록에 독도가 우리 영토임을 분명히 해 왔다는 내용이다.

02 우리나라는 일본과 독도 영유권 주장, 역사 교과서 왜곡, 야스쿠니 신사 참배, 일본군 '위안부' 문제 등의 갈등이 있다.

03 독도는 경제적 측면에서 수산 자원이 풍부하고 많은 해저 자원이 매장되어 있으며, 영역적 가치도 매우 크다.
바로잡기 ◈ ㄴ은 중국의 동북공정의 추진 배경에 해당한다. ㄱ은 관련 없는 내용이다.

04 국제 사법 재판소는 국제 연합의 산하 기구로 국가 간의 분쟁을 법적으로 해결하기 위해 설립되었다.

05 일부 일본 정치인의 야스쿠니 신사 참배로 외교적 마찰이 나타난다는 내용이다.

06 중국은 동북공정으로 역사를 왜곡하여 중국 소수 민족을 통제하고 만주 지역에서의 영향력을 강화하려고 한다.
바로잡기 ◈ ⑤ 동북공정과 국제 사법 재판소는 관련이 없다.

07 중국에서의 저작권 침해 문제가 증가하고 있어 한국과 중국 관계의 새로운 갈등 요소가 될 전망이다.

08 학자들은 주변국과의 공동 연구로 상호 간의 이해를 넓혀야 하고, 시민 단체는 적극적인 홍보 활동을 펼쳐야 한다.

09 일본과의 갈등은 객관적 근거를 바탕으로 논리적 대응을 해야 한다. 체계적 역사 연구와 홍보·외교 활동이 필요하다.

학교 시험 만점 문제

86~87쪽

01 ②　02 ④　03 ③　04 해설 참조　05 ②　06 ⑤
07 ①　08 ④　09 ②　10 ②　11 해설 참조

01 국제 사회는 자국의 이익을 우선시하고, 중앙 정부가 없으며 힘의 논리가 작용한다. 국제법이 국내법보다 우선하지는 않는다.

02 (가)는 국가, (나)는 국제기구, (다)는 다국적 기업이다. 국제기구는 정부 간 국제기구와 국제 비정부 기구로 나뉜다. 다국

적 기업과 국제기구는 오늘날 그 영향력이 커지고 있다.

03 국제 연합은 정부 간 국제기구에 해당한다.

04 **예시 답안** ◈ 정부 간 국제기구는 각국 정부를 회원으로 하며 국제 연합, 국제 통화 기금 등이 있다. 국제 비정부 기구는 개인이나 민간단체가 중심이 되어 만들어진 국제기구이며 국경 없는 의사회, 그린피스 등이 있다.

채점 기준

상	정부 간 국제기구와 국제 비정부 기구의 차이점을 쓰고, 사례를 모두 옳게 제시한 경우
중	정부 간 국제기구와 국제 비정부 기구의 차이점을 쓰고, 사례 중 한 가지만 옳게 제시한 경우
하	정부 간 국제기구와 국제 비정부 기구의 차이점이나, 사례 중에 한 가지만 옳게 제시한 경우

이렇게 쓰면 Good! 　정부 간 국제기구는 각국 정부를 회원으로 하며, 국제 비정부 기구는 개인이나 민간단체로 구성됨을 서술하세요.

05 제시된 사례의 파리 테러와 기후 변화 협약을 통해 국제 사회에는 갈등과 협력의 다양한 모습이 나타남을 알 수 있다.

06 외교는 한 국가가 국제 사회에서 자국의 이익을 평화적으로 달성하려는 활동을 말한다. 오늘날에 외교는 다양한 주체에 의해 이루어진다.

07 스포츠를 통한 외교는 전통적인 외교의 형태가 아니라 민간 외교에 해당한다.

08 국제법은 국가 간의 합의에 따라 국가 간의 관계를 정해 놓은 법으로, 민간단체는 이를 제정하는 주체가 아니다.

09 우리나라는 예전부터 현재까지도 지리적 특수성으로 많은 갈등과 분쟁을 겪고 있다.

10 동북공정을 통해 우리의 역사를 왜곡하는 나라는 일본이 아니라 중국에 해당한다.

11 **예시 답안** ◈ 정부 차원의 노력에는 체계적인 역사 연구와 홍보 및 외교 활동 등이 있으며, 시민 사회의 노력에는 대학과 연구 기관의 연구 활동, 주변국과의 공동 역사 연구, 시민 단체의 활동, 시민들의 자발적 참여 등이 있다.

채점 기준

상	정부 차원과 시민 사회의 노력을 적절하게 제시한 경우
하	정부 차원의 노력과 시민 사회의 노력 중 하나만 적절하게 제시한 경우

이렇게 쓰면 Good! 　정부 차원의 노력과 시민 사회의 노력을 구분하여 서술하세요.

VII. 인구 변화와 인구 문제

① 인구 분포

89쪽

기초 탄탄 개념 문제

1 (1) 북반구 (2) 극 (3) 이촌 향도   2 (1) 아시아 (2) 자연적
(3) 낮다   3 (1) 계절풍 (2) 남서부   4 (1) ○ (2) ○ (3) ○
5 (1) ⓒ (2) ⑦

90~91쪽

시험 적중 예상 문제

01 ④   02 ⑤   03 ③   04 ①   05 ③   06 인구
밀도   07 ③   08 ②   09 수도권   10 ①   11 ①

01 세계 인구는 지구상에 고르게 분포하지 않고 특정 지역에 밀집해 있다. 위도별로 보면 북위 20°~40°의 온화한 기후가 나타나는 지역은 인구 밀도가 높고, 적도 부근이나 극지방은 인구 밀도가 낮다. 그리고 세계 인구는 평야나 해안 지역에 많이 거주한다.
바로잡기 ▶ ④ 세계 인구의 90% 이상은 육지가 많은 북반구에 살고 있다.

02 인구가 가장 많은 대륙은 아시아이며, 인구가 가장 적은 대륙은 오세아니아이다.

03 인구 분포에 영향을 미치는 자연적 요인은 기후, 지형 등이며, 인문적·사회적 요인은 산업, 교통, 문화, 정치 등이다.

04 ㄱ, ㄴ은 자연적 요인과 관련한 인구 분포 특징이고, ㄷ, ㄹ은 인문적·사회적 요인과 관련한 인구 분포 특징이다.

05 최근 과학 기술의 발달로 거주 지역이 넓어지고 있으며, 세계 인구는 지구상에 불균등하게 분포한다. 오늘날 인문적·사회적 요인이 자연적 요인에 비해 인구 분포에 더 많은 영향을 미치고 있다.

06 사람들이 밀집한 정도를 나타내는 지표는 인구 밀도로, 한 지역의 인구를 다른 지역과 비교할 때 주로 쓰인다.

07 A는 일 년 내내 매우 추워 인간 거주에 불리한 아이슬란드, B는 산업이 발달하여 일자리가 풍부한 독일, C는 건조 기후가 넓게 나타나는 사하라 사막, D는 연중 기온이 높고 강수량이 많아 벼농사가 발달한 방글라데시이다.

08 D는 연중 기온이 높고 강수량이 많아 벼농사가 발달하여 인구가 밀집한 방글라데시이다.

09 산업화가 진행되면서 산업이 발달하여 일자리가 풍부한 도시로 인구가 이동하는 이촌 향도 현상이 나타났다. 그 결과

수도권에 우리나라 전체 인구의 약 50%가 분포한다.

10 A 지역은 개마고원 일대로 기온이 낮고 강수량이 적어 농경에 불리하고 교통도 불편하여 인구가 적게 분포하였다. B 지역은 기후가 온화하고 평야가 넓어 일찍부터 벼농사가 발달하여 인구가 많이 분포하였다.

11 A는 서울, B는 인제, C는 해남, D는 울산이다.
바로잡기 ▶ ㄷ. C는 농경지가 넓어 농업 활동이 활발한 해남이다. ㄹ. D는 1970년대 이후 공업화의 영향으로 성장한 울산이다.

② 인구 이동

93쪽

기초 탄탄 개념 문제

1 (1) 종교 (2) 정치적 (3) 경제적   2 (1) 배출 (2) 이촌 향도
(3) 강제적 (4) 경제적   3 (1) ○ (2) ○   4 (1) ⓒ (2) ⑦

94~95쪽

시험 적중 예상 문제

01 ②   02 ①   03 자발적 이동, 경제적 이동   04 ④   05 ④
06 ②   07 ①   08 종교적 갈등   09 ⑤   10 ③   11 ④

01 흡인 요인에는 높은 임금, 풍부한 일자리, 좋은 교육 및 문화 시설, 쾌적한 환경 등이 있다.
바로잡기 ▶ ㄴ. 전쟁과 기아, ㄹ. 고용 기회 부족은 사람들을 떠나게 하는 배출 요인이다.

02 A는 청교도들의 종교적 이동, B는 유럽인들이 신대륙으로 이주한 경제적 이동, C는 아프리카 흑인들의 강제적 이동, D는 화교들의 경제적 이동, E는 고려인들이 중앙아시아로 이주한 강제적 이동이다. 따라서 ㈎는 A, ㈏는 B이다.

03 자료의 인구 이동은 자발적 이동, 경제적 이동에 해당한다.

04 최근 세계 인구 이동은 전쟁과 분쟁에서 벗어나려는 정치적 이동과 높은 임금과 일자리를 찾아 이동하는 경제적 이동이 많다.

05 ㈎는 1960~1980년대의 인구 이동을 나타낸 것으로 이 시기에는 일자리를 찾아 수도권과 신흥 공업 도시로 이동하는 사람들이 많았다. ㈏는 1990년대 이후 대도시 인구의 일부분이 쾌적한 생활 환경을 찾아 도시 주변 지역으로 이동하는 것이다.

06 광복 직후 해외 동포의 귀국이 많았으며, 1960~1970년대에는 일자리를 찾아 독일, 미국 등지로 인구 유출이 활발하였다. 1990년대부터는 중국, 동남아시아 등지에서 외국인 노동자들이 우리나라로 많이 유입되고 있다.

07 우리나라의 체류 외국인은 점점 증가하고 있는 추세이다. 1990년대부터 취업이나 결혼을 하기 위해 중국과 동남아시아 등지에서 유입되는 외국인이 증가하였다. 외국인 노동자들은 주로 일자리가 많은 지역에 거주하고 있다. 우리나라가 다문화 사회에 접어들면서 우리는 이주민들과 문화적 갈등을 없애기 위해 단일 민족이라는 인식을 버리고 다문화 사회에 걸맞는 태도를 가져야 할 것이다.

08 프랑스에서 이슬람 국가 출신의 주민들에게 부르카, 히잡 등 이슬람의 전통 의상 착용을 금지시키자 이슬람교 신자들은 프랑스 정부의 이러한 조치가 종교의 자유를 억압하는 행위라며 반발하였다.

09 아프리카와 남부 아시아, 라틴 아메리카의 일부 국가들은 정치 및 사회적인 불안정과 낮은 임금 수준, 좋은 일자리 부족 등으로 청장년층의 인구 유출이 많아 경제 성장에 어려움을 겪고 있다.

10 A 국가는 필리핀으로, 일자리가 풍부하고 임금 수준이 높은 사우디아라비아, 미국 등으로 노동력의 이동이 활발하다. 이로 인해 필리핀은 많은 외화를 벌어들이고 있으나 사우디아라비아나 미국 등에서는 문화적 차이로 인한 사회적 갈등이 발생할 수 있다.

11 임금 수준이 높고 일자리가 풍부한 프랑스, 독일 등으로 모로코의 청장년층이 많이 이동한다. 인구가 유입되는 지역에서는 이주자 증가로 인한 사회 통합 문제, 이슬람교도와 크리스트교도 간의 종교적 갈등 등이 발생하고 있다.
바로잡기 ❷ ㄱ. 외화의 유입으로 경제 활성화, ㄷ. 청장년층의 유출로 인한 노동력 부족은 인구 유출 지역에서 나타나는 변화이다.

❸ 인구 문제

기초 탄탄 개념 문제　　　　　　　　　　　　　97쪽

1 (1) 산업 혁명 (2) 합계 출산율 (3) 인구 부양력　　2 (1) 개발 도상국 (2) 저출산 (3) 출산 장려　　3 (1) 노인 부양 비용 (2) 증가
4 (1) × (2) ×　　5 (1) ⓛ (2) ㉠

시험 적중 예상 문제　　　　　　　　　　　98~99쪽

01 ⑤　　02 산업 혁명　　03 ③　　04 ②　　05 ⑤　　06 성비　　07 ③　　08 ④　　09 저출산　　10 ①　　11 ①

01 세계 인구의 양상은 경제 발전 수준에 따라 지역별로 차이가 크게 나타난다. 개발 도상국은 현재 세계 인구 성장을 주도하고 있다. 개발 도상국이 많은 대륙은 아시아, 아프리카, 남아메리카이며, 선진국이 많은 대륙은 유럽, 북아메리카, 오세아니아이다. 선진국은 현재 인구 증가 속도가 완만하거나 정체되어 있으며 저출산·고령화 현상이 나타나고 있다.
바로잡기 ❷ ⑤ (가)는 개발 도상국, (나)는 선진국이다.

02 산업 혁명은 18세기 중반에 시작된 기계의 발명과 기술의 혁신에 의해 야기된 산업상의 큰 변화와 이에 따른 사회·경제적 변화를 말한다. 산업 혁명 이후 세계 인구가 증가하기 시작하였다.

03 선진국은 생활 수준이 높고 복지 제도가 잘 갖추어져 있어 평균 수명이 개발 도상국에 비해 길다.

04 저출산과 고령화가 나타나고 있는 곳은 선진국으로, 독일과 일본이 이에 해당된다.
바로잡기 ❷ ㄴ, ㄹ. 인도와 필리핀은 개발 도상국으로 사망률은 감소하였으나 출생률이 높아 인구가 증가하고 있다.

05 유소년층의 인구 비율이 낮고 노년층의 인구 비율이 높은 것으로 보아 저출산과 고령화가 심각한 국가의 인구 피라미드이다. 이러한 인구 구조를 보이는 국가에서는 출산을 장려하고 부족한 노동력을 확보하며 노인 문제를 해결할 수 있는 정책을 시행해야 한다.
바로잡기 ❷ ⑤ 출생률이 높아 인구가 급증하는 개발 도상국은 인구 증가를 억제하기 위해 가족계획을 시행한다.

06 중국, 인도 등 아시아 일부 국가에서는 남아 선호 사상으로 출생 성비의 불균형이 나타난다.

07 유소년층의 인구 비율이 높고 노년층의 인구 비율이 낮은 개발 도상국의 인구 피라미드이다. 개발 도상국은 경제 발전 수준에 비해 인구가 많아 인구 부양력이 낮고 이로 인해 빈곤과 기아가 발생하기도 한다.
바로잡기 ❷ ①, ②, ④, ⑤는 선진국의 인구 문제이다.

08 높은 출생률과 사망률 감소로 인구가 급증하고 있는 지역은 개발 도상국이다.
바로잡기 ❷ ④ 선진국은 저출산, 고령화로 인한 부족한 노동력을 확보하기 위해 외국인 근로자 유입 정책을 추진하고 있다.

09 1980년대에는 인구 증가를 억제하는 가족계획을 실시하였으나, 2000년대에 들어서는 저출산 문제를 해결하기 위해 출산을 장려하는 정책을 실시하게 되었다.

10 우리나라는 2000년에 고령화 사회, 2017년에 고령 사회로 진입하였다. 고령화 문제를 해결하기 위해서는 고령 친화

산업 육성, 노인 복지 시설 확충, 안정적 생활을 위한 연금의 확대, 노인 직업 훈련 기회 및 일자리 제공 등이 필요하다.

바로잡기 ① 정년 연장이 필요하다.

11 우리나라는 저출산과 고령화 문제를 해결하기 위해 '브릿지 플랜 2020'을 시행하고 있다.

학교 시험 만점 문제　　　　　　　　100~101쪽

01 ②　　02 ④　　03 해설 참조　　04 ⑤　　05 ④　　06 해설 참조　　07 ④　　08 ⑤　　09 해설 참조　　10 ②　　11 ④

01 제시된 인구 분포에 공통적으로 영향을 준 요인은 기후이다.

바로잡기 ①은 인구 분포에 영향을 주는 자연적 요인이고, ③, ④, ⑤는 인구 분포에 영향을 주는 인문적·사회적 요인이다.

02 A는 기후가 온화하고 2·3차 산업이 발달한 서부 유럽, B는 건조 기후가 나타나는 사하라 사막, C는 벼농사가 활발하여 인구가 많은 방글라데시, D는 건조 기후가 나타나는 오스트레일리아의 내륙, E는 한대 기후가 나타나는 알래스카이다.

03 **예시 답안** 고온 다습한 기후에서 잘 자라는 벼는 단위 면적당 수확량이 많아 인구 부양력이 높고, 경작 과정에서 많은 노동력이 필요하기 때문에 인구 밀도가 높게 나타난다.

채점 기준

상	고온 다습한 기후와 인구 부양력이 높고, 많은 노동력이 필요하다는 내용을 모두 서술한 경우
중	고온 다습한 기후와 인구 부양력이 높다는 내용만 서술한 경우
하	많은 노동력이 필요하다고만 서술한 경우

이렇게 쓰면 Good! 고온 다습한 기후, 단위 면적당 수확량이 많아 인구 부양력이 높다는 내용을 포함하여 서술하세요.

04 1940년에 우리나라는 농업 중심 국가였기 때문에 벼농사에 유리한 남서부 평야 지대에 많은 인구가 분포하였고, 산지나 고원이 많고 기온이 낮아 농업에 불리한 북동부 지역은 인구가 적게 분포하였다. 현재는 산업이 발달하여 일자리가 많은 대도시와 남동 임해 공업 지역 등에 인구가 많고, 농어촌 지역과 산간 지역은 인구가 희박하다.

05 A는 청교도들의 종교적 이동, B는 유럽인들이 신대륙으로 진출한 경제적 이동, C는 아프리카 흑인들의 강제적 이동,

---

D는 화교들의 경제적 이동, E는 고려인들이 중앙아시아로 이주한 강제적 이동이다. 강제적 이동에는 C와 E가 해당한다.

06 **예시 답안** 높은 임금과 일자리를 찾아 개발 도상국에서 선진국으로 이동하는 경제적 이동이다.

채점 기준

상	높은 임금과 일자리를 찾아 개발 도상국에서 선진국으로 경제적 이동을 서술한 경우
중	개발 도상국에서 선진국으로 경제적 목적으로 이동하였다고 서술한 경우
하	경제적 이동만을 서술한 경우

이렇게 쓰면 Good! 개발 도상국과 선진국의 임금, 일자리와 같은 경제 환경의 차이를 포함하여 서술하세요.

07 ㄴ과 ㄹ은 우리나라 인구의 국내 이동 특징이다.

바로잡기 ㄱ은 1960~1970년대, ㄷ은 1990년대부터 우리나라 인구의 국제 이동 특징이다.

08 (가)는 개발 도상국의 인구 성장을 나타낸 것이다. 개발 도상국은 산업화가 진행되면서 사망률은 낮아졌으나 출생률은 여전히 높아 인구가 증가하고 있어 세계 인구 성장을 주도하고 있다.

바로잡기 ① 고령화와 저출산, ② 인구 정체, ④ 생산 가능 인구의 감소 등은 선진국의 인구 문제이다.

09 **예시 답안** 중국은 출산율 저하와 노년층 인구 증가로 인한 고령화 사회에 대비하기 위해 '한 자녀 정책'을 폐지하고 '두 자녀 정책'을 시행하고 있다.

채점 기준

상	출산율 저하와 노년층 인구 증가를 모두 서술한 경우
하	둘 중 하나만 서술한 경우

이렇게 쓰면 Good! 중국의 인구 정책이 변화된 이유를 저출산, 고령화를 포함하여 서술하세요.

10 (가)는 선진국, (나)는 개발 도상국의 인구 피라미드를 나타낸 것이다.

바로잡기 ② 선진국은 생산 가능 인구가 감소하여 경제 성장이 둔화되고 있다.

11 우리나라는 합계 출산율이 낮아져 초저출산 사회로 진입하였다. 이러한 저출산 문제가 지속되면 우리나라는 총인구 감소, 취학 아동 수의 감소, 노동력 부족 등의 문제가 심화될 것이다.

Ⅷ. 사람이 만든 삶터, 도시

❶ 세계의 다양한 도시

103쪽
기초 탄탄 개념 문제

1 (1) 취락 (2) 인문 경관 (3) 시드니　2 (1) 높다 (2) 2·3차
3 (1) 도시 (2) 오로라　4 (1) ◯ (2) ✕　5 (1) ㉠ (2) ㉡ (3) ㉣
(4) ㉢

103~104쪽
시험 적중 예상 문제

01 ②　02 ⑤　03 ③　04 ③　05 ③　06 세계 도시
07 ①　08 ⑤　09 ③

01 도시는 촌락에 비해 인구 밀도가 높고 주변 지역에 재화와 서비스를 제공하는 역할을 한다.
바로잡기 ▶ ㄴ. 도시는 2·3차 산업 종사자 비율이 높다. ㄷ. 도로, 건물 등은 인문 경관에 해당한다.

02 빙고 판을 완성하기 위해서는 ㉠에 유럽의 도시, ㉡에 아메리카의 도시, ㉢에 아시아의 도시를 적어야 한다. 아테네는 유럽, 키토는 아메리카, 상하이는 아시아의 도시이다. 따라서 ㉠은 아테네, ㉡은 키토, ㉢은 상하이가 해당한다.

03 친구가 소개하고 있는 도시의 스카이라인은 자유의 여신상으로 대표되는 미국의 뉴욕이다.

04 ㉠은 취락, ㉡은 도시, ㉣은 자연, ㉤은 인문이 들어간다.

05 ⑺는 중국의 시안, ⑻는 오스트레일리아의 시드니이다.
바로잡기 ▶ ③ (나)는 오세아니아에 있는 도시이다.

06 제시된 글은 세계 도시에 대한 설명이다.

07 자료는 세계 도시인 영국의 런던에 대한 설명이다. 런던은 금융 시장을 기반으로 국제 자본의 연결망을 가진 도시이며, 세계 경제의 중심지 역할을 한다. 지도에서 A는 영국의 런던, B는 독일의 프라이부르크, C는 중국의 시안, D는 오스트레일리아의 시드니, E는 에콰도르의 키토이다.

08 사진은 사그라다 파밀리아 성당, 구엘 공원으로 가우디의 건축물이다. 가우디의 독특한 건축물로 유명한 지역은 에스파냐의 바르셀로나이다.

09 이탈리아의 로마는 오랜 세월에 걸쳐 형성되어 역사 유적이 많은 도시이다.
바로잡기 ▶ ① 일본의 도쿄는 세계 경제의 중심지이다. ② 튀르키예의 이스탄불은 역사 유적이 많은 도시이다. ④ 에콰도르의 키토는 고산 기후가 나타나는 도시이다. ⑤ 브라질의 쿠리치바는 생태 도시이다.

❷ 도시의 경관

106쪽
기초 탄탄 개념 문제

1 (1) 지역 분화 (2) 접근성, 땅값(지가) (3) 인구 공동화　2 (1) 낮아
(2) 도심　3 (1) 접근성 (2) 부도심　4 (1) ◯ (2) ✕ (3) ◯
5 (1) ㉠ (2) ㉢ (3) ㉡

107~108쪽
시험 적중 예상 문제

01 ①　02 ②　03 ⑤　04 ⑤　05 ㉠ 접근성 ㉡ 지가
(땅값)　06 ⑤　07 ①　08 ④　09 ①　10 ③
11 인구 공동화 현상　12 ④

01 농경지와 공장 등은 도시 중심부보다 주변 지역에서 많이 볼 수 있다.

02 주변 지역으로 갈수록 도시와 농촌의 모습이 함께 나타난다.

03 도시 중심부를 선호하는 시설은 은행 본점, 백화점 등이다. 도시 중심부를 선호하는 기능은 업무와 상업 기능으로 행정 기관, 금융 기관, 기업의 본사, 백화점, 고급 상점 등이 해당된다. 공장과 중학교는 넓고 저렴한 땅이 필요하므로 주변 지역을 선호하는 경향이 있다.

04 도시가 성장하면서 비슷한 기능끼리 모이는 도시 내부의 지역 분화 현상이 나타나는데, 이는 접근성과 땅값의 차이 때문이다. 집심·이심 현상을 통해 지역 분화가 이루어진다.

06 토지 이용별 지가 그래프에서 지가가 가장 높은 A는 도심, 두 번째로 높은 C는 부도심, 가장 낮은 D는 주변 지역, 부도심보다는 낮고 주변 지역보다는 높은 B는 중간 지역에 해당한다.
바로잡기 ▶ ⑤ A에서 D로 갈수록 건물의 높이가 낮아지고 간격은 넓어진다.

07 높은 건물이 많고 신문사, 금융 기관, 기업의 본사, 백화점, 고급 상점 등이 모여 있는 곳은 도심이다.

08 A는 도심, B는 부도심, C는 중간 지역, D는 개발 제한 구역, E는 위성 도시이다.

09 C는 중간 지역으로 주택, 학교, 공장 등이 섞여 나타난다.

10 ⑺는 상업·업무 기능이 도심으로 집중하는 집심 현상, ⑻는 주택, 학교, 공장 등이 외곽으로 분산되는 이심 현상이다. 도심에 있는 학교의 학생 수가 적어진 것은 도심의 높은 땅값에 밀려 주택, 학교 등이 주변 지역으로 이동하였기 때문이다.

11 ⑺ 지역은 도심으로 낮과 밤의 인구 밀도 차가 크다. 주간에는 유동 인구가 많지만 야간에는 유동 인구가 주거 지역으

로 빠져나가는 인구 공동화 현상이 나타난다. 인구 공동화 현상은 높은 땅값에 밀려 주거 기능이 주변 지역으로 이동하면서 도심의 주거 기능이 약화되었기 때문에 나타난다.

12 서울의 내부 경관은 지가와 밀접한 관련이 있는데 지가가 가장 높은 B는 도심, 두 번째로 높은 C는 부도심, 지가가 상대적으로 낮은 A와 D는 주변 지역이다. A는 대규모 아파트 단지가 형성된 주거 지역, D는 공업 지역이다.

③ 선진국과 개발 도상국의 도시화

기초 탄탄 개념 문제   110쪽

1 (1) 도시화 (2) 역도시화 (3) 슬럼   **2** (1) 낮은 (2) 이촌 향도
(3) 수도권   **3** (1) 산업 혁명 (2) 가속화 단계   **4** (1) ○ (2) ×
5 (1) ㉡ (2) ㉠

시험 적중 예상 문제   111~112쪽

01 ②   **02** ②   **03** ②   **04** ③   **05** ④   **06** ③
07 A 선진국 B 개발 도상국   **08** ②   **09** ③   **10** ③
11 ④   **12** (가) 제조업 쇠퇴에 따른 경기 침체, 빈집 증가 등
(나) 주택 부족, 일자리 부족 등

01 도시의 수가 증가하거나, 도시에 거주하는 인구 비율이 높아지고, 도시적 생활 양식이 확산되는 현상을 도시화라고 한다.

02 북아메리카, 유럽, 오세아니아, 남아메리카의 도시화율이 높고, 아시아와 아프리카의 도시화율은 낮다.
바로잡기 ② 적도 주변 국가의 도시화율은 낮은 편이다.

03 도시화 곡선에서 A는 초기 단계, B는 가속화 단계, C는 종착 단계에 해당한다.
바로잡기 ① B 단계에 도시 거주 인구 비율이 빠르게 증가한다. ③ B 단계에 산업화가 빠르게 진행된다. ④ C보다 A 단계에서 1차 산업의 비중이 더 높다. ⑤ A보다 B 단계에서 도시 문제가 더욱 심각하다.

04 선진국은 산업 혁명 이후 공업의 발달과 함께 도시화가 진행되었다.
바로잡기 ① 오늘날 종착 단계에 해당한다. ② 오랜 기간에 걸쳐 서서히 진행되었다.

05 미국 네바다주의 헨더슨은 라스베이거스 주변에 위치하여 1990~2010년에 미국에서 인구가 빠르게 증가한 지역 중 하나로 거주 환경이 좋다.

06 개발 도상국의 도시화는 짧은 시간에 급격하게 진행되었다.

07 도시화가 일찍 시작되어 오랜 기간동안 완만하게 진행된 A는 선진국이고, 도시화가 단기간에 급속하게 진행된 B는 개발 도상국이다.

08 그래프에서 도시화율이 가장 높게 나타나는 (가)는 선진국에 해당한다. 2010년 기준 급격한 도시화가 진행되고 있는 (나)는 가속화 단계에 해당하는 개발 도상국이다. (다)는 현재 도시화의 수준이 매우 낮은 국가에 해당한다. 지도에서 A는 영국, B는 니제르, C는 중국이다. 따라서 (가)는 A, (나)는 C, (다)는 B이다.

09 1960년대 중반 대도시와 공업 도시를 중심으로 산업화가 시작되면서 이촌 향도에 따른 도시화가 빠른 속도로 진행되었다. 1990년대에는 위성 도시가 발달하였다. 오늘날 우리나라는 전체 인구 중 90 % 이상이 도시에 살고 있으며, 인구 및 기능이 수도권과 남동 해안 지역에 집중해 있다.

10 선진국의 도시는 도시화의 역사가 길어 각종 시설이 노후화되는 등 도시 문제가 나타난다.

11 낙후된 도심을 재개발하는 사업이 전 세계적으로 활발하게 진행되고 있다. 도심 재활성화로 낙후된 지역이 활기를 띠고 경쟁력이 높아지기도 하지만, 개발 이전부터 거주해 온 사람들이 형성한 지역 공동체가 파괴되는 등 문제가 발생하기도 한다.

12 (가)에서는 제조업 쇠퇴에 따른 경기 침체, 실업률 상승, 세금 감소에 따른 공공 서비스 부족, 범죄 발생, 빈집 증가 등의 문제가 발생할 수 있다. (나)에서는 일자리 부족, 주택 부족, 도시 기반 시설의 부족, 슬럼의 열악한 위생 환경, 환경 오염 등의 문제가 발생할 수 있다.

④ 살기 좋은 도시

기초 탄탄 개념 문제   114쪽

1 (1) 도시 문제 (2) 교통 (3) 도시 기반 시설   **2** (1) 쓰레기 분리수거 (2) 지역 균형 발전   **3** (1) 일자리 부족, 빈곤 (2) 그라츠
4 (1) ○ (2) ×   **5** (1) ㉣ (2) ㉠ (3) ㉢ (4) ㉡

시험 적중 예상 문제   114~115쪽

01 ④   **02** ①   **03** ③   **04** 삶의 질   **05** ②   **06** ②
07 ④   **08** ①   **09** ④

01 환경 문제를 해결하기 위해 친환경 에너지 사용을 장려한다.

02 세계 최초로 지하철을 개통하여 교통 문제를 해결한 도시는 영국의 런던이다.

03 사진은 독일의 엠셔강으로 생태 복원 프로젝트를 통해 깨끗한 환경을 되찾은 사례이다.

04 도시 문제를 해결한 곳은 살기 좋은 도시로 변화하고 주민들의 삶의 질이 높아지게 된다.

05 쿠리치바는 원통형 버스 정류장, 굴절 버스 등의 도입으로 시민들의 대중교통 이용률을 높여 교통 문제를 해결하였다.

06 에스파냐의 빌바오는 과거 철강 산업이 발달한 도시였으나 산업의 쇠퇴로 지역 경제가 어려워졌다. 그러나 구겐하임 미술관을 유치하면서 문화·예술 도시로 발전하여 많은 관광객이 모이는 도시가 되었다.
바로잡기 ❷ ② 정부가 소프트웨어 산업 육성 정책을 시행한 도시는 인도의 벵갈루루이다.

07 세계적으로 살기 좋은 도시는 전쟁과 범죄의 위험이 적어 안전하고, 녹지 공간이 많아 환경이 깨끗하며, 문화 및 의료 시설 등과 함께 각종 도시 기반 시설을 잘 갖추고 있어 시민들이 편리하고 행복한 생활을 누릴 수 있다.
바로잡기 ❷ ④ 일자리가 부족하고 경제가 어려운 곳은 살기 좋은 도시로 보기 어렵다.

08 주민들의 삶의 질에 대한 관심이 필요하다.

09 순천시는 우리나라의 대표적인 생태 도시로 많은 관광객이 찾는 도시이다. 순천시는 지방 자치 단체와 시민들의 노력으로 살기 좋은 도시로 발전하게 되었다.

학교 시험 만점 문제   116~117쪽

01 ⑤	02 ⑤	03 해설 참조	04 ④	05 ②	06 ④
07 ④	08 ④	09 해설 참조	10 ⑤	11 ③	12 ④

01 (가)는 도시, (나)는 촌락의 경관이다.
바로잡기 ❷ ㄱ과 ㄴ은 (나)의 특징이다.

02 지도의 A는 영국의 런던, B는 독일의 프라이부르크, C는 중국의 시안, D는 오스트레일리아의 시드니, E는 에콰도르의 키토이다.
바로잡기 ❷ ① 런던은 세계 경제의 중심 도시, ② 프라이부르크는 친환경 에너지 사용이 많은 생태 도시, ③ 시안은 중국의 역사 문화 도시, ④ 시드니는 아름다운 항구가 유명한 도시이다.

03 **예시 답안 ❷** 다국적 기업의 본사가 많고 자본과 정보가 집중하여 주변 국가와 도시들에 미치는 영향력이 매우 큰 도시로 세계 경제의 중심지 역할을 하고 있다.

채점 기준

상	경제적 측면에서 정확히 서술한 경우
중	경제적 측면에서 서술이 미흡한 경우
하	도시적 특성만 서술한 경우

이렇게 쓰면 Good! 자본과 정보의 집중, 세계 경제의 중심지라는 단어를 포함하여 서술하세요.

04 도시 중심부에는 은행 본점, 백화점, 신문사 등이 있다.

05 A는 도심, B는 중간 지역, C는 부도심, D는 개발 제한 구역, E는 위성 도시에 해당한다.
바로잡기 ❷ ② 인구 공동화 현상이 나타나는 곳은 도심이다.

06 A 지역은 도심이고, B 지역은 주변 지역이다. A보다 B의 지가가 저렴하다. A 지역에는 업무·상업 기능이, B 지역에는 주거 기능이 집중된다.

07 도시화 곡선에서 A는 초기 단계, B는 가속화 단계, C는 종착 단계이다. (가)는 가속화 단계, (나)는 종착 단계, (다)는 초기 단계의 특징이다.

08 도시화 그래프에서 A는 영국, B는 중국, C는 니제르이다.
바로잡기 ❷ ④ 2030년 이후 C의 도시화 속도가 가장 빠를 것이다.

09 **예시 답안 ❷** A는 산업 혁명 이후 도시화가 오랜 기간동안 서서히 진행된 선진국, B는 제2차 세계 대전 이후 도시화가 짧은 시간에 급격하게 진행된 개발 도상국이다.

채점 기준

상	두 지역의 도시화 시기와 속도를 정확히 서술한 경우
중	두 지역의 도시화 시기와 속도에 대한 서술이 미흡한 경우
하	둘 중 하나만 서술한 경우

이렇게 쓰면 Good! 산업 혁명, 제2차 세계 대전 이후, 완만히(서서히), 급격히 등의 단어를 포함하여 서술하세요.

10 ㄱ은 개발 도상국의 도시 문제이다.

11 지도에서 A는 영국의 런던, B는 에스파냐의 빌바오, C는 오스트리아의 그라츠, D는 인도의 벵갈루루, E는 브라질의 쿠리치바이다.
바로잡기 ❷ ③ 오스트리아 그라츠는 동서 간의 소득 격차 해소를 위해 두 거주지를 다리로 연결하여 교류를 확대하였다.

12 우리나라의 대표적인 생태 도시인 순천이다. A는 서울, B는 평창, C는 보령, D는 순천, E는 부산이다.

IX. 글로벌 경제 활동과 지역 변화

① 농업의 기업화와 세계화에 따른 변화

119쪽

1 (1) 기업화 (2) 플랜테이션   2 (1) 상업적 (2) 하락   3 (1) 농
기계 (2) 증가   4 (1) ○ (2) ○   5 (1) ㉡ (2) ㉠

120~121쪽

01 ②   02 ③   03 플랜테이션   04 ②   05 ③   06 ④
07 ④   08 ④   09 ③   10 ②   11 ①

01 경제 활동의 세계화가 진행되고 상업적 농업이 확대됨에
따라 자본과 기술력을 갖춘 다국적 농업 기업에 의해 농업
생산의 기업화가 확대되고 있다.

02 사진은 미국과 캐나다, 오스트레일리아 등지의 넓은 농업
지역에서 기업적으로 재배되는 밀 생산의 모습이다. 이러
한 농업 방식은 대규모 농장에서 농기계를 이용하여 농작
물을 대량으로 생산하여 전 세계 시장에 판매한다.

03 열대 기후 지역에서는 상업적 농업 형태인 플랜테이션을
통해 커피, 카카오, 바나나 등을 재배하여 전 세계로 수출
한다.

04 브라질과 베트남 등에서 많이 생산되는 A 작물은 커피이다.

05 커피는 열대 기후 지역의 개발 도상국에서 생산되어 유럽,
미국 등 선진국으로 수출한다.
바로잡기 ➋ ③ 커피 생산은 농약과 비료를 주고 수확하여 선
별하는 작업 과정에서 많은 노동력이 필요하다.

06 농업 생산의 세계화에 따라 우리 농산물의 해외 수출이 증
가하고 다양한 수입 농산물을 쉽게 구매할 수 있게 되었다.
상업적 농업이 확대되면서 가족 노동력에 의존하여 소규모
로 이루어지던 농업은 농기계를 사용하고 많은 자본과 기
술을 투입하는 기업적 농업으로 변화하고 있다.

07 경제 성장에 따른 생활 수준의 향상, 교통과 통신의 발달로
지역 간 교류 증가, 다양한 농산물에 대한 수요 증가 등은
농업 생산의 세계화를 촉진하였다.

08 농업 생산의 기업화와 세계화로 농산물 수출 지역에서는
적은 비용으로 많은 농산물을 생산하기 위해 대형 농기계
를 이용하고 다량의 화학 비료와 농약을 사용하고 있다. 플
랜테이션 농장이 위치한 개발 도상국은 곡물 농업을 하는
자영농이 줄어들고 상품 작물 재배가 늘면서 상업적 농업
이 확대되고 있다.

09 필리핀은 다국적 기업이 바나나를 수출하기 위해 플랜테이
션 농장을 확대하면서 쌀 생산지가 바나나 농장으로 바뀌
었다. 그 결과 필리핀은 바나나 수출량이 많이 증가하였지
만, 쌀 생산량이 인구 증가 속도를 따라가지 못해 쌀 수출
국에서 수입국으로 변화하였다.

10 세계 여러 지역에 농장과 가공 공장, 판매 지점 등을 갖추
고 있는 ○○ 농업 회사는 다국적 기업이다. 주로 열대 기
후 지역에 있는 개발 도상국의 대규모 농장에서 생산하며,
세계 여러 나라로 이동하여 소비된다.
바로잡기 ➋ ㄴ. 우리나라에도 농장이 있다. ㄹ. 라틴 아메리카
에는 농장이 주로 입지해 있다.

11 세계적으로 식단이 서구화되면서 옥수수와 육류, 커피, 과
일 등의 소비량이 증가하였다. 이와 같은 농작물 수요의 변
화로 브라질, 인도네시아 등의 열대 우림이 기호 작물 재배
와 목축업 때문에 파괴되고 있다.

② 다국적 기업의 발달과 지역 변화

123쪽

1 (1) 다국적 기업 (2) 세계 무역 기구 (3) 공간 분업   2 (1) 실
업자 증가 (2) ㉠ 유입 ㉡ 활성화   3 (1) ○ (2) ×   4 (1) ㉢
(2) ㉡ (3) ㉠

123~124쪽

01 ⑤   02 ③   03 ②   04 무역 장벽   05 ④   06 ①
07 ④   08 ②   09 ⑤

01 교통과 통신의 발달 및 자유 무역 협정(FTA)의 확대, 세계
무역 기구(WTO) 체제의 출범 등으로 국가 간 교류가 활발
해지면서 두 개 이상의 국가에서 생산 및 판매 활동을 하는
다국적 기업이 등장하였다.
바로잡기 ➋ ㄱ. 무역 장벽은 국가 간의 상품이나 서비스의 이
동을 방해하는 장벽을 일컫는다.

02 다국적 기업은 발달 초기에는 미국, 영국, 독일 등 선진국
의 기업이 많았으나, 최근에는 중국, 인도 등 개발 도상국
의 기업들도 다국적 기업으로 발전하고 있다.

03 다국적 기업은 한 국가 내에 공장을 만들고 기업 활동을 시
작한다. 기업이 성장하면 국내에 지점과 생산 공장을 만들
고, 외국에 판매 지사를 설립하여 해외 진출을 하게 되는
데, 시장이 더욱 넓어지면 외국에 생산 공장을 세운다. 이
처럼 하나의 기업은 세계 여러 나라에서 생산 및 판매, 경
영 활동이 이루어지면서 다국적 기업으로 성장해 간다.

04 다국적 기업의 생산 공장은 상대적으로 지가가 낮고 저렴한 노동력이 풍부한 개발 도상국에 두는 경우가 많은데, 일부는 시장을 확대하고 무역 장벽을 피하려고 선진국에 두기도 한다.

05 다국적 기업은 이윤을 극대화하기 위해 본사, 연구소, 생산 공장 등을 서로 다른 지역에 배치한다. 의사 결정에 필요한 다양한 정보와 자본을 확보하는 데 유리한 지역에 본사를 두고, 기술 수준이 높고 고급 인력이 풍부한 지역에 연구소를 둔다. 그리고 생산 공장은 생산 비용을 줄이기 위해 대체로 지가와 임금이 저렴한 개발 도상국에 둔다.

06 우리나라에 본사를 두고 있는 H 자동차는 다국적 기업으로 세계 여러 나라에 생산 공장이 있다.
바로잡기 ▶ ㄷ. 미국의 생산 공장은 무역 장벽 극복과 현지 판매 시장을 개척하기 위한 것이다. ㄹ. 기업의 의사 결정은 본사에서 이루어진다.

07 다국적 기업의 생산 공장이 들어선 지역은 새로운 산업 단지가 조성되어 일자리가 생기고, 기술을 이전받아 관련 산업이 발달하는 등 경제가 활성화될 수 있다. 일부는 시장을 확대하고 무역 장벽을 피하려고 선진국에 생산 공장을 두기도 한다.

08 다국적 기업의 생산 공장이 해외로 이전하게 되면 생산 공장이 있던 기존의 국가에서는 일자리 감소와 실업자 증가, 지역 경제 침체 등의 문제가 발생하기도 한다.

09 세계의 공장이라 불리던 중국은 재료비, 운송비, 인건비가 상승하면서 생산 공장 입지의 매력이 감소하게 되었다. 그 결과 공장들은 저렴한 노동력이 풍부한 타이, 베트남, 인도네시아 등 동남아시아 지역으로 이전하였다.
바로잡기 ▶ ⑤ 연구소는 높은 기술 수준과 고급 인력을 필요로 하기 때문에 대부분 선진국에 입지한다.

❸ 세계화 시대의 서비스 산업 변화

기초 탄탄 개념 문제　　　　　　　　　　126쪽

1 (1) 생산자 (2) 공정 여행 (3) 전자 상거래　　　2 (1) 높다 (2) 서비스 산업 (3) 확대　　　3 (1) 증가 (2) 증가　　　4 (1) ○ (2) ×
5 (1) ㉠ (2) ㉡

시험 적중 예상 문제　　　　　　　　　　126~127쪽

01 ②　　　02 ②　　　03 탈공업화 현상　　　04 ④　　　05 ④
06 ②　　　07 공정 여행　　　08 ⑤　　　09 ②

01 서비스 산업은 사람이 필요로 하는 재화나 용역을 공급하는 활동으로, 소비자에 따라 원하는 서비스 형태가 다르므로 표준화하기 어렵다.
바로잡기 ▶ ② 다양한 서비스를 찾는 사람이 증가할수록 노동력이 많이 필요하므로 고용 창출 효과가 크다.

02 생산자 서비스업은 기업 활동에 도움을 주는 서비스이고 소비자 서비스업은 일반 소비자에게 직접 제공하는 서비스이다. 우리 주변의 편의점이나 음식점, 숙박 시설 등은 소비자 서비스업에 해당하고, 법률, 광고, 금융 등은 생산자 서비스업에 해당한다.
바로잡기 ▶ ㄹ. 생산자 서비스업은 소비자 서비스업에 비해 사업체 수가 적다.

03 탈공업화는 제조업보다 서비스 산업의 비중이 높고 서비스 산업이 경제 성장을 이끄는 현상이다.

04 유럽, 북아메리카 등에 있는 경제 발전 수준이 높은 선진국은 아프리카, 동남아시아 등에 있는 경제 발전 수준이 낮은 개발 도상국보다 국내 총생산에서 서비스 산업이 차지하는 비중이 높다.

05 필리핀은 영어를 공용어로 쓰고 있고 인건비가 저렴하여 다국적 기업의 콜센터가 많이 분포한다. 필리핀은 콜센터 사업으로 일자리 창출 효과와 서비스 산업의 성장으로 지역 경제가 활성화되었다.

06 교통과 통신이 발달하면서 관광과 관련된 정보를 획득하기가 편리해지고, 소득 수준 향상과 여가의 증대로 국내 및 해외 관광에 사람들의 관심이 높아졌다. 관광 산업이 발달하면서 관광 시설 건설과 도로 확장 등으로 자연환경이 파괴되기도 한다.
바로잡기 ▶ ② 지나친 상업화로 인해 지역의 고유문화가 사라지는 경우가 있다.

07 공정 여행은 관광 지역의 환경을 파괴하지 않고 현지 주민에게 더 많은 혜택이 돌아가도록 하는 여행이다.

08 외부인이 운영하는 대규모 호텔이나 리조트를 이용하면 숙박에 따른 수입이 외부인에 돌아가기 때문에 현지 주민들의 소득에는 큰 도움을 주지 못한다.

09 인터넷이나 TV 홈쇼핑을 이용한 전자 상거래가 증가하면서 소비자는 언제 어디서나 원하는 상품을 구매할 수 있게 되었고, 해외 상점도 쉽게 접속할 수 있어 소비 활동의 범위가 세계로 확대되었다. 그 결과 소비자에게 제품을 배달하는 택배 산업이 발달하고 교통이 편리한 지역에는 물류 창고가 들어서게 된다.

01 ④　02 ③　03 해설 참조　04 ④　05 ③　06 해설
참조　07 ④　08 해설 참조　09 ③　10 ②

01 (가)는 필리핀의 플랜테이션 농장이고, (나)는 미국의 밀 재배 모습이다. (가)와 (나)의 공통점은 다국적 기업이 많은 자본과 기술을 농업에 투입하여 농작물을 생산하고 전 세계로 판매한다는 것이다.

바로잡기 ㄱ. 필리핀은 작물 재배 및 수확에 많은 노동력을 활용하고 미국은 대규모 농장에서 대형 농기계를 이용하여 작물을 재배한다. ㄷ. (나)와 관련된 설명이다.

02 농업 생산의 기업화와 세계화로 외국산 농산물을 저렴하게 먹을 수 있게 되었고, 수입 과정에서 농산물의 부패를 막기 위해 사용한 화학 약품 때문에 안전성 문제가 제기되기도 한다. 그리고 적은 비용으로 많은 농산물을 생산하기 위해 대형 농기계를 이용하고 있다.

바로잡기 ㄹ. 플랜테이션 농장이 있는 개발 도상국은 곡물 농업을 하는 자영농이 줄어들고 상품 작물 재배가 늘면서 상업적 농업이 확대되고 있다.

03 예시 답안 파인애플을 재배하는 플랜테이션 농장이 확대되면서 식량 작물 재배가 감소하였고, 대규모 상품 작물 재배가 늘면서 상업적 농업이 확대되었다.

채점 기준	
상	플랜테이션 농장 확대로 인한 식량 작물 재배 감소와 상업적 농업 확대를 서술한 경우
중	식량 작물 재배 감소와 상업적 농업 확대를 서술한 경우
하	상업적 농업 확대만을 서술한 경우

이렇게 쓰면 Good! 플랜테이션 농장 확대, 식량 작물 재배 감소, 상업적 농업 확대를 포함하여 서술하세요.

04 다국적 기업은 대도시에 단일 공장 설립 → 지방에 영업 지점 및 생산 공장 건설 → 해외에 영업 지점 설립 → 본사, 생산 공장, 영업 지점 등이 여러 국가에 분포하는 과정에서 성장한다.

05 우리가 일상생활에서 사용하는 많은 제품은 선진국에서 디자인, 개발되고 저렴한 노동력이 풍부한 개발 도상국에서 생산되거나 조립된 것이다.

바로잡기 ③ 기업의 경제 활동은 여러 국가에서 이루어지며 서로 긴밀하게 연결되어 있다.

06 예시 답안 다국적 기업의 ㉠ 기획·관리 및 연구를 담당하는 본사와 연구소는 기술 수준이 높고 고급 인력이 많으며 자본이 풍부한 선진국에 주로 위치하고, ㉡ 생산 공장은 지가와 인건비가 저렴해 생산비를 절감할 수 있는 개발 도상국에 입지하는 경우가 많다.

채점 기준	
상	본사와 연구소, 생산 공장의 입지를 정확하게 서술한 경우
중	본사와 연구소, 생산 공장의 입지에 대한 서술이 미흡한 경우
하	본사와 연구소, 생산 공장의 입지 특성 중 한 가지만 서술한 경우

이렇게 쓰면 Good! 본사와 연구소는 선진국에, 생산 공장은 개발 도상국에 주로 입지한다는 내용을 반드시 포함하여 서술하세요.

07 다국적 기업의 생산 공장이 들어서는 지역은 자본이 유입되고 일자리가 생기며 기술을 이전받는 등의 긍정적인 효과가 나타난다.

바로잡기 ㄱ. 공장이 빠져나간 지역에서 나타나는 문제이다. ㄷ. 다국적 기업의 생산 공장이 들어선 지역의 경우 해당 업종과 유사한 제품을 생산하는 국내 기업이 어려움을 겪을 수 있다.

08 예시 답안 서비스 산업은 소비자에 따라 원하는 서비스 형태가 다르므로 표준화하기 어렵고, 고용 창출 효과가 크다.

채점 기준	
상	서비스 산업의 특징을 두 가지 서술한 경우
하	서비스 산업의 특징을 한 가지만 서술한 경우

이렇게 쓰면 Good! 표준화의 어려움, 고용 창출 효과를 포함하여 서술하세요.

09 (가)는 소비자 서비스업, (나)는 생산자 서비스업과 관련한 사진이다.

바로잡기 ③ (나) 전문화된 생산자 서비스업은 접근성이 좋고 관련 정보가 많은 특정 지역에 집중하는 경향이 있다.

10 교통과 통신의 발달 및 세계화는 경제 활동의 시·공간적 제약을 감소시켜 서비스 산업의 확대를 촉진시켰다. 오늘날 대부분의 선진국에서는 제조업보다 서비스 산업이 경제 성장을 이끄는 탈공업화 현상이 나타난다.

바로잡기 ㄴ. 선진국이 개발 도상국에 비해 서비스 산업의 비중이 높다. ㄹ. 관광, 유통 등의 분야에서 국가 간의 경계가 약해지고 상호 의존성이 커지고 있다.

X. 환경 문제와 지속 가능한 환경

① 기후 변화

기초 탄탄 개념 문제 　　　　　　　　　131쪽

1 (1) 이산화 탄소 (2) 화석 연료　2 (1) 상승 (2) 지구 온난화　3 (1) 상승 (2) 투발루　4 (1) × (2) ○　5 (1) ㉠ (2) ㉡

시험 적중 예상 문제 　　　　　　　　132~133쪽

01 ②　02 ⑤　03 온실가스　04 지구 온난화　05 ②　06 ③
07 ④　08 ⑤　09 ⑤　10 ⑤　11 ③　12 ⑤

01 기후는 화산 활동에 따른 화산재 분출, 태양 활동의 변화, 태양과 지구의 상대적 위치 변화 등 자연적 요인에 의해 변화하기도 한다.

02 산업 혁명 이후 공장과 가정에서의 화석 연료 사용 등으로 온실가스인 이산화 탄소를 대기 중으로 배출시켜 지구 온난화가 가속화되고 있다.

03 삼림 개발과 에너지 사용 등의 인간 활동으로 대기 중에 온실가스 배출량이 늘어난다. 대표적인 온실가스로는 이산화 탄소와 메탄, 아산화 질소 등이 있다. 그중 이산화 탄소는 온실가스의 70% 이상을 차지한다.

04 지구의 연평균 기온은 지난 100년 동안 급격하게 상승하였으며, 현재와 같은 속도로 온실가스를 계속 배출하면 그 속도는 더욱 빨라질 것이다. 이처럼 대기 중에 온실가스의 양이 많아지면서 온실 효과가 과도하게 나타나 지구의 평균 기온이 높아지는 현상을 지구 온난화라고 한다.

05 제시된 그래프를 분석하면 지구의 평균 기온은 점점 상승하고 있으며, 대기 중 이산화 탄소 농도는 점점 증가하고 있음을 알 수 있다.
바로잡기 ◈ ㄴ. 최근의 기온 상승은 인위적 요인의 영향이 크다. ㄹ. 대기 중 이산화 탄소 농도가 증가할수록 지구 평균 기온이 상승하고 있으므로 이산화 탄소 농도와 지구의 평균 기온은 비례 관계에 있다.

06 기온 상승은 남반구보다는 북반구, 저위도 지역보다는 고위도 지역에서 더 크게 나타나고 있으며, 해양보다는 육지에서 더 빠르다.

07 지도에 표시된 지역은 북극해로, 기온이 높아지면서 빙하가 녹고 그 위에 서식하던 북극곰의 서식지도 감소하고 있다.

08 지구의 평균 기온이 상승하면서 극지방과 고산 지역의 빙하가 녹아 해수면이 꾸준히 상승하고 있으며, 그 결과 해발 고도가 낮은 곳은 바닷물에 잠기게 된다. 투발루는 국토가 침수되고 있는 대표적인 국가로, 기후 변화가 국가의 존립을 위협하고 있다.

09 국제 사회는 온실가스의 배출량 감축을 위해 교토 의정서를 의결(1997년)하였으며, 제21차 국제 연합 기후 변화 협약 당사국 총회(2015년)를 통해 교토 의정서 이후(2020년 이후)의 기후 체제까지 논의하는 등의 노력을 기울이고 있다.

10 기후 변화로 인해 가뭄과 사막화가 심해지고 있으며, 집중 호우와 홍수가 잦아지고 있다. 또한 극지방과 고산 지역의 빙하가 녹아 해발 고도가 낮은 곳은 바닷물에 잠기게 된다.
바로잡기 ◈ ⑤ 백화 현상은 바닷물 온도가 올라가 조류(藻類)가 살 수 없게 되고, 조류와 공생하던 산호초가 죽어 하얗게 변하는 것을 말한다.

11 2018년 현재 가장 많은 온실가스를 배출하고 있어 온실가스 배출량 감축 목표가 가장 높은 곳은 중국이다.
바로잡기 ◈ ① 인도의 감축 목표는 2005년 대비 33~35%이며, 러시아의 감축 목표는 1990년 대비 25~30%이다. ② 미국은 2005년 대비 26~28%를 감축해야 하며, 일본도 2013년 대비 26%를 감축해야 한다. ⑤ 제시된 국가 중 가장 적은 온실가스 배출량 감축 목표를 내세우고 있는 국가는 일본이다.

12 개인적 차원에서 이산화 탄소를 감축하는 방안으로는 나무 심기, 재활용 잘하기, 대중교통 이용하기, 적정 온도 유지하기, 고효율 전구 사용하기 등이 있다.

② 산업 이전에 따른 환경 문제

기초 탄탄 개념 문제 　　　　　　　　　135쪽

1 (1) 석면 (2) 전자 쓰레기　2 (1) 선진국, 개발 도상국 (2) 개발 도상국　3 (1) 느슨한 (2) 개발 도상국　4 (1) ○ (2) ○ (3) ×
5 (1) ㉠ (2) ㉡

시험 적중 예상 문제 　　　　　　　　135~136쪽

01 ①　02 ①　03 ④　04 ③　05 전자 쓰레기　06 ⑤
07 플랜테이션　08 ②　09 ④

01 산업 혁명과 기술 혁신으로 인간이 자연의 제약을 극복하면서 인구가 폭발적으로 증가하였고, 이는 환경을 악화시키는 요인으로 작용하였다. 또한 소비의 증가로 폐기물의 양이 늘어나면서 생태계의 수용 능력을 넘어서는 각종 오염이 발생하였다.
바로잡기 ◈ ㄷ. 인구의 폭발적 증가로 인간이 자연의 제약을 극복하면서 생태계의 수용 능력을 넘어서는 각종 오염이 발생

하였다. ㄹ. 도시화가 진행되면서 다양한 환경 문제가 발생하고 있다.

02 기술이 발달하고 자원 소비가 증가하면서 방사성 물질 누출, 폐기물의 대량 방출, 화학 물질의 과다 사용, 교통량 증가로 인한 대기 오염 등의 환경 문제가 나타나고 있다.

03 제시된 지도를 보면 주로 방글라데시, 인도네시아, 아르헨티나 등의 개발 도상국에서는 공장에서 발생한 오염 물질로 인해 환경 문제가 발생하고 있음을 알 수 있다.
바로잡기 ❯ ① 인도네시아, 잠비아 등에서는 광산업에 따른 환경 문제가 나타났다. ② 오염 지역은 여러 대륙에 걸쳐 다양하게 나타난다. ③ 우크라이나(구소련)와 일본 등에서는 원자력 발전에 의한 대규모 오염이 발생하여 지금까지 해결되지 않고 있다. ⑤ 아프리카 지역에서도 다양한 환경 오염 문제가 나타나고 있다.

04 석면은 건축 자재 등으로 널리 사용되었으나, 폐암 등 각종 질병을 발생시키는 1급 발암 물질로 지정되면서 현재는 사용을 제한하고 있다. 최근 석면 산업은 환경 규제가 느슨한 동남아시아 국가들로 이전하였다.

05 전자 쓰레기는 사용하고 난 전자 제품에서 나오는 폐기물을 말한다. 전자 쓰레기에는 환경 오염을 유발하는 중금속 물질이 많이 포함되어 있어 환경 오염을 심화하고 있다.

06 전자 쓰레기에는 환경 오염을 유발하는 중금속 물질이 많이 포함되어 있다. 선진국은 환경 규제가 느슨한 개발 도상국으로 전자 쓰레기를 이전하여 해당 국가의 환경 오염을 심화하고 있다.

07 플랜테이션과 같은 농업의 이전은 지역 경제에 큰 도움을 주기도 하지만 토양의 황폐화와 관개용수 남용에 따른 물 부족 문제, 화학 비료와 농약 사용에 따른 토양과 식수 오염 문제 등을 유발하기도 한다.

08 팜유의 수요 증가로 팜유 농장이 증가하면서 인도네시아와 말레이시아에서는 열대 우림이 파괴되어 멸종 위기 동물인 오랑우탄의 개체 수가 상당히 줄었다.

09 과거 유럽에서 소비되던 장미는 대부분 네덜란드에서 재배되었으나, 생산비가 증가하면서 남아메리카와 아프리카로 생산지가 이동하였다. 케냐는 장미 재배에 적합하며 나이바샤 호수의 풍부한 수자원도 이용할 수 있어 장미 재배 산업이 발달하였다. 이로 인해 주민들의 생활이 향상되었으나, 호수의 물이 줄고 오염이 심화되는 등의 문제가 나타나고 있다.
바로잡기 ❯ ㄹ 케냐에서 생산된 장미는 비행기에 실려 네덜란드의 꽃 시장으로 수출된다.

❸ 생활 속 환경 이슈

138쪽

기초 탄탄 개념 문제

1 (1) 환경 이슈 (2) 미세 먼지 **2** (1) 미세 먼지 (2) 유전자 재조합 식품 **3** (1) 쓰레기 (2) 미세 먼지 **4** (1) ○ (2) × (3) ○
5 (1) ㉠, ㉣ (2) ㉡, ㉢

138~139쪽

시험 적중 예상 문제

01 환경 이슈 **02** ② **03** ⑤ **04** 유전자 재조합 식품(GMO)
05 ① **06** ⑤ **07** ④ **08** ③ **09** ③

01 환경 문제 중에서 원인과 해결 방안이 입장에 따라 서로 다른 것을 환경 이슈라고 한다. 환경 이슈는 시대별로 다르며, 지역적인 것부터 세계적인 것까지 다양한 규모에서 나타난다.

02 대표적인 환경 이슈로는 미세 먼지, 유전자 재조합 식품, 먹거리 이동 과정에서 발생하는 문제 등이 있으며, 이를 해결하기 위해서는 지구촌의 지속 가능성을 최우선으로 하여 의견 차이를 좁혀 나가야 한다.
바로잡기 ❯ ② 환경을 바라보는 관점 또한 다양해지면서 정부와 지방 자치 단체, 기업, 시민 단체 등 다양한 집단의 입장이 첨예하게 대립하기도 한다.

03 우리가 편리한 생활을 추구하면서 과거보다 더 많은 자원을 소비하고 있으며, 버리는 것도 많아졌다. 특히 종이컵과 스티로폼, 나무젓가락 등 일회용품과 포장재 사용이 늘어나면서 사람들이 버리는 플라스틱 쓰레기로 모든 생명체가 고통을 받고 있다.

04 과학 기술의 발달로 병충해에 강하고 수확량이 많은 유전자 재조합 식품(GMO)을 만들었으나, 인체 유해성 및 생태계 교란 여부가 명확하게 밝혀지지 않아 논란이 되고 있다.

05 (가)는 유전자 재조합 식품에 관한 찬성 의견에 해당한다. 유전자 재조합 식품을 찬성하는 사람들은 유전자 재조합 식품이 병충해에 강해 수확량이 증가하였으며, 농약 사용량도 감소하였다고 주장하고 있다.

06 먹거리의 세계화로 우리나라에서 멀리 떨어진 국가에서 수입하는 먹거리의 소비가 증가하고 있는데, 이것이 이동하는 과정에서 많은 양의 화석 연료를 사용하기 때문에 환경 문제가 발생하게 된다.

07 미세 먼지는 산불, 쓰레기 소각, 석탄을 사용하는 노후 화력 발전소, 자동차 등의 배기가스 등으로 인해 발생한다.

08 최근 환경 이슈로 미세 먼지가 등장하면서 석탄을 사용하는 화력 발전소와 노후 경유차의 운행이 미세 먼지의 주요 원

인으로 알려진 후, 노후 화력 발전 시설 폐쇄와 노후 경유차의 운행 정지를 두고 갈등이 발생하였다.

09 환경 이슈를 둘러싸고 개인과 집단 간에 서로 다른 주장이 제기될 수밖에 없다. 그러므로 지구촌의 지속 가능성을 최우선으로 하여 토의와 토론을 통해 의견의 차이를 좁혀 나가야 하며, 이 과정은 합리적이며 민주적인 절차를 따라야 한다.

학교 시험 만점 문제   140~141쪽

01 ③	02 ④	03 해설 참조	04 ③	05 ③	06 해설
참조	07 ③	08 ⑤	09 ⑤	10 ④	11 ②

01 산업 혁명 이후 공장과 가정에서 화석 연료 사용에 따른 온실가스 배출, 도시화, 무분별한 토지와 삼림 개발, 과도한 축산업과 농업 활동 등 인위적 요인에 의해서 기후 변화가 나타나고 있다.

바로잡기 ▶ ③ 신·재생 에너지 사용은 기후 변화에 대응하기 위한 방법이다.

02 삼림 개발과 에너지 사용 등의 인간 활동으로 대기 중에 온실가스 배출량이 늘어난다. 대표적인 온실가스로는 이산화 탄소와 메탄, 아산화 질소 등이 있다. 그중 이산화 탄소는 온실가스의 70% 이상을 차지한다.

03 **예시 답안 ▶** 대기 중 이산화 탄소의 농도가 올라갈수록 세계의 연평균 기온이 높아지고 있다. 이러한 현상이 계속될 경우 해수면이 상승하여 해발 고도가 낮은 지역은 바닷물에 잠기게 된다.

📖 **채점 기준**	
상	이산화 탄소 농도와 기온 사이의 관계 및 해수면 상승으로 인한 문제점을 정확하게 서술한 경우
중	이산화 탄소 농도와 기온 사이의 관계 및 해수면 상승으로 인한 문제점 중 하나만 정확하게 서술한 경우
하	이산화 탄소 농도와 기온 사이의 관계 및 해수면 상승으로 인한 문제점에 관한 설명이 모두 미흡한 경우

이렇게 쓰면 Good! 이산화 탄소와 기온 사이의 관계, 해수면 상승, 바닷물에 잠긴다는 내용을 포함하여 서술하세요.

04 제시된 사진은 산호초의 백화 현상에 관한 것이다. 백화 현상은 바닷물 온도가 올라가 조류(藻類)가 살 수 없게 되고, 조류와 공생하던 산호초가 죽어 하얗게 변하는 것을 말한다. 이러한 문제가 발생하고 있는 지역은 상당히 넓으며, 오스트레일리아의 대보초 지역(C)도 그중 하나이다.
A는 알프스산맥, B는 히말라야산맥, D는 그린란드 일대, E

는 남극반도 일대이다.

05 국제 사회가 체결한 국제 협약을 통해서뿐만 아니라 정부와 지방 자치 단체, 각 가정과 개인도 온실가스 배출 감소를 위해 노력해야 한다.

06 **예시 답안 ▶** 전자 쓰레기가 유입되는 국가들은 대체로 개발 도상국이다. 개발 도상국에서는 전자 쓰레기를 재활용하는 과정에서 많은 중금속이 흘러나와 지역의 환경이 오염되고 있다.

📖 **채점 기준**	
상	전자 쓰레기 유입 국가 및 지역의 환경 문제를 정확하게 서술한 경우
중	전자 쓰레기 유입 국가 및 지역의 환경 문제 중 하나만 정확하게 서술한 경우
하	전자 쓰레기 유입 국가 및 지역의 환경 문제에 관한 서술이 모두 미흡한 경우

이렇게 쓰면 Good! 개발 도상국, 중금속 오염 관련 내용을 포함하여 서술하세요.

07 팜유는 팜 열매에서 추출하는 과정이 쉽고 가격이 저렴하여 식용은 물론 바이오 디젤 원료로도 주목을 받고 있다. 그러나 팜유의 수요 증가로 인도네시아와 말레이시아의 열대 우림이 파괴되어 멸종 위기 동물인 오랑우탄의 개체 수가 상당히 줄었다. 이 외에도 식생 파괴에 따른 토양의 침식과 황폐화 등의 문제가 나타나게 되었다.

08 나이바샤 호수 근처의 장미 농장들은 장미 수출을 통해 일자리를 확보하고 수출로 소득도 올리고 있다. 그러나 호수의 물이 줄어들면서 주변 지역 주민들은 용수 확보가 어려워졌으며, 물고기가 줄어 어부들의 생활도 어려워졌다.

09 인천광역시는 수도권 쓰레기 매립지의 연장 사용 불가를 주장하고 있다. 서울시의 요구를 승인하면 인천 시민들은 또다시 악취와 소음, 분진 등의 환경 피해로 인해 고통을 받게 되기 때문이다.

10 제시된 글은 GMO에 관한 찬성 입장 중 안정성에 관해 설명하고 있다. 따라서 GMO가 인체에 미치는 안정성이 충분히 확보되지 못하였음이 반론으로 적절하다.

11 지름이 $10\mu m$보다 작은 먼지를 미세 먼지라고 한다. 미세 먼지는 크기가 매우 작아 인체에 침투하여 폐와 심장 질환, 치매와 같은 뇌 질환 등을 유발한다. 석탄을 사용하는 화력 발전소와 노후 경유차의 운행이 미세 먼지 발생의 주요 원인이다.

XI. 세계 속의 우리나라

❶ 우리나라의 영역과 독도의 중요성

143쪽

1 (1) 한반도 (2) 12 (3) 대기권   2 (1) 직선 기선 (2) 독도   3 (1) 제외한 (2) 천연 보호 구역   4 (1) ◯ (2) ✕ (3) ◯   5 (1) ㉠ (2) ㉢ (3) ㉡

144~145쪽

01 ①   02 ⑤   03 ②   04 ③   05 ②   06 ①   07 ④
08 ②   09 ②   10 ②   11 메탄하이드레이트   12 ②

01 영역은 주권이 미치는 공간적 범위이다.
바로잡기 ▶ ②, ③, ④ 영토, 영해, 영공은 영역을 구성하는 부분이다. 제시문에 들어갈 말로 가장 적절한 것은 영역이다.

02 우리나라는 남북으로 길어 다양한 기후가 나타난다. 러시아, 미국처럼 국토가 동서로 길거나 큰 나라는 다양한 시간대가 나타난다.

03 A는 최외곽선을 연결한 직선 기선에서부터 12해리까지가 우리나라 영해이다. B는 대한 해협으로 직선 기선에서부터 3해리까지가 우리나라의 영해이다. C는 통상 기선에서 12해리까지가 우리나라의 영해이다.
바로잡기 ▶ ㄹ. 울릉도, 독도, 제주도는 통상 기선(C)을 기준으로 영해를 정한다.

04 영해를 설정하는 기준선에는 통상 기선과 직선 기선이 있다. 해안선이 단조로운 동해안과 제주도, 울릉도, 독도 등지에는 통상 기선이 적용되어 최저 조위선으로부터 12해리까지의 바다가 영해이다. 섬이 많고 해안선이 복잡한 황·남해는 가장 외곽에 있는 섬들을 연결한 직선 기선으로부터 12해리까지가 영해에 해당한다.

05 영공의 수직 한계는 대기권까지이며, 통신과 항공 교통의 발달 등으로 중요성이 강조되고 있다
바로잡기 ▶ ㄴ. 영토와 영해의 수직 상공이다. ㄹ. 영공을 지나기 위해서는 해당국의 허가가 필요하다.

06 이어도(A)는 수중 암초로 영해 설정의 기준인 영토로 인정되지 않는다.

07 배타적 경제 수역은 영해를 설정한 기준선으로부터 200해리까지의 바다에서 영해를 제외한 바다이다. 배타적 경제 수역에서 연안국은 해양 자원을 탐사하고 개발할 수 있으며, 인공 섬을 만들거나 바다에 시설물을 설치하고 활용할

수 있다. 우리나라는 중국, 일본과 지리적으로 가까워 배타적 경제 수역을 설정하는 데 어려움이 많았다.

08 독도는 동해의 해저에서 형성된 화산섬이다.

09 ㄱ. 독도는 난류의 영향으로 기후가 온화한 편이며 일 년 내내 강수가 고르다.
바로잡기 ▶ ㄴ. 과거 화산 활동으로 형성되었지만, 현재 마그마의 분출 활동은 관찰할 수 없다. ㄹ. 독도에서 가장 가까운 섬은 울릉도이다.

10 ㈎는 독도의 영역적 가치이고, ㈏는 독도의 환경 및 생태적 가치이다.

11 독도 주변 바다에 매장되어 있는 메탄하이드레이트는 천연가스와 물이 결합하여 형성된 에너지 자원으로 미래의 에너지로 주목받고 있다.

12 우산은 독도, 무릉은 울릉도를 가리킨다. 신라 장군 이사부가 우산국을 신라의 영토로 편입한 이후, 독도는 울릉도와 함께 우리나라 영토가 되었다.
바로잡기 ▶ ㄴ. ㉡은 동해이다. ㄹ. 세종실록지리지는 조선 시대 관청의 주도로 개발된 고문헌이다.

❷ 우리나라의 여러 지역과 지역화 전략

147쪽

1 (1) 지역성 (2) 세계 자연 유산   2 (1) 고유한 특성 (2) 믿을 수 있는 (3) 차별화   3 (1) 지역화 전략 (2) 생산되는   4 (1) ◯ (2) ◯ (3) ✕   5 (1) ㉡ (2) ㉠ (3) ㉢

148~149쪽

01 ④   02 ④   03 ①   04 ⑤   05 ①   06 지역 브랜드   07 ①   08 ②   09 ⑤   10 ④   11 ②
12 ㈎ 김제 ㈏ 진주

01 지역은 지역성이 다른 곳과 구분되는 지표상의 범위를 말하며, 세계화 시대에 지역성은 그 지역만의 가치와 경쟁력을 제공한다.
바로잡기 ▶ ㄱ. 지역은 자연환경과 인문 환경으로 구성된다. ㄷ. 지역성은 다른 지역과 구별되는 지역의 특성을 말한다.

02 우리나라에서 유네스코 세계 자연 유산으로 등재된 곳은 제주도가 유일하다. 제주도의 한라산과 성산 일출봉, 거문오름 용암동굴계가 세계 자연 유산으로 등재되었다.

03 제시된 사진은 서울의 종묘이다. 종묘는 조선 시대 역대 왕과 왕비의 위패를 모시고 있는 곳으로, 국제적으로 그 가치를 인정받아 유네스코 세계 문화유산으로 등재되었다.

04 한라산 백록담은 화산 폭발 과정에서 형성된 화구에 물이 고인 호수이다.
바로잡기 ① 수원 화성은 세계 문화유산이다. ② 보령의 갯벌은 지역 축제에 이용되며, 그 가치를 인정받고 있다. ③ 경주 불국사는 신라 시대의 불교 유적이다. ④ 단양 고수동굴은 세계 자연 유산으로 등재되지 않았다.

05 지역화 전략은 지역의 경쟁력을 높이기 위해 경제적·문화적 측면에서 다른 지역과 차별화할 수 있는 계획으로 주로 지방 자치 단체가 주도한다.

06 지역 브랜드는 상표 개념을 지역에 적용한 것이다. 지역의 특성을 이용한 로고나 슬로건, 캐릭터 등을 활용한다.

07 지역화 전략은 세계화 시대에 지역 간 경쟁이 치열해지면서 지역의 경쟁력을 강화하는 전략이다.
바로잡기 ① 지역 브랜드 구축, 지리적 표시 등록, 장소 마케팅 시행 등의 지역화 전략은 모두 상업적인 성격을 가진다. 삶의 질을 강조하며 등장한 것은 아니다.

08 강원특별자치도 평창군(B)의 지역 브랜드와 캐릭터이다. 지도의 A는 경기도 양평, C는 충청남도 보령, D는 경상남도 남해, E는 울산광역시이다.

09 보성 녹차, 이천 쌀은 대표적인 지리적 표시 상품이다. 지리적 표시는 특정 상품의 품질이 우수할 때 그 원산지의 지명을 상표권으로 인정하는 제도이다.

10 지리적 표시는 특정 상품을 생산지의 기후와 지형, 토양 등 지역의 자연환경과 독특한 재배 방법으로 생산하고 품질이 우수할 때 그 원산지의 지명을 상표권으로 인정하는 제도이다. 지리적 표시는 우수한 지리적 특성을 지닌 농산물과 가공품을 보호하여 지리적 특산물의 품질 향상과 지역 특화 산업으로의 육성을 도모할 수 있다.
바로잡기 ㄱ. 최초의 지리적 표시 상품은 보성 녹차이다. ㄷ. 각 지역의 고유성을 강조하는 차별화 전략이다.

11 장소 마케팅은 장소성이나 장소 자산을 활용하여 지역을 홍보하고 판매하는 것을 말한다.
바로잡기 ② 장소 마케팅은 장소를 효율적으로 알리고 다른 지역과 차별화할 수 있는 매력적인 지역 이미지를 구축할 수 있다.

12 지평선 축제는 전북특별자치도 김제, 남강 유등 축제는 경상남도 진주에서 열린다.

❸ 통일 한국의 미래

기초 탄탄 개념 문제   151쪽

1 (1) 반도국 (2) 이질화 (3) 남북통일   **2** (1) 커지고 (2) 기술
3 (1) 대륙으로 (2) 통일   **4** (1) ○ (2) × (3) ×   **5** (1) ⓒ (2) ㉠ (3) ⓛ

시험 적중 예상 문제   152~153쪽

01 ①   **02** ④   **03** ②   **04** ③   **05** 이산가족   **06** ①
07 ②   **08** ⑤   **09** ④   **10** ⑤   **11** ②

01 우리나라는 유라시아 대륙 동쪽에 있는 반도국으로 북쪽으로는 유라시아 대륙에 진출할 수 있고, 남쪽으로는 태평양에 진출할 수 있다.

02 제시된 지도는 해양 진출에 유리한 우리나라의 위치를 강조하는 것이다.

03 우리나라, 중국, 일본 등이 있는 동아시아는 세계 무대에서 정치·경제·문화 측면에서 영향력이 커지고 있다.
바로잡기 ② 동아시아 국가 간 교류는 증가하고 있다.

04 1. 통일 이후 남과 북은 영토가 넓어지고 인구가 증가해 국내 총생산이 증가할 것으로 예측된다.(○) 2. 분단 상황에서 교류가 없어 문화의 이질화가 심화되고 있지만, 통일을 이루면 이질화 현상은 완화될 것으로 예상된다.(×)

05 남북 분단으로 이산가족이 발생하였다.

06 통일 비용은 통일 과정과 통일 이후 남북 간 격차를 해소하는데 부담해야 할 비용을 말한다. 북한에 도로, 철도 등을 건설하거나 북한 주민의 생계 보조, 남북한 주민 갈등을 통합하기 위한 모든 비용을 통일 비용으로 본다.
바로잡기 ㄷ.ㄹ은 분단으로 인해 발생하는 경제적·사회적 비용으로 이는 통일 비용과 구분되는 분단에 따른 비용이다.

07 남한은 원료를 가공하는 시멘트, 철강 등의 생산량이 많고, 북한은 상대적으로 자원 매장량이 풍부하다. 이들이 상호 보완적으로 결합하면 경제적 도약을 기대할 수 있다.
바로잡기 ㄴ. 남한의 철강은 남한에서 생산된 철광석 양을 뛰어넘는 규모이다. 대부분 수입한 철광석을 가공한 것이다. ㄷ. 통일 한국의 국내 총생산이 증가하는 것을 알 수 있다.

08 ⑤ 2050년 예상 인구 구조에서 통일 한국의 평균 연령이 분단 상황의 남한보다 낮아진 것을 확인할 수 있다.

09 통일 이후 남북한 주민 간 예상되는 갈등은 앞으로 우리가 극복해야 할 통일의 문제점이다.

10 비무장 지대는 군사 시설이나 인원을 배치하지 않은 지역으로, 생태 환경이 잘 보존되어 있다.

11 ㄴ. 남북한이 통일되면 분단 시대의 이념과 갈등에 따른 긴장이 완화될 것이다. ㄹ. 여행 사업가, 남북 문화 통합 전문가 등은 통일 후 유망 직업이다.

학교 시험 만점 문제
154~155쪽

01 ③	02 ⑤	03 ⑤	04 ③	05 해설 참조	06 ②
07 ③	08 ③	09 해설 참조	10 ②	11 ③	12 해설 참조

01 제시된 그림의 A는 배타적 경제 수역, B는 영해, C는 영토, D는 영공이다. 영토는 영해, 영공, 배타적 경제 수역을 설정하는 기준이 된다.

바로잡기 ① 배타적 경제 수역은 영해를 제외한다. ② 간척 사업은 영해 범위 내에서 이루어지기 때문에 영해가 넓어지지는 않는다. ④ 섬은 영토에 해당한다. ⑤ 최근 인공위성을 이용한 통신과 관측 활동 및 항공 교통이 발달하면서 영공의 중요성이 커지고 있다.

02 섬이 많고 복잡한 해안에서는 가장 외곽에 있는 섬들을 연결한 직선 기선이 영해를 설정하는 기준선이다. 대한 해협은 우리나라와 일본 사이의 좁은 해협으로 직선 기선을 적용한다.

03 A는 대한민국 배타적 어업 수역, B는 한·일 중간 수역, C는 한·중 잠정 조치 수역이다.

바로잡기 ⑤ 한·중 잠정 조치 수역에서는 한국과 중국이 어족 자원을 공동으로 관리하고 있다.

04 삼국접양지도는 일본 학자에 의해 그려진 지도로 독도가 우리 영토임을 확인할 수 있는 자료이다.

바로잡기 ③ 조선의 실학자 정상기는 동국지도를 만들었으며, 울릉도와 독도를 나란히 표현하였다.

05 **예시 답안** 독도 주변의 바다는 난류와 한류가 만나 조경 수역을 형성하는 곳으로 어족 자원이 풍부하며, 미래의 에너지로 주목받는 메탄하이드레이트가 매장되어 있다.

채점 기준

상	경제적 가치를 두 가지 모두 정확히 서술한 경우
중	한 가지만 정확히 서술한 경우
하	두 가지 모두 설명이 충분하지 않은 경우

이렇게 쓰면 Good! 조경 수역, 메탄하이드레이트, 관광 자원과 관련하여 서술하세요.

06 (가)는 경기도 수원의 화성, (나)는 제주특별자치도의 한라산 백록담 사진이다. 지도의 A는 속초, B는 수원, C는 경주, D는 광주, E는 한라산이다.

07 (가)는 지리적 표시, (나)는 지역 브랜드, (다)는 장소 마케팅에 관한 설명이다.

08 '머돌이'와 '머순이'는 머드 축제로 유명한 충청남도 보령의 지역성을 잘 나타낸 캐릭터이다.

09 **예시 답안** 지리적 표시, 우수한 지리적 특성을 지닌 농산물과 가공품을 보호하여 지리적 특산물의 품질 향상과 지역 특화 산업으로의 육성을 도모할 수 있다. 또한, 생산자에게 안정적인 생산 활동을 할 수 있게 하고, 소비자에게는 믿을 수 있는 제품을 살 기회를 제공한다는 장점이 있다.

채점 기준

상	지리적 표시라고 쓰고, 지리적 표시의 장점을 정확하게 서술한 경우
중	지리적 표시라고 쓰고, 지리적 표시의 장점에 관한 서술이 미흡한 경우
하	지리적 표시라고만 쓴 경우

이렇게 쓰면 Good! 지리적 표시 상품의 생산자와 소비자가 얻을 수 있는 이점과 관련하여 서술하세요.

10 남북 통일 필요성으로 동북아시아 긴장 해소에 따른 세계 평화의 기여, 경제 발전, 북한의 인권 문제 해결 등이 있다.

바로잡기 ㄴ. 통일을 이루면 군사비 지출이 감소할 것이다. ㄹ. 남한의 기술과 북한의 지하자원 및 노동력을 결합하여 경제적으로 크게 도약할 수 있다.

11 우리는 통일에 따른 생활 모습의 변화로 세계 시민으로서의 긍지와 자부심을 느끼게 될 것이다.

12 **예시 답안** 우리나라에서 유럽까지 가는 화물과 여객 수송에 필요한 시간과 비용을 절감할 수 있게 되면서 다른 지역과의 교역이 지금보다 활성화될 것이다.

채점 기준

상	물류비용 감소와 교역 활성화로 이어지는 인과 관계를 충분히 서술한 경우
중	물류비용 감소와 교역 활성화를 서술했지만 인과 관계가 분명하지 않은 경우
하	물류비용 감소 또는 교역 활성화만 서술한 경우

이렇게 쓰면 Good! 물류비용 감소와 교역 활성화로 이어지는 인과 관계를 서술하세요.

XII. 더불어 사는 세계

① 세계의 다양한 지리적 문제

157쪽

기초 탄탄 개념 문제

1 (1) 지리적 문제 (2) 기아 (3) 생물 다양성　2 (1) 자연적 (2) 영역
(3) 감소　3 (1) 심화 (2) 이스라엘　4 (1) × (2) ○　5 (1) ⓒ
(2) ㉠ (3) ⓛ

시험 적중 예상 문제

158~159쪽

01 ③　02 ⑤　03 ③　04 ②　05 ⑤　06 ④
07 ⑤　08 ②　09 카스피해　10 ⑤　11 ②
12 생물 다양성 협약

01 지구상의 지리적 문제는 국가 및 지역 간 경제 격차가 심화
되었을 때 발생한다.

02 북아일랜드는 개신교와 가톨릭교 간의 종교 갈등이 발생하
는 지역이다. 카슈미르는 힌두교와 이슬람교 간의 종교 갈
등이 나타나는 지역이다.
바로잡기 ➡ 벨기에에는 프랑스어 권역과 네덜란드어 권역 간의
언어 갈등이 나타나며, 아이티는 경제적 빈곤과 반복되는 자연
재해 발생으로 상황이 악화되었다.

03 팔레스타인은 이슬람교를 믿고, 이스라엘은 유대교를 믿는
다. 이스라엘과 팔레스타인의 분쟁은 종교 및 민족 간의 대
립으로 인한 갈등으로 발생하였다.

04 2010년 대지진으로 큰 피해를 입었으며 2016년 허리케인
으로 수많은 이재민이 발생한 국가는 아이티이다.

05 산성비는 강한 산성을 띤 대기 오염 물질이 비에 흡수되어
내리는 것이다. 대기 오염 물질은 바람을 따라 이동하는 특
성이 있어 다른 국가나 지역에 피해를 유발한다. 따라서 제
시된 지리적 문제의 발생 원인은 오염 물질의 이동이다.

06 ⓛ의 대표적인 지역으로는 카슈미르, 센카쿠 열도(댜오위
다오) 등이 있다. ㉣의 멸종 위기 동식물로는 판다, 바다거
북, 바오바브나무 등이 있다.
바로잡기 ➡ ㄱ. 기아 문제는 유럽보다 아프리카에서 주로 발
생한다. ㄷ. 대규모 농경지 개간을 위해 숲이 제거되면 생물 다
양성은 더욱 감소될 우려가 있다.

07 기아는 가뭄과 홍수, 병충해 등의 자연적 요인에 의해 나타
난다. 그러나 급격한 인구 증가와 식량 분배의 국제적인 불
균형, 잦은 분쟁으로 발생하는 식량 공급의 어려움 등 인위
적인 요인이 기아 문제를 심화하기도 한다.

08 원유와 천연가스가 매장되어 있고 중국과 필리핀, 브루나
이, 말레이시아, 베트남 등이 영유권을 주장하여 분쟁이 발
생하는 지역은 난사 군도(B)이다.
바로잡기 ➡ ① A는 티베트인의 분리 독립 운동이 나타나는 티
베트, ③ C는 일본과 중국, 타이완의 영역 분쟁 지역인 센카쿠
열도(댜오위다오)이다. ④ D는 지진 해일과 원자력 발전소 사고
가 발생한 일본, ⑤ E는 해수면 상승과 환경 난민이 발생한 투
발루이다.

09 석유와 천연자원 매장량이 많다는 것이 알려지면서 바다인
지 호수인지를 둘러싼 주변국들 간의 갈등이 발생하는 곳
은 카스피해이다.

10 아프리카는 과거 유럽 강대국의 이해관계에 따라 국경선이
설정되었는데 독립 이후 국경과 부족 경계가 달라서 분쟁
과 내전, 그리고 난민 문제가 발생하고 있다.

11 생물 다양성 감소는 산업화와 도시화로 숲을 제거하고 농
경지를 조성하면서 동식물의 터전이 사라지고 외래종의 침
입으로 생태계가 파괴되어 발생한다. 특히 열대 우림과 산
호초 해안, 맹그로브 해안 등지의 개발로 발생하는 환경 오
염과 파괴가 심각하다.

12 생물 다양성의 보전을 위해 국제 연합 환경 계획(UNEP)에
서는 생물 다양성 협약을 채택하였다.

② 지역 격차와 빈곤 문제

161쪽

기초 탄탄 개념 문제

1 (1) 인간 개발 지수(HDI) (2) 행복 지수　2 (1) 저소득 (2) 높게
3 (1) 선진국 (2) 낮게　4 (1) ○ (2) × (3) ○　5 (1) ⓒ (2) ⓛ
(3) ㉠

시험 적중 예상 문제

161~162쪽

01 ④　02 ③　03 인간 개발 지수(HDI)　04 ③　05 ①
06 ④　07 ④　08 ①

01 1인당 국내 총생산이 5,000달러 이하의 저소득 국가들은
대부분 사하라 이남 아프리카에 분포한다.
바로잡기 ➡ ① 고소득 국가는 대부분 유럽, 앵글로아메리카,
오세아니아 등에 분포한다. ② 캐나다는 미국보다 1인당 국내
총생산이 적다. ③ 중국은 오스트레일리아보다 1인당 국내 총생
산이 적다. ⑤ 앵글로아메리카는 라틴 아메리카보다 고소득 국
가가 많다.

02 경제 발전 수준이 높은 선진국에서 높게 나타나는 ㉠에는

성인 문자 해독률이 들어갈 수 있다. 경제 발전 수준이 낮은 개발 도상국에서 높게 나타나는 ⓒ에는 영아 사망률, 교사 1인당 학생 수가 들어갈 수 있다.

03 인간 개발 지수(HDI)는 국제 연합 개발 계획(UNDP)에서 매년 1인당 국내 총생산, 건강, 교육 수준 등을 기준으로 국가별 삶의 질을 평가하기 위해 발표하는 지표이다.

04 지도를 보면 사하라 이남 아프리카에서 수치가 높게 나타나고, 유럽과 앵글로아메리카에서 수치가 낮게 나타나므로 지도가 나타내는 지표는 영아 사망률이다.

바로잡기 ◑ ①, ②, ④, ⑤는 경제 발전 수준이 높은 선진국에서 높게 나타난다.

05 기대 수명은 출생자가 출생 직후부터 생존할 것으로 기대되는 평균 생존 연수이다. 따라서 기대 수명이 클수록 대체로 행복 지수가 높다.

06 저개발 지역의 빈곤 문제를 해결하기 위해서는 도로와 항만, 전력망을 구축하고 위생 및 보건 환경을 개선한다. 또한 관개 시설을 확충하고 수확량이 많은 품종을 개발하여 식량 생산량을 늘린다.

바로잡기 ◑ ④ 농업과 교육 부문의 공공 지출을 꾸준히 늘려 간다.

07 에티오피아 정부의 새마을 시범 마을과 국제 연합의 새천년 마을 발전 프로젝트는 모두 아프리카의 빈곤 퇴치를 위한 다양한 노력 사례로 볼 수 있다.

08 아프리카 빈곤 국가에서 학교를 건설하면 아동의 노동 참여가 줄어들고, 아동이 점심을 굶는 일도 줄어들 것이다. 아동이 많이 집중되면 교내 시설 부족 문제가 발생하기도 하지만, 국가 문맹률이 줄어들고 상급 학교로의 진학률이 높아지는 등 흥미로운 결과가 기대된다.

❸ 지역 간 불평등 해결을 위한 국제적 협력

기초 탄탄 개념 문제 164쪽

1 (1) 국제 연합(UN) (2) 개발 원조 2 (1) 세계 보건 기구 (2) 아동 긴급 구호 사업 (3) 아프리카와 남아시아 3 (1) 민간 개발 원조 (2) 정당한 4 (1) ✕ (2) ◯ (3) ◯ 5 (1) ⓒ, ⓔ (2) ⓙ, ⓒ

시험 적중 예상 문제 164~165쪽

01 ④ 02 ② 03 국제 연합 아동 기금(UNICEF) 04 ②
05 개발 원조 06 ⑤ 07 ③ 08 ③ 09 ①

01 그린피스는 환경 보호 운동을 주로 시행하는 국제 비정부 기구(NGO)이다.

바로잡기 ◑ ④ 분쟁 지역에 의료 지원을 하는 국제 비정부 기구는 국경 없는 의사회이다.

02 빈곤 퇴치에 중점을 두는 옥스팜, 아동 긴급 구호 사업 등을 펼치는 세이브 더 칠드런은 모두 세계 시민들의 자발적인 모금으로 운영하는 국제 비정부 기구(NGO)이다.

바로잡기 ◑ ㄴ. 세계 보건 기구(WHO), ㄹ. 경제 협력 개발 기구(OECD)는 모두 정부 간 국제기구이다.

03 국제 연합 아동 기금(UNICEF)은 빈곤한 국가의 어린이들을 돕는 다양한 활동을 한다.

04 재난과 전염병, 분쟁 발생 지역에 의료 서비스를 제공하는 국제 비정부 기구(NGO)는 국경 없는 의사회이다.

바로잡기 ◑ ① 그린피스는 환경 보호 운동, ③ 세이브 더 칠드런은 아동 긴급 구호 사업을 펼친다. ④, ⑤ 경제 협력 개발 기구(OECD)와 국제 부흥 개발 은행(IBRD)에서는 국가 및 지역 간의 경제 격차 해소를 위한 활동을 하고 있다.

05 개발 원조란 저개발 국가의 빈곤 문제를 해결하기 위해 국제 사회가 재정 및 기술, 물자 등을 지원하는 것을 말한다. 정부나 국제기구가 공식적으로 지원하는 공적 개발 원조(ODA)와 비정부 기구나 민간 재단이 지원하는 민간 개발 원조가 있다.

06 우리나라는 국가 시설 재건을 위한 국제 원조를 받던 수혜국에서 다른 국가에 원조하는 수여국으로 바뀐 국가이다. 우리나라는 대외 무상 원조 전담 기관인 한국 국제 협력단(KOICA)을 설립하여 우리나라와 저개발 국가 간에 우호적 협력 관계를 증진하고자 한다.

07 제시된 자료는 공정 무역을 인증하는 표시이다. 공정 무역은 생산자의 건강한 노동 환경과 경제적 독립, 환경 보전 등을 중시하며, 소비자에게 어떤 환경에서 생산한 제품인지 안내하여 장기적으로 생산자와 소비자는 물론 환경에도 이로운 지속 가능한 발전을 추구한다.

바로잡기 ◑ ③ 공정 무역은 거대 유통 기업의 이윤 극대화를 위해 실시하는 무역 형태가 아니다.

08 공정 무역 커피는 일반 커피에 비해 생산자(농민)의 이익 비중이 크다. 따라서 공정 무역 커피의 이용이 늘어나면 생산 지역의 빈곤 완화에 도움이 된다.

09 물을 정수해 주는 생명 빨대와 물을 쉽게 나를 수 있도록 돕는 큐 드럼은 마실 물이 부족한 저개발 국가에서 유용한 적정 기술이다.

| 01 ① | 02 ③ | 03 ⑤ | 04 ① | 05 해설 참조 | 06 ③ |
| 07 ④ | 08 ④ | 09 해설 참조 | 10 ② | 11 ③ | 12 해설 참조 |

01 벨기에의 갈등은 프랑스어 권역과 네덜란드어 권역 간의 언어 차이로 인해 발생한다.

02 영국의 식민 지배 경험이 있으며, 이슬람교도와 힌두교도 간의 갈등이 발생하는 지역은 카슈미르(C)이다. A는 언어 갈등이 나타나는 벨기에, B는 유대교와 이슬람교 간의 갈등이 나타나는 팔레스타인 지역, D는 분리 독립운동을 전개하는 티베트, E는 자원을 둘러싼 영유권 분쟁이 발생하는 난사 군도(스프래틀리 군도)이다.

03 기아는 식량 부족으로 주민들이 충분한 영양을 섭취하지 못해 발생한다. 식량 부족 문제는 가뭄과 홍수, 병충해 등의 자연적인 요인으로 나타난다. 그러나 급격한 인구 증가와 식량 분배의 국제적인 불균형, 잦은 분쟁으로 발생하는 식량 공급의 어려움 등 인위적인 요인이 기아 문제를 심화하기도 한다.

바로잡기 ➡ ⑤ 세계의 기아 문제를 해결하기 위해서는 선진국의 개발 원조 규모를 확대해야 한다.

04 석유와 천연자원의 매장량이 풍부하며, 바다인지 호수인지를 둘러싼 주변국들 간의 갈등이 나타나는 지역은 카스피해이다.

05 예시 답안 ➡ 과거 유럽 강대국의 이해관계에 따라 국경선이 설정된 결과, 독립 이후 부족 경계와 국가 경계가 일치하지 않아 분쟁과 내전이 끊이지 않고 있다.

📖 채점 기준	
상	유럽 강대국의 영향으로 부족 경계와 국가 경계가 일치하지 않음을 정확히 서술한 경우
중	부족 경계와 국가 경계가 일치하지 않음을 서술한 경우
하	유럽의 영향이라고만 쓴 경우

이렇게 쓰면 Good! 유럽 강대국의 이해관계에 따라 국경선 설정, 국가 경계와 부족 경계의 불일치를 포함하여 서술하세요.

06 산업화와 도시화, 농경지 조성, 열대 우림과 산호초 해안 개발, 외래종 침입으로 인한 생태계 파괴 등의 원인으로 나타나는 지리적 문제는 생물 다양성 감소이다.

07 선진국보다 개발 도상국에서 높게 나타나는 지표는 교사 1인당 학생 수, 영아 사망률 등이다.

바로잡기 ➡ ①, ②, ③, ⑤는 개발 도상국보다 선진국에서 높게 나타나는 지표이다.

08 행복 지수는 국내 총생산, 기대 수명, 사회적 자본, 부패 지수, 관용의 총 다섯 개 지표를 종합한 결과로 주로 선진국에서 높게 나타난다. 선진국에 해당하는 A 국가군보다 개발 도상국에 해당하는 B 국가군이 상대적으로 부패한 정도가 심하다.

09 예시 답안 ➡ 경제 개혁을 시행하고 빈곤을 퇴치하기 위해 노력한다. 식량 생산량을 늘리기 위해 관개 시설을 확충하고 수확량이 많은 품종을 개발한다. 등

📖 채점 기준	
상	빈곤 문제 해결을 위한 노력 두 가지를 정확히 서술한 경우
중	빈곤 문제 해결을 위한 노력 한 가지를 정확히 서술한 경우
하	빈곤 문제 해결을 위한 노력 한 가지를 서술하였으나 표현이 모호한 경우

이렇게 쓰면 Good! 빈곤 문제의 해결책을 여러 가지 측면에서 살펴보고 서술하세요.

10 핵 실험 반대의 뜻을 담아 만들어졌고 현재에는 생물 다양성과 환경 오염의 위협에 대처하는 활동에 초점을 맞추고 있는 국제기구는 그린피스이다.

11 개발 원조는 정부나 국제기구에 의해 공식적으로 지원하는 형태인 공적 개발 원조(ODA)와 비정부 기구 또는 민간 재단이 지원하는 민간 개발 원조로 나뉜다. 우리나라는 과거 국제 원조를 받던 국가에서 지속적인 경제 성장을 이룩하여 다른 나라에 원조하는 수여국으로 바뀐 국가가 되었다.

12 예시 답안 ➡ 공정 무역, 공정 무역을 통해 생산자는 노동에 대한 정당한 대가를 받을 수 있다. 생산자는 경제적으로 안정적인 수입을 보장받는다. 등

📖 채점 기준	
상	공정 무역의 명칭과 저개발 국가의 생산자에게 돌아가는 이익을 정확히 서술한 경우
중	저개발 국가의 생산자에게 돌아가는 이익만 정확히 서술한 경우
하	공정 무역의 명칭만 쓴 경우

이렇게 쓰면 Good! 공정 무역의 명칭, 공정 무역이 저개발 국가의 생산자에게 미치는 긍정적인 영향을 포함하여 서술하세요.

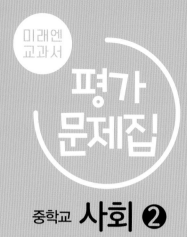

미래엔
교과서

평가
문제집

중학교 **사회 ❷**

Contact Mirae-N

💻 www.mirae-n.com

✉ (우)06532 서울시 서초구 신반포로 321

☎ 1800-8890

모바일
홈페이지
바로가기

미래엔 교과서 연계 도서

교과서 예습 복습과 학교 시험 대비까지
한 권으로 완성하는 자율학습서와 실전 유형서

미래엔 교과서 자습서

[2022 개정]
국어 (신유식) 1-1, 1-2*
　　(민병곤) 1-1, 1-2*
영어 1
수학 1
사회 ①, ②*
역사 ①, ②*
도덕 ①, ②*
과학 1
기술·가정 ①, ②*
생활 일본어, 생활 중국어, 한문

*2025년 상반기 출간 예정

[2015 개정]
국어 2-1, 2-2, 3-1, 3-2
영어 2, 3
수학 2, 3
사회 ①, ②
역사 ①, ②
도덕 ①, ②
과학 2, 3
기술·가정 ①, ②
한문

미래엔 교과서 평가 문제집

[2022 개정]
국어 (신유식) 1-1, 1-2*
　　(민병곤) 1-1, 1-2*
영어 1-1, 1-2*
사회 ①, ②*
역사 ①, ②*
도덕 ①, ②*
과학 1

*2025년 상반기 출간 예정

[2015 개정]
국어 2-1, 2-2, 3-1, 3-2
영어 2-1, 2-2, 3-1, 3-2
사회 ①, ②
역사 ①, ②
도덕 ①, ②
과학 2, 3

예비 고1을 위한 고등 도서

비주얼 개념서

이미지 연상으로 필수 개념을 쉽게 익히는
비주얼 개념서

국어　문법
영어　분석독해

문학 입문서

작품 이해에서 문제 해결까지
손쉬운 비법을 담은 문학 입문서

현대 문학, 고전 문학

필수 기본서
엔픽

복잡한 개념은 쉽고, 핵심 문제는 완벽하게!
사회·과학 내신의 필수 개념서

사회　통합사회1, 통합사회2*, 한국사1, 한국사2*
과학　통합과학1, 통합과학2

*2025년 상반기 출간 예정

Mirae N 에듀

국어부터 똑바로 잡자!

바르게 익힌 국어가 학습의 자신감이 된다.

중학교에서 한 땀 한 땀 채운 국어 실력이
고등학교 내신과 수능까지 이어진다.

✦ 독해·어휘·문법 구석구석 꽉 채우자!

✦ 깨독의 단계별 훈련으로 국어 실력을 잡자!

 독해

0_준비편, 1_기본편, 2_실력편, 3_수능편

독해 원리 + **실전 훈련**

7가지 독해 원리를 단계별로
익혀 다양한 영역에 맞게 독해
하는 방법을 훈련해요.

어휘

1_종합편, 2_수능편

핵심 어휘 + **배경 지식**

지문에 나온 핵심 어휘를 학습
하고 지문과 관련 있는 배경지식
을 쌓아요.

문법

 NEW

1_기본편, 2_수능편

문법 개념 + **실전 훈련**

중학교는 물론 고등학교 문법
까지 개념을 익히고 수능형
문제를 풀며 실전을 대비해요.

> 잠들어 있는
> 국어 능력을 제대로
> 깨울 수 있어!